2018 年 **第 2 辑** 总第 8 辑

FRONTIER EXPLORATION
OF JUDICIAL JUSTICE

公正司法前沿探索

黄海龙 ◎ 主编

法律出版社
LAW PRESS · CHINA

编委会

卷首语

卢梭说过，一切法律中最重要的法律，既不是刻在大理石上，也不是刻在铜表上，而是刻在公民的心里。法律要发挥作用，就需要全社会信仰法律、信仰法治、坚守法治。2017 年以来，广西壮族自治区高级人民法院（以下简称广西高级人民法院）党组提出在广西各法院开展“质效提升年”主题活动，号召全自治区法院以狠抓执法办案为第一要务，努力实现公平正义的价值追求。《公正司法前沿探索》作为广西高级人民法院机关对外发行出版物，不仅是对司法公平正义理论探索的载体，也是广西高级人民法院干警开展司法理论研究、交流司法实践经验的重要平台，更是承担普及、提高公民法律意识的责任使命。

在全区各级法院干警的大力支持和踊跃投稿下，《公正司法前沿探索》秉承“严谨务实、开拓创新”的理念，已经出版了 8 辑。本期《公正司法前沿探索》为 2018 年第 2 辑，共采用了 33 篇稿件，分为 6 个栏目。“改革前沿”栏目呈现南宁市青秀区人民法院黄晖的《拔钉抽楔：阻却非法证据的“锚定”污染——试论独立性非法证据排除前置程序的构建》等 3 篇论文，在司法改革背景下，着重探索非法证据排除程序的实践困境与构建，员额法官、法官助理与书记员的优化配置，鉴定人出庭制度检视与完善等问题。“调查研究”栏目呈现广西高级人民法院纪娜、崇左市中级人民法院梁媛媛的《社区矫正审前社会调查评估工作开展现状及未来发展路径探析——以法院委托司法行政机关进行社会调查评估为实证研究》等 3 篇调研报告，纪娜、梁媛媛的调研报告对广西法院和司法行政机关审前社会调查评估工作现状进行分析，并提出适合广西实际的社区矫正审前社会调查评估工作可行性举措。南宁市武鸣区人民法院王攀的《被监护人受害语境下自身过错承担之困境与出路——以 211 份监护人责任纠纷判决书为研究样本》选取了被监护人之独特的角度，就监护人受害案件中用“监护责任”划分监护人和被监护人的责任，以及如何对被监护人适用过失相抵进行了具体的论述。《“族老”的传承与新生——以壮族族老文化传承与民族地区多元化解机制结合为视角》对“族老调解”制度进行深入探究，以求构建有利于缓解农村地区民族聚居区内矛盾纠纷解决新机制。“实务探讨”栏目呈现横县人民法院甘芳、覃海彬的《失位与归位：指导性案例司法应用困境的优化路径研究——以经济学的消费者理性选择理论为视角》等8篇论文，分别探讨指导性案例由“失位”走向“归位”的改进路径，中国—东盟涉外民商事诉讼争端解决机制的构建，海事司法服务“一带一路”，“执行难”背景下拒不执行判决、裁定罪的刑事追究，“仲裁前置、一裁两审”劳动争议纠纷处理机制的梳理与重构，法院主导下家庭暴力纠纷诉前调解机制的梳理与重构，民事经验法则适用困境、拷问及规制，银行卡被盗刷纠纷中的民事责任分析等问题，在上述8篇论文中作者运用办案中独特视角，将实务和理论紧密结合并进行深入细致研究，为司法理论、实践提供有益的探究。“司法论坛”栏目呈现南宁市中级人民法院耿博瀛的《从利益均衡角度看自由裁量下的商品房交付条件认定之争》等5篇论文，有对商品房交付条件认定、刑事审判实践中适用追缴与退赔的深入分析，也有对破产管理人法律定位、专业法官会议机制、口述历史故事的著作权保护问题的探索，涉及面较广。“案例分析”呈现广西高级人民法院环境资源审判庭麦青、周艳华的《无过错责任原则及举证责任倒置规则在环境污染侵权案件审理中的运用——邓某某诉永凯公司等六企业通海水域污染损害责任纠纷案》等13篇案例分析文章，注重对审判实务问题的深入剖析，为案件审理提供了有益的借鉴。“法院文化”栏目刊登广西高级人民法院研究室何锡海悼念亡父的诗歌《六月的蜘蛛兰》，诗歌以蜘蛛兰寄托对父亲深切的哀思，感人至深、情真意切。

长期以来，广大干警对《公正司法前沿探索》一书的支持和热爱，是我们不断提升办书质量的动力和源泉。《公正司法前沿探索》将在不断的实践与探索中，注重审判实践与前沿的法学理论的结合，积极倡导多种学科的融合与方法的创新，多出精品，共同为推进法治建设、实现公平正义的目标做出应有的贡献。

本书编辑部

目　录

Contents

实务探讨 / SHIWU TANTAO

司法论坛 / SIFA LUNTAN

案例分析 / ANLI FENXI

法院文化 / FAYUAN WENHUA

改革前沿

拔钉抽楔：阻却非法证据的“锚定”污染

——试论独立性非法证据排除前置程序的构建

黄 晖*

引 言

所谓“锚定效应”（anchoring effect），是指“在不确定情境下，判断与决策的结果或目标值向初始信息或初始值即‘锚’的方向过度接近而产生估计偏差的现象”。[1] 在刑事审判中，锚定效应也随处可见，法官的决策思维往往会受第一信息的支配，裁量结果也会不自觉地在此种印象的周围徘徊。而在案证据，正是第一信息的当然载体。因此，阻却非法证据对法官决策可能产生的“锚定”污染，既是实现刑事审判实体公正与程序公正有机结合的基础性需求，也是以审判为中心的刑事诉讼制度改革的应有之义。

一、审思：“内外锚”情境下非法证据排除程序的实践困境

纵观我国非法证据排除规则的历史沿革，自2010年《关于办理刑事案件排除非法证据若干问题的规定》到2012年修订《刑事诉讼法》、最高人民法院《关于适用〈中华人民共和国刑事诉讼法〉的解释》，再到

---

* 广西壮族自治区南宁市青秀区人民法院。

〔1〕 徐倩：《国内外锚定效应研究综述》，载《合作经济与科技》2015年第10期。

2017年6月27日《关于办理刑事案件严格排除非法证据若干问题的规定》正式施行，我国非法证据排除规则已经基本完成了“规则确立—立法规范—规程操作”的制度设置路径。然而，新的可操作性规程仍然受锢于庭前会议“核实情况、听取意见”的法律定位，锚定效应对非法证据排除规则的影响仍然不能忽视，即使是在当前可操作性规程正式施行伊始。笔者以G省Q法院〔1〕近三年审结的刑事案件为样本，结合对20名刑事法官〔2〕职业认知的问卷调查，剖析如下：

(一)“外部锚”展现的客观现实

外部锚即外部资源提供的信息。受外部锚的影响，当前非法证据排除程序展现出如下特征：

1. 提出非法证据排除的申请较少

2014年至2016年，Q法院共收案3326件，向法院提出非法证据排除申请的案件44件，占比约1.32%（见图1），比例微小。

虽然根据审判规律，刑事诉讼的良性运转并不与提出非法证据排除申请的比例同向对应，但依旧可以从中看出，证据考量的重点仍在实体层面，非法证据排除的设置效用并未完全落到实处，刑事诉讼证据领域的程序公正变革亦未真正受到触动。

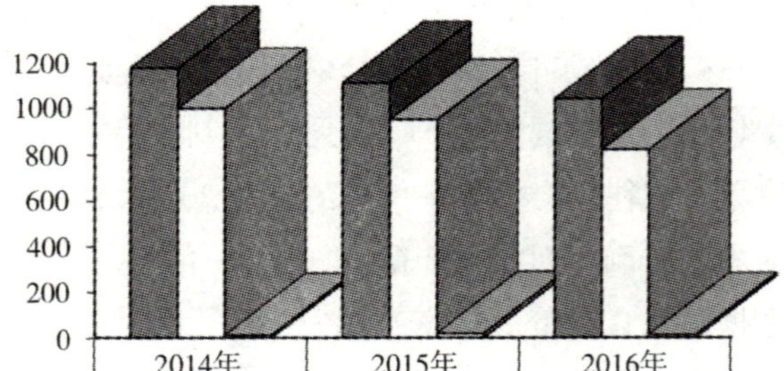

	2014年	2015年	2016年
■累收案数	1176	1110	1040
□累结案数	994	945	813
□提出排非申请数	12	19	13

图1　提出非法证据排除申请的案件数比较

---

〔1〕 选择Q法院的原因：一是Q法院位于G省的政治、经济、文化中心，理论及实践资源较丰富，诉讼程序适用具有代表性；二是Q法院年均受理刑事案件1000件左右，且新类型案件频现，案件类型具有代表性；三是Q法院法官以本科及以上学历、25~40岁的青年为主，法律思维具有代表性。

〔2〕 选择的20名刑事法官均从事刑事审判工作一年以上，涵盖了老、中、青三个年龄段，其中90%为大学本科以上学历。

2. 非法证据排除程序的启动消极

《刑事诉讼法》第 56 条规定，申请排除以非法方法收集的证据的，应当提供相关线索或者材料。虽然“提供相关线索或者材料”并非举证责任的分配，但大部分非法证据排除程序的启动仍然非常谨慎，实际准入门槛远高于期望值。2014 年至 2016 年，向 Q 法院提出非法证据排除申请的案件共 44 件，但最终启动非法证据排除程序的案件仅 11 件，占比约 25%（见图 2）。其中：

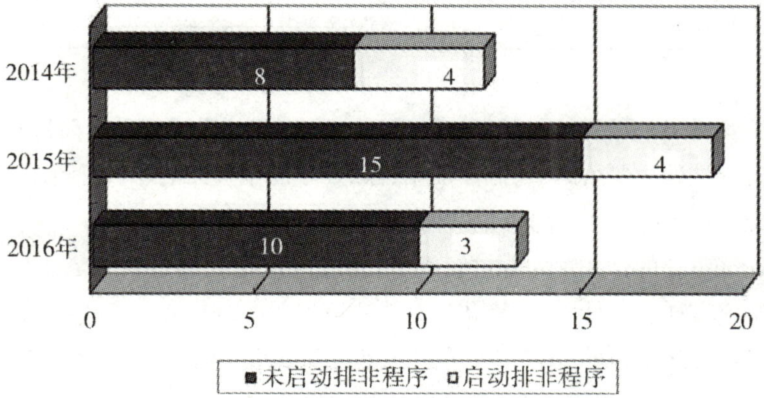

图 2　启动非法证据排除程序的案件比例

（1）启动主体。根据《刑事诉讼法》第 56 条的规定，非法证据排除程序的启动既可依申请启动，亦可由法院依职权启动。Q 法院 2014 ~ 2016 年审理的案件中，无一法院依职权启动的案件。

（2）启动期间。《刑事诉讼法》对非法证据排除的期间规定为法庭审理过程中，包括庭审前与庭审中，甚至庭审后。样本案件中，所有提出非法证据排除的申请均是在庭审中提出，其中，法庭调查阶段提出 41 件，法庭辩论及最后陈述阶段提出 3 件。

3. 证据收集合法性的证明方式未深挖

《刑事诉讼法》第 57 条规定，由检察机关承担对证据收集合法性的证明责任，但如何排除对证据合法与否的“合理怀疑”，目前检察机关的证明方式则是浅尝辄止。在启动非法证据排除程序的 11 件案件中，检察机关采用提交加盖公章的说明材料证实证据收集合法性的 9 件，采用提交被告人签字确认的讯问笔录的 9 件，所占比重均达到 81.81%，另外还有提供体检健康证明、提押材料、同步录音录像、证人证言、提请侦查人员出庭作证等方式（见表 1）。

表1 检察机关证明证据收集合法性的方式

	证明方式						
	提交加盖公章的说明材料	提交被告人签字确认的询问笔录	证人证言	体检健康证明	提押材料	同步录音录像	侦查人员出庭作证
件数	9	9	1	5	5	3	2
占比	81.81%	81.81%	9.1%	45.45%	45.45%	27.27%	18.18%

由此不难看出,采用说明、讯问笔录等"自证清白"的方式仍是当前检察机关证明证据收集合法性的主要落脚点,非法证据排除程序的调查无法深入进行。

4.认定非法证据并予以排除的界限模糊

在对证据收集的合法性问题进行调查后,法院应根据调查结果依法作出是否予以排除的决定。样本案件中,最终认定为非法证据并予以排除的案件3件,占已启动非法证据排除程序案件的27.27%,占提出非法证据排除申请案件的6.8%,占样本案件总数的0.09%,比例微小(见图3)。同时,未认定为非法证据的8件案件中,均是以检察机关已提交了合理说明,在案证据不能证实存在以非法方法收集证据的情形等理由不予采信。

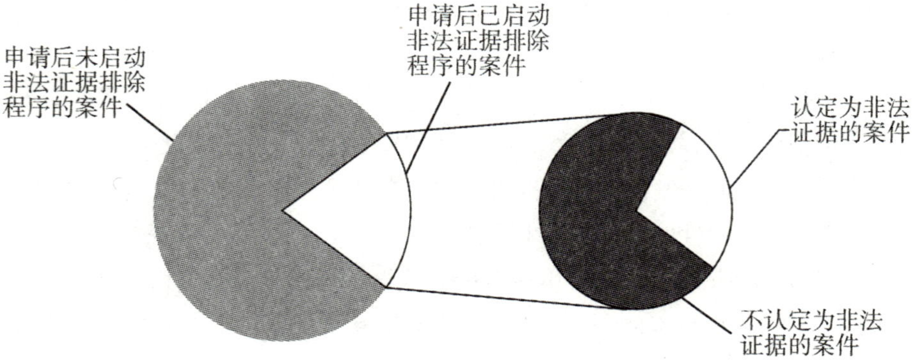

图3 认定为非法证据案件所占比例

(二)"内部锚"凸显的主观判断

内部锚产生于决策者自身。当然,主观意志不能完全脱离客观行为而存在,并且可以通过客观行为得以体现,但不得不承认,决策者产生的内部锚,亦可能反作用于客观行为。在非法证据排除程序的适用上,法官作为决策者,其主观判断亦不可避免地受到先期价值观、思维方式、经验等因素的影响和制约。从问卷调查的数据来看:

1. 非法证据排除程序的首要功能

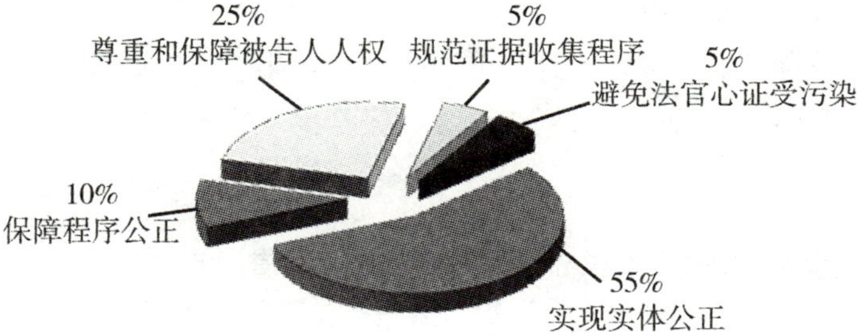

图 4 法官对非法证据排除程序首要功能的认知

法官的司法价值观决定了他的司法立场。在对非法证据排除程序的功能考量上,需要首先"实现实体公正"的价值取向占比 50% 以上,而相关程序公正的价值功能往往处于附属的地位(见图 5),表明在我国职权主义的刑事诉讼模式下,"不论是司法工作人员还是诉讼参与人,在参与诉讼时更多的是把精力放在如何更有效率地解决案件,也就是把重点放在结果上,而不是诉讼程序上"。[1]

2. 启动非法证据排除程序最大的困难

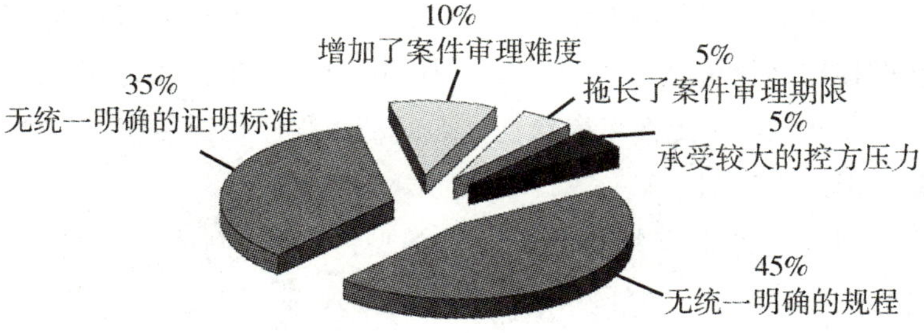

图 5 法官对启动非法证据排除程序最大困难的认知

实践中,法官对启动非法证据排除程序并不积极,从法官的主观意志来看,无统一明确的规程、无统一明确的证明标准是法官认为目前启动非法证据排除程序面临的最大困难,占比达 80%(见图 5)。这也从一个侧面表明,法官对非法证据排除程序本身是愿意接纳的,但如何适用的迷茫导致其举步不前。

〔1〕 马虔:《浅析导致我国法律重实体轻程序的历史原因》,载《法制与社会》2012 年第 3 期。

3. 被排除的非法证据对法官心证是否有影响

毋庸置疑，法官在排除非法证据后，应当在其他在案证据的基础上，综合考量以认定案件事实。调查问卷结果显示，几乎所有的法官都认为非法证据被排除后将会对法官心证的形成产生影响，但需要注意的是，这些影响并不都是正面的，仍有55%的法官认为已排除的非法证据或直接或间接仍会作用于法官心证，因为对于法官来说，调查前已经接触了某种事实，调查后又要完全排除这一事实，这在心理上是有一定难度的。

二、检视：锚值影响下非法证据排除程序的价值思考

“价值问题虽然是一个困难的问题，但却是法律科学不能回避的”。[1] 实践层面暴露出的非法证据排除程序在理念定位、制度设置、程序构建等角度的缺陷，正是源于价值问题的简单化处理，而价值取向亦是锚定效应的重要影响因素，或者亦可直接称之锚值。因此，有必要基于理性主义的思考，对非法证据排除程序的价值进行基础性定位。

（一）锚值思考之一——程序价值或实体价值

追溯程序与实体的法理渊源，人们追求客观真实的愿望是无限的，但诉讼的功能是有限的，它并非发现客观真实的最佳方式，客观真实的不可溯性决定了诉讼与其只能无限接近却不能等同。人们需要一种可以触摸到的方式来追求客观真实，这就是程序。程序的作用体现在，它使得人们亲眼看到程序运行的公正，具有最大限度地保障实体追求得以实现的可把握可操作性。如何平衡程序价值与实体价值，则是设置不同司法裁判形态的基础。

有学者将我国的刑事审判划分为三种类型：定罪裁判、量刑裁判及程序性裁判，[2] 前面两种类型属于实体性裁判，而程序性裁判，则泛指发生在实体性裁判过程中的为解决程序争议而进行的司法裁判活动。“相对于其他形式的程序性裁判，非法证据排除程序具备最完整的司法裁判形态”，从实践来看，目前我国的非法证据排除程序也已经逐步建立了包括启动、调查、证明、救济等在内的程序性裁判制度，非法证据排除程序从证据的合法性角度入手，以使得裁判结果在人们看得见的形式下作出，

〔1〕［美］罗斯柯·庞德：《通过法律的社会控制·法律的任务》，沈宗灵、董世忠译，商务印书馆1984年版，第55页。

〔2〕陈瑞华：《非法证据排除程序再讨论》，载《法学研究》2014年第2期。

因此,程序性价值应当是非法证据排除程序的首要价值。

然而,也应当看到,非法证据排除程序也有不同于一般程序性裁判的特点。第一,在对证据收集合法性进行调查时,检察机关提交的证据往往会与实体性裁判的证据重合,如询问笔录、证人证言、同步录音录像等;第二,控辩双方具有对抗性;第三,对证据收集合法性的调查有可能成为刑讯逼供罪、暴力取证罪等其他犯罪的实体性证据。也就是说,非法证据排除程序并非单纯的程序性裁判,它具有实体性的价值取向。

因此,在实体或公正层面,非法证据排除程序的价值应定位于程序价值优先,兼顾实体价值。

(二)锚值思考之二——公正价值或效率价值

公正与效率本身就是一对矛盾的命题,在司法资源有限的前提下,两者的矛盾冲突尤为明显,对公正价值的追求,将会直接增加司法在时间、资源等层面的成本,进而导致效率价值被削弱;而过分强调效率价值,则需要在单个数值上减少对时间、资源等的投入,公正价值亦会因此发生动摇。但公正与效率又是一对统一的命题,因为"没有效率的正义是延误或虚幻的正义,而没有正义的效率则是恣意的效率",[1]两者不可分割。如何平衡公正价值与效率价值,则是设置不同司法裁判形态的方向。

前文已述,绝大多数法官认为,非法证据排除程序的首要功能即"查明案件事实,实现实体公正",2010 年、2017 年两个关于非法证据排除的规定也均明确定位于"规范司法行为,促进司法公正",也就是说,无论是立法目的,还是司法理念,非法证据排除程序彰显的公正价值已不容置疑。

然而另一方面,非法证据排除程序一旦启动,其必然是增加了一项程序性裁判,无论是时间上还是资源上都必然支付更多的耗费,增加审理的难度,拖长审理的期限,这也是前述法官认为启动非法证据排除程序的困难之一。因此,并非因为立法目的和司法理念的导向性,就只将非法证据排除程序落脚于公正价值,恰恰相反,非法证据排除程序缺少的正是对效率的考量,如果需要牺牲效率来实现公正,此公正不是真正的公正。

因此,在公正或效率层面,非法证据排除程序的价值应定位于公正价值优先,兼顾效率价值。

---

〔1〕 参见王晨光:《关于司法公正与效率的思考》,载《人民法院报》2001 年 3 月 6 日。

(三)锚值思考之三——附属价值或独立价值

首先,从现有非法证据排除程序的相关法律规范来看,非法证据排除程序实际属于庭审程序的组成部分,并非完全独立的诉讼形态,其具有附属性。最高人民法院《关于适用〈中华人民共和国刑事诉讼法〉的解释》第99条、第100条规定,当事人、辩护人、诉讼代理人在开庭审理前申请排除非法证据的,人民法院有疑问的应当召开庭前会议了解情况、听取意见,而在法庭审理过程中,才是对证据收集的合法性进行调查。也就是说,非法证据排除程序与事实调查、举证质证等环节一样,都是由同一审判组织在同一诉讼程序中解决,其并不具有程序的独立性。

然而,非法证据排除程序"是一项刑事程序规则,属于刑事程序法范畴;同时也是一项刑事证据规则,属于刑事证据法范畴",[1]作为专门就证据收集合法性进行审查的程序,其不但具有刑事诉讼的基本价值,也具有实现非法证据排除规则的独立价值。实质上,我国立法者已经意识到了非法证据排除程序独立价值的必要性,修订后的《刑事诉讼法》第182条明确规定了"庭前会议"制度,并将非法证据排除列入庭前会议的具体内容。从形式上看,庭前会议初步具备了解决程序性事项的制度功能,赋予了非法证据排除程序一定的独立价值,但也要指出,由于庭前会议的效力仅限于"了解情况,听取意见",非法证据排除规则的独立价值能否真正实现仍是疑问。

综上,在附属或独立层面,非法证据排除程序的价值应定位于独立价值优先,兼顾附属价值。

三、明辨:比较法视野下非法证据排除程序的模式反思

实质上,无论是对现实困境的梳理还是对价值定位的思考,笔者认为,非法证据排除程序的适用之所以在理想与现实当中存在差距,既有前述无统一明确可操作性的相关规程等外在因素,也有法官经验积累不足等内在因素。而最根本的成因还是在于"我国刑事司法领域仍着重'证据客观真实',而轻'证据程序合法'的纠问制传统思维,而这一障碍又是仅靠制度更迭所难以消解的",[2]因此,想要扭转现有的实践困局,简单对现有制度进行缝补和抛光是远远不够的。"他山之石,可以攻玉",其他国家较为完善与成熟的制度实践,也许能够给出些许参考。

---

〔1〕 杜豫苏:《非法证据排除审理程序的困境与完善》,载《法律科学》2013年第6期。

〔2〕 孟婕:《我国"独立型"非法证据排除程序构建研究》,载《法学杂志》2015年第11期。

(一)美国:审前排非动议

审前排非动议是美国非法证据排除的适用程序。《美国联邦刑事诉讼规则》第12条规定,能够不经实体审理而予以确定的任何抗辩、异议或请求,可以以审前动议的形式提出。[1] 非法证据排除动议即是审前动议之一。美国的审前排非动议包括如下内容:

1. 启动方式。排非动议应当在审前提出申请,申请者是在刑事诉讼中权利受到侵犯的人,主要即被告人。

2. 裁判主体。在美国的刑事司法体制中,裁判主体呈"二元式结构",即实体裁判主体与程序裁判主体相分离。受理排非动议的是治安法官或其他法官,但被告人定罪等实体性问题则由陪审团独立作出判断。

3. 程序。排非动议主要是通过听审程序完成的,辩方在听审程序中主张控方的证据是非法所得,要求禁止在正式庭审中作为指控被告人的依据,控方则予以反驳,同时控辩双方均可出示相关证据或要求传唤证人、侦查人员等出庭作证并展开辩论,法庭则要在听审结果的基础上,作出是否排除非法证据的裁决。

4. 司法救济。对于法庭作出的排非裁决,控辩双方都具有向上一级法院上诉的权利。

(二)英国:审判中的审判

英国针对非法证据排除采用的是将非法证据排除程序嵌入庭审过程中,但仅针对证据可采性的专门问题,并独立于其他庭审调查过程的制度,英国学界形象地称之为"审判中的审判"。其包括如下内容:

1. 启动方式。审判中的审判程序启动者既可以是控方,也可以是辩方,只要一方对另一方将要出示的证据表示异议即可启动。

2. 裁判主体。审判中的审判裁判主体也是庭审法官。但由于英国与美国一样,其刑事司法体制也是法官与陪审团二元分离的形态,且法官在审查有异议的证据时,陪审团会离开法庭,故英国的非法证据裁判者与案件事实裁判者实际上也是分离的。

3. 程序。与美国审前排非动议一样,英国审判中的审判控辩双方也均可出示相关证据或要求传唤证人、侦查人员等出庭作证并展开辩论。实质上,英国也正在呈现出将非法证据排除程序向审前转移的趋势,其《1996 年刑事程序和侦查法》中就有法官可以在审判开始前就证据的可采性问题作出裁决的规定。

---

[1] 宋英辉、孙长永、刘新魁等:《外国刑事诉讼法》,法律出版社 2006 年版,第 186 页。

4. 司法救济。英国审判中的审判也赋予了控辩双方针对排非裁决可以上诉的司法救济权利。

(三)俄罗斯:庭前听证

俄罗斯的非法证据排除是通过庭前听证来实现的。庭前听证程序是在"正式开庭之前解决一些程序性的问题,如排除证据的申请、辩方关于传唤证人以便证明犯罪嫌疑人不在现场的申请、辩方补充证据或物品的申请等"。[1] 根据《俄罗斯联邦刑事诉讼法典》的规定,其非法证据排除的庭前听证包括如下内容:

1. 启动方式。庭前听证中,控辩双方都有权从法庭出示的证据清单中对证据提出排除的申请。

2. 裁判主体。俄罗斯的庭前听证是由法官独任进行,且不公开。但当刑事案件是由陪审法庭审理时,控辩双方及参与法庭审理的其他人都不得告知陪审员存在已被依法排除的其他证据。

3. 程序。俄罗斯要求控辩双方必须以书面形式提出非法证据排除的申请。如果辩方提出排除的理由是证据的获得违反了刑事诉讼法典,那么证明证据获得合法性的责任则由控方承担,其他理由则由申请方承担。法官需对听证作出裁决并说明理由。法庭作出非法证据的认定并排除后,该项证据即失去了法律效力。

4. 司法救济。庭前听证之后,在正式庭审过程中,法庭有权根据申请再次启动对排除证据可采性的审查。

(四)对我国非法证据排除模式的参考

归纳上述三个国家非法证据排除程序的设置,虽然在具体内容上均有各国自己的特点,但其背后所蕴含的诉讼价值和立法目的却有值得借鉴的共同点。

一是设置独立的非法证据裁判程序。程序性裁判具有其独立的价值,其应当被独立对待,各国针对非法证据排除问题都设置了独立的裁判程序,彰显了对现代程序正义精神的推崇。

二是将非法证据的裁判主体与实体裁判主体分离。将程序裁判主体与实体裁判主体分离,是为了确保事实裁判主体能够客观公正、毫无偏见地对事实作出认定。

三是注重庭审核心问题的处理效率。各国大都将非法证据排除安排在了庭前予以解决,其一是辩方能够根据证据排除情况及时调整辩护策略,其二是法庭也能将精力集中到事实认定的核心问题处理上来,进而提升庭审活动的效率。

---

[1] 徐南、王超:《非法证据排除规则的程序模式》,载《云南警官学院学报》2005 年第 4 期。

四是赋予有效的司法救济手段。针对非法证据排除问题,各国普遍赋予了诉讼当事人二审或再次提出申请的救济程序,全面彰显了程序性裁判对人权保障的价值追求。

四、笃行:"一尘不染"的非法证据排除前置程序的构建

程序是制度具有可操作性的基础。根据2017年《关于办理刑事案件严格排除非法证据若干问题的规定》的要求,已经将庭前会议定位于非法证据排除的必经阶段,庭前会议已经具有形式上独立于庭审阶段的程序性裁判的框架,功能上也已初步承担着对非法证据排除"了解情况、听取意见"的任务,故笔者认为,要实现"一尘不染"的论证效果,应当在当前庭前会议的基础上,构建"独立性"的非法证据排除前置程序。

(一)阻却手段之一:赋予前置程序以法律效力

从前述价值定位来看,非法证据排除前置程序的法律地位,决定了其制度、主体、流程等后续设计的基本方向。根据现有的法律规范,我国庭前会议仅是就程序性事项"了解情况、听取意见",并未赋予庭前会议作出具有法律效力的决定的权利。在庭前会议的结论没有法律效力的前提下,庭前会议的功能仅仅是对案件进行初步的梳理,在庭前会议中已经进行的相关调查,可能在庭审中被直接否认,进而导致庭前会议有形无实、形同虚设。因此,构建行之有效的非法证据排除前置程序,应当赋予其法律效力,使其能够对程序中涉及的证据收集合法性问题作出有拘束力的司法裁判。这也是非法证据排除前置程序在程序价值层面节约司法资源、提高审判效率的定位。

笔者认为,非法证据排除前置程序是一个独立的、专门的、解决非法证据问题的程序。在前置程序中,应当完成是否启动非法证据排除的调查、对证据收集合法性的调查并作出相应裁定,裁定的效力作用于正式庭审,即裁定不予启动非法证据排除调查的,庭审中亦不再就证据的可采性进行调查,裁定是非法证据并予以排除的,庭审中不能作为证据予以出示。同时,非法证据排除的裁决同事实认定的判决一样,对于疑难、复杂、重大难以作出决定的,可以提交审判委员会讨论,这也保障了正式庭审能够连续、集中、有效率地进行。

(二)阻却手段之二:设置程序法官专任制度

要实现非法证据排除前置程序独立性的特征,除了程序设置的独立性,裁判主体的独立性也不可或缺。毕竟"锚定效应"是一种心理现象,它对裁判主体的渗透往往是悄无声息的,只要事先涉及,就不可避免会受到影响。

然而,我国的法律体系毕竟与英美法系国家不同,不可能直接吸纳其陪审团制

度,但程序性裁判主体与实体性裁判主体相分离的二元法官队伍结构的需求确已迫在眉睫。因此,笔者认为,应当设立专任的程序法官,集中解决非法证据排除等程序问题。立足于我国现实,目前有两种模式可供考量:一是可以将非法证据排除问题的裁定由立案法官作出,即由立案法官兼任程序法官的职责,且立案法官不进入案件的实体性审理;二是在司法改革的大前提下,赋予法官助理以处理程序性裁判的权责,而法官助理作为法官的后备力量,在业务上也应当具备承担程序性裁判的能力,但法官助理的等级考量、权责设置等,还有待进一步的规划。从司法成本的角度来说,笔者更倾向于第二种,由法官助理担任专任的程序法官,既能够防止需作出事实认定的庭审法官在庭审前就受到非法证据的污染,又能够在质量上、数量上保障专任程序法官真正发挥作用,形成积极的阶梯性法官队伍建设机制。

(三)阻却手段之三:细化前置程序的操作规程

2017年《关于办理刑事案件严格排除非法证据若干问题的规定》已就非法证据排除程序进行了较为明确的规定,最高人民法院也有针对性地制定了关于庭前会议、非法证据排除、普通程序法庭调查的“三项规程”(试行),使其更具可操作性。在当前规程的基础上,笔者认为,如要建立独立性的非法证据排除前置程序,应在以下层面进一步完善:

1. 法院收到非法证据排除申请后,应由程序法官对申请作初步审查,进入非法证据排除前置程序后,也应由程序法官进行主持,可独任调查,亦可组成程序合议庭调查。

2. 赋予控辩双方对程序法官申请回避的权利。

3. 程序法官需在非法证据排除前置程序中作出是否是非法证据并予以排除的结论,并以裁定的形式完成。

4. 认定为非法证据并予以排除的,证据不再移送实体法官,亦不在庭审中出示,不认定为非法证据的,附卷一并移送。

5. 确立非法证据排除前置程序以合理期限。

也就是说,非法证据排除前置程序的设置应具有独立程序的全部内容,也应当体现控辩双方充分对抗、法官居中裁判的基本诉讼形态。

(四)阻却手段之四:完善前置程序的司法救济

在诉讼法上,基于程序效益的考虑,当事人对于程序性裁决的救济手段往往受到法律的严格限制。[1] 但考虑到证据是否被认定为非法证据并予以排除可能与案件

---

〔1〕 边慧亮:《中外非法证据排除程序比较研究》,载《西部法学评论》2012年第2期。

的定罪量刑有直接的关系，故笔者认为，应当赋予非法证据排除前置程序以一定的救济渠道，但又需要把握度的考量，具体包括：

首先，应保障非法证据排除前置程序的独立性，在启动非法证据排除前置程序并作出裁定之后，原则上在一审庭审阶段不允许再次就证据收集的合法性问题提出申请，也不受理控辩双方对已作出裁定提出异议，以防止前置程序被反复使用而致使功能弱化；

其次，应保障非法证据排除前置程序的效率功能，原则上也不赋予控辩双方在一审未作出实体判决之前，单独就非法证据排除前置程序作出的裁定单独提起上诉的权利，以避免因单独解决程序性裁定增加司法成本，降低司法效率；

最后，应保障控辩双方的程序救济权利，控辩双方可在一审法院作出实体判决之后，就案件的定罪量刑、法律适用等问题一并向二审法院提起上诉。二审法院可根据案件具体情况，将证据收集的合法性问题并入正式审理程序一并进行。

结　语

“法律制度是经验性很强的知识，在社会实践中产生并在社会实践中发展。”〔1〕作为主观性的范畴，刑事诉讼中的锚定效应有其存在的客观性，单纯想通过技术手段使其彻底消失并不现实，只有构建符合国情社情、具有可操作性且行之有效的制度及程序，才能真正阻却锚定效应对刑事诉讼可能产生的负面影响。当然，在新的操作规程施行伊始，不同的思考方向还缺乏实证的正向支撑，而独立性非法证据排除前置程序的设置，在实践中也仍然可能产生制度衔接、理念冲突、主体资格等实际操作层面的迷惑，这也正是我们下一步需要探讨解决的更深层次的问题。

〔1〕 陈卫东：《程序正义之路》（第2卷），法律出版社2005年版，第480页。

缺位与回归:法官助理供需失衡及破解之道

成　靖*

引　言

十八届三中全会以来,司法体制改革如星火燎原,辉耀神州,开启了全面推进依法治国的重要战略新举措。审判权运行机制改革作为司法体制改革的重要环节,全面引入了"员额法官—法官助理—书记员"的新型审判团队模式,推进法官的精英化与职业化,努力实现审判质效最大化,成为司法理论界和实务界的热议话题。由于多种因素的掣肘,法官助理面临未入额法官转岗难、政法专项编制法官助理招录难和聘任制法官助理留任难等问题,优秀稳定的法官助理供需失衡,员额法官已到"单兵作战"极限。如何供给充足的高素质法官助理,实现员额法官、法官助理与书记员的优化配置,最大限度地发挥新型审判团队的协同办案优势,迅速化解诉讼案件井喷式增长压力,成为当前司法改革亟须解决的问题。本文以西部某中级法院为实证研究样本,管中窥豹,试图对化解法官助理供需矛盾有所助益。

一、僧多粥少,案件剧增重压下的法官助理供需严重失衡

随着经济社会的快速发展和人们权利意识的勃兴,诉讼案件涌入法院呈快速增长态势。据统计,2000 年全国法院共受理各类案件 593 万

* 广西壮族自治区来宾市中级人民法院研究室主任。

余件。[1] 到2017年最高人民法院受理案件15 985件，审结14 135件，比2014年分别上升42.6%和43%；地方各级人民法院受理案件1951.1万件，审结、执结1671.4万件，结案标的额4万亿元，同比分别上升24.7%、21.1%和54.5%，[2] 比2000年上升了近3.29倍。而在2002年，在我国法院的31万名工作人员中，共有首席大法官1人，大法官41人，高级法官3万余人，法官18万余人，法官总数约21万。截至2013年7月，中国法官人数为19.6万，约占全国法院工作人员总人数的58%。在案件大幅增长的情况下，法官人数不升反降。特别是立案登记制实施以后，各种类型案件潮水般涌入法院，案件类型的多样化和当事人诉讼期望高企使得案件处理难度大幅上升，人民法院面临前所未有的严峻形势。为了化解案多人少的矛盾，长期沿袭的一审一书的审判组织模式无法适应审判形势的需要，按照员额法官、法官助理和书记员不同比例构建新型审判团队应运而生。

以广西壮族自治区L市中院为例，该中院拥有正式干警129人，其中政法专项编制127人，工勤人员2人。根据“因案定员，留有余地”的要求，依照广西高级人民法院分配首批员额的比例33%计算，经过动员部署和组织考核后产生了43名员额法官，另有33名法官没有入额。L市中院要实现员额法官与法官助理1:1的配置，需要配备43名法官助理。从目前法官助理的来源来看，L市中院从以下几个方面解决法官助理都不容乐观。

（一）“内生型”法官助理“罗衾不耐五更寒”

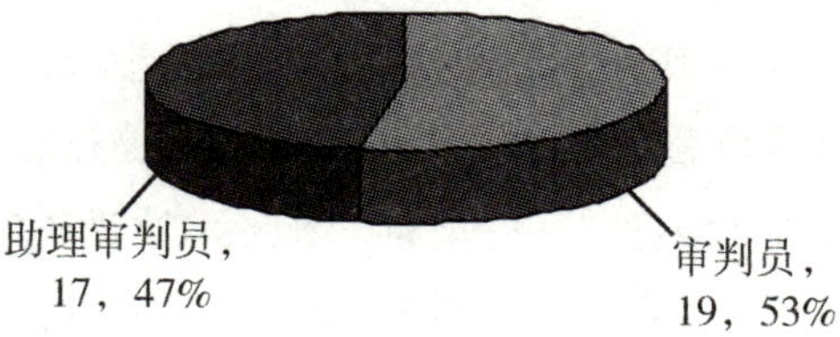

图1　2016年L市中级人民法院未入额法官分布情况

在L市中院未入额的36名审判员和助理审判员中，有19名审判员和17名助理审判员（见图1）。剔除过去担任过院领导、部分法官年龄偏大或少数身体欠佳长期治病等未入额法官，能够真正担任法官助理的只有13名。在43名员额法官中，如果按照1:1的比例配置法官助理，还有30名的缺口。辖区X法院，由于常年案件数量

〔1〕参见第九届全国人民代表大会第四次会议《2000年最高人民法院工作报告》。

〔2〕参见第十二届全国人民代表大会第四次会议《2017年最高人民法院工作报告》。

占到全市6个基层法院总数的45%,人均办案数在130件以上。长期超负荷劳动使得很多中老年法官得了腰椎间盘突出等慢性病。年轻的法官随着审判年限的增长从员额法官获得审判经验呈边际效用递减趋势,在经过内心煎熬之后选择挂冠而去。2016年已有1名员额法官和1名法官助理辞职,1名法官助理调离法院,另有3名法官正在申请提前退休,L市两级法院都面临"拴心留人"难题。从全国法院来看,法院队伍也面临"人心浮动"的暂时困难。仅2015年,海南省基层法院就有20人辞职,全省辞职干警高达31名。

(二)"外源性"法官助理未能落地生根

1. 招录政法专项编制法官助理"落花流水春去也"

L市辖区的H市基层法院,由于是县级市行政架构,报考法官助理需要司法考试A证,2017年招录的4名法官助理岗位出现了无人报考的窘境,其他法院因报名人数不足均减少1~4人不等名额,两级法院减少招录法官助理共计13人。这与过去"万马千军过独木桥"的盛况对比,让人掩卷深思,唏嘘不止。京畿重地亦"寒气袭人",法科专业学生挤破脑袋进法院的场景难以再现。2016年北京市公务员考试刚刚完成网上报名,10个法官助理岗位无人缴费成功。北京法院系统总体报名人数比往年下降,报考法院不再是寒窗苦读学子的香饽饽了,而法院内部人员与此同时仍在不断流失。[1]

2. 聘任制法官助理"铁打的营盘流水的兵"

亚当·斯密曾云,提升工作效率必须采用分工与专业化。法官的精英化是职业化的必由之路,通过"盘活存量",实行法官员额制,大力提升案件质效,但要根本消除制约司法能力深层次矛盾,就必然"用好增量",扩充法官助理的数量,拓宽法官助理的招录渠道。然而近期乃至相当长一段时期内,大量招录政法专项编制法官助理不太现实,要弥补法官助理的巨大缺口,就要求聘任很大数量的编制外法官助理。[2]通过招录大专院校法学精英作为法官助理,成为当前几乎所有法院的应急之举。2016年广西三级法院进行司法改革以后,充斥网站的是招聘法官助理的新闻网页。在这场抢夺高校法学毕业生大战中,当下的薪金和福利似乎仅对刚走进社会的应届

[1] 滑璇:《2016年京考报名,法官助理大量空缺》,载《南方周末》2015年11月16日。

[2] 岳彩领:《法官职业化建设背景下"外援型"法官助理如何管理和使用》,载江苏省徐州市中级人民法院官网:http://xzzy.chinacourt.org/article/detail/2014/11/id/2116940.shtml,最后访问日期:2017年6月3日。

学生尚有些许魅力。对怀揣法治梦想的高素质人才来说，一年半载的司法历练更多被视为另谋高就的垫脚石和进身梯。L 市中院因地处经济落后的桂中地区，难入优秀法学毕业生的法眼，近几年基本是生源质量较差的毕业生前来应聘。2016 年招聘的 16 名法官助理兼书记员中，1 年以后能够坚持下来的只有 1 人，其本人也正在紧锣密鼓准备 2017 年的司法考试。（见图 2）

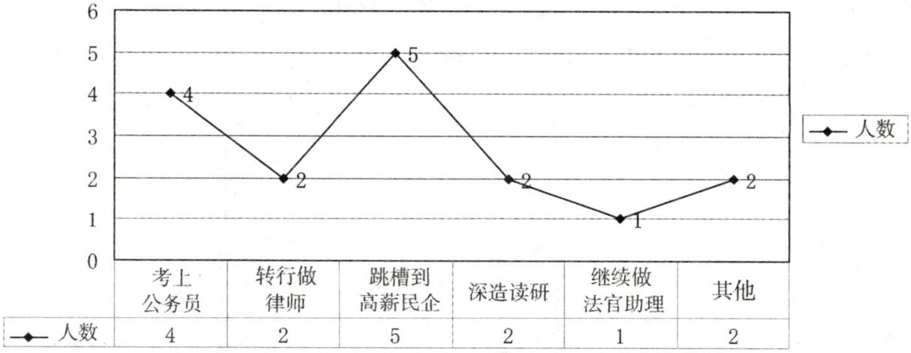

图 2　2016 年 L 市中级人民法院聘任制法官助理去向情况

综观全国发达地区法院，法官助理“闪辞”的情况也大同小异。根据广东省司法体制改革试点方案确定 39% 政法专项编制总数的比例计算，广东省法院的法官员额为 7995 人。建立新型审判团队需要 1 名法官搭配 1 名以上法官助理，由此推算，全省法院最小需要 7995 名法官助理。目前全省拥有政法专项编制法官助理 357 名，尚缺少法官助理 7638 名。即便 3116 名首批不能入额的法官基本转为法官助理（未入额法官中有的临近退休或者生病，不可能全部转为法官助理），仍差 4522 名法官助理。[1] 以上种种情况表明，如果不改善编制外法官助理的职业待遇与前景，法院将不可避免成为法学院“实践教育基地”。员额法官自己安排开庭、保全和调解，还要连轴转地参加其他员额法官的庭审和合议，根本无法从上级检查和各种会议等繁杂的事务性工作中解脱出来。承担繁重办案任务的法官既要面对蜂拥而至的案件，也要适应“铁打的法官，流水的助理”的心理落差。

〔1〕 薛江华：《助理找到好去处，我都不好意思挽留》，载《羊城晚报》2016 年 1 月 22 日。

二、抽丝剥茧,法官助理供需失衡的原因透析

(一)“内生型”法官助理难以助理法官

2017 年 5 月 28 日,L 市中院下发 L 中法组〔2017〕14 号《关于 × × 同志转任为法官助理的通知》,有 19 名审判员和有 17 名助理审判员全部转任为法官助理。但进一步组建审判团队时,大量的法官助理难以配置给相对应的员额法官。

1. 行政级别高,一般的员额法官怯于指挥法官助理

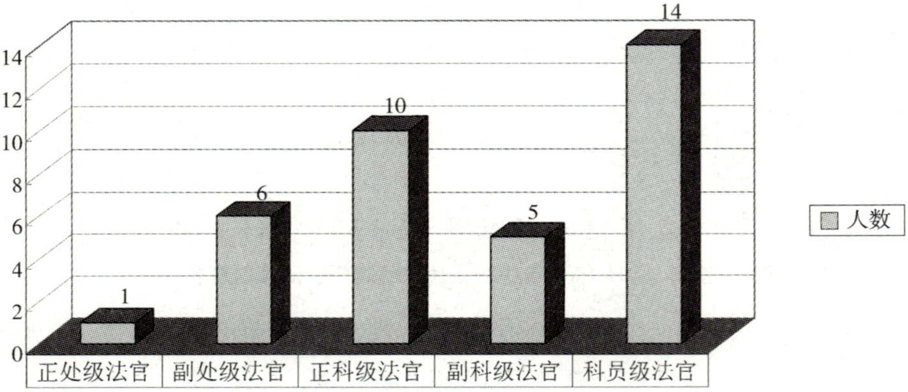

图 3 2016 年 L 市中级法院未入额法官行政级别

在这 36 名法官助理中,(见图 3)其中有 1 名从审委会专职委员退下来的正处级审判员,曾在办公室和民一庭担任正职长达 10 年以上。副处级领导 6 名,要么曾经担任过院领导,要么是在基层法院主政一方的“各路诸侯”,因年龄偏大或者个人原因不入额。这一批过去法院的肱股之臣,是很多员额法官的老领导,或多或少对法院的事务有相当的影响力。由于他们职位高资历老,如何发挥这一批“法官助理”的“光和热”颇费思量。特别是广西高级人民法院自 2 月 13 日宣布未入额法官不再办案或者参加合议庭,这一批“老同志”的作用没有得到充分的发挥。

2. 心态复杂，员额法官叫不动法官助理

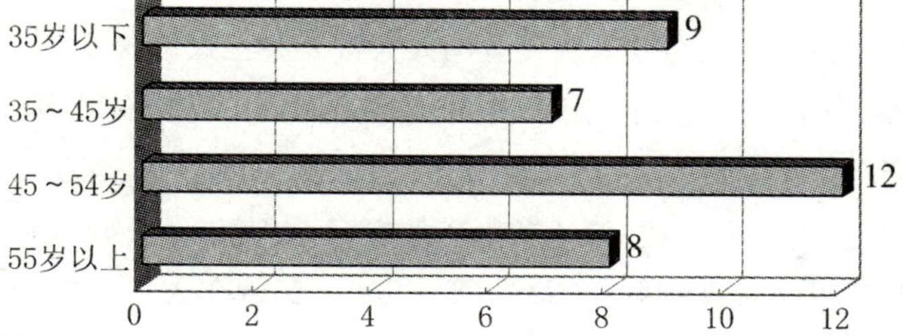

	55岁以上	45～54岁	35～45岁	35岁以下
■人数	8	12	7	9

图4　2016年L市中级人民法院内源性法官助理年龄分布情况

在45岁以上的20名法官助理中，患有“四高”（高血压、高血糖、高血脂、高尿酸）的有12人，其中大病初愈正在康复的有3人，剩下的8人，（见图4）过去一般都任命过审判员，职务都在正科以上，像他们这样年龄段的法官，行政级别再上层楼的希望很渺茫了，属于法院较难管理的特殊群体。行为经济学理论主张某个人占据某种利益的时间越长，失去该利益时他的苦楚就越大。[1] 他们对过去作为审判员的荣光深怀留恋，因此对“名分”的变化最为敏感，不满的情绪溢于言表。一般的员额法官也很识趣，尽量不去“招惹”这一拨“法官助理”。

在45岁以下的16人中，担任中层正职的有2人（审管办主任和研究室主任首批没有入额），本部门业务工作较多，目前没有更多精力从事法官助理工作。例如，某业务庭有2名审判经历超过15年以上的“老资格”，没有入额不满情绪已溢于言表。2位年轻的员额法官也退避三舍，如履薄冰，尽量克制自己避免与之发生正面冲突。在剩下的12名法官助理中，都有1～5年的助理审判员经历。在13名的助理审判员中，除了1名助理审判员入额外，这12名助理审判员都转任为法官助理，其中不乏获得自治区精品案件或者优秀裁判文书的佼佼者。由于员额法官与法官助理的关系没有理顺，大多法官助理正在完成2月13日以前的旧存案件，或者从事统计报表、调研写作或者类似庭长助理的部分行政工作。“1名法官搭配1名心怀怨念、待遇降格、等级停摆的前法官，除非这位助理近3年内还有入额可能，否则工作效率只会1+1<2。”[2]

---

〔1〕 万鄂湘：《现代司法理念与审判方式改革》，人民法院出版社2004年版，第905页。

〔2〕 何帆：《美国法院如何配置“员额”外法官》，载微信公众号“法影斑斓”，最后访问日期：2015年8月31日。

3. 意见纷纭,无法短期消除法律冲突

司法改革在中央政法委的强力督导下一路驰行。相应的立法修改虽经多次广泛征求意见,但因意见纷纭,至今未提交全国人大常委会正式审议。《人民法院组织法》和《法官法》都明确规定“非因法定事由、非经法定程序,不被免职、降职、辞退或者处分”,而2017年2月7日最高人民法院颁行的《人民法院落实〈保护司法人员依法履行法定职责规定〉的实施办法》第4条第2款规定,法官非因法定事由,非经法定程序被调离、免职、辞退或者受到降级、撤职等处分的,其所在人民法院应当及时予以纠正,或者建议有关机关予以纠正;有关机关不予纠正的,应当报告上一级人民法院商请有关机关纠正。在L市中院36名法官助理中,具有审判委员会委员资格的有6人。一方面他们是被放弃审判权需要在员额法官指导下协助办案的法官助理,另一方面却又作为资深审委“堂而皇之”在审委员会上品评员额法官审理案件的实体和程序瑕疵。作为全面深化改革所取得的阶段性成果的一个重要组成部分,纸面上权利与现实状况的内在抵牾在所难免。

(二)“外源性”法官助理招考难的原因分析

1. 政法专项编制法官助理报考遇冷的原因

(1)庞大的需求稀释了法科毕业生的供应。由于近2年全国系统集中改革,各个法院都开足马力招录法官助理,其中2016年6月北京法院招聘法官助理高达1458名,出现对法官助理的海量需求,极大地挤压了中西部地区对法官助理的供应空间。从广西壮族自治区来看,南宁、柳州、桂林、北海等城市能够提供丰厚的收入、广阔的发展空间,便捷的交通、多元的文化和惬意的业余生活,是莘莘学子梦寐以求的向往之处。而L市地处五线城市,经济文化相对落后,部分心怀梦想的学子如果没有在就业中碰破头皮一般不会甘心报考L市中院。

(2)案多人少重压下焦灼的办案压力致使法官助理吸引力降低。2015年5月立案登记制实施以来,大量的诉讼案件涌进法院。曾经令人景仰的法律职业如今沦为机械固化的“司法民工”。面对倍增的办案任务和行政强迫式的结案方式,“5+2”“白加黑”已成为法官工作模式的新常态,严重透支法官的身心健康。2016年侯铁男等36名法官积劳成疾、英年早逝。马彩云、傅明生、周龙惨遭报复或者杀害,诉讼当事人投诉或者辱骂当事人司空见惯,屡见不鲜。法官的尊荣感大大降低,这也是法科学生报考法官助理权衡再三的重要原因。

(3)员额制下法官成长周期的延长使报考法官助理的考生望而却步。根据目前报考法官助理的条件,一般要求取得国家司法考试资格A证,新招录的法官助理要求在法官助理职位干满5年后才有资格参加员额法官的遴选。仅此一项条件,就让许多法科学生望而却步。具有A证的毕业生在律所实习一年期满后就能申请律师执业证。在正常情况下,执业5年后律师的收入远高于法官助理。作为法官助理,在法院工作5年后仅够申请员额法官的资格。由于缺乏独立审理案件的经验,事实上成为员额法官可能还要等待更长的时间。在未来的员额法官遴选中,尽量照顾未入额审判员或者是助理审判员的既得利益,维护法官群体的和谐稳定,已成为众多法院消除员额制实施后可能产生负面因素的一般选择。法官助理未来职业的不确定性和难以维持体面生活的工资收入极大地影响了法科学生报考的积极性。

(4)招录政策的新变化使法科学生报考法院更加谨慎。原来许多法科毕业生将公务员考试作为不断改变自身命运的进身之阶。他们先考上一个难度相对较低的基层法院,获得公务员资格后再报考一个更好的职位,避免好高骛远而难以遂愿。基层法院的法官助理的强流动性和高换手率呼唤招录新规的出台,2017年起规定被录用公务员要么辞职,要么服务原单位5年后才能报考新的职位,原来"捧着铁饭碗系着保险带"考公务员的时代一去不复返了,这导致法科毕业生在报考法检系统时对职位的选择更加慎重,也导致偏远落后的基层法院无人报考的尴尬境地。L市中级法院下辖的H市法院过去是自治区管辖的县级市法院,自从煤炭资源枯竭以后,经济地位每况愈下。而原来H市法院要求司法考试资格A证的报考条件,经多次向广西高级人民法院呼吁仍然一时无法改变,以致连续多年出现减少招录指标甚至出现无人报考的困境。

2. 聘任制法官助理遭遇留人难的原因

(1)工资待遇偏低。L市2002年后由县城升格为五线地级城市,经济发展比较落后,城建设施欠账较多,市政基础设施建设均需政府举债完成。近年来L市政府拖欠债务近270亿元,均已到了还债高峰期,每天还债利息数百万元,能够保证公务员工资按时发放都已左支右绌,绞尽脑汁,财政压力十分巨大。L市中院由政府购买服务的65人中,全部具有大专以上学历,扣除"五险一金"后到手工资1500元左右,不及一个中小学毕业的"农民工"工资。一个"农民工"出勤25天,每天最少收入100元,工资都在2500元以上。L市中院曾考虑运用法院自筹经费提高聘任制法官助理的待遇,在征求有关职能部门意见后被认为会破坏L市劳动力市价格而作罢。

(2)无职业发展前途。聘任制法官助理由于缺乏公务员身份,工作再努力业绩再优秀也不能自动转变为员额法官。与一同进来的有政法专项编制的法官助理相比,5年以后有政法专项编制的法官助理可能升任为副庭长,聘任制法官助理还是从事烦琐事务性工作的司法辅助人员。由于长期缺乏有效的激励机制,再勤奋的法官助理也日渐得过且过,不思进取。如广西某市中院就发生临聘人员将存在5处严重错误的(2016)桂11民终字299号裁判文书印发宣判的乌龙事件。

(3)欲说还休的隐性歧视。正如王阳明所言:"破山中盗贼易,去心中贼难。"L市中院一些不经意的制度设置,加剧了聘任制法官助理的疏离行为。如聘任制法官助理没有投票选举决定有关竞聘庭室领导职位的权利,也没有到区外参加工作培训的机会,甚至稍微机密一点的会议,也是排斥聘任制人员参加。由于有意无意的歧视存在,聘任制法官助理对所服务的单位也没有归属感,一旦条件成熟就去寻找一份稳定体面的工作。

三、正本清源,努力解决法官助理供需失衡的进路探索

法官助理被称作"不穿法袍的法官",是实现法官职业化和精英化的重要途径,员额法官与法官助理有机结合形成结构科学的审判团队,产生了丰富司法经验与新潮法学理论的碰撞和激荡。而解决法官助理的供需失衡问题,要通盘考虑,大胆创新,顶层设计与基层试点相结合,努力探索出一条多元遴选法官助理的新路径。

(一)亡羊补牢,"内源性"法官助理的改革路径

以L市中院为例,虽然名义上将未入额的审判员和助理审判员任命为法官助理有36人,对应43名员额法官可以基本实行1:1的配置。但由于L市中院是一个老龄化非常严重、人才断层十分明显的中级法院,这在中西部地区的中基层法院具有相当的典型性。如何发挥好未入额的审判员和助理审判员的聪明才智,特别是具有丰富经验但因名额限制和身体素质等原因没有入额的老法官的余热,为司法改革的精英化和年轻化奉献正能量,努力破解立案登记制实行后井喷式案件增长与员额制实施后法官骤减的突出矛盾,是决策者需要慎重考量的问题。

1. 探索将未入额法官转变为限权法官协助办案模式

2015年立案登记制实施以后,全国法院收案数呈百万级增长,法院案多人少矛盾已经十分尖锐。因此,从短期来看必须打破"非员额不法官"的窠臼,以来源和功能为区分实现法官分类的多元化,与案件分流机制对衔接。只有一定的候补法官作为法官的补充方式,限缩员额法官名额才有可操作性。随着5年过渡期的结束,未入额法官所充当的审判角色将逐渐谢幕。

(1)未入额的代理审判员或者审判员任命为"候补法官"的协助办案模式。未入额的审判员在审判权运行机制改革前具有完全的审判权是无可争议的。依据现行法

律和司法实践,助理审判员是具有部分审判权的法官而不是司法辅助人员。在5年过渡期内,未入额法官原则上应保留在审判岗位上。将未入额的代理审判员或者审判员任命为"候补法官",办理一些刑事、民事和行政简易程序案件,小额速裁案件、司法确认案件和部分非诉案件,其中审判经验丰富的未入额法官在办理案件上与员额法官无异,但文书签发上仍由庭院长审核把关。

(2)发挥余热型的"资深法官"协助办案模式。在延长退休之前,女法官年龄在50岁以上,男法官年龄在55岁以上,且具有15年以上一线办案审判经验的法官,经法院党组考核合格后,任命为"资深法官",赋予完全的审判权,其薪金待遇可略低于或者与入额法官持平。

①安排到"诉讼服务中心"从事诉前调解工作。资深法官运用娴熟的法律知识对标的额小、事实清楚或者法律关系明确并可能及时履行的案件进行诉前调解,对案件进行繁简分流,可以调结大量案件。对案件久调不决的,立即分配到业务庭,直接开庭审理。

②安排到执行局协助从事执行工作。为了实现"2~3年内基本解决执行难"的目标,广西法官都规定执行局人员不能少于单位政法专项编制人员的15%。为了充实执行局的工作力量,安排审判经验丰富的老法官从事执行前的裁判工作,运用审判权监督和制约执行权,强化执行工作的公正规范和效率。年轻的未入额法官可以在员额法官的领导下从事查封扣押等事务。

③组成合议庭审理案件。简单案件由资深法官独任审理或者组成合议庭共同审理。疑难复杂案件由员额法官主审并担任审判长,资深法官作为合议庭成员参审案件,资深法官对案件拥有同等权利。

④协助从事案件评查工作。审判团队扁平化管理以后,员额法官对自己承办的案件直接审签,院庭长不再对自己未直接参与的案件进行审核。案件质量常规评查、专项评查和重点评查成为法院实施审判监督权的重要形式。组成以员额法官牵头、资深法官为主体的评查团队,资深法官提出拟办意见,员额法官审查把关的评查模式,是当下案件质量评查的可行方式。

2. 加强新陈代谢,拓宽未入额老法官的分流渠道

对L市中院一些政治级别在副处级以上,年龄在50岁以上的老法官,过去为法院事业做出过较大贡献,要区分情况,分类安排,确定积极稳妥的分流方向,不能"一刀切"地转化为司法行政人员或者法官助理。各级法院应当主动争取本地方党委和政府大力支持,在充分征求未入额老法官个人意愿的基础上,发挥未入额老法官熟悉

法律事务的优势,向其他党政机关如政法委、公安局、信访局、司法局、调处办和其他需要法律人才的职能部门或国有企业事业单位推荐干部。[1] 对主动提出提前退休的,要加强与有关部门的沟通协调,妥善办理好有关手续,让辛勤工作的老法官心情舒畅地离开法院,为渐行渐远的背影留下一抹温情和暖色。与此同时,对未入额法官,仍然在过渡期内保持身份和原有待遇不变。

（二）对症下药,加强对“外源性”法官助理政策支持力度

1. 综合施策,加强对政法专项编制法官的招录力度

(1)加强法律人才引进的力度。自2013年以来,L市中院引进了2名清华大学的硕士研究生。2017年,L市启动“‘麒麟英才’引进计划”,引进的非985院校毕业的硕士研究生给予住房和安家费补贴2万元;985院校毕业的硕士研究生给予住房和安家费补贴5万元;博士研究生给予住房和安家费补贴10万~35万元。L市中院要力争市委组织部和人社局的大力支持,每年引进1~2名法学素养好、文学功底深的知名高校毕业生。

(2)加强广西政法干警招录培养力度。L市辖区各法院筹集经费,培养了一批硕士或者双学士法官,有效地改变了广西法院高素质人才匮乏的局面。2016年6月中央全面深化改革领导小组第十三次会议通过了《关于招录人民法院法官助理、人民检察院检察官助理的意见》。L市要充分利用目前法院中央专项培训经费充裕的有利时机,加大人才招录培训的力度,力争辖区各基层院有2~3名以上硕士研究生,着力缓解目前由于司改后全国各级法院大规模扩招导致的招录难问题。

(3)放宽西部经济衰退城市法院的招录条件。西部部分县级市过去经济条件较好,但由于种种原因难以适应市场经济大潮的发展,过去的人才招录条件难以适应形势的新变化。如H市法院虽然过去是广西的“煤都”,是广西最初的两个自治区管辖县级市之一。但因近年来矿产资源枯竭,干警工资福利下降,法院人才流失非常严重。由于面临全国性法官助理扩招潮,H市法院2017年拟招录的4个公务员岗位中,出现无人报考的窘境。广西作为全国贫困地区之一,还允许部分地区分数少于360分以下但能获得C证的司法人员执业。C证被业内人员戏称为“地方粮票”而不能在全国通用。而H市检察院和司法局,都放宽条件规定司法考试C证可以执业,而H市法院仍然需要A证。因此,建议西部地区高级法院审时度势,适时降低经济衰退城市法院报考条件,着力解决法院人才严重断层的局面。

---

[1] 李少平:《当前深化司法体制改革的形势、任务及重点》,载《法律适用》2016年第8期。

2. 多管齐下，加大“聘任制”法官助理的政策倾斜度

（1）大力提高聘任制法官助理的薪金待遇。法官助理的待遇低，劳动强度大，晋升空间有限，导致聘任制法官助理流动性居高不下。一个人的工资待遇反映劳动成果受到尊重的程度。在一个城市房价高企的情形下，一个人一年省吃俭用后的收入不够买一平方米的房子，也不管如何奋斗也无自己的栖身之所，要求聘任制法官助理敬业奉献的说教就会显得苍白无力。2017 年 4 月，笔者在长春中院调研时获悉聘任制人员的薪金收入比同级别的政法专项编制法官助理略低 100 元左右，很多硕士研究生以上人员都竞相聘任法官助理。现行的聘任制法官助理由地方财政负责的体制使地方法院仍未摆脱地方政府的影响和控制。建议尽快实施人财物省级统管，建立稳定的逐步提升的聘任制法官工资增长机制。在薪酬上，实施中央与地方双重保障机制，也就是自治区统一基本工资标准，纳入财政预算计划，由自治区财政厅统一支付；地方绩效奖金及津贴补贴按地区差异由地方政府筹集后上缴自治区财政，最后由自治区财政统一支付。

（2）建立法官助理导师制以增强法官助理岗位的吸引力。在聘任制法官助理中，其中包括相当一部分刚走进社会的硕士以上毕业生，他们对薪金的要求并不高，但更注重通过从事法官助理工作，了解法院工作流程、培养法律思维、积累司法领域的人际资源，为将来事业腾飞奠定坚实基础。明清两个朝代师爷以宾客和私友身份协助从事刑名律例事务，就是法官助理的雏形。员额法官与法院助理的信任程度是能否将员额法官从事务性工作中解脱出来的关键。在聘任法官助理时，员额法官与法官助理双向选择，促进交流。通过建立法官助理导师制，遵循司法人才发展规律，指导法官助理办理复杂疑难与新类型案件、观摩员额法官庭审、归纳提炼庭审观点，修改加工裁判文书，从法律思维、写作技能到思想品德给予全方位的指点辅导。

（3）促使法官助理逐级晋升制度落地生根。2016 年 6 月，根据公布的相关法官助理单独职务序列试点方案，基层法院三级法官助理可以达到正科级，中院四级法官助理可以达到副处级，高院一级法官助理可以达到正处级，最高院的高级法官助理可以达到副厅级。其中基层法院的四级助理和三级助理可占到该院助理总数的 50% ~ 55% 。各级法院要创造条件，力争这一项制度能够早日落地生根，让积极工作的法官助理也能打破职业晋升的“天花板”，努力拓展自己的职业发展空间。

结　语

高素质的法官助理是未来员额法官的后备军。而求职者当下的择业意向反映法

官助理招录遇冷和供需失衡，折射出当下的司法改革红利还未得到完全的释放，改革的美好愿景还没有充分展现，目前的改革措施还有相当调整空间，大量具有带全局性战略性的改革举措距离法官助理的情况的改善还比较遥远，甚至在人们心中还存在不同解读。我们必须坚定改革定力，正视困难，细化措施，勇闯改革阵痛期，用具体的改革效果回应人们关切，努力提振社会各界对司法改革的期待和信心！

“以审判为中心”背景下鉴定人出庭制度检视与完善

——以鉴定人庭审质证机制视角切入

朱程路*

2014年8月，念斌涉嫌投毒杀人案最终因毒物鉴定意见被推翻等证据问题被宣告无罪。案件庭审中，控辩双方和9名专家辅助人对鉴定人共进行7次的当庭质证。北京大学陈瑞华教授认为：“到最后，全案的关键在于毒物鉴定意见是否足以采信的问题上，而法律人均成了外行，内地和香港毒物鉴定方面的专家辅助人当庭对鉴定人进行质证，成功发现了存在的问题推翻了控方定罪的鉴定意见，是念斌案得以成功的关键之关键。”

念斌案让我们看到鉴定意见并非“科学的法官”[1]。传统鉴定意见的质证机制近乎都是以书面审查为主，极有可能会导致冤假错案的发生，而鉴定人出庭制度是防范该问题的利器。2017年5月，最高人民法院常务副院长沈德咏在首次中澳司法圆桌会议上再次强调要完善鉴定人出庭制度，保障被告人和辩护人的质证权，实现庭审实质化。目前，无论是业界对鉴定人出庭制度的研究，还是司法改革中对于鉴定人出庭制度的完善，其着力点主要集中于提高鉴定人出庭率上。而对于鉴定人在庭审中的质证机制却疏于重视，导致司法实践中鉴定人出庭后质证流于形式，无法发挥该制度的作用。鉴定人出庭率固然具有一定意义，但并

---

* 广西师范大学法学院法律硕士，柳州市中级人民法院刑事审判二庭。

〔1〕 霍宪丹：《司法鉴定学》，中国政法大学出版社2010年版，第153页。

非所有案件鉴定人均有必要出庭,鉴定人出庭制度改革的关键在于提高各方对鉴定人庭审中的质证质量。因此本文将以鉴定人庭审质证机制视角为切入点,以提高鉴定人出庭后质证的质量为目标,深入司法实践,剖析存在的困境并提出实效性较强的完善措施。

一、制度价值:实现庭审实质化

(一)推进落实直接言词原则

直接言词原则包含两个层次的内容:一是直接审理原则;二是言词审理原则。日本田宫裕认为直接审理原则的内容是"法官必须直接接触原始的证据不得以其他证据代替证据法则"。鉴定人出庭接受质证能够向法官详细地说明情况,包括鉴定意见所依据的原始检材情况、鉴定的方法以及鉴定意见作出的可信度等。樊崇义教授认为:"言词审理原则指诉讼各方以言词陈述方式进行对抗,证据程序效力来源于庭审上的言词质证,任何证据均应当经过言词陈述的方式进行。"目前,法官基本上都是以书面审查的方式决定是否采信鉴定意见。但鉴定意见不同于书证,鉴定意见实质上属于鉴定人的言词证据,书面审查会导致间接审理,特别是在异议鉴定意见成为定罪关键证据时,法官仅通过书面方式间接审理鉴定意见无法准确地判断鉴定意见与异议意见之间谁是谁非,容易盲目采信鉴定意见,导致冤假错案的发生。而鉴定人出庭接受质证,直接面对质疑,以言词陈述的方式向法庭进行说明,针对鉴定意见存在的争议焦点通过语言辩论的方式向法庭阐释清楚,解决辩方提出的质疑,消除法官存在的疑惑,提高采信鉴定意见的公信力。

(二)全面贯彻证据裁判规则

陈光中教授指出:"证据裁判原则是指诉讼中司法人员认定案件事实必须以证据为依据,它是现代法治国家证据制度基石。"该原则要求法院判决定罪的证据应当具有客观性、关联性和真实性,且证据应当程序合法并达到确实充分的证明标准。辩方对鉴定意见提出否定性意见时,即是对鉴定意见的证据客观性、关联性、可采性提出的直接否定,同时针对鉴定程序和证明力提出质疑,旨在否定鉴定意见作为定案证据的能力和证明力。鉴定意见往往是案件定罪量刑的关键证据,因此鉴定人出庭向法庭说明鉴定意见所依据的检材、数据的客观性,鉴定人鉴定方法等具有科学性且能够准确地认定犯罪关键事实的可采性,让法官产生自由心证对鉴定意见依法采信,进而作出科学的法律裁判,全面贯彻证据裁判原则。

二、理想现实:鉴定人庭审质证机制的困境

(一)启动环节上的困境

法官对鉴定意见信赖惯性及鉴定人庭审质证启动规则不明确导致机制启动适用困难。根据法律规定,控辩双方对鉴定意见存在异议并提出合理理由,由法院决定是否启动,即法院对鉴定人庭审质证机制的启动具有决定权。然而古代罗马法法谚有云:"鉴定人是关于事实的法官。"[1]很多法官基于对鉴定人员专业能力认可度高,对鉴定结论科学性存在信赖惯性,导致更倾向于对鉴定意见进行书面审查后直接采信。同时鉴定人出庭会耗费一定的诉讼活动时间,在我国案多人少矛盾日益突出的情况下,多数法官更加不倾向于启动鉴定人出庭质证程序。对于异议鉴定意见,法官可以选择另行委托鉴定,专家咨询等其他方式解决,多数法官并不倾向于鉴定人出庭质证。

另外,在提出异议鉴定意见的案件中,哪些案件适合启动鉴定人出庭质证程序是摆在法官面前一道难题。因为并非所有对鉴定意见提出异议的案件都有鉴定人出庭的必要,被告人或者辩护人有存在滥用该机制扰乱案件正常审理的可能,而法官的素质参差不齐,不加规范指导的赋予法官决定权会导致机制应该启动而未启动,没必要启动却启动的问题。因此,法院是否行使好启动鉴定人出庭质证的决定权在一定程度上关系着案件审理的成功与否,亦即鉴定人庭审质证启动规则不明确导致法官在审理案件时难以作出高质量的启动决定,法官对于鉴定人出庭质证庭审活动驾驭能力和经验的欠缺也在一定程度上制约着该机制的启动。根据中国裁判文书网上的情况,自2016年5月至2017年5月,全国文书上网案件中涉及鉴定意见的刑事案件数量为196 917件,而涉及鉴定人出庭的案件仅为156件。

(二)鉴定人质证能力的困境

鉴定人庭审心理和业务素质、权力义务不平衡以及鉴定人管理多元化等因素导致庭审中鉴定人质证能力存在困境。鉴定人的庭审质证能力直接影响着出庭质证效果。鉴定人需要将深奥晦涩的科学知识在法庭上向法官、控辩双方以及旁听群众进行解释,从而达到让法官采信鉴定意见的目的。然而在面对法庭庭审压力的情况下,没有经历过庭审的鉴定人基于心理素质以及语言表达能力的限制,往往不能准确、清

---

[1] [日]谷口安平:《程序的争议与诉讼》(增补本),王亚新、刘荣军译,中国政法大学出版社2002年版,第25页。

晰地向法庭阐释鉴定意见。同时面对辩护人、被告人、专家辅助人的轮流质问,鉴定人庭审质证的能力受到巨大挑战,鉴定人质证能力不足会导致对方在法庭上形成强烈的质疑效果,干扰法官对鉴定意见的正确判断。另外,我国目前刑事案件鉴定种类主要存在于伤情鉴定、价格鉴定、精神病鉴定、毒物鉴定、笔迹痕迹鉴定等鉴定类别。

而我国对鉴定人的管理机构复杂,司法行政部门负责法医类、物证类、声像类鉴定,而公安机关、审判机关亦对部分鉴定进行管理,劳动行政部门对劳动能力鉴定进行管理。复杂的管理模式导致无法统一对鉴定人的庭审质证能力进行培养。鉴定人对鉴定知识的水平理解广度和深度均有不同,其作出司法鉴定所需要的知识储存量与接受辩方甚至专家鉴定人的质证所需要的知识有一定的差距。另外,我国法律严格规定了鉴定人不出庭的责任,但对其权利保护特别是经济利益保护存在不平衡情况,如鉴定人因出庭产生的交通费、住宿费、误工费等合理费用,目前按照国家规定应当由当事人承担的,人民法院向当事人代为收取,在实践中具体实施存在困难,从而导致鉴定人在接受质证过程中存在消极质证的情况,直接影响质证效果。

(三)出庭质证规则的困境

鉴定人出庭质证规则缺乏科学性、争议焦点不明确、多重鉴定意见质证规则缺失导致质证效果不佳。

首先,现行法律规定,鉴定人的质证规则主要是参照证人出庭的质证规则。但是鉴定人所要在法庭上陈述的鉴定意见是具有科学性、严谨性等证据特点,是理性认识。证人是对案件事实通过视觉、听觉等感官性的直接认知,属于感性认识。鉴定意见是鉴定人通过专业的科学知识,对检材运用理性的思维所作出的证据,证言则不能添加个人想法。也就是说,证人出庭质证关键点在于其主观感知内容,鉴定人出庭质证的关键点在于鉴定意见的结论。因此,照搬证人的质证规则并不利于鉴定意见质证效果的提高,缺乏实践科学性。

其次,现行质证规则没有明确鉴定意见在庭审中质证的内容,也没有相关程序能够将质证的焦点锁定,控辩双方面临复杂难懂的鉴定意见必然会产生诸多质证问题,在一些质证活动中,控辩双方均会申请专家辅助人出庭质证,形成众多的质证观点,因此会导致在庭审中鉴定人出庭质证内容具有随意性,控辩双方难以在质证内容上达成一致,形成质证重点,导致质证过程冗长,难以发现存在的问题。鉴定人庭审质证程序中存在控方、辩方、审判方,三方存在各种质证的方向和问题交织在一起,对鉴定人展开多元性的质证过程,如图 1 所示。

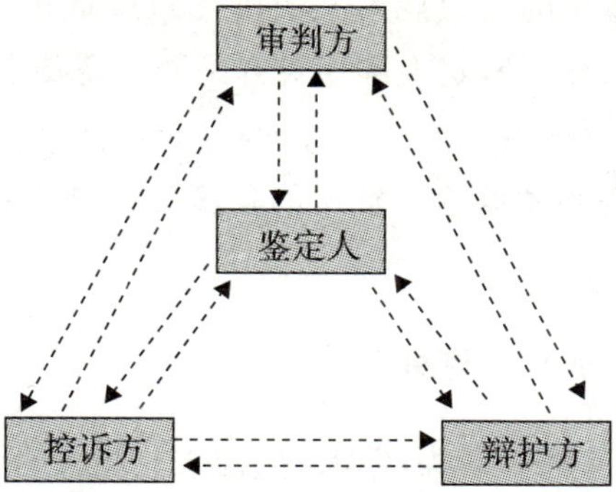

图1　鉴定人庭审质证程序的各方关系图

最后，现行质证规则普遍针对的是单份鉴定意见的情况，但是在侦查、起诉、审判阶段均依法可以产生多份鉴定意见。例如，湖南女教师黄静裸死案在不同的诉讼阶段由不同的鉴定机构进行5次尸检，6次法医学死亡鉴定，每次鉴定结果不尽相同，导致案件定性上存在差异，诉讼各方必然在鉴定意见上存在争议，申请鉴定人出庭质证，因此多份鉴定意见质证规则的缺失导致该案鉴定人出庭质证存在适用上的严重困难。

（四）专家辅助人质证困境

审判人员基于专业知识的限制，需要"与鉴定人同样专业的人用通俗易懂的语言向其解释并协助判断分析鉴定的过程"。然而"专家辅助人"需要何种资质条件才是适格主体，控辩双方在一些案件中存在严重分歧，审判人员由于缺乏审查标准无法作出有公信力的判断。专家辅助人由于没有明确的资质证书，导致寻找适格的专家辅助人也存在困难。浙江省天平鉴定技术研究所已经成为专门为诉讼提供专家辅助人服务的公司，但是该公司提供的人是否能够被法院认可为适格主体。在复旦投毒案中，专家辅助人胡志强由于所专业领域与鉴定意见领域存在一定的偏差，导致法庭上质证时饱受质疑，无疾而终。

再者，专家辅助人缺乏当庭与鉴定人进行对质经验导致专家辅助人作用有限。有人认为"专家辅助人是对鉴定意见提质疑，而不是对鉴定人提意见，那么专家辅助人并不必然需要出庭作证"。但从专业领域来看，专家辅助人只有通过当庭与鉴定人面对面质证，才能强化质证力度，才能够在同一层次上对鉴定意见实行有效质证，最大限度地发挥专家辅助人的质证作用，保障辩方的质证权，根据对专家辅助人对当面质证的意见调查，专家辅助人绝大多数更倾向于当面质证。

另外,专家辅助人意见的效力规则不明确导致质证机制效果不佳。专家辅助人的质证意见会有很多,作为鉴定人和相对方是否均需要进行合理解释,如果对质证意见拒绝作出合理解释或者无法作出合理解释是否就可以认定鉴定意见存在合理性怀疑,专家意见所需要动摇鉴定意见的程度在何处直接影响着法官的判断标准。

三、他山之石:立法现状与域外考察

美国法理学家E.博登海默认为:“司法鉴定人是指具有专家资力而被许可通过其所附问题的解答而帮助陪审团认识那些一般证人所无力说明的复杂或者技术问题的证人。”[1]我国现行法律严格规定鉴定人出庭质证的义务责任,包括无法作为定案依据、退赔鉴定人费用、由司法行政机关对鉴定人及鉴定机构作出处理。同时也规定与证人类似的保护措施、质证方式,可以说对推进鉴定人出庭制度取得了一定的作用。但是按照现有立法规定“证人质证模式”,鉴定人庭审质证机制并不能充分发挥制度功效。念斌案属于媒体曝光频率高、社会关注度高、专家介入级别高的刑事案件,所以获得一定效果,而司法实践中绝大多数案件均非“念斌类案”,经过先行质证机制后推翻鉴定意见的案件屈指可数。

在比较法视野下,英美法系国家的鉴定人质证制度是专家证人制度。从采信主体上看,美国法官对专家证言的可采性具有决定权,而陪审团则负责在法官认为证言可采的前提下进行进一步的证明力判断。法官的可采性准则从“弗赖伊规则”发展到“道伯特规则”,再到现在普遍适用的《联邦证据规则》第702条,明确了法官应当审查专家证言以下内容:包括是否依据充足的事实或者数据基础,通过信赖的原理或者方法制作,并能够可靠地适用案件事实。陪审团的证明力评判依据有两个,一个是专家证人对其证言的阐述和解释,另一个是律师对专家证人的交叉询问,如图2所示。

---

[1] [美]E.博登海默:《法理学、法律哲学与法律方法》,邓正来译,中国政法大学出版社1999年版,第486页。

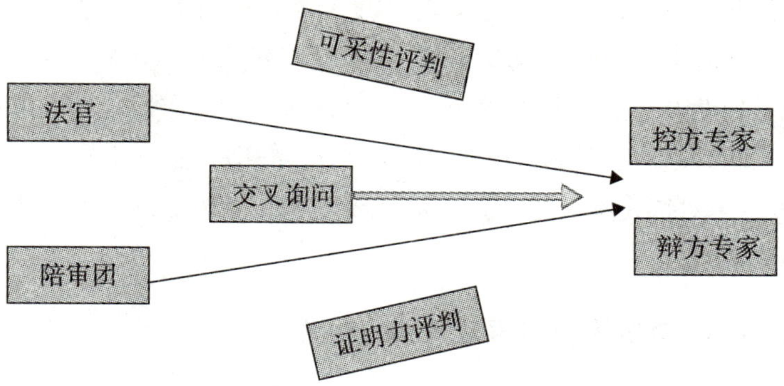

图2　美国专家证人庭审质证主体分工任务示意图

美国专家证人的质证程序包括审前证据开示程序和庭审程序。开示程序要把观点、证据、理由、数据、相关证物等以专家意见报告书的形式向对方说明。同时在审前会议程序通过预演的形式将报告中要解决的争议焦点找出来。美国并没有明确规定专家证人的具体资质，但是审判人员则需要在庭前审查专家证人的资格，包括其相关领域的知识技能、教育经历、经验、权威情况、相关协会任职等。[1] 在庭审程序中，则主要针对争议焦点展开交叉询问。具体表现为"直接询问—交叉询问—再次询问—再次交叉询问"，直接询问的目的在于建立专家证言的证据关联性和信用性。而交叉询问则质疑专家证言的真实性，如图3所示。

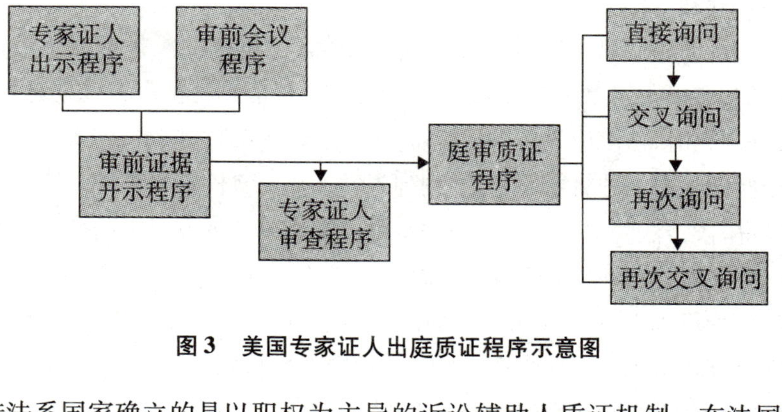

图3　美国专家证人出庭质证程序示意图

大陆法系国家确立的是以职权为主导的诉讼辅助人质证机制。在法国，鉴定人出庭质证分为庭前获悉程序和庭审质证程序。庭前获悉程序只是了解辩方对鉴定意

〔1〕 邓晓霞：《论英美法系专家证人制度的基础与缺陷》，载《中国刑事司法杂志》2009年第11期。

见是否有异议和申请重新鉴定,其在内容广度和深度上与英美法系审前证据开示制度相去甚远。在庭审中以轮替询问为主,法官对鉴定人是否出庭具有决定性权力。鉴定人与专家辅助人也必须得到法官的同意才能进行相关质证。日本则在吸取两大法系的质证机制后创造了独具特色的"混合式"机制,即在法官主导下的交叉询问制度,既充分发挥了对抗式鉴定人质证的优点,又避免了英美法系国家无休止的交叉询问质证机制的缺点。

四、思考展望:鉴定人庭审质证机制的完善

(一)创造条件推进质证机制启动

深入转变审判人员对鉴定意见的固有理念,培养驾驭鉴定人出庭质证的能力和积累经验,明确法官决定鉴定人庭审质证机制的启动规则,全面创造条件推进鉴定人出庭质证机制的启动。经过SPSS统计数据软件分析,法官庭审经验中的鉴定人质证经历与决定鉴定人出庭属于正相关,显著性值为0.05。由此可以看出,审判人员只有亲身去参与鉴定人出庭质证诉讼活动,不断地感受鉴定意见被质疑的辩论活动,在控辩双方、专家辅助人的质证中逐渐改变对鉴定意见质证的传统观点,才能更加客观地评价鉴定意见。美国当代著名法理学家罗纳德·M.德沃金说过"法律是一种不断完善的实践"[1]。因此,各级法院应当强化法官庭审驾驭鉴定人出庭活动能力,进行鉴定常识培训,通过模拟演练竞赛,观摩优秀庭审等争先创优类活动形式,为法官积累驾驭庭审的经验。

另外,合理的质证启动规则应当包括两个阶段。第一阶段是对案件进行倾向性分类。明确当异议鉴定意见成为案件定罪与非罪,可能判处被告人无期徒刑、死刑案件的关键性证据时,法院应该充分重视辩方鉴定人出庭质证申请,列入重点审查案件范围,赋予倾向性启动的自由心证,否则列入常态化的案件审查范围。第二阶段是合理怀疑排除阶段。法院根据第一阶段的案件分类后审查辩方提出的质疑点是否足以导致鉴定意见的采信存在合理怀疑从而作出综合判断。法官能够根据现有法律法规、审判经验形成内心确信排除辩方的质疑观点,则不需要启动鉴定人庭审质证机制,若存在合理怀疑则应该决定启动鉴定人出庭质证机制,通过庭审质证的方式对鉴定意见进行严格审查,防止冤假错案的发生。

---

〔1〕[美]罗纳德·M.德沃金:《法律帝国》,哈佛大学出版社1986年版,第44页。

（二）全面提升鉴定人出庭质证能力

强化培养鉴定人心理抗压素质、语言表达能力、业务钻研能力，有效预测辩护争议焦点提高应对质证能力，保障质证机制有效运行。在鉴定人庭审质证机制中，鉴定人才是该活动的主体，对案件最初的检材，数据享有第一手的知识，是最接近案件真相的诉讼参与人。鉴定人庭审质证机制的目的不在于推翻鉴定意见，而是通过质证帮助法庭查明案件事实真相。检察机关与鉴定人共同作为控方，在诉讼活动中有效配合才能够充分发挥鉴定人庭审中的作用。而2015年、2016年全国检察机关鉴定人出庭的人数为350余次。在庭审前，控方应当做好出庭准备，具体包括鉴定人的专业资质证明材料、鉴定数据等形成详细的庭审提纲，共同做好庭前质证预演，有效预测对方的异议关键问题。在庭审过程中，鉴定人会面临被告人和辩护人最为激烈直接的质询，无论在言辞上还是内容上都会直接挑战鉴定人的权威。因此，鉴定人应当保持清醒冷静的头脑和思路，认真听清楚辩方提出的质疑点，有理有据有节地向法庭释疑。在回答质询过程中应当尽量采用清晰明确肯定的回答，最好不用“也许”“大概”等模糊性语言，避免让法庭对鉴定意见产生不必要的质疑。法院应该充分保障鉴定人出庭期间的诉讼权利，在鉴定人出庭质证期间的经费和时间上给予保障，提高鉴定人质证的积极性，帮助法庭有效查明案件事实真相。

（三）优化鉴定人庭审质证规则

建立鉴定人出庭质证专属规则，充分利用庭前会议程序归纳争议焦点，以分组质证机制解决多重鉴定意见适用问题。我国的鉴定人出庭质证规则应当充分吸收大陆法系和英美法系的经验，采取“混合式质证规则”，具体分为庭前会议质证程序和庭审质证程序。比较法视野下，两大法系均在庭前鉴定意见开示程序上出现融合趋势，但我国目前庭前会议程序只是起到听取辩方对鉴定意见是否有异议、申请重新鉴定的问题的作用，因此，我国应当充分发挥庭前会议程序的作用形成争议焦点。在庭前会议程序中要展示鉴定意见两大情况材料，包括鉴定意见的证据能力和证明力材料。一方面，鉴定意见的证明能力材料包括鉴定人、专家辅助人的主体资格问题，鉴定内容和形式问题、鉴定程序是否符合法定标准问题的相关材料。另一方面，鉴定意见证明力材料展示内容包括鉴定依据的检材情况、鉴定方式和程序步骤、检验程序方面的相关材料，最终形成争议焦点。庭审质证程序则可以根据争议焦点情况原则上分为三大阶段进行。第一阶段为鉴定意见证据能力质证，第二阶段为鉴定意见证明力质证，第三阶段为鉴定人专家辅助人对质。每个阶段的质证模式采取法官主导下的交叉询问机制，各诉讼参与人在法官准许下可以对鉴定人进行质证发问，如图4所示。

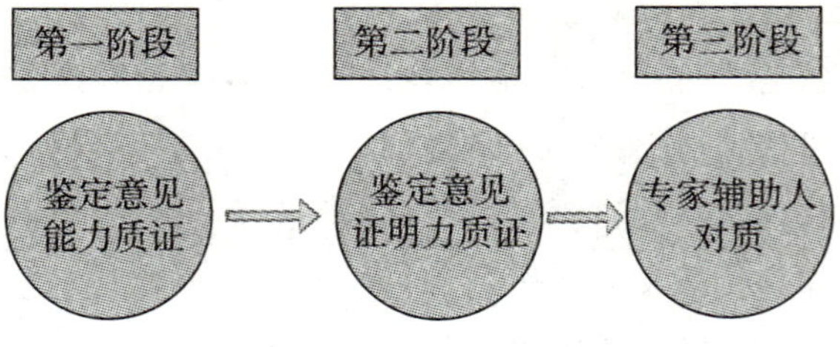

图 4 鉴定人出庭质证规则示意图

多重鉴定意见在罪与非罪问题上只能分成两组，因此通过建立分组质证机制解决多重鉴定意见鉴定人出庭质证问题。法官在庭前会议阶段将多重鉴定意见按照是否能认定被告人构罪分成两组，再按照普通鉴定意见质证规则形成争议焦点，统一重复性的争议问题，保留核心理念不同的争议问题，形成简洁明了的质证焦点。在庭审中按照普通质证规则进行分组质证，提高鉴定人庭审质证效率，充分发挥鉴定人出庭质证效果。

(四)充分发挥专家辅助人制度功能

法官通过以“相当性标准”审查决定专家辅助人适格问题，充分保障专家辅助人当面对质权等庭审权利，明确专家辅助人的意见效力规则，最大限度发挥专家辅助人的制度功能。首先，所谓“相当性标准”，是指法律不需要明确细化资质条件，但是需要以与鉴定人资质相当及以上的资质条件来审查认定为适格的专家辅助人。具体而言，包括专家辅助人在相关领域的专业职称、从业经历、相关学科领域的专业委员会任职情况、研究成果发表情况等综合判断是否达到“相当性标准”。

其次，保障专家辅助人在庭审中具有当面对质权等诉讼权利，提高鉴定人出庭质证的对抗性，查明案件事实真相。众所周知，“华山论剑”需要各方英雄云集华山之巅，鉴定人与专家辅助人针对专业鉴定领域的庭审交锋更需要“面对面”质证。当面质证交锋能够最大限度地发现鉴定意见存在的问题，进而为法官判断是否采信提供最直接、最真实、最有公信力的法庭庭审依据。

最后，专家辅助人的意见效力规则只需要达到证明鉴定意见存疑，不能作为定案依据即可，不需要证明到错误标准，但是专家辅助人的意见应当建立在充分的理由、科学的方法、符合逻辑的推理基础之上。专家辅助人出庭的主要任务是对鉴定意见的质疑和否定，通过向法庭阐释鉴定意见存在的矛盾和不规范违法之处削弱鉴定意见的证明效力，当鉴定意见存在的问题足以让法官产生合理怀疑，从而形成自由心证，不能采信鉴定意见作为定案的证据，最终实现鉴定人出庭质证的最终目的，查明案件事实真相,防止冤假错案的发生。

结　语

目前,全国“以审判为中心”的诉讼制度改革进入“深水区”,鉴定人出庭质证机制作为一项重点制度,其改革实效直接影响全面改革的效果。本文通过重点对鉴定人庭审质证机制启动、鉴定人质证能力提高、质证规则优化、专家辅助人方面发现了存在的深层次困境并相应提出具有创新性且实用性较强的建议。但是制度的改革是要建立在丰富的司法实践之中,因此,有赖于全体法官和诉讼参与人的共同参与,才能全面发挥鉴定人庭审质证机制的作用,实现真正的庭审实质化。

调查研究

社区矫正审前社会调查评估工作开展现状及未来发展路径探析

——以法院委托司法行政机关进行社会调查评估为实证研究

纪 娜* 梁媛媛**

一、广西法院和司法行政机关审前社会调查评估工作现状分析

(一)审前社会调查评估工作约束力问题

司法实践中,立法对审前社会调查评估并没有进行强制性的规定。《社区矫正实施办法》第4条规定,人民法院、人民检察院、公安机关、监狱对拟适用社区矫正的犯罪嫌疑人、被告人、罪犯,需要调查其对所居住社区影响的,可以委托司法行政机关进行调查评估。这里规定的是"可以"而不是"应当",即无强制约束力。

* 广西壮族自治区高级人民法院审判监督二庭法官。

** 崇左市中级人民法院刑一庭法官助理。

表 1　社会调查评估报告的必要性与进行审前社会调查评估中的做法

选项	比例
A. 对于拟判处非监禁刑的被告人都应当进行审前社会调查评估。	44.23%
B. 对于未成年被告人应当进行审前社会调查评估，对成年被告人视情况而定。	50.12%
C. 没有必要进行审前社会调查评估。	5.65%
A. 对于拟判处非监禁刑的被告人一律进行审前社会调查评估。	25.61%
B. 对未成年被告人一律进行审前社会调查评估，成年被告人没有全部进行审前社会调查评估。	73.49%

第一个问题中，44.23% 的法官认为对于拟判处非监禁刑的被告人都应当进行审前社会调查评估。50.12% 的法官认为对于未成年被告人都应当进行审前社会调查评估，而对于成年被告人则视情况而定，5.65% 的法官则认为没有必要进行审前社会调查评估。

第二个问题中，25.61% 的法官对于拟判处非监禁刑的被告人一律进行审前社会调查评估，73.49% 的法官对未成年被告人一律进行审前社会调查评估，而对成年被告人没有全部进行审前社会调查评估。

司法实践中，法院都能对未成年被告人全部进行审前社会调查评估，但对于成年被告人均是选择性进行调查评估，大部分法院的做法是：有充足时间就做，没有充足时间就选择直接下判。调查问卷中有 25.61% 的法院能够对拟适用社区矫正的被告人（包括成年被告人和未成年被告人）一律进行审前社会调查评估。以广西 A 市法院为例，2015 年全年社区矫正案件中，对未成年被告人进行审前社会调查评估的比例达到 100%，大大超过了对成年被告人进行审前社会调查评估的比例。（见图 1）

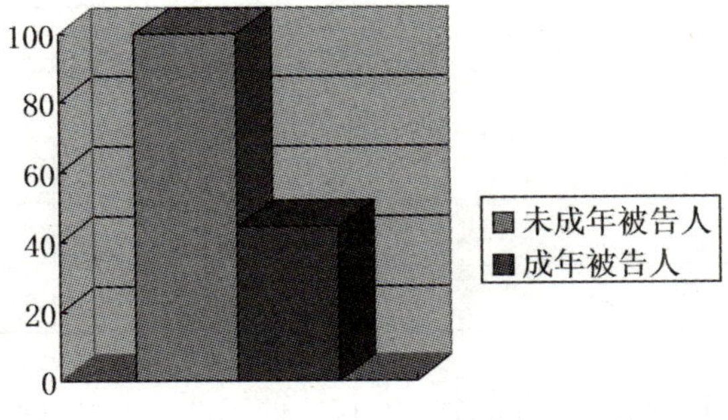

图 1　审前进行社会调查评估案件

（二）审前社会调查评估时间长，案件审限的制约冲突造成审前社会调查评估难落实

社会调查评估的时间为 10 个工作日，特殊情况下可以延长至 20 个工作日。但对于判处缓刑的案件大都是简易程序案件，对简易程序审理的案件调查评估时间为 7 天，但案件却只有 20 天审限。从收案到决定委托社会调查，这期间就消耗掉一些时间，司法行政机关接到委托到进行调查，最后提交调查评估意见，是一个漫长的过程，造成部分案件不能按时完成调查报告。

表 2 对于法院委托调查评估如何做

选项	比例
A. 都会在第一时间进行社会调查评估，按时完成调查评估报告。	96.08%
B. 部分案件不能按时完成社会调查评估，出现法院已经判决，才收到司法行政机关提交调查评估意见书的情况。	3.588%
C. 认为不一定需要进行审前调查评估，要求法院先判决，来司法行政机关矫正之后发现不适合矫正就建议法院撤销缓刑收监执行。	0.34%

表 2 中，96.08% 的司法行政机关在接到法院的委托调查函后，都在第一时间进行调查评估，在期限内将调查评估报告提交法院。3.588% 的司法行政机关出现部分案件不能按时完成社会调查评估的现象，部分案件是法院已经判决之后，才收到司法行政机关提交的调查评估意见书。0.34% 的司法行政机关认为不一定需要进行审前社会调查评估，他们会要求法院先行判决，等判决生效后，如果发现矫正人员不适合矫正的才建议法院撤销缓刑收监执行。

表 3 对于法院委托的社会调查评估报告几天内能出具

选项	比例
A. 7 日之内。	1.29%
B. 10 个工作日之内。	38.36%
C. 20 个工作日之内。	60.17%
D. 超过 20 个工作日。	0.18%

在对司法行政机关的调查问卷中，60.17% 的司法行政机关能在 20 个工作日之内完成社会调查评估，38.36% 的司法行政机关能在 10 个工作日之内完成。对于适

用简易程序审理的案件，要求司法行政机关应在7日之内完成社会调查评估，但调查中，能在7日之内完成的仅有1.29%，然而，适用简易程序审理的案件只有20天的审限。社会调查评估时限最长不得超过20个工作日，调查问卷中发现有0.18%的司法行政机关超过20个工作日才能完成社会调查评估。

广西的实际是，一些适用简易程序审理的案件法院都宣判了，过后才收到司法所的社会调查评估报告。特别是一些案件遇到跨地区社会调查评估的，调查评估材料来回往返两地，时间上也许就是20个工作日都未能完成，导致一些案件面临超审限的考验。

（三）社会调查评估报告质量不理想

表4　法院委托司法行政机关进行审前社会调查评估的效果

选项	比例
A. 积极接受委托，都能够在调查期限内进行社会调查，出具调查评估报告。	90.25%
B. 接受委托，大部分能按时进行社会调查评估，一部分不能按时完成。	9.3%
C. 司法行政机关配合度不够高，发去委托调查函有推辞接受委托或迟延接受委托，或者没有回应的现象。	0.45%

由表4可知，90.25%的司法行政机关能够积极配合，及时进行社会调查，在调查期限内完成调查评估报告；9.3%司法行政机关能配合委托调查，大部分案件能按时进行社会调查评估，一部分案件没有按时完成调查评估。但也有少部分，0.45%的司法行政机关配合度不够，法院发出委托调查函后遭到推辞接受委托、迟延接受委托或者没有回应的现象。

1. 调查评估意见书形式不规范

现实中存在调查评估意见书名称不一，有“社会调查报告”“调查评估报告”“被告人某某某社会调查报告”“被告人某某某社会调查评估意见书”等多种多样的名称。法院审理案件都有相应的案号，在收到同一辖区司法行政机关的调查评估意见书时，并未见意见书有统一的文书编号。调查评估意见书制作形式还未做到规范统一，文书缺漏现象时有发生。

2. 社会调查评估工作容易走形式

部分司法行政机关调查不够全面，提供的调查内容不够翔实，寥寥数字，三言两语，调查流于形式。一些司法行政机关作出的评估意见不规范，对于被告人是否适合社区矫正的报告简单化、格式化、千篇一律，只写结论“合适或者不合适”，而没有相应的调查材料佐证，无法为法官准确量刑提供有价值依据。

3. 调查评估意见书内容真实性难以保障

目前广西司法行政机关物力、人力严重不足，更缺乏社会调查评估的专业人才，在进行社会调查评估过程中，一些调查人员未全面调查了解调查对象的情况，调查存在漏洞，调查评估未能客观真实，导致内容失真不全。

4. 调查评估走访中群众配合度不高

社会调查评估是一个需要广大群众参与的工作，群众对社区矫正制度了解甚少，调查评估得不到群众配合。调查评估时会出现被告人所居住的地方均没有对其熟悉的人的情况。有时出现当地群众不配合的现象，多次走访都未能完成调查评估。一些群众出于考虑自身安全以及为了避免自身不必要的麻烦不愿提供真实情况或者“只说好话不说坏话”，所在社区居民、村民谁也不愿意得罪人，成为冤家。对调查评估人员提及的问题均是作出“不清楚”“没有什么意见”“还可以”等模糊不清的回答，影响调查评估意见书的质量。

5. 容易存在“人情意见书”

目前，我国的立法上缺乏对社会调查评估有效的监督工作机制，出现“人情意见书”的司法腐败现象。被告人本人及其亲属为了被告人免于监禁刑之苦，想方设法找门路、找关系，为自身创造有利条件，造成了社会调查评估意见书的客观性受损。

6. 难以对被害人展开有效社会调查

存在被害人的案件，进行社会调查时，大多数情况下都得不到被害人的配合，找不到被害人的情况时有发生。司法行政机关工作人员因担心征求被害人意见时会遭到被害人的不满情绪，所以经常避而远之，征求被害人意见的积极性低。在被害人一方如果认为被告人不适合社区矫正时，对此如何举证问题，有待完善相关制度。

（四）跨行政区域社会调查评估衔接难、远程监督难

在遇到与外地司法行政机关衔接工作的案件时，审前的社会调查评估能否完成，这不得不说是一大难题。有时，在向外区域司法行政机关发出委托调查函后，其以委托机关提供的材料不完整为由不接受委托。另外一些则是在接到委托调查函后，不接受委托也不回复委托单位，“杳无音信”。

法院一般情况下都会在收到案件的第一时间向司法行政机关发出委托调查函，并与司法行政机关沟通让其及时出具调查评估意见，争取不影响案件的审限。司法

行政机关未能按时提交社会调查评估报告时，一些法院会延长审理期限等待司法行政机关出具调查评估报告，一些法院对于只有20日审限的简易程序审理的案件则选择先行判决，等过后再补社会调查评估报告。一些法院与司法行政机关联合调查，也有一些法院自行前去调查，目的是能在审限内结案。在司法行政机关未能在期限内提交调查评估意见书的，一些法院将适用简易程序审理的案件转为适用普通程序审理。

跨区域审前调查评估还会遇到一种情况到被告人经常居住地或者实际居住地进行社会调查评估，由于其只是一段时间居住在这个区域，周围群众对其情况了解少之又少，“一问三不知”，甚至会出现拒绝接受调查的情况，造成无法完成社会调查评估。

对于偏远农村地区的调查评估工作也是难以开展。由于地理环境险恶、交通状况不佳等原因，让调查评估工作遇到诸多不便利，调查评估往返路程需要耗时耗力。因此，应对跨区域、城市与偏远农村等不同区域作出不同的社会调查评估时间。

（五）审前社会调查评估主体单一，法院工作压力山大

我国《社区矫正实施办法》规定，公安机关、检察机关、人民法院、监狱都是委托司法行政机关进行社会调查评估的主体，但在目前广西的司法实践中，一般都是由法院进行委托，法院成了唯一的委托主体。案件在侦查阶段时，公安机关侦破案件是其工作的重中之重，检察机关负责案件的审查起诉，其工作重心是审查证据，适用法律进行定罪。由于诉讼阶段工作职能不同的原因，公安机关与检察机关均没有在侦查阶段、审查起诉阶段介入社会调查评估工作。参与主体过于单一，缺失其他部门的配合与支持，法院则增加了工作量，也影响了案件的审判效率。

纯粹地由法院委托调查，司法行政机关进行调查的单一模式，事实上也是缺少了其他法定参与主体的相互监督和制约，一定程度上会造成社会调查评估工作未能规范有序地运行，未能切实保障被告人的合法权益。

另外，法院因审判力量不足等原因，对委托社会调查评估存在抵触心理，认为法律规定可以委托社会调查的机关不仅是法院，在这种抵触情绪的负面影响下，一些法院在对成年被告人委托调查评估时持选择性态度，一些法院只委托对未成年被告人进行社会调查评估。

（六）法院审前调查评估存在“多重委托”现象

法院在委托司法行政机关进行社会调查评估时，考虑到委托时间效率问题，即只要能尽快收到调查评估意见书即可，不得不“多重委托”，即同时向被告人户籍地、经常居住地或者实际居住地同时发出委托调查函，认为会收到任意一个司法行政机关

的调查评估报告。但往往事与愿违，司法行政机关会以“不接受重复委托”为由拒绝委托或以自己没有管辖权为由推脱委托。

（七）司法行政机关不予接受委托、出具不适合社区矫正的情况时有发生

我国社会调查评估机关与社区矫正执行机关同属于一个机关，这就出现了，司法行政机关出于避免增加自身工作量的考虑，不予接受委托或者出具不适合社区矫正的情况时有发生。

我国社区矫正工作逐年推进，社区矫正人数不断增加，这一现象给司法行政部门增加了很大的工作量。人员的不足、经费物质保障的紧缺，相应的专业人才没有及时补充配备，司法行政机关在考虑到日后社区矫正的监管难易程度、考虑到日后监管工作量的大小等因素后，拒绝接受委托调查或者接受委托调查后作出不适合社区矫正的评估意见。

当然，还有一些因素客观上造成了司法行政机关“不得不”作出不合适社区矫正的调查评估意见，例如，被告人关在看守所里面，调查人员无法与其进行面对面交谈，不能确定其是否适合社区矫正，遂作出不适合社区矫正的意见。

（八）社会调查评估意见书效力存在不确定性，司法行政机关的调查权与法院的审判权存在冲突

对于社会调查评估报告的地位与作用，即其效力的问题，法院与司法行政机关之间以及法院内部，司法行政机关内部之间均存在不同意见。

表5 法院对司法行政机关提交的调查评估意见书如何处理

选项（多项选择题）	比例
A. 出具不适用缓刑的，法院一律不适用缓刑。	33.25%
B. 出具不适用缓刑的，法院根据案件具体情况认为可以适用缓刑的，适用缓刑。	31.144%
C. 出具适用缓刑的，法院一律适用缓刑。	37.88%
D. 出具适用缓刑的，法院针对具体案件情况，不完全一律适用缓刑。	68.65%
E. 没有明确表明是否适用缓刑，法院一律不适用缓刑。	13.23%
F. 没有明确表明是否适用缓刑，法院针对具体案件情况，决定是否适用缓刑。	77.88%

表5中，一些法院考虑到，在司法行政机关出具不适合社区矫正的评估意见后，法院不采纳，判处被告人缓刑，在判决生效后，移送司法行政机关进行矫正时，司法行政机关会出现不配合的情况，会以不适合社区矫正，不具备矫正条件为由不予以接收罪犯，这就给法院工作带来困难。部分法院认为，社会调查评估意见不应影响法院审判的独立性，具体如何判决，还应当依据案件其他证据综合认定，审前社会调查评估不应成为法院判决的干扰障碍。所以，这些法院对于司法行政机关出具不适用缓刑的，其会根据具体案件情况判决是否适用缓刑。出现"司法行政机关出具不适用缓刑时，法院一律不适用缓刑，司法行政出具适用缓刑时，法院不完全一律适用缓刑"。这也许是因为这些法院一方面害怕不采纳司法行政机关不适用缓刑的意见时会造成司法行政机关不接收罪犯，另一方面法院也想极力地维护自己的审判权威，所以对司法行政机关出具的适用缓刑的意见也不是完全采纳。

一些法院在这个问题上态度是坚决的，坚持审判至上，认为审前社会调查评估与法院是否判决缓刑之间没有必然的因果关系，立法上并没有规定社会调查评估是缓刑适用的前置程序，法院对于调查评估意见只是在量刑时用于参考，具体量刑时会根据在案的量刑证据进行裁判，虽然他们也知道如果司法行政机关出具不合适社区矫正而他们依法判处缓刑会造成判决后的执行难问题。

但司法行政机关却认为，社会调查评估是对被告人犯罪情况、人格特征、主观恶性、社会危险性等进行的客观调查，在考虑其是否具备矫正监管条件后才出具被告人是否适合社区矫正的意见，这些意见应该是法院对被告人最后量刑的依据。是否具备矫正条件司法行政机关更加清楚，法院如果不采纳司法行政机关是否适合社区矫正的意见，这将使社会调查评估工作人员认为，这一制度只是一个形式，对被告人量刑毫无实质性影响。

在广西的司法实践中，调查评估意见书的结论对量刑建议的采信规则各地区也不尽一致。

（九）司法行政机关不予接收罪犯的情况时有发生

在司法行政机关出具被告人不适合社区矫正的社会调查评估意见时，法院对不适合社区矫正意见不予采纳的，在将被告人移送社区矫正时，出现司法行政机关不予接收罪犯的情况。在法院未委托司法行政机关进行社会调查评估但判处缓刑，移送司法行政机关进行社区矫正时，亦出现司法行政机关不予接收罪犯的情况。

表6 司法行政机关出具的不适合社区矫正的调查评估意见，但您法院决定对被告人宣告缓刑，适用社区矫正的，司法行政机关是否接收？司法行政机关调查评估后建议不适合社区矫正，但是法院决定社区矫正的，司法行政部门是否接收？

选项（法院填）	比例
A. 不接收。	0.98%
B. 都能接收。	89.31%
C. 开始不接收，经过协商后接收。	9.71%
选项（司法行政机关填）	比例
A. 不接收。	0.85%
B. 都能接收。	91.39%
C. 与法院协商后才决定是否接收。	7.76%

在调查问卷中可以看到，对于法院不采纳司法行政机关不适合社区矫正的调查评估意见时，大部分司法行政机关都能接收罪犯，双方互相协商后才决定是否接收的也占一定的比例。虽然不接收比例不足1%，但这一点可以反映出在法院是否适用社区矫正意见与司法行政部门不一致时，司法行政机关不予接收罪犯的情况还是时有发生的。

（十）法院与司法行政机关在社会调查评估工作中衔接不顺畅

法院怠于与司法行政机关进行沟通、联系，在发出委托社会调查函之后，便成为“甩手掌柜”，对司法行政机关社会调查评估工作进度及状况一概不知。在司法行政机关调查评估遇到问题时也未能及时与法院进行沟通协调，双方信息不互通与共享，衔接配合工作不顺畅，造成“调查难、调查久、无法调查”等现象的出现。

二、法院和司法行政机关在社会调查评估工作中存在问题的原因剖析

（一）立法层面上的不尽完善，让社会调查评估顾忌诸多

目前，法律以及相关司法解释并没有对审前社会调查评估的性质进行明确规定，造成了开展社会调查评估工作无法可依，面临尴尬。由于没有立法的支撑，造成在对社会调查评估报告采信问题上，存在“参而不考”的情况。采信后是否及时反馈给司法行政机关，不采信的是否回复说明不采信理由等问题均没有立法的支撑，造成司法

行政机关社会调查评估工作缺乏动力。

（二）传统、保守的司法理念根深蒂固，群众接受社会调查的积极性不高，法院参与度不够

传统保守的报应观念，群众对社区矫正社会调查评估存在不正确的认识，对调查人员的来访感到害怕、有反对情绪，对调查评估工作不理解。一些群众碍于“熟人”的情面，被“打招呼”后提供信息不全面、不客观，造成社会调查评估报告失真，造成适合社区矫正的人没有留住社区进行矫正，不适合矫正的人留在了社区进行矫正，存在较大社会隐患。

法院的职责在于审理裁判，社会调查评估是司法行政机关的法定义务与职责，如果法院过于积极主动参与，会出现“劳而无功”的尴尬局面，以致部分法院在审判任务繁重的情况下，在委托审前社会调查评估过程中有消极懈怠情绪，都会选择尽量避免参与。

（三）法院自身司法资源的不足制约了审前社会调查评估工作的开展

经济的快速发展，矛盾纠纷的增多，群众法治意识的提高，更多的人选择诉讼来解决纠纷，法院收案大幅上涨，案件复杂程度增加，群众对司法公平正义的要求越来越高，法院开展审前社会调查评估工作需要投入一定的人力、物力、财力，在法院目前的现实状况下，法院完成自身的审判本职工作就已经深感捉襟见肘，又要参与到社区矫正工作中，往往“力不从心”，对参与社区矫正的积极性不高。在目前的司法实践中，人民法院也只能自谈能力有限，不能确保所有适用社区矫正的案件都能进行审前委托调查评估。

（四）司法行政机关自身存在的体制缺陷，影响了审前社会调查评估工作的效率

司法行政机关自身存在编制少、专业人才少、工作任务多、办公经费短缺、执法车辆配备少等体制缺陷。审前社会调查评估需要专业人士才能得出质量高、专业水平强的调查评估意见。人员少造成了不能及时完成法院委托的社会调查评估，专业人才少，使得出具的社会调查评估意见缺乏专业化水准。办公经费短缺，物质保障不到位等造成一些司法行政机关的工作人员怠于履职，工作拖沓，社会调查评估工作效率低下。

社会调查评估需要走访调查、谈话、查阅相关资料等，离不开公安派出所以及社区居民、村（居）委员会的大力支持，司法实践中，基层司法所往往处于弱势地位，在需要其他机构配合时，遭到了推诿、拒绝配合等，造成工作难以展开。

三、完善社区矫正审前调查评估工作的路径选择

（一）转变司法理念，完善立法

社区矫正“第一扇门”的开启者是法院，审前社会调查评估又是社区矫正适用的关键程序。当务之急是进行立法，出台《社区矫正法》，对社会调查评估的法律性质进行定位，把审前社会调查评估作为适用社区矫正的法律程序，明确哪些类型的案件必须进行社会调查评估，哪些类型的案件可以不进行社会调查评估，明确社会调查评估详细具体的调查范围等，为社会调查评估制定一套具有可操作性的调查评估流程，使调查评估工作有法可依。

（二）完善审前调查评估报告，为依法正确适用非监禁刑提供依据

1.“及时审阅、及时委托”

及时审阅收到的案件，对符合条件的案件，及时向司法行政机关发出委托调查函。规定不同类型案件的社会调查评估期限，既确保社会调查评估期限的充足，又确保在判决前收到社会调查评估报告，更确保案件在审理期限内审结。当司法行政机关在社会调查评估临界期满但仍未见提交社会调查评估报告时，及时与司法行政机关联系，彼此协作，共同完成社会调查评估。

2. 变通性改变以往一贯做法，“发函不阻碍调查”

在目前的司法实践中的基本做法是，法院将委托调查函邮送至基层司法局，司法局再将书面的委托材料移交下属的司法所，由司法所进行社会调查评估。在这个过程中，材料的送达就已经耗费一定的时间，如果一律等到司法局将法院的委托函等材料送至司法所，对于处于偏远地区的司法所，就是“猴年马月”的事情。所以，应对此作出变通，允许法院在收案之后的第一时间通过电子邮件或者传真的方式将委托函传输至司法局，司法局就可以采取同样的方式转输送至其下属司法所，之后法院再将书面纸质版的委托调查材料送达司法局。

3. 对于偏远农村地区的社会调查评估可采取变通性措施

很多司法所管辖的区域距离司法所“十万八千里”，山路崎岖，路途遥远，在“车少人少”的现状下，很多司法所放弃这些偏远区域的社会调查评估。面对这种问题，我们应当有效借助社会力量，采取自行调查与委托调查交替进行的变通性措施。在司法所不能及时到达偏远区域进行社会调查评估时，可及时将信息反馈所属司法局，由司法局委托所管辖自然村村委会中的政法干事进行调查评估，村委会需提供具有真实性的证明材料。司法局对委托调查报告的真实性应进行严格审查。

4. 规范调查评估意见书准入准出机制

应统一调查评估意见书的文书格式与调查内容，应由司法厅统一调查评估意见书的文书编号为：（年份）司（地区编号）社矫调（调查号）号，以便于调查评估意见书的规范化。

在统一相关法律文书及法律程序的基础上，应根据不同类型人员分别规定不同的社会调查内容。从保护未成年人的合法权益角度出发，对未成年人、成年人应分别制定社会调查评估的内容与工作流程。

认真贯彻社区矫正实施办法及广西出台的实施细则对调查评估意见书准入所作的相关规定，防止出现不符合规范、缺乏客观性的调查评估意见书。同时还应明确法院在审理案件中发现意见书内容与审理查明的事实不符时，如发现调查人员具有徇私舞弊行为的；案件中其他证据与调查评估内容不一致，可能影响定罪量刑的；调查评估内容中所依据的证人证言、书证缺乏合法性、真实性、关联性等其他不适宜作为量刑参考依据的情形，可以不作为法院裁量的参考依据。

5. 落实公安机关、检察机关的委托社会调查评估职能

真正落实公安机关、检察机关的委托社会调查评估职能，适度前置社会调查评估环节，改变仅仅是法院委托调查评估的做法。可以明确公安机关在侦查阶段、检察机关在审查起诉阶段分别对可能判处非监禁刑的被告人作出委托司法机关进行社会调查评估，如在侦查、起诉阶段已被取保候审、监视居住的，使委托社会调查评估不再仅仅是法院的职责，公安机关、检察机关也责无旁贷。

6. 规范法院委托社会调查评估的适用条件

法院应根据案件具体情况判断是否进行社会调查评估。公安机关、检察机关已经委托司法行政机关进行社会调查评估的，法院可以不再委托调查评估。对于案情简单，被告人户籍所在地、居住地在本辖区、其在本辖区有家业、没有前科，属于初犯、偶犯等明显符合宣告缓刑条件的简单案件，可以明确可以不进行社会调查评估，这样可以提高办案效率，节省司法资源，也可让罪犯及早及时矫正。对拟适用社区矫正的被告人、罪犯，具有犯罪前科或者受过行政处罚的，严重暴力性犯罪致人重伤、死亡的，法定刑3年以上有期徒刑等有其他对社区具有重大影响情形的，应当进行社会调查评估。

7. “调查评估期”与“案件审理期”不应存在冲突

立法上应允许在发出社会调查评估委托调查函之次日起至司法行政机关提供调查评估意见书之日，重新计算案件的审理期限，以解决社会调查评估时间与审限的冲突。在立法未完善的情况下，可通过转化普通程序，解决调查评估导致审限不足的情

形。对拟适用社区矫正的被告人的居住地在外省的或者是边远地区的,确有必要调查评估的,适用简易程序审理困难的,可以适用普通程序审理。

(三)让社会调查评估在阳光下进行

对于司法行政机关出具的社会调查评估意见,法院是否采纳,应坚持客观、公正、公开原则。在德国,为未成年人做的社会调查报告被视为一种人证的证据方法,社会调查报告的制作者以及社会调查报告中所涉及的相关人员以证人的身份出席法庭审理,并接受少年检察官和犯罪嫌疑人、被告人、罪犯的辩护律师的交互诘问。[1] 但笔者认为,社会调查评估意见不宜作为案件证据使用。社会调查只是了解被告人的人格特征、成长生活经历、主观恶性、社会危险性等,并不在于证明案件事实,其只应作为一种特殊的量刑参考资料。但为了增加社会调查评估工作的公正透明,可在法庭审理的辩论阶段由调查员出庭宣读调查评估意见书,可以邀请各界代表旁听,使是否适用社区矫正在"阳光"下进行,法院在结合案件情况下综合评析被告人再犯罪的可能性及进行社区矫正的可行性,在裁判文书中阐明是否采信司法行政机关调查评估意见的理由,彰显司法的权威与公正。

结 语

进行审前社会调查评估,筛选符合社区矫正条件、有利于监管的被告人到社区进行矫正,为其创造良好的社矫法制环境,有利于司法行政机关的监管,防范社区的安全隐患。完善审前社会调查评估工作,才能真正发挥社会调查评估意见书的价值,使其真正成为法院裁判时的重要量刑参考依据。

〔1〕 黄河:《少年刑事案件社会调查报告初稿——以德国少年司法实践为视角》,载《研究生法学》2011 年第 1 期。

被监护人受害语境下自身过错承担之困境与出路

——以211份监护人责任纠纷判决书为研究样本*

王　攀**

虽然国际上对被监护人适用过失相抵是否必须以责任能力为前提，以及监护人过错和被监护人过错是否等同等问题尚存争议，但大部分国家都承认被监护人受害与加害存在本质区别，尤其在“过失”的判断标准上，已达成前者轻于后者的共识。部分国家对监护人在被监护人致害和受害案中担当的角色差异已有深刻认识，要求受害的被监护人需为其自身过错承担相应的责任，而监护人仅就其监护失职承担具有过错责任性质的监护责任，并为此制定了一系列的配套规定。

我国研究监护责任和监护人责任差异的文献较少，大部分学者将本应只适用于被监护人致害的“监护人责任”运用到被监护人受害案中，所引用的211份判决书中就有128份是关于被监护人受害的。本文以被监护人致害和受害为标准，将随机择取的211份判决书分作两组研究数据，并从监护责任和监护人责任的属性和归责方式的差异切入，论述如何在被监护人受害案件中用“监护责任”划分监护人和被监护人的责任，以及如何对被监护人适用过失相抵。

一、实践之惑：被监护人受害时自身过错承担之问题考察

案例一：钟某和黄某夫妻二人受雇于凌某，进行房屋装修，但因无人

---

* 本文获全区法院系统第28届学术论文研讨会征文优秀奖。

** 南宁市武鸣区人民法院民一庭审判员。

照顾年仅三岁的儿子钟某某，二人遂将其带入施工现场。某日，钟某某被独自安置于没有施工作业的厨房内，后韦某进入厨房舀开水，钟某某在厨房内玩耍时撞上韦某并被开水烫伤。

案例二：李某带三岁孙子李某某闲逛至湖边时，偶遇带两岁孙女王某某闲逛的王某，二老便站在一旁拉家常，李某某和王某某则在湖边追赶嬉闹，后李某某不慎跌入湖中溺亡，受惊的王某某则躲至一旁围墙下，但该围墙因年久失修倒塌砸中王某某的头部，致其成为植物人。

上述两个案例是128件被监护人受害案的典型代表，实践的困境主要集中于被监护人和监护人的责任划分，具体如下：

困境一：监护人过错是否等同于被监护人过错？实践中往往并不直接确定钟某某等被监护人的过错，而是以其受害结果推定钟某等监护人存在过错，再将钟某的过错视为钟某某的过错。从样本来看，在128件被监护人受害案中就有78件直接推定监护人存在过错，占比达61%（见图1）。

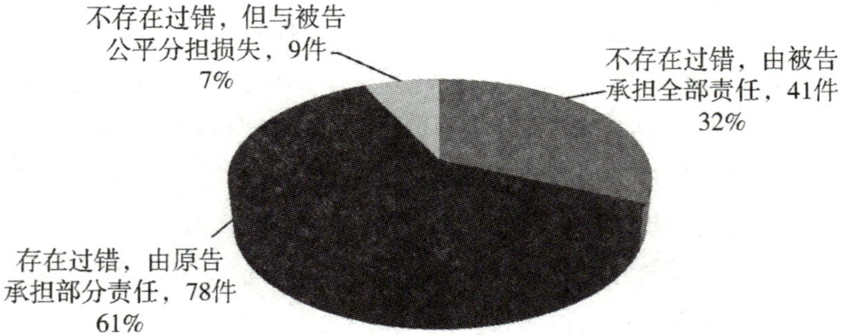

图1　未成年人受害时监护人被推定存在过错的概况

进一步对其余50份判决书分析，仅有被精神病人侵权、被他人无故找借口侵权或被意外伤害的10件案在论理时排除了监护人的责任，剩余40件案的论理都相当薄弱（见图2、图3），完全可从“推定监护人存在过错”的角度切入，如此一来，钟某等被监护人被断定存在过错的概率也就随之达到90.99%。

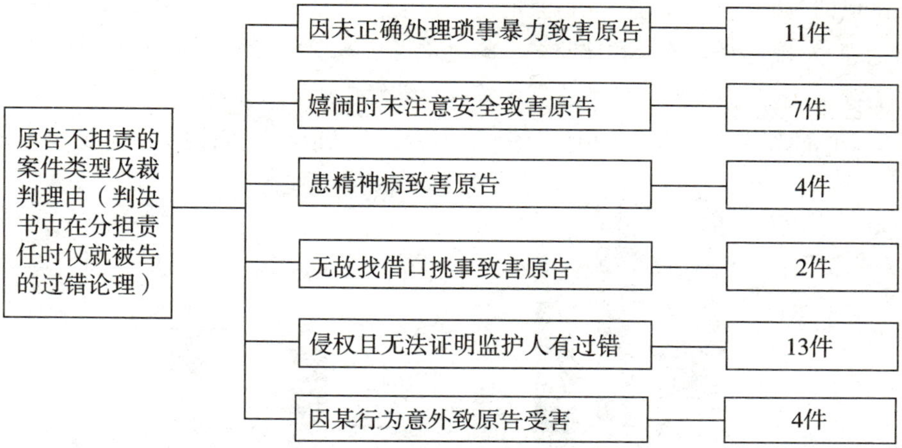

图 2　原告不担责的案件类型及裁判理由

图 3　原被告公平分担损失裁判理由

困境二:能否用监护人过错同侵权人行为过失相抵?实践中多会视监护人和被监护人为一体,即钟某的失职既是钟某某的过错,钟某某的过错也必然是钟某的失职所致,遂直接用钟某的过错同韦某相抵,以减轻韦某的责任,导致钟某某难以获得全额赔偿。在 78 件原告承担部分责任的案件中,这一方式的适用率为 100% 。

困境三:谁为被监护人的过错担责?被监护人作为原告时,监护人以法定代理人的身份参诉,从主体上看,被监护人自身的过错本应判其自担,但实践中不乏以被监护人无责任能力为由,直接判由既非原告亦非被告的监护人承担的,[1]甚至判由并非监护人的王某(爷爷)承担。

〔1〕 在 78 份原告承担部分责任的判决书中,有 14 份(不乏二审)直接判由监护人为被监护人的损害承担责任。

困境四:如何确定被监护人过错的论理角度?通过梳理78件原告承担部分责任案的论理,发现针对监护人和被监护人的过错可从多个角度切入,且几乎是随心所欲(见图4)。从128件被监护人受害案中筛选出类似李某某嬉闹受害的有27件案件,发现可用不同的理由判由原告承担部分责任、不承担责任或与被告公担损失(见表1)。

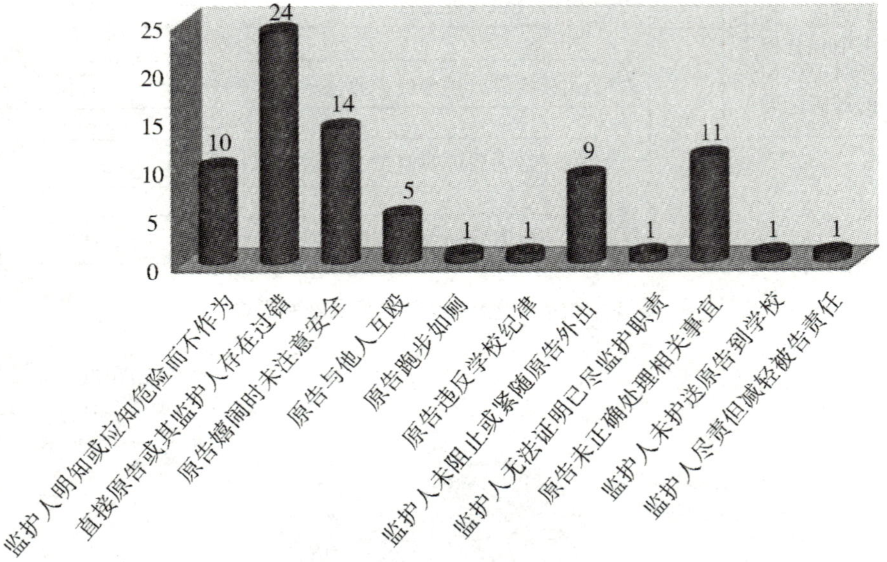

图4 78件原告承担部分责任的案件类型及裁判理由(单位:件)

表1 因嬉闹受害时针对原告责任的裁判理由及分布比例

裁判结果	裁判理由	数量	占比
原告不承担责任	只论对方过错,不论原告方过错	7	25.93%
原告承担部分责任	原告嬉闹时未注意安全	14	51.85%
原被告公担损失	被告无侵权故意或过失,无过错	6	22.22%

二、追本溯源:被监护人与监护人责任混乱的原因分析

(一)对监护责任与监护人责任的认识错误

我国对于“监护责任”与“监护人责任”差异的研究尚不充分,[1]多数学者将二

〔1〕 在各大搜索引擎上均找不到“监护责任”这一词汇,“中国知网”上也仅有纪镇南的博士学位论文《特殊侵权行为归责原则之研究》就二者的差异简单论述过。

者混同使用。

监护人责任源于罗马法的委托之诉(actionesnoxalis),强调的是被监护人致害时,由监护人向受害人承担的赔偿责任。[1] 但《民法总则》第26条第1款、第34条第3款及《侵权责任法》第9条第2款还从被监护人受害或被当作侵权工具的角度规定了监护人的责任,虽亦因监护失职,但显然无法套用"监护人责任",故实践中引用"监护人责任"处理被监护人受害案,并因监护人有过错而减轻加害人责任[2]的做法属认识错误。监护人就被监护人的致害和受害应分别承担监护人责任和监护责任,前者以后者为前提,但二者绝非等同。

1. 属性和目的存在差异,监护人责任属替代责任,监护责任属自己责任

根据责任自负原则,法律本应用相同的标准衡量每个人的主观心理或客观行为,平等的要求每个人都不得违反交易上对他人的必要注意义务,否则构成真正过失,[3]并接受同等惩罚。但由于被监护人不能理解自己行为的性质和后果,法律基于监护人的家长地位及其与被监护人同财共居的事实,要求并未直接实施侵权行为,但又未有效履行监护职责的监护人承担责任。[4] 如Chapin教授所言,监护人责任的目的不仅在于减少青少年犯罪率,还在于使无辜的受害人可从家长那里获得部分赔偿。[5] 只有监护人担心承担可能出现的责任,才会尽力监管自己的孩子。监护责任是监护人基于监护关系监管被监护人的人身、财产及生活,维护被监护人的合法权益。当监护人违反监护义务,导致被监护人受损或被当作侵权工具时,监护人便需赔偿被监护人或其他受害人的损失,强调的是监护人就自己的行为承担责任。

有趣的是,法官在确定案由时几乎都能认识到"监护人责任纠纷"只适用于被监护人致害案(见图5),但在裁判论理时又会将"监护人责任"运用到被监护人受害案中,也就出现了以"监护人责任纠纷"为条件所检索到的211份判决书中有16份案由不是"监护人责任纠纷"的现象。

---

〔1〕 参见最高人民法院侵权责任法研究小组编著:《〈中华人民共和国侵权责任法〉条文理解与适用》,人民法院出版社2010年版,第235页。

〔2〕 同上,第208页。

〔3〕 冉克平:《论未成年人受侵害的过失相抵》,载《西北政法大学学报》2010年第4期。

〔4〕 参见最高人民法院侵权责任法研究小组编著:《〈中华人民共和国侵权责任法〉条文理解与适用》,人民法院出版社2010年版,第236页。

〔5〕 [美]小詹姆斯·A.亨德森等:《美国侵权法实体与程序》(第7版),王竹等译,北京大学出版社2014年版,第18页。

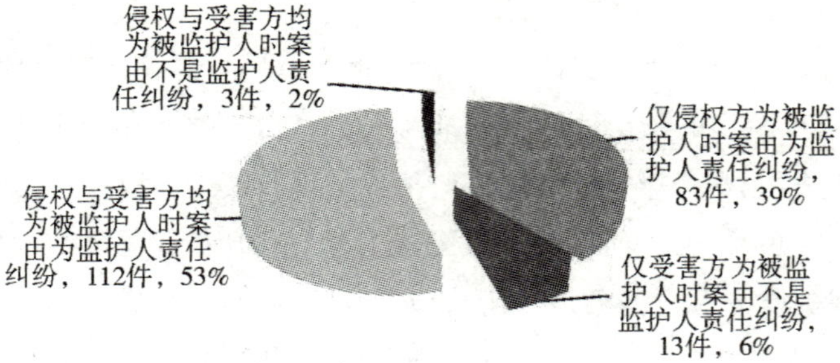

图 5　监护人责任纠纷案由运用实况

2. 归责原则存在差异

学者就监护人责任的归责原则存在以下几种争论（见图 6）：

严格责任	·《侵权责任法》仅规定监护人尽到监护责任的，可减轻责任，并未准许免除责任，而有类似表述的教育机构管理责任及动物园动物致害责任，都规定管理者尽到管理职责的可免除责任，属典型的过错推定，故从同一部法律对同一规则的表述应当统一来看，监护人责任当属严格责任。
严格责任兼公平责任	·王利明教授认为侵权法要求监护人担责是基于其与被监护人之间存在血缘和亲属关系，而非其过错行为。即便监护人已尽心尽职，被监护人仍可能造成他人损害。为保护受害人利益，法律责令监护人代为承担责任，且无免责事由，具有严格责任的特征。同时，又从公平出发，强化了有财产的被监护人的责任，适当减轻监护人的责任，体现了利益的平衡。[1]
过错推定责任兼公平分担损失	·全国人大法工委指出，如果被监护人的行为对于完全民事行为能力人来说，也无须承担责任，那么监护人也不需要承担责任，且监护人也不是对被监护人造成的所有损失都承担侵权责任，如监护人能证明其尽到监护责任，可减轻其侵权责任，这有别于严格责任。[2] ·杨立新教授认为确定监护人责任必须以其未尽监护职责为要件，监护人认为自己无过错，实行举证责任倒置，若监护人能够证明自己无过错，本应免除其责任，但相对于损害是由监护人监护之下的被监护人所致，让被侵权人承担全部损失显然不合理，故适用公平分担损失规则进行调整。[3]

图 6　监护人责任归责原则的争论

〔1〕 王利明、周友军等:《侵权责任法疑难问题研究》,法律出版社 2012 年版,第 279 页。

〔2〕 全国人大常委会法制工作委员会民法室编:《〈中华人民共和国侵权责任法〉条文说明、立法理由及相关规定》,北京大学出版社 2010 年版,第 124 页。

〔3〕 杨立新:《侵权责任法》,北京大学出版社 2014 年版,第 198 页。

关于监护责任的归责原则，笔者认为应适用过错责任，理由：

第一，《侵权责任法》第9条第2款已有监护人就被监护人的行为承担过错责任的先例。法律要求监护人保障被监护人安全，及时纠正被监护人的错误行为，只有疏懈时才承担责任，如适用严格责任，则不问监护人是否存在过错均需担责。《侵权责任法》对严格责任的规定几乎都限于从事创造或使用物质、精神财富等生产过程中，而监护纯粹是为了保护被监护人的权益，要求监护人承担严格责任则有违监护制度的设立初衷。

第二，在被监护人致害时，教唆、帮助人或受害人要求减轻责任或监护人承担责任，都须根据过错责任原则举证证明监护人存在过错。同理，在被监护人受害时，因侵权人承担的是过错责任，监护人也应基于平衡规则与侵权人享受同等待遇，侵权人要减轻责任，应举证证明监护人存在过错，而非由监护人证明自己无过错。

（二）监护制度与过失相抵的价值冲突

实践的裁判方法确实解决了被监护人无责任能力而无责任及侵权人全赔后难以追偿等难题。但学者的批判也绝非臆想。理论与实践的碰撞源于过失相抵制度是粗疏公平衡量时代的“全有或全无”走向精确责任归结时代“比较过失”的产物，目的在于保护加害人权益，而以责任能力为核心的监护制度则是为了保护被监护人的权益，当二者聚焦于被监护人受害案时，价值冲突便会凸显。

笔者总结冲突点有两个：被监护人是否具备承担过错的责任能力，能否对其适用过失相抵？监护人的过错能否视为被监护人的过错？

对于冲突一，依传统理论，无责任能力便无责任，也无适用过失相抵的基础。有学者认为我国合同法对被监护人所签合同的效力、刑法对被监护人犯罪的惩罚及《侵权责任法》区分教育机构对无行为能力人和限制行为能力人承担的责任之规定来看，我国已承认责任能力制度，〔1〕故限制行为能力人已具备判断和理解事件性质和原因的责任能力。

《侵权责任法》制定过程中曾对责任能力的取舍有过争议，但立法者最终从强化侵权法的救济功能出发，为全面保护受害人而未予采纳。〔2〕随着过错概念的客观化及替代责任、严格责任和公平责任的发展，责任能力制度受到了冲击，如果主观可谴

---

〔1〕 李永军：《被监护人受侵害时法律救济的理论与实证考察》，载《华东政法大学学报》2013年第4期。

〔2〕 王利明等：《中国侵权责任法教程》，人民法院出版社2010年版，第132页。

责性不再是判断责任承担的重要依据,责任能力制度的作用也就大为降低。〔1〕

大部分国家都认为可对被监护人适用过失相抵,但是否以具备责任能力为前提尚存分歧(见表2)。一旦我国不以责任能力为被监护人担责的要件,对被监护人适用过失相抵的障碍也就随之消除。

对于冲突二,各国的看法也不尽相同(见表2)。过失相抵是通过侵权人和被侵权人之间的"较量",以定责任之有无及大小,〔2〕但被监护人受害时,监护人并非案件当事人,甚至可能因不作为而与侵权人构成共同侵权,因此,监护人与侵权人之间无过失相抵的适用基础,也不能将监护人过错视为被监护人过错。

表2 被监护人责任能力及其与监护人责任关系统计

	观点	国家
被监护人适用过失相抵时是否以责任能力为前提	肯定立场	英国、美国、德国、荷兰、奥地利、比利时等
	否定立场	意大利、西班牙、波兰等
	模糊立场	日本、法国、葡萄牙等
监护责任是否等同于被监护人责任	分割对待	奥地利、比利时、英国、意大利、荷兰、瑞士等
	视为同一	西班牙、波兰、瑞典、日本等
	附条件视为同一	德国等(认为只有当加害人与受害人之间事先具有债的关系时,才可以根据《民法典》第278条将二者等同)

综上,监护人在被监护人受害时的地位和担责方式不同于被监护人致害案,不能以被监护人的受害结果推定监护人存在失职,从而要求监护人承担"监护人责任",更不能将监护人的责任视为被监护人的责任后与侵权人相抵,被监护人的责任应仅限于因其自己的行为所导致的过错。

三、正本清源:被监护人自身过错的本色回归

被监护人自身过错的承担,除划清界限外,还需明确担责主体,笔者从以下几个角度论证:

〔1〕 王利明:《自然人民事责任能力制度探讨》,载《法学家》2011年1月。

〔2〕 史尚宽:《债法总论》,中国政法大学出版社2000年版,第303页。

（一）视为监护人的过错

监护人向被监护人承担赔偿责任是因其有监护过错，虽然被监护人行为意识缺失，很难分清被监护人的过错行为是否系监护人失职引起，但这并不意味可无限扩大监护人的义务，如钟某将钟某某置于无施工作业的厨房，即可视为已尽到安全审查义务。

法律可以通过严格责任来防止监护人遗弃被监护人或故意不作为，但监护人自身还处于不断学习过程中，不可能随时随地地陪护、限制被监护人或发现被监护人身边的危险，如不问缘由地要求监护人为被监护人的过错担责，无异于要求其承担严格责任。

除工伤外，我国法律几乎再无第三人因“他人自身行为导致自己受害”而承担严格责任的规定，况且，监护人既不能向被监护人追偿，也不能从监护中获益，尤其是法人作为监护人时，其与被监护人之间缺少亲情的连接，适用严格责任在增强法人责任心方面杯水车薪，甚至会导致法人不愿担任监护人的后果。

（二）由侵权人分担责任

如果要求侵权人就被监护人的过错承担责任，侵权人不仅要承担自己的过错，还要承担他人的过错，如此，归责方式便是严格责任或公担损失。我国《侵权责任法》采用列举的方式规定严格责任的适用范围，尚未规定侵害被监护人就需承担严格责任，且类似案例二中，侵权人王某某也是被监护人，保护了李某某便损害了王某某，因此，不应以保护被监护人利益之名要求侵权人承担严格责任。而公担损失是当侵权人和被侵权人都没有过错时，为平衡利益和损失而要求侵权人适当分担损失，适用前提是无法适用“责任自负”规则，适用范围也有严格限制。

如果要求侵权人承担被监护人的过错，或与监护人公担过错，不仅违反了规则的适用基础，还会导致只要被监护人受害，侵权人就需承担责任的恶果。

（三）由被监护人自己承担责任

通过排除法，相对而言，由受害人自行承担更为合适。但根据《侵权责任法》第26条的规定，适用过失相抵的前提是受害人有过错，而我国法律并未明确受害人过错的判断标准，因此，有完善之必要。《美国侵权行为法重述（第二次）》第466条将受害人过错的判定标准规定为：“……（a）故意且不合理地将自己暴露于被告过失行为所造成的危险当中，而原告知道或有理由知道该危险；（b）原告的行为欠缺合理的人为保护自己免受伤害所应遵守的标准。”[1]此规定从故意和过失两个角度判断受

---

〔1〕 程啸：《论侵权行为法上的过失相抵制度》，载《清华法学》2005年总第6辑。

害人过错,比较符合我国的法律传统,值得借鉴。

任何故意行为都不可能脱离意志的支配,都是因为主观上应受非难的错误意识选择的结果,内在意识过程与受此意识指导而实施的故意行为之间具有不可分割的联系,故受害人故意与加害人故意无本质区别,均适用主观判断标准。

但在过失判断标准上,受害人过失是受害人没有采取合理的注意或可以获得的预防措施来保护自己,是对自身安全和利益的忽视,与侵权人过失有本质区别。一般人不经强求就会善待自己的利益,但对他人的利益却容易懈怠,故法律将不得损害他人利益作为一般性义务加以规定,只有考察加害者过失时,才会考虑"违法性"要素。受害人过失属于"非真正过失",并不产生对他人的损害赔偿责任,很难说对自己利益的疏忽所造成的损害具有不法性,只是不能或少获得赔偿,[1]故无须从"违法性"角度考量。最高人民法院在动物致害案的审理意见中也认可加害人与受害人过失并非同一性质。[2]

四、完善之道:被监护人自担过错规则的设计

虽然由被监护人自担其责更为合适,但为了不影响被监护人的保护工作,有必要对相应的规则进行设计。

(一)被监护人担责能力的认定途径

前文已论述"责任能力说"的不可取性,此不赘述。支持被监护人自担责任的观点主要还有"辨识能力说"和"客观说"。"辨识能力说"认为过失相抵的重点并不在于要求被监护人承担责任,而在于减轻侵权人的责任,责任能力的缺乏并未排除行为的客观违法性,而是排除了行为人的过错,[3]只要被监护人能够辨识其行为的危险性即可适用过失相抵。"客观说"认为,过失相抵的实质在于考察侵权人和受害人的行为对于损害发生、扩大的原因力,并据此分担损害,受害人过错的成立要件不以责任能力、辨识能力或事理辨识能力为要件,其过错只是在计算赔偿额时使用,故只要受害人客观上有过错,就可减轻侵权人的责任。

法国、葡萄牙、意大利、西班牙及荷兰的法院倾向采用客观说,但只有西班牙的学

---

[1] 孙森淼:《民法债编总论》,法律出版社2006年版,第375页。

[2] 参见最高人民法院侵权责任法研究小组编著:《〈中华人民共和国侵权责任法〉条文理解与适用》,人民法院出版社2010年版,第526页。

[3] 王利明等:《中国侵权责任法教程》,人民法院出版社2010年版,第135页。

者对此予以肯定，我国学者王泽鉴在《民法学说与判例研究》中持该观点。笔者认为客观说不符合过失相抵制度的历史沿革。过失相抵的重要初衷是鼓励个人调整自身行为以降低损害发生的可能性，[1]当受害人疏于照顾自己利益时，才能减少或免除侵权人的赔偿，其并非仅为了对比侵权人与受害人对损害的原因力，还在于塑造出能够使人们轻易辨识自己的行为是否可为的通用标准。按照客观说，只考虑原因力而不顾行为人的辨识能力，那么被监护人将比成年人的担责概率更高、责任更重。况且，在被监护人致害时因有监护人作为履责保障而不会影响其健康成长，如果受害时却因客观过错无法获得全额赔偿而影响其健康成长，则难言公平。因此，"客观说"明显不符合过错责任的原理，不利于被监护人保护工作的开展。

"辨识能力说"对过失相抵目的的解释能很好化解"责任自负"给被监护人保护带来的冲击。侵权行为的成立特别要求行为人具有辨识能力，是鉴于对行为是非利害关系不能正常识别的人应予以保护，使其不负侵权责任。这一原则不应仅体现于监护人的替代责任中，还当包括被监护人受害的责任承担。国际上对受害人过失判断的通行做法是看理性人处于受害者的状态下能否尽到合理的注意义务，此义务正是源于辨识能力。未成年受害者属于受害者的"子群体"，当其对自己行为的危险性不具备辨识能力时，无法达到法律对一般人抑制自己行为的合理期待，不应以其未注意自己行为的危害性而适用过失相抵。

（二）"辨识能力"的判断标准

"辨识能力"较"责任能力"标准要低，各国对辨识能力的判断没有统一标准，例如，在 Bailey 中，4 岁的小孩打伤了其保姆的喉咙，上诉法院撤销了初级法院的判决，认为 4 岁的孩子已有实施殴打的意图。但一些法院并不认为非常小的孩子具有这种意图心理，如 Fromenthal 案，法院认为 2 岁的小孩不应为其故意侵权承担责任。[2]《美国侵权法重述（第二次）》第 464 条也仅是以合理人在同样年龄、智慧及经验情况下所应遵守的标准作为被监护人的行为标准。[3] 各州对多少岁的儿童具有辨识能力认识不同，较成熟的是"7 岁规则"，即 7 周岁以下儿童不会有过失，7 周岁 ~ 14 周岁的儿童被推定不会有过失，14 周岁以上的儿童被推定可以有过失，但也仅有 12 个

---

〔1〕 唐慧：《侵权法过失相抵制度研究》，九州出版社 2016 年版，第 98 ~ 99 页。

〔2〕 [美]小詹姆斯 · A. 亨德森等：《美国侵权法实体与程序》（第 7 版），王竹等译，北京大学出版社 2014 年版，第 17 页。

〔3〕 程啸：《论侵权行为法上的过失相抵制度》，载《清华法学》2005 年总第 6 辑。

左右的州适用,多数都赞成5岁以下的儿童无法构成过错,5岁以上的未成年受害者,由法官在个案中根据年龄、才智和经验去判定。

《民法总则》制定过程中考虑到随着社会的发展和教育水平的提高,儿童的认知能力、适应能力及自我承担能力均有很大的提高,青少年的成熟年龄普遍提前,故一致同意降低限制行为能力人的年龄下限。[1] 表明目前至少可将8周岁以上的被监护人视为具有辨识能力。还可通过进一步论证细化不同年龄段的被监护人的辨识能力判断标准,如对10周岁与17周岁的被监护人适用不同的标准。但在假设合理人时应有别于加害人,尽量降低对被监护人的要求,增加其获得赔偿的机会。

对于8周岁以下的被监护人,虽然目前尚无数据表明其绝对没有辨识能力,但在辨识能力判断标准制定的初期,还不具备进一步细化的科学基础,可暂定为不具有辨识能力,待条件成熟后再细化。

需要强调的是,被监护人有辨识能力并不代表必须承担责任,还应将其过错与侵权人对比,如果侵权人存在故意或严重过失,被监护人仅有轻微或一般过失的,不减轻侵权人的赔偿责任。

(三)适当引入家长—子女豁免规则

前文提到钟某某等人的监护人需就其不作为与侵权人承担共同侵权责任,但还应用某种法定规则确保家庭的规矩与和睦不受破坏,兼顾保护家庭的完整性、和谐性及家长在控制和关照孩子问题上的判断自由。

必要性在于,父母行使特权过程中难免会出现武断而有害的行为,但这并不能撼动父母享有按照自己的信仰和态度抚养子女的自由。在Stallman案(母亲怀孕时驾车过失发生车祸致胎儿受损)中,法院对此进行了充分论证,认为孕妇做过或没做过的任何事情都会对胎儿造成积极或消极影响,如果承认孩子有权为自己出生后没有健康的头脑和身体而起诉母亲,就必须对孕妇的每个作为或不作为进行法律审查,将会使社会对所有女性及其家庭的看法产生严重后果。[2]

家长—子女豁免规则是诞生于Hewlett案的一项美国本土规则,即孩子起诉母亲非法拘禁时,法院不支持孩子获得赔偿。其重要基础在于如果允许子女从父母那里

---

〔1〕 参见沈德咏主编:《〈中华人民共和国民法总则〉条文理解与适用》,人民法院出版社2017年版,第223页。

〔2〕 [美]小詹姆斯·A.亨德森等:《美国侵权法实体与程序》(第7版),王竹等译,北京大学出版社2014年版,第374页。

获得赔偿,会增加家庭矛盾,干涉父母对子女的管教。目前,全面豁免权已被大多数州摒弃,但其剩余部分在许多州仍有保留,只要从家长的角度出发,并在普通家长具有的理性和谨慎限度范围内行事即可适用。该规则与春秋战国时期儒家提出的"亲亲相隐"原则极为相似,也符合我国基本国情,可适当引进。

引进该规则的最大争论在于如何把握父母管教子女特权的度。在我国具体运用时可参照《关于依法处理监护人侵害未成年人权益行为若干问题的意见》及《民法总则》的相关规定,对监护人因故意伤害被监护人,教唆、胁迫、诱骗、利用被监护人实施违法犯罪或乞讨行为,将被监护人置于无人监管和照看的状态,及因吸毒、赌博、长期酗酒等恶习无法正确履行监护职责或其他重大过失和故意行为导致被监护人受侵害的,监护人不享有豁免权。除此之外,对于监护人的其他一般过失,还应与侵权人的过错对比,只有轻于侵权人的过错时才可享有豁免权。

(四)被监护人的诉讼代理人问题

被监护人行为能力有限,尤其是 8 周岁以下的被监护人不可能仅凭自己的能力去完成诉讼,因此,被监护人自担责任还须解决诉讼代理人问题。

美国法律给予年龄稍大的被监护人影响或控制代理人的选择权。如《加州民事诉讼法典》规定 14 岁及以上的被监护人可任命诉讼代理人。其重要基础在于法院负有保护被监护人权利的最终责任,[1]如果法院认定存在利益冲突,或代理人处理案件不当,或只有撤换代理人才能保护被监护人权利的,可自行决定撤换代理人。

此制度同样值得我国借鉴,司法局和民政局可共同组建"被监护人之家",聘请专人为被监护人出庭诉讼。如果监护人的监护资格在诉讼开始前未被撤销,可由监护人先代为起诉侵权人,当侵权人举证证明监护人存在故意或重大过失,且法庭审查属实时,再撤销监护人的代理资格。此时,如果监护人已代为委托律师的,直接由该律师全权接管,法院将监护人追加为被告或第三人后即可继续审理(见图 7),但不能以被监护人放弃对监护人的主张而不让监护人参诉,因为监护人主张减轻或免除自己责任的同时也是在替被监护人向侵权人争取权益。

---

〔1〕 [美]小詹姆斯·A. 亨德森等:《美国侵权法实体与程序》(第 7 版),王竹等译,北京大学出版社 2014 年版,第 374 页。

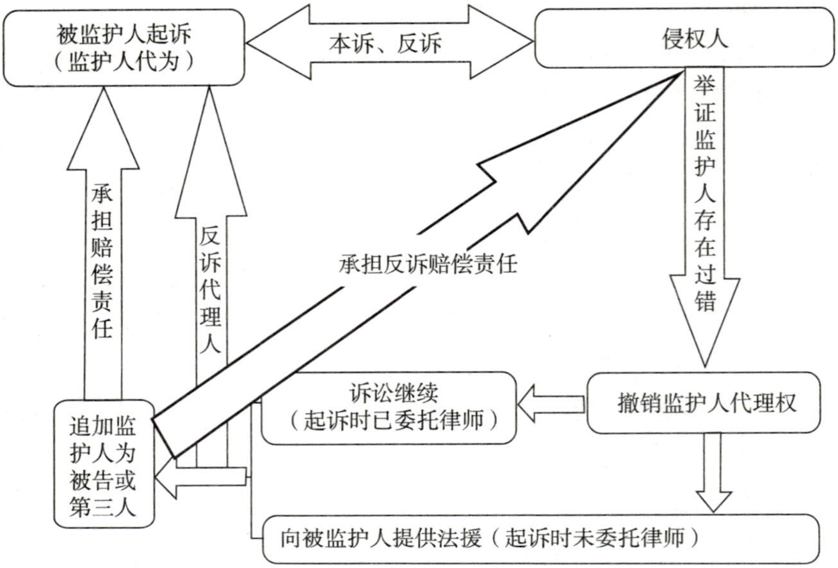

图7 被监护人诉讼代理人制度

如果监护人没有代为委托律师，或其监护资格在诉讼开始前就已被撤销，可由民政局从"被监护人之家"中选取专人代为诉讼，或待新的监护人确定后再由其提起诉讼。

对于被监护人死亡的案件，虽然监护人有过错，但因所有赔偿款最终都可能归监护人所有，其多会积极参诉，为简化赔偿程序，可直接由监护人作为赔偿权利人提起诉讼，由法院根据监护人和侵权人的过错程度判决侵权人的赔偿数额。

结 语

监护人仅据过错向受害的被监护人承担"监护责任"，是有效改变实践中只要被监护人受害就依"监护人责任"推定监护人失职这一错误做法的有效路径，而以"辨识能力"作为被监护人承担过错及适用过失相抵的判断标准，不仅是侵权责任划分走向精准化的要求，还可避免与监护人的责任发生"混沌"。但无论是被监护人自担其责，还是推定为监护人的过错，因被监护人财力和人力有限，实体结果可能均是由监护人为被监护人的过错所造成的损失支出人力和财力，但规则正确是实体准确的保障，不能因结果相同就纵容规则的错误，反而，在监护人和被监护人的责任界限明晰的前提下，量化监护人额外支出的人力和财力更具有可操作性，为今后以此减轻监护人责任和加重侵权人责任埋下伏笔。如何为被监护人受害案构建更加精确的裁判规则，期待今后能够继续探索。

“族老”的传承与新生

——以壮族族老文化传承与民族地区多元化解机制结合为视角

李　寒*

案例一:2012 年韦某与张某离婚案

南宁市兴宁区五塘镇某村村民韦某(女)与张某(男)于 2010 年 5 月登记结婚,2011 年 3 月生育一子,2012 年 10 月,韦某以夫妻感情破裂为由起诉至法院要求离婚,张某同意离婚,但对于小孩抚养权问题争执不下,法院判决双方离婚,小孩归韦某抚养,案件生效后张某家拒不把小孩交由韦某抚养,导致该案案结事不了。

案例二:2015 年孙某与吴某离婚案

南宁市兴宁区五塘镇某村村民孙某(女)与吴某(男)于 2011 年 6 月登记结婚,婚后未生育小孩,2014 年 9 月,孙某以夫妻感情破裂为由起诉至法院要求离婚,法庭立案后了解到女方原户籍为男方户籍隔壁村,即启动族老调解机制,法庭在族老的参与下经过向男女双方家庭的调解,化解了双方矛盾,解开了女方的心结,最终女方撤回起诉。经事后电话回访双方家庭幸福,生活美满。

2015 年 5 月 1 日,中央全面深化改革领导小组第十一次会议审议通过了《关于人民法院推行立案登记制改革的意见》正式在全国各级法院正式实施,法院对诉讼要件不再进行实质审查,对符合法律规定的起诉、

* 南宁市兴宁区人民法院民一庭审判员。

自诉和申请,一律接收诉状,当场登记立案。这在客观上扩大了法院的受案范围,当月全国各级法院立案数普遍上涨,导致法院历来"案多人少"的矛盾进一步激化。同时亦出现一些涉及企业改制职工待遇、"出嫁女"等热度高、辐射面广、社会影响力大的疑难案件。立案登记制度改革后法院出现的诸多新问题诚待解决,时任最高人民法院副院长景汉朝表示,"一把钥匙开一把锁,不同的纠纷采取不同的方式解决可能效果更好,事实上很多纠纷都适合采取非诉讼手段来解决。法院要在发挥审判功能的同时,将进一步推动完善调解、仲裁、行政裁决、行政复议、诉讼等有机衔接、相互协调的多元化纠纷解决机制,让群众在面对纠纷时有更多的选择。"

建立多元化解纠纷机制,引导更多纠纷通过非诉程序解决,能够有效减轻法院审判压力,缓解"案多人少"矛盾,同时对于一些不宜通过诉讼途径解决的社会问题通过非诉方式解决,化解社会矛盾。南宁市兴宁区人民法院五塘法庭针对农村地区"案多人少"的矛盾,密切联系当地群众,创造并发展了人民法庭主导下的"族老调解"制度。上述案例二充分体现了人民法庭主导下的"族老调解"有效解决法庭"案多人少"的纠纷,推进基层社会治理创新,促进农村和谐,维护社会稳定发挥了独特的作用。

少数民族聚居区以少数民族人口为主,并且多数为农村户口,以广西壮族自治区首府南宁为例,总人口729.66万,在其下辖的7个城区中,以壮族为主的少数民族占其城区总人口的83%,而农村户口居民占总人口的75%。少数民族区域存在农业人口多、少数民族多的"两多"现象。(见图1)

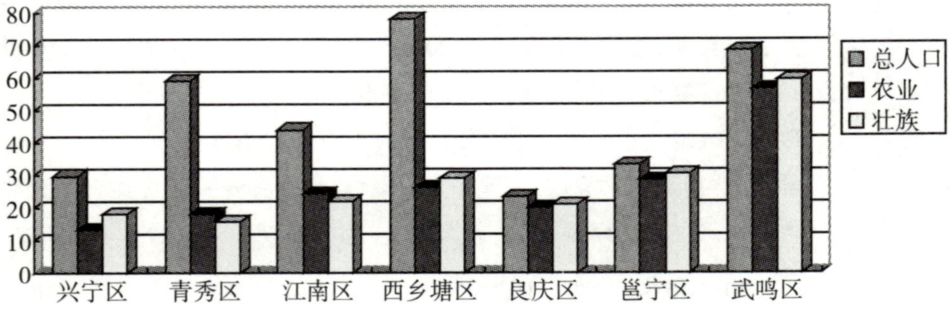

图1　2014年南宁市城区总人口、农业人口及壮族人口分布情况

创造和发展"族老调解"制度,有利于缓解农村地区民族聚居区内矛盾纠纷,推进基层社会治理创新,促进农村和谐,维护社会稳定。

一、族老调解的基本含义

1. “族老”含义

“族老”（或称为“族长”）是基层农村群众对同族长辈或村中德高望重的长者的尊称，族老总管全族事务，是族人共同行为规范、宗规族约的主持人和监督人。“族老”们精通当地语言、了解地方历史、熟悉本土风俗习惯，在基层农村中颇有威望。作为传统社会的残存遗留，中华人民共和国成立后，带有浓厚封建色彩的宗族制度受到限制而削弱，“族老”在现代社会虽没有封建社会的宗法权力，但本村本族的一些重要事情往往需要此类长辈参详和拿捏主意。

2. “族老调解”的含义

基层群众尤其是同村同族的农村群众，在遇到矛盾纠纷时，首先想到的不是去通过法律途径解决问题，而是找族老咨询、诉苦、主持公道，在族老的参与下厘清、调解、解决纠纷。族老调解能够使基层矛盾得到较好的处理。族老了解社情民意，往往更注重从社会道德标准的角度对案件进行评断，将社会公众的良心和善恶标准、是非观念融入其中。在法律对一些案件的处理没有明确规定或者规定不具体时，族老们的社会阅历及由此形成的大众化思维能够帮助法官了解社会公众的认识和评价，用客观的常人视角和思维方式来观察与分析案情，从而最大限度地实现社会和谐。

3. “族老调解”的渊源

秩序和谐是古代中国所有统治者都极力追求的一个目标。“和合”思想是中国传统文化的核心概念，“无讼”的追求就是对秩序的追求，这是“天人合一”的和合思想在处理社会矛盾时的体现。只有少部分的刑事案件等通过司法途径来解决，而社会的大量民事矛盾只有通过双方的不断协商、调停来处理。因此，调解就变得尤为重要。

传统中国社会，家庭（家族）是社会最基本的单位，也是社会治理最小的政治单元。农业社会发展相对缓慢，社会结构鲜有变化，基本处于封闭状态，前代积累的经验对子孙同样适用。家长的指令和经验是经过前辈们无数次尝试得出的有效结论。因此，子孙对家长的绝对服从不仅有“权威”的强制性，还有一定“价值”的合理性。

“族老”作为本族的共同家长，在本族本村都德高望重，受人尊敬。村民遇到矛盾需要化解，自然要通过族老这样的“共同家长”来居中处理。

4. “族老调解”与其他调解

调解主要有人民调解、法院调解和行政调解三种类型。

人民调解的居中调停者是人民调解员，人民调解员不享有司法裁判权，故此作为人民调解的《调解协议书》并不具有强制效力。该协议书仅仅具有合同效力，经过人民调解的纠纷要得到执行，还需要人民法院进行确认。

法院调解的居中调停者是法官，其调解经法院确认，既具有既判力，又有强制执行力。是当事人用于协商解决纠纷、结束诉讼、维护自己的合法权益，审结民事案件、经济纠纷案件的制度。

行政调解的居中调停者是国家行政人员，是国家行政机关处理民事纠纷的一种方法。国家行政机关根据法律规定，对属于国家行政机关职权管辖范围内的行政纠纷，通过耐心的说服教育，使纠纷的双方当事人互相谅解，在平等协商的基础上达成一致协议，从而合理地、彻底地解决纠纷矛盾。[1]

同以上调解相比，族老调解的居中调停者是双方当事人都熟识的同村同族长辈，在长辈面前，双方当事人碍于情面，大多会据实说出矛盾根源，请求“共同家长”来评理定分，用人情来解决矛盾。双方在族老协调下达成的协议，虽然没有法律强制力，但是当事人一般都会遵守，以此来解决邻里、村舍的民间矛盾。

5.“族老调解”的作用与现代局限

在以身份为主导型的农业社会中，社会活动参与受到家庭的严格制约，活动范围也大多在熟人视野内，因此社会矛盾的解决大多诉诸礼法、舆论、习惯等，大多数人只和本村本族人发生关系，产生矛盾。这时“族老调解”就显示出不可替代的作用，它能够使当事人辩事说理，促使当事人之间的和解，从而达到化解社会矛盾，维护社会和谐的作用。但是随着农业社会向现代社会转型，乡土结构逐渐瓦解，原有家长制性质的族老调解就失灵了。具体来说，“族老调解”主要有以下几方面缺陷：

(1)“族老”没有专业法律知识。“族老”是基层农村群众对同族长辈或村中德高望重的长者的尊称，并不从事具体的法律工作，大部分人都不具备专业系统的法律知识，更不用说用法律来调解村民纠纷，“族老调解”只是基于常年的生活经验与熟人社会所得到的尊严为依据来居中调停纠纷。

(2)“族老”对现代经济活动的纠纷缺少了解。现代社会是科技革命迅速发展的时代，农业社会所延续下的经验已远远不能应对纷繁复杂的商事活动纠纷。

(3)“族老调解”并不具备事后强制力。这是“族老调解”的最大缺陷，基于道德的力量来迫使双方当事人遵从“族老”的调解，没有强制力为后盾，当事人完全可以随

[1] 苏泽林：《司法调解教程》，中国法制出版社2012年版，第80页。

心所欲而不会受到任何惩处。但是，现代社会的生活并不仅仅局限于基层农村，一旦当事人远走他乡，"族老调解"便陷入崩溃。这也是现代社会生活大变革中的一个缩影。

二、"族老调解"在司法实践中的应用

广西壮乡的乡村里，"族老"是当地群众对同族长辈或村中德高望重的长者的尊称。"族老"们精通当地语言、了解地方历史、熟悉本土风俗习惯，在村中颇有威望。把"族老"这一本土司法资源通过人民调解的路径引入多元化纠纷处理机制之中，将风俗习惯、道德情面与法律有机结合，提高了村镇群众的纠纷自治能力和司法的社会治理能力。不仅让壮族这一特有的族老文化传承创新，同时也构建多元化解机制破解立案登记制改革后人民法院"案多人少"的矛盾。古老的"族老调解"要想在现代社会中焕发新生，就必然要求同现代司法制度结合起来，这不仅可以解决"族老调解"的疲软之态，也能进一步加强基层农村的法治建设，更好地维护基层人民的和谐，促进农村生活的健康发展。

1. 法院审判与"族老调解"的关系

法院在处理案件尤其是村民民事案件的过程中，更应注重用调解的方式。两千多年的自然经济使中国农村人与人之间的联系亲密无间，内化于心的自然感情渗透到了社会成员的内心深处。当遇到诸如人身财产损害赔偿纠纷、相邻关系纠纷、抚养赡养纠纷、土地权属纠纷等性质简单的民事纠纷时，当事人在冷静地权衡利弊后更希望通过调解解决，"找个更权威的人来评个理"。[1] 人民法庭就是在此状态下选择"族老调解"。法官通过联系"族老"，运用多元化的方式，淡化法律的界限，动之以情，晓之以理，积极疏导当事人的情绪，从普通公众的视角出发判断是非，促使当事人达成和解。

法院司法审判和族老调解都是处理农村地区社会矛盾的一种方法。法院判决后虽有强制执行力，但可能会由于当事人一方不配合而导致案件久拖不决，难以执行，致使"案结事不了"。而族老调解虽然能够使双方矛盾减缓，却没有强制力约束，一旦一方不遵守，调解便陷入僵局。但是，两者在一定条件下是可以相互补充的，用族老调解方法来让调解更具人情味，再通过法院的司法裁判力予以确认，由法院来主导古老的"族老调解"，这样能够有效地解决现阶段矛盾多发期农村范围内的一些民事纠纷。

---

〔1〕 李鸿斌：《巡回审判应该围绕"四点"转》，载《人民法院报》2014 年 9 月 10 日。

2. 司法主导下的“族老调解”在基层农村民事纠纷中的适用

南宁市兴宁区人民法院五塘法庭主导下“族老调解”经过近 3 年来的实践，取得了良好的法律和社会效果，使族老在新时期重新以新的面貌展现在人民群众之中。族老们在法院主导下的工作主要有：

（1）当好向导，助力诉讼事半功倍。族老不仅在带路找人方面给审判工作带来了极大的便利，而且在帮助法官了解案情及当地风俗方面也发挥了积极的作用。作为同村人，族老知道案件当事人的近况；作为族中长辈，族老也了解案发的大致原因。因此，族老能够为法院做好前期审理准备工作。

（2）敲好边鼓，以情入理化解纠纷。诉讼程序的刚性在某种意义上往往难以弥合遭受破坏的社会关系，而“族老调解”从情理出发，以情入理往往可以更好地弥合社会关系。作为“中人”的族老，在充满对抗色彩的法庭上出现，也能够为法庭带来“人情味”，各方当事人也能够将心比心，站在对方的立场上考虑问题，有助于化解矛盾。

（3）发挥权威，压制各方过激言行。族老的威信虽不具有法律上的强制力，但在乡土社会中往往能够更好地约束各方言行，避免造成“二次伤害”。在涉及宅基地、邻里纠纷等案件中，族老作为共同长辈，在村中享有较高的权威，当事人往往也比较尊重族老，在族老在场的情况下，各方当事人也会克制自己的激动情绪，有助于案件的顺利开展。

（4）恩威并施，破解法院执行难题。族老参与下的案件约有三分之二是以调解撤诉结案，当事人能够以握手言和的态度解决矛盾，对于案件的执行抵触比较小，而且大部分又以自动履行的方式案结事了。对于执行，在族老的参与下，当事人更多的是考虑“熟人”社会所带来的不利影响，因此，化解执行难题是族老参与的调解案件中的应有之义。

司法主导下的“族老调解”能够促成纠纷的迅速解决，可以节约大量的社会资源，包括当事人的人力、物力资源和公共司法资源。在大量的农村纠纷中，当事人只是“斗气不求财”，只要当事人感觉自己的诉求得到尊重，对于实体的处理结果其实并不太重视。在调解过程中，当事人的主张得到了陈述，情感得到了宣泄和满足，问题往往也能够得到很好的解决。

三、“族老调解”的现实意义

司法主导的族老调解结合了多方面的优势，其乡土中国的法治建设有着十分重要的意义。

1. 对人民法庭建设的意义

人民法庭是人民法院的“前沿哨所”，直接面对广大农村地区的人民群众。司法主导下的族老调解案件一般案情相对简单，但却直接关系到群众的切身利益。把案件又快又好又有人情味的处理好，能够树立人民法庭的公信力，也能够体现“司法为民”的服务宗旨。

2. 对基层村民自治的意义

司法主导下的族老调解，通过法院的主导由本村族老进行调解，能够让村民在本村内解决自己的事情，这是对“枫桥经验”的“小事不出村，大事不出镇，矛盾不上交，就地化解”的创新发展，能够更有效地行使村民自治。

3. 对以德治国理念的意义

“以人为本”的人文关怀是古今社会的普遍价值观。所以在实行现代法治的同时，我们似乎没有理由抛弃本土固有的法治资源（族老调解），尽管表面看上去它与现代法制要求不一致。“法治资源借助本土资源的重要性，在于法律制度在变迁的同时获得人民的接受和认可，是活的合法性——人民下意识的认同——的一条有效途径”。[1] 因此，司法主导下的“族老调解”是以德治国的理念的应有之义。运用道德的力量来让当事人能够自觉地履行义务，让当事人不仅受到法律的约束，也受到道德的谴责，对于社会良好风气的形成，也有促进作用。

4. 对依法治国理念的意义

“族老调解”保障了人民群众参与司法，增强了司法的民主性，强化了司法的监督需要，也提升了司法公信力。族老协助法院工作人员送达法律文书、协助执行裁判文书，能够缓解法院“执行难”问题，使案件能够加快执结，提高法院公信力，维护法律权威，对依法治国的理念有良好的示范效应。

5. 对和谐社会理念的意义

和谐社会不仅要求个人自身的和谐，也要求人与人之间以及个人、社会和自然之间的和谐。司法主导下的族老调解使当事人、族老、法庭三者良性互动，共同处理社会矛盾，化解社会纠纷，是和谐社会中人与人之间的和谐制度，也是法院和人民群众之间的和谐制度。

---

〔1〕 苏力：《法治及其本土资源》，中国政法大学出版社 2004 年版，第 16 页。

四、"族老调解"的制度化建设

"无规矩不成方圆",好的创新举措需要有一个行之有效的制度来使之能够长久地适应。人民司法主导下的"族老调解"从无到有,从点到面,从偶然性到制度化,在南宁市兴宁区人民法院五塘法庭全面实施,现已初步形成制度化。

1. 族老选定

南宁市兴宁区法院五塘法庭在辖区内现已吸纳了 30 名族老,覆盖辖区内超过 40% 的村镇社区。其中退休村支书、村委书记 9 人,其他村族长辈 21 人,族老人数与五塘法庭法官的人数比达 10:1。[1]

2. 族老调解案件范围

案件当事人都是本村村民,主要涉及婚姻、继承、抚养等家事纠纷、农村宅基地纠纷、邻里关系纠纷、公序良俗类等民事纠纷案件以及本村村民轻微刑事自诉案件纠纷。

3. 族老工作方式

随着"族老调解"制度的发展,"族老"的分布逐渐扩大到辖区各乡镇村,法庭不时会邀请族老们亲临法庭调解。为了给族老营造一个良好的工作氛围,法庭充分尊重族老们参与纠纷解决的主体地位,围绕"族老调解"机制完善法庭设施,为诉非对接提供物质保障。

第一,在法庭设置"族老调解"专用法庭,法庭内张贴族老分布图,并在法官席和当事人席之间专设"族老调解席",便于族老走出乡村,进入法庭旁听庭审,协助调解。

第二,布置"圆桌谈心"点,营造轻松氛围,让法官、族老、当事人及其他参与调解的人围坐圆桌旁轻松交谈,化干戈为玉帛。

第三,在年均发生纠纷 20 件以上的自然村设立族老服务联系点,20 件以下的数个村设立一个族老服务联系点。公开族老的姓名、照片和联系方式。

第四,针对基层村民法治观念淡薄的情况,"族老"不仅要在矛盾出现时化解矛盾,还要在平时了解村风民治,听取村民矛盾,记录社会潜在矛盾,协助法庭做好诉前调解和矛盾化解工作。法庭在收集到相关材料后,用通俗的语言讲述法条法理。

通过相应的制度建设,五塘法庭的族老调解取得了良好的效果。

---

[1] 潘俊秀:《"族老调解"制度化 农情乡解效果佳》,载 http://www.china court.org/article/defail/2014/06/id/1326342.shtml,最后访问日期:2018 年 7 月 12 日。

表1　族老调解下人民法庭结案情况

年度	五塘法庭年收案总数（件）	适宜族老调解案件数（件）	族老调解参与案件数（件）	族老调解调撤案件数（件）	族老调解上诉案件数（件）
2012年	241	133	0	0	0
2013年	277	140	32	17	4
2014年	314	135	58	34	6
2015年	368	167	73	48	5

从表1可以看出，法庭年收案量在逐年增大，在立案登记制实施后，“案多人少”的矛盾进一步显现。在整合引进“族老”资源后，族老参与下的司法调解的案件调撤数量正在逐年增加，而案件上诉比例则在逐年下降。“族老调解”在司法改革的号角下又一次焕发了青春，为多元化纠纷解决机制提供了一个有益方向。

五、“族老调解”制度的完善

为了将“族老调解”进一步制度化、常态化、规范化，完善族老调解制度，在未来的工作中法院还应当做好以下工作。

1. 创建族老候选人制度

族老都是热心于维护乡村秩序，紧跟政府政策的人士。族老不仅仅可以协调法院，也可同公安、民政、计生等部门联系，为其他部门在基层开展工作提供支持。通过政府推荐、法院把关两道关卡甄选“族老”，将各村有威望、有担当的长者列入“族老”名册，让族老队伍不断扩大。

2. 加强培训，增强族老的法律素养

“族老”在协调的过程中主要是通过本人的价值判断来明晰事情的曲直，然而现代社会农村也发生着激变，如果继续抱残守缺而不增强相应的法律意识，“族老”的权威也会大打折扣。定期对族老进行相应的法律培训，让族老的法律知识与时俱进，不仅可以增强其法律素养，还可以为其赢得当事人的尊重，更好地促进案件的调解。

3. 加大对族老经费的扶持力度，成立专门的“族老调解基金”

俗话说“兵马未动，粮草先行”，现阶段族老们都是义务工作，法院只负责族老们来调解时的就餐问题。如果没有相应的物质补助，族老调解工作可能难以长久开展。因此，需要成立一个“族老调解专项基金”，为族老调解提供物质基础，让族老能够劳有所得，进而才能更加积极主动地完成法院的调解工作。

六、"族老调解"在其他民族区域的展望

壮族是我国 55 个少数民族中人口最多的民族,司法参与下的"族老调解"经过南宁市兴宁区人民法院五塘法庭的试点,取得良好的社会效果,这对其他少数民族聚居区的纠纷亦有借鉴意义。

伊斯兰教是回族、维吾尔族等少数民族的民族性宗教,在聚居区内经常有阿訇,类似于壮族的"族老",阿訇在回族群众中也有极高的声望,凡在清真寺里学习多年而经学水平和道德操守都合格的人,经举行"挂帐"或"穿衣"的毕业仪式后,即可受聘到清真寺任职,称为开学阿訇,实行聘任制,可连任数年。阿訇的工作性质为讲经传道,领导宗教仪式。主持清真寺教务者,称为教长阿訇。不任职者称为散班阿訇,另清真寺多设有董学阿訇、治坊阿訇、二阿訇、掌学阿訇。其中董学阿訇必须是选举产生,一般由德高望重者担任,治坊阿訇是开学阿訇的教务助理,掌学阿訇是开学阿訇的教学助手,二阿訇教授孩童念经,没有一定的任期。如果在少数民族区域的法院案件中有类似"族老"的"阿訇"参与调解,不仅可以有效促进法治建设、构建和谐社会,还可以促进民族团结、民族发展。

结　语

司法主导下的"族老调解"合乎现阶段中国国情,是中国特色社会主义法治制度的新发展,在法院立案登记制改革后能够有效化解法院"案多人少"的矛盾,是一项具有生命力的制度。现代社会社会治理应当将情与法有机统一起来,使两者相互协调,既"以德治国",又"依法治国"。立法是归纳整理并将人情吸纳进法律的环节,司法是将斟酌考量人情并将之应用于具体案件的处理环节,执法是安抚人情的环节,守法则是民众认识判断情并以之来引导自己行为的一个环节。[1] 如果我们的法律实践各个环节合乎人情,那么,人们内心自然有守法的积极愿望,法律也因此能够有效地树立本应有的尊严和权威,社会矛盾也将会在法律和道德的共同引导下逐步减少。司法主导下的"族老调解"制度还在发展完善阶段,仍有一些不成熟的地方需要改进,在下一步工作中,仍要总结经验,不断创新思路方法,不断提高人民法庭化解社会矛盾的能力和水平,以适应司法改革后人民法院的司法工作能够顺利进行。

---

〔1〕 丁英、张福坤:《中国传统审判制度中"情"的现代解读》,载《人民法院报》2014 年 6 月 23 日。

实务探讨

失位与归位:指导性案例司法应用困境的优化路径研究

——以经济学的消费者理性选择理论为视角

甘　芳　覃海彬*

前　言

党的十八届四中全会提出“加强和规范司法解释和案例指导,统一法律适用标准”,案例指导已由司法机关的司改措施上升为执政党“支持司法”的指导方针。目前案例指导制度的实践价值越来越受到重视,然而在司法实践中指导性案例的应用现状却令人堪忧。[1] 同时,案件请示制度的司法实务越来越受到质疑,然而在司法实践中案件请示制度并未“销声匿迹”。在此背景下,本文以案件请示制度为参照,以经济学的消费者理性选择理论为视角分析指导性案例司法应用的困境,进而提出指导性案例司法应用的优化路径,以期实现案例指导制度在我国司法实践中“落地生根”。

* 广西壮族自治区横县人民法院。

〔1〕 2010 年最高人民法院发布《关于案例指导工作的规定》以来,时隔 5 年最高人民法院再次发布《〈关于案例指导工作的规定〉实施细则》,此点足以证明,案例指导制度的实践性价值越来越受到重视。

一、失位:指导性案例司法应用的真实写照

自最高人民法院发布《关于案例指导工作的规定》以来,最高人民法院共发布87件指导性案例。这87件指导性案例的司法应用现状如何?对此,需要进行实证考察。在考察指导性案例的司法应用之前,有必要对案件请示制度的运行概况有个基本认知。

(一)案件请示制度的运行概况

虽尚未掌握案件请示制度在我国人民法院的总体运行数据,但笔者仍然可以从最高人民法院对高级人民法院的案件请示答复情况对我国案件请示制度的实际运行有个大致的了解。笔者检索北大法宝数据库和中国裁判文书网发现:(1)在案件请示答复或复函的发布方面,目前最高人民法院已发布案件请示的答复或复函279件,其中2010年《关于案例指导工作的规定》实施后,最高人民法院的案件请示答复或复函81件;(2)在答复意见的适用方面,2010~2017年,法官引用最高人民法院的案件请示答复或复函的裁判文书2687篇,且近年来呈逐年上升的趋势(见图1)。[1]

	2010	2011	2012	2013	2014	2015	2016	2017
最高人民法院关于案件请示答复的件数(十件)	2.2	1.1	0.1	2	0.3	1.8	0.6	
适用最高人民法院的答复意见进行说理的裁判文书的篇数(百篇)	0.03	0.14	0.23	1.21	5.42	6.96	10.54	2.34

图1 2010~2017年最高人民法院的案件请示的答复情况和适用最高人民法院的答复意见进行裁判说理的裁判文书的情况

从检索结果来看,案件请示制度在最高人民法院与高级人民法院之间仍有"一席之地",同时近年来法官引述最高人民法院的答复或复函进行说理的裁判文书篇数呈递增趋势,然而这都只是案件请示制度运行的一部分。基于最高人民法院与高级人民法院之间的"破窗效应",不难推测,案件请示制度在地方各级法院仍有较大的生存空间。

---

[1] 笔者在北大法宝数据库中以关键词"案的请示"的方式进行检索,在中国裁判文书网上以"最高人民法院+请示的答复/复函"的方式进行的检索,最后访问日期:2017年6月26日。

（二）指导性案例司法应用现状的数据检视

为了解实务态度，笔者对中国裁判文网内的裁判文书展开调查以探究指导性案例在司法应用方面的特点。

目前在中国裁判文书网上已公开的裁判文书3000余万篇，而笔者检索该平台发现引述指导性案例的裁判文书仅234篇，还不到总量的万分之一。[1] 可见，应用指导性案例的裁判文书的总量偏低。具体情况见图2、图3、图4：

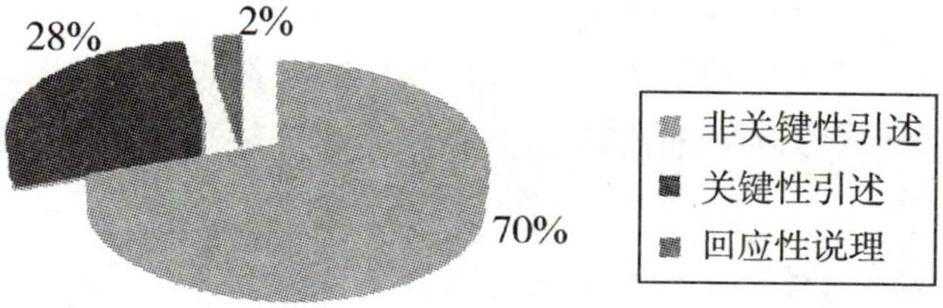

图2 指导性案例的适用类型分布情况

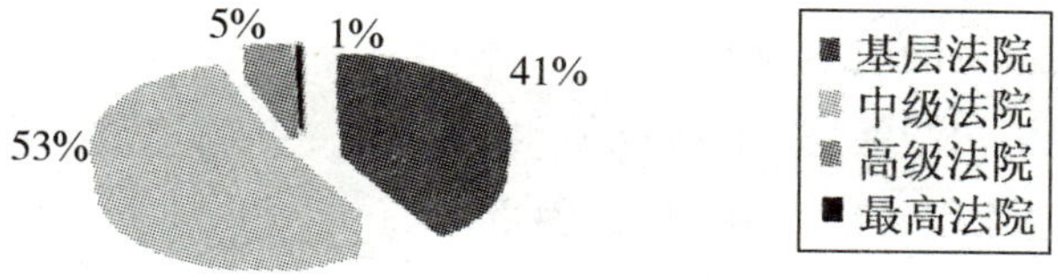

图3 不同层级法院参照适用指导性案例的分布情况

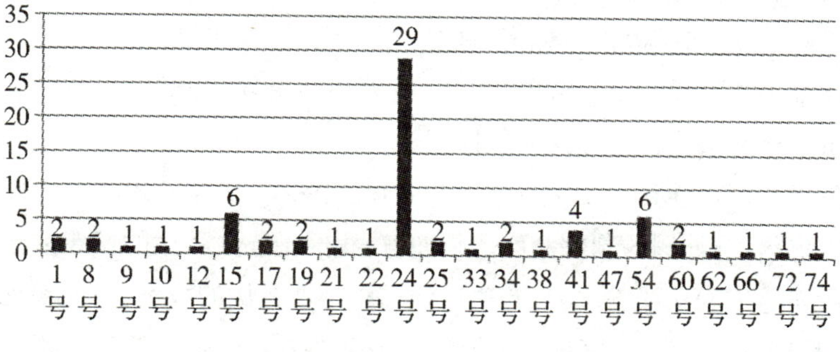

图4 87件指导性案例参照适用具体分布情况

---

〔1〕 当事人或其代理人和法官通过明示方式引述指导性案例及其裁判规则常常采用“指导案例”“指导性案例”“裁判要点”“裁判要旨”的用语，即通常采用“……指导性案例（或指导案例）……裁判要点（裁判要旨）……”的句式引述指导性案例。据此本文以关键词为“指导案例或指导性案例＋裁判要点或裁判要旨”进行检索，最后访问日期：2017年6月26日。

通过上述三幅图可以看出，在指导性案例司法应用方面呈现如下特点：

（1）中基层法院已成为指导性案例司法应用的“主战场”。在全国四级法院中，中基层法院应用指导性案例的裁判文书篇数分别为97篇、123篇，分别占应用指导性案例的裁判文书的总量的41%、53%。显然，中基层两级法院应用指导性案例共占总量的94%。

（2）法官对应用指导性案例的态度较“冷淡”。在符合条件的234篇裁判文书中，只有65篇为关键性引述，仅占总量的28%，其余均为非关键性引述。其中，只有6篇为回应性说理，仅占总量的2%。[1] 由此可见，法官缺乏主动引述指导性案例的“热情”，且在引述指导性案例说理方面法官与当事人缺少“互动”，法官对于应用指导性案例的态度较“冷淡”。

（3）指导性案例整体应用率和个案应用频率“双双走低”。在最高人民法院发布的87件指导性案例中，只有23件指导性案例被引述应用，占指导性案例发布总数的26.43%，整体应用率偏低。同时，在被引述应用的23件指导性案例中，除4件指导性案例应用频率达4篇次以上以外，其他19件指导性案例应用频率均在2篇次以下，大部分指导性案例的应用频率偏低。

总之，与案件请示制度的运行概况相比，指导性案例司法应用现状让人“大跌眼镜”，这就是指导性案例司法应用面临的困境。

（三）指导性案例司法应用困境的传统分析

目前，我国指导性案例司法应用困境的优化路径主要有两条：一是通过增加指导性案例的发布数量，以扩大指导性案例的应用范围；二是通过加强法官培训，以提升法官的类比推理能力，转变裁判思维习惯，从而促使指导性案例广泛应用。在此，笔者简要分析上述两条优化路径的局限性。

1. 仅仅增加指导性案例发布数量并不能解决指导性案例的困境

有学者提出，与德国的判例制度比较而言，我国指导性案例的发布数量远远无法满足统一法律适用的功能需求，只有通过增加指导性案例的数量，才能实现指导性案例所承担的指导功能。[2] 诚然，增加指导性案例的发布数量能够扩大指导性案例的应用，但却无法从根本上解决指导性案例司法应用的深度困境。

---

〔1〕 关键性引述是裁判文书的说理部分引述指导性案例，非关键引述则是在裁判文书的诉辩部分引述指导性案例，而回应性说理则是指裁判文书的诉辩部分和说理部分共同引述指导性案例。

〔2〕 周翠：《民事指导性案例：质与量的考察》，载《清华法学》2016年第4期。

2. 降低适用成本亦难提高法官应用指导性案例的积极性

对于指导性案例的深度应用，有学者从指导性案例的适用技术提出培养法官类比推理能力和解决司法应用的特质、技术、程序等技术性问题，才能够推进指导性案例在司法实践的深度应用。[1] 诚然，通过提升法官的类比推理能力和解决指导性案例司法应用等技术问题，能够降低应用指导性案例的成本。但是，在案件请示制度的参照下，仅仅降低指导性案例司法应用的成本并不能提升法官应用指导性案例的积极性。

可见，要实现指导性案例司法应用的困境突围，我们既要审视案例指导制度本身，更要重视案件请示制度对指导性案例司法应用的冲击。因此，笔者将案件请示制度纳入研究视野，重新审视我国指导性案例司法应用的困境根源。

二、追源：指导性案例司法应用困境的经济学分析

“普通法系的先例集就是一种特殊商品集合，一种多年来以法律责任信息形式向潜在诉讼参与人提供服务的知识性商品。”[2]同理，无论是指导性案例还是案件请示都可以视为特殊商品，即法官面临法律适用疑难案件时能够有效解决法律适用难题的知识性商品。

法官如何在指导性案例与案件请示之间进行选择？对于这个问题，笔者认为可以运用经济学的消费者理性选择理论来解决。经济学的消费者理性选择理论是一种用来解释消费者如何决定购买某种商品或服务及其数量的理论。[3] 因此，笔者将运用消费者理性选择理论来揭开法官应用指导性案例的“面纱”。

（一）法官理性选择的制约因素

法官在指导性案例与案件请示之间进行理性选择过程受内外因素的制约：1. 从外因上，法律适用疑难案件的数量是法官理性选择的“预算约束”。法律适用疑难案件的数量也是法官适用指导性案例或案件请示的前提条件，只有法官面临的法律适用疑难案件的数量越多，法官选择应用指导性案例的数量才可能越多。2. 从内因上，法官个人偏好排序体现法官选择的“理性”。法官个人偏好排序是法官在指导性案例

〔1〕 孟祥磊、徐平：《论类比推理在案例指导制度中适用》，载《法律适用》2015 年第 8 期。

〔2〕 [美]查理德·波斯纳：《法律的经济分析》（第 7 版），蒋兆康译，法律出版社 2012 年版，第 803 页。

〔3〕 [美]罗伯特·考特、[美]托马斯·尤伦：《法和经济学》（第 6 版），史晋川、董学兵等译，格致出版社 2012 年版，第 45 页。

与案件请示之间进行选择的“分流器”。在不考虑风险因素的情况下，指导性案例与案件请示的成本—收益差值大小决定法官个人偏好排序。

（二）法官理性选择的模型构建

虽然明确了法官理性选择的约束因素，但还需要进一步探究约束因素如何影响法官理性选择。在此，笔者假设法官面临的法律适用疑难案件的数量为 I，法官选择适用指导性案例的案件数量为 X，法官选择适用案件请示的案件数量为 Y，则 $I = X + Y$；假定适用指导性案例的成本—收益的差值为 P_x，适用案件请示成本—收益的差值为 P_y。

1. 当指导性案例与案件请示为完全替代性商品时，法官理性选择有三种情况

（1）如果 $P_x > P_y$，I 的斜率将会比无差异曲线的斜率还要平坦，法官的最优选择是将所有的法律适用疑难案件采取适用指导性案例的策略；（2）如果 $P_x < P_y$，这种情况下法官的最优选择是将所有的法律适用疑难案件采取适用案件请示的策略；如 $P_x = P_y$，就会有一系列的最优选择——法官在 I 上任意取值都是最优的。[1] 因此，对于指导性案例而言，法官的理性选择分析模型为：

$$f(x) = \begin{cases} I & P_x > P_y \\ \text{介于 0 和 } I \text{ 之间任意数值，} & P_x = P_y \\ 0 & P_x < P_y \end{cases}$$

由此模型可以看出，如果指导性案例与案件请示两种商品是完全替代性商品，那么，法官将会选择成本—收益差值较大的那一种。如果指导性案例与案件请示成本—收益的差值相同的话，法官就不必在意选择哪一种。

2. 当指导性案例与案件请示为非完全替代性商品时，法官理性选择同样有三种情况

（1）如果 $P_x > P_y$，I 的斜率比无差异曲线的斜率陡峭，法官更偏爱于选择适用指导性案例，法官适用指导性案例的案件数量大于适用案件请示的案件数量；（2）如果 $P_x < P_y$，这种情况下法官更偏爱于选择适用案件请示，法官选择适用指导性案例的案件数量小于适用案件请示的案件数量；（3）如果 $P_x = P_y$，法官适用指导性案例的案件数量与适用案件请示的数量相同。[2] 此时，对于指导性案例而言，法官的理性选择分析模型为：

---

〔1〕［美］H. 范里安：《微观经济学：现代观点》，费方域等译，上海人民出版社 1994 年版，第 101 页。

〔2〕［美］H. 范里安：《微观经济学：现代观点》，费方域等译，上海人民出版社 1994 年版，第 95 页。

$$f(x)\begin{cases} > \frac{1}{2}I & P_x > P_y \\ = \frac{1}{2}I & P_x = P_y \\ < \frac{1}{2}I & P_x < P_y \end{cases}$$

由此模型可以看出，如果指导性案例与案件请示两种商品是非完全替代性商品，指导性案例和案件请示成本—收益的差值大小决定法官适用指导性案例或案件请示的案件数量多寡。如果指导性案例和案件请示成本—收益的差值相同的话，法官适用指导性案例和适用案件请示的案件数量相同。

通过对上述分析模型的比照观察，法官在指导性案例与案件请示之间进行理性选择的过程遵循以下规律：(1)法律适用疑难案件的数量是法官在指导性案例与案件请示之间理性选择的基数；(2)适用指导性案例或案件请示的成本—收益差值大小是法官理性选择的决定性因素。只有当法官适用指导性案例的成本—收益的差值大于适用案件请示成本—收益的差值时，法官才会主动适用指导性案例。

三、探索：指导性案例司法应用困境的优化路径

厘清了法官理性选择的局限条件和理性选择模型后，笔者对制约法官理性选择的决定性因素，即指导性案例和案件请示的成本—收益进行实证分析，并在此基础上以模拟实验的方式观察局限条件的变化对法官适用指导性案例的影响，探索指导性案例司法应用困境的优化路径。

(一)指导性案例和案件请示成本—收益的实证分析

1. 适用案件请示的成本—收益分析

案件请示制度在地方各级法院之间运行态势主要有以下特点：(1)适用主体多元化。为了方便案件请示，部分地方法院存在上下级法院的审判部门、法官之间进行案件请示的情形。(2)请示范围模糊化。少数下级法院因案件事实不清、证据不足向上级法院请示的情形仍然存在，同时，新型案件、敏感性案件也纳入下级法院的请示范围。(3)请示方式便捷化。除了可见的书面请示之外，一些法院也采取口头请示或口头答复的方式，甚至使用更为便捷的面谈、电话、微信等方式请示。(4)请示程序简约化。出于节约时间成本等考虑，少数法院存在承办法官越过审判委员会的讨论决定，

直接向上级法院或法官请示，并获取答复意见。[1] 此外，请示获得的答复意见往往代表上级法院的主流观点，适用请示的案件即使进入二审或再审程序被发回重审或改判的风险因此而降低。[2]

2. 适用指导性案例成本—收益分析

为了解指导性案例的实务应用态度，笔者对法官进行了走访调查。通过调查得知法官在具体适用指导性案例上存在以下“三难”的特点：(1)转变思维习惯难。在成文法的司法背景下，法官早已习惯了“三段论”的演绎推理的思维方式，而应用指导性案例则要求法官采用类比推理的思维方式，因此，法官转变原有的思维习惯是“任重而道远”的过程。(2)相似事实判断难。案件事实相类似是适用指导性案例的前提条件，在缺乏具体的相似性判断标准之前，法官进行案件事实相似性判断将会消耗法官的大量时间和精力。(3)引述案例说理难。在审判思维习惯未转变之前，如何适用指导性案例进行裁判说理，对于法官来说也是一项烦琐的工作。此外，在参照适用缺乏明确的操作标准，法官适用指导性案例过程中可能会存在错误或瑕疵，被发回重审或改判的风险比较高。

3. 指导性案例和案件请示成本—收益的比较分析

通过上述的实证分析不难发现，适用指导性案例和案件请示的成本—收益如表 1 所示。

表 1 指导性案例和案件请示的成本—收益矩阵

	案件请示	指导性案例
成本	成本较低，体现：(1)请示主体多元；(2)请示方式便捷；(3)请示程序简约。	成本较高，体现：(1)转变思维习惯难；(2)案件事实相似性判断耗费大量时间和精力；(3)引述指导性案例进行说理难。
收益	收益较高，体现：(1)解决法律适用问题；(2)被发回重审或改判的风险极低。	收益较低，体现：(1)解决法律适用问题；(2)被发回重审或改判的风险较高。

从表 1 二者的成本—收益矩阵可知，在当前的司法环境下，法官适用指导性案例的成本—收益的差值小于适用案件请示的成本—收益的差值。结合法官理性选择模

[1] 吕建伟：《政法语境下的法院个案请示制度研究》，吉林大学 2015 年硕士学位论文，第 12～13 页。

[2] 赵元松：《错位·越位·失位·归位：上下级法院关系中非正式制度常态化运行检视及规制》，载《法制与经济》2015 年第 21 期。

型分析，法官的最优选择是拒绝适用指导性案例或较少适用指导性案例，这就是我国指导性案例司法应用困境的根源。

(二)指导性案例司法应用困境的路径探索

通过笔者的实证分析，成本—收益的差值大小是影响法官在指导性案例与案件请示之间理性选择的决定性变量，加上法官面临法律适用疑难案件数量的局限条件的“催化”，最终导致我国指导性案例司法应用的困境。据此，笔者将上述局限条件分解为法律适用疑难案件的数量、适用案件请示的成本、适用指导性案例的成本、适用指导性案例的收益四个变量，在模拟环境中观察局限条件的转变对应用指导性案例的案件数量的影响程度。

笔者从N市法院系统中随机抽取50名员额法官进行模拟测试，以观察被测试法官对上述变量发生变化时的反应。同时为了定量分析上述变量对法官适用指导性案例的影响程度，运用统计学的回归分析方法对每个变量对法官适用指导性案例的案件数量的影响程度进行回归分析。〔1〕 测试结果如下：〔2〕

〔1〕 统计学上认为，相关系数的R的取值在-1到1之间，R=0，表明自变量与因变量之间完全不相关；R的绝对值=1，表明自变量与因变量之间完全相关；R的绝对值<1，自变量的变动引起因变量的部分变动，R的绝对值越大，自变量变动引起因变量的变动就越大；R的绝对值>0.8，称之为高度相关，R的绝对值<0.3，称之为低度相关。

〔2〕 关于模拟测试的说明：(1)在图5的模拟测试中，假定法官参照适用指导性案例的成本为3，法官适用案件请示的成本为1，法官适用指导性案例和案件请示的收益相同，在法律适用疑难案件数量递增的情况下，观察法官对参照适用指导性案例的反应；(2)在图6的模拟测试中，假定法律疑难的案件数量为10件，参照适用指导性案例成本为3，法官参照适用指导性案例和案件请示制度的收益相同，观察在适用案件请示的成本递增情况下，法官对参照适用指导性案例的反应；(3)在图7的模拟测试中，假定法律疑难的案件数量为10件，适用案件请示的成本为1，参照适用指导性案例和案件请示的收益相同，以此观察在参照适用指导性案例的成本递增情况下，法官对参照适用指导性案例的反应；(4)在图8的模拟测试中，假定法律疑难的案件数量为10件，参照适用指导性案例成本为3，适用案件请示的成本为1，适用案件请示的收益固定不变，以此观察在参照适用指导性案例的收益递增的情况下，法官对参照适用指导性案例的案件数量反应。

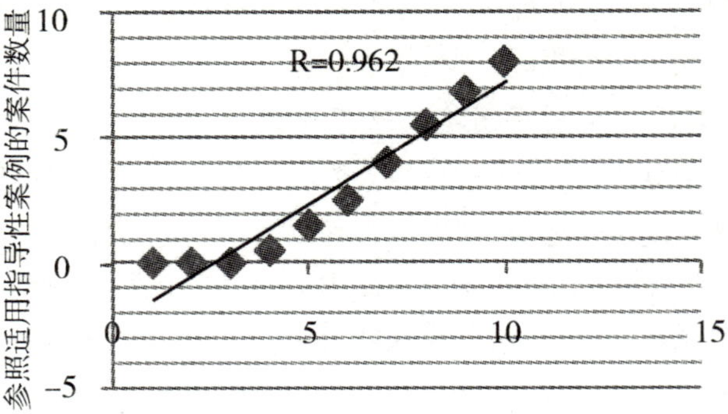

图5 法官对法律适用疑难案件数量变化的反应情况

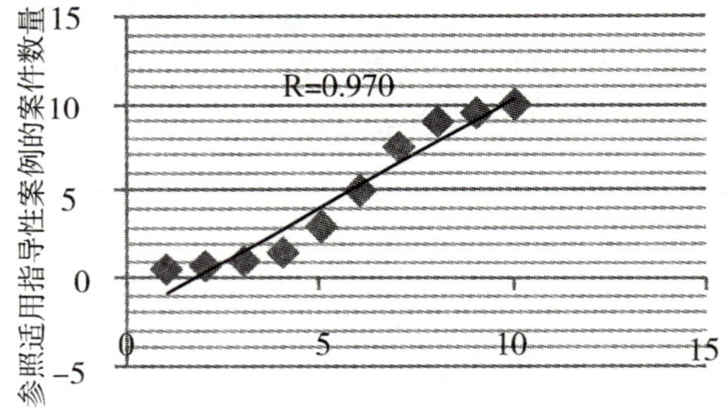

图6 法官对适用案件请示的成本变化的反应情况

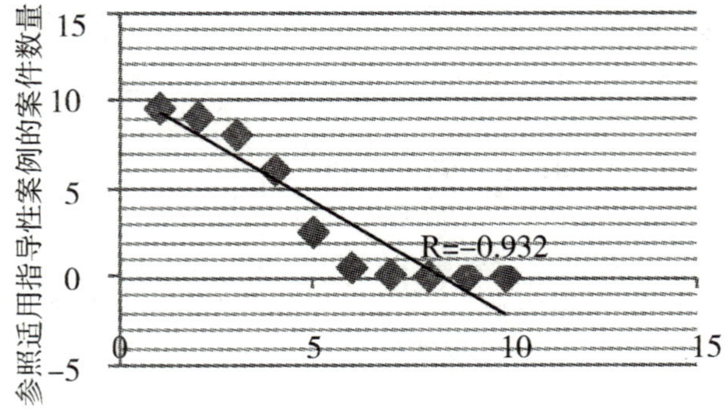

图7 法官对适用指导性案例的成本变化的反应情况

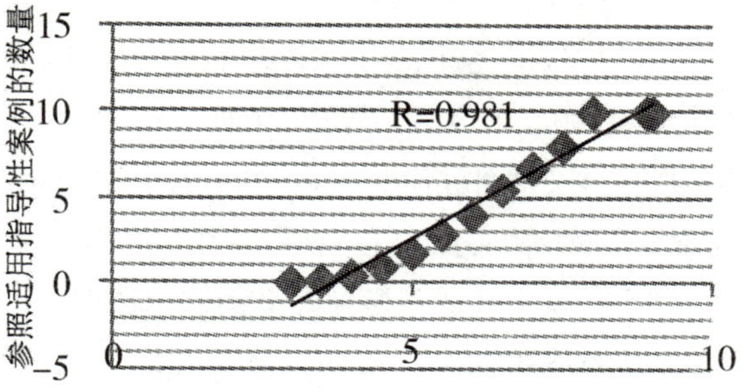

图 8　法官对适用指导性案例的收益变化的反应情况

由测试结果不难发现,法律适用疑难案件的数量、适用案件请示的成本、适用指导性案例的成本、适用指导性案例的收益与适用指导性案例的案件数量均具有高度相关性。对此,笔者进一步探讨在司法实践中如何实现上述四个变量的转变。

1. 增加法官个体的法律适用疑难案件数量。从图 5 可见,法官面临的法律适用疑难案件小于 4 件时,法官一般情况下不会选择适用指导性案例。只有案件数量超过 4 件时,法官才有可能选择适用指导性案例,并且法官适用指导性案例的数量与法律适用疑难案件数量呈正比关系。另外,在司法实践中,对于基层法院的大部分法官而言,个体一年内面临的法律适用疑难案件可能不会超过 4 件。因此,对基层法院来讲,提高法官个体的法律适用疑难案件数量是基层法院提高指导性案例司法应用的前提条件。

2. 提高案件请示的适用成本。从图 6 不难看出,当法官面临的法律适用疑难案件数量为 10 件时,案件请示的适用成本与法官适用指导性案例的数量成正比。在司法实践中,基层法院与中级法院之间、中级法院与高级法院之间的案件请示由于具有隐蔽性、随意性、多样性等特点,使得下级法院法官进行案件请示的成本较低。[1] 因此,从规范层面,提高案件请示的适用成本、限制案件请示制度适用空间是提高法官应用指导性案例的有效手段。

3. 降低指导性案例的适用成本。从图 7 可以看出,法官适用指导性案例的成本越低,其适用指导性案例的案件数量就越多。然而在司法实践中,适用指导性案例必然要求法官采取类比推理的审判思维方式,需要耗费法官的大量时间和精力,导致法官应用指导性案例的成本非常高。因此,运用大数据思维,降低法官适用指导性案例

〔1〕 吕建伟:《政法语境下的法院个案请示制度研究》,吉林大学 2015 年硕士学位论文,第 12 ~ 13 页。

的成本是提高法官适用指导性案例的技术保障。

4. 增加适用指导性案例的收益。从图8可知,法官适用指导性案例的收益与适用指导性案例的案件数量成正比。在司法实践中,法官适用指导性案例的收益除了能够解决法律适用疑难问题之外,来自法院系统内部的正面评价甚少,如在法官绩效考评体制并没有任何体现。因此,笔者认为应当通过将法官适用指导性案例的情况纳入法官绩效考评体系,以此提高法官适用指导性案例的积极性。

综上所述,指导性案例参照适用“囧境”有四条路径:(1)提高法官个体的法律适用疑难案件数量;(2)从规范层面提高案件请示制度的适用成本,限制案件请示制度的适用空间;(3)运用大数据思维,降低适用指导性案例的成本;(4)完善法官绩效考评体系,提高适用指导性案例的收益。

四、归位:指导性案例司法应用的回归之路

现阶段我国案例指导制度在供给方面存在诸多问题,笔者通过消费者理性选择理论对指导性案例的司法应用困境的经济分析可知,指导性案例的司法应用的外部环境不容忽视。只有优化指导性案例司法应用的外部环境,才能实现指导性案例司法应用由“失位”走向“归位”。

(一)路径一:提高指导性案例司法应用的规模效应

对基层法院而言,法律适用疑难案件数量是法官理性选择适用指导性案例的前提条件。这就意味着,如果基层法院的法官面临的法律适用疑难案件数量过少,指导性案例有可能被“拒之门外”。基层法院提升法官法律适用疑难案件数量的突破口就在于“繁简分流”分案工作机制的实施情况。笔者认为,在繁简分流机制的基础上分别组建繁案审判团队和简案审判团队,然后针对不同的审判团队进行分流,对于案件数量较多的基层法院还可以进行二次分流。同时,基层法院还应当树立“精品办案”思维,将法律适用疑难案件由“精英法官”审理,充分发挥“精英法官”的应用指导性案例的技术优势。

(二)路径二:压缩案件请示的生存空间

结合当前司法环境、立法模式、法官整体素质、审判绩效考评等因素,笔者认为应当通过限制案件请示的适用范围和提高案件请示的适用风险两个层面来压缩案件请示的生存空间:

1. 在限制案件请示的适用范围方面

(1)严格限制一审法院的案件请示。除高级人民法院作为一审法院外,个案请示

限制发生在二审法院与其上级法院之间，以避免损害当事人的上诉权；(2)案件请示的内容仅限于法律适用问题，涉及案件事实认定问题不得进行请示；(3)案件请示和答复意见必须采用书面的形式并附送答卷，同时答复意见必须送达案件当事人且应向社会及时公开。[1]

2. 在提高案件请示的适用风险方面

(1)对于当事人对适用案件请示的案件提出再审申请，应当采取异地审查的方式保障当事人的申诉权。即当事人向作出请示答复意见的法院申请再审时，作出请示答复的法院应向其上级法院申请异地审查，再由上级法院指定同级的异地法院进行再审审查。(2)如果同级异地审查的法院经审查认定法律适用错误的，适用案件请示的主办法官应当承担责任，落实"让审理者裁判，由裁判者负责"的司法责任制。

(三)路径三：借助"大数据"降低指导性案例的适用成本

在"互联网+"的今天，唯有借助大数据的"东风"，才能从根本上破解法官适用指导性案例的技术性难题，降低法官适用指导性案例的成本。笔者认为在明确了指导性案例的适用标准和规则的基础上，开发指导性案例应用辅助系统：

1. 智能检测待决案件与指导性案例之间的案件事实相似性程度

根据相似性规则对待决案件、指导性案例的案件事实进行智能化检测并生成检测报告，检测报告的主要内容包括案件事实相似度、是否应当应用指导性案例、推荐应用的指导性案例编号和裁判要旨。

2. 智能推送应用指导性案例的裁判文书

当法官确定应用检测报告推荐的指导性案例时，智能推送应用该指导性案例的裁判文书。总之，在指导性案例应用辅助系统能够实现如下功能，以此降低法官在应用指导性案例的成本消耗。

图9　指导性案例应用辅助系统使用流程

---

〔1〕 赵元松：《错位·越位·失位·归位：上下级法院关系中非正式制度常态化运行检视及规制》，载《法制与经济》2015年第21期。

(四)路径四:完善绩效考评机制提高指导性案例的适用收益

法官工作绩效考评机制作为法官审判工作的“风向标”。对于法官而言,如果应用指导性案例能够在工作绩效考评机制中得到肯定,那将是最好的“回报”。因此,笔者认为应当完善法官工作绩效考评机制以提升法官适用指导性案例的收益。笔者建议,应当将法官应用指导性案例进行说理作为法官业务能力和审判质效的正向指标之一,以提升法官应用指导性案例的收益。同时,可将法官适用案件请示作为评价法官业务能力和审判质效的负向指标之一,降低法官适用案件请示的收益。此外,在人民法院优秀裁判文书评选为应用指导性案例的裁判文书留有“一席之地”。

结 语

案例指导制度和案件请示制度作为法律统一适用的两大工具,在司法实践中并非总是“各行其是”,而是常常处于紧张的“竞争”状态。在司法实践中指导性案例的司法应用却面临困境,究其根源,不仅有指导性案例的数量、适用技术等内在因素的制约,还受到案件请示制度、分案机制等外在因素的影响。因此,我国指导性案例司法应用困境的优化,不仅要解决案例指导制度的内部性问题,还要优化指导性案例司法应用的外部环境。或许,本文运用消费者理性选择理论对指导性案例司法应用的经济分析还不够成熟,文中的分析和观点难免有失偏颇,但是,只要有助于推进案例指导制度由制度理想主义走进审判现实主义,本文的尝试就是值得的。

海上丝绸之路的复兴:中国—东盟涉外民商事诉讼争端解决机制构筑性问题研究

胡馨元*　刘韦唯**

当前,DSU、TPP以及NAFTA等国际争端解决机制正充分发挥着解决国际纠纷,平衡国际秩序的功效。经济基础决定上层建筑,贸易活动的迅速发展不仅影响了我国对外经济政策、对外合作政策,还进一步增加了涉外纠纷的数量。随着我国"一带一路"倡议的不断推进,我国与东盟各国之间的贸易交往、文化沟通以及人才交流达到了前所未有的高度;仅凭已有的争端解决机制已不足以满足中国—东盟涉外纠纷当事人的法律需求,如何在现有的合作基础上打造区域统一化诉讼争端解决机制,是维护现有合作成效,护航后续合作发展的必然之举。广西作为我国与东盟国家之间的沟通桥梁,具有先天的区位优势,也是我国打造中国—东盟涉外民商事诉讼争端解决机制的重要基地,广西壮族自治区高级人民法院出台的《全区法院司法服务保障广西建成"一带一路"有机衔接的重要门户的意见》中明确表明广西各级法院应为努力建成国际司法协助的东盟基地而努力,增强对涉东盟经贸活动的法治保障力度。[1]

* 广西壮族自治区南宁市横县人民法院。

** 广西壮族自治区高级人民法院行政审判庭。

〔1〕 黄建:《广西高院出台意见保障"一带一路"有机衔接重要门户建设》,载《人民法院报》2017年4月18日。

一、现存国际争端解决机制的对比分析

(一)DSU与TPP争端解决机制的异同

随着国际经济大格局的不断变化发展,多边国际交往与合作程度的不断加深,各类国际纠纷也呈现出一定的增长趋势,为了维持国际社会秩序的稳定,保障国际交流与合作的通畅,各国致力于通过国际争端解决机制平复纠纷,化解矛盾。

争端解决机制是WTO组织的重要职能之一,并在长期的实践过程中有效地维持了国际多边活动的稳定发展。WTO组织构造了以DSU为核心的争端解决机制。TPP,虽然是在美国意图打造"具有里程碑意义的下一代贸易协定蓝本"的强权政策下形成的一项区域贸易协议,但是在该协议下形成的争端解决机制也在国际社会上得到广泛认可。[1] 二者作为具有代表性意义的国际争端解决机制,必定对探讨研究中国—东盟涉外民商事诉讼纠纷解决机制具有相当的参考价值。

从DSU和TPP一般争端解决机制的程序条文来看,二者在争端解决机制的程序安排上呈现出一定的趋同性,前者主要包括磋商、专家组裁判、上诉审查三大程序,后者主要设置磋商机制和专家组裁判机制。具体来说,二者在程序上存在以下异同点:

1. 磋商阶段的异同

磋商是两大国际争端解决机制的第一步,这是国际社会互通有无,协商沟通的精神体现。二者都规定磋商程序须以说明具体理由的书面形式开启,磋商适用范围广,且采取保密制度和涉及实质利益第三人的申请加入制度。与DSU相比,TPP的磋商程序更具便捷性和速裁性。DSU机制下的磋商时期最长可达到60日,而TPP一般争端机制下的磋商时间相对较短。[2]

2. 专家组裁判阶段的区别

在专家组裁判阶段,TPP的3人专家组比DSU的3至5人组结构更为稳定,而且TPP对专家组成员的选定方式、裁决程序、报告出具等方面内容都有详细规定。除此之外,TPP专家组裁判直接省去了中间审议环节,比9个月的DSU专家报告形成期缩短了2个月的时间。[3]

---

[1] "Enhancing Trade and Investment, Supporing Jobs, Economic Growth and Development: Outlines of The Trans - Pacific Partnership Agreement". 肖冰、陈瑶:《〈跨太平洋伙伴关系协议(TPP)〉挑战WTO现象透视》,载《南京大学学报》(哲学·人文科学·社会科学)2012年第5期。

[2] WTO的磋商条款是DSU第4条,TPP的磋商条款是第28.5条。

[3] 张辉:《争端解决机制在WTO与TPP中的比较研究》,载《法制与社会》2017年第2期。

3. 管辖权争议条款的增加

TPP 一般争端解决机制增设了管辖权争议条款，在出现平行法院及选择法院等管辖权争议问题时，当事人可根据 TPP 协议，排他性地选择解决争端的场所，DSU 机制则缺乏此类条款，对于适用 DSU 机制的当事人来说，存在一定的不可操作性，不利于解决纠纷。

4. ISDS 特殊争端解决机制的特征

ISDS 争端解决机制是 TPP 协议中针对金融服务纠纷和投资纠纷所设置的特殊争端解决机制，与 TPP 一般争端解决机制相比，其独特之处就在于私人投资方可以直接作为争端解决当事人参与争端解决全过程。

（二）NAFTA 争端解决机制的特殊设置

北美自由贸易区（North Amerilan Free Trade Area，NAFTA）与欧盟相比，虽然没有形成完整的司法体系链，但是 NAFTA 简洁明了的争端解决机制亦独具一格。NAFTA 争端解决机制主要由自由贸易委员会和专家组构成，其中自由贸易委员会主要采用政治方法解决争端，当政治方法已经不能解决争端的时候，争议双方当事人均可以提出开启仲裁专家组解决模式，专家组作出的最终报告经争议双方确认后交由委员会公开生效。[1] 除此之外，NAFTA 的 ISDM 仲裁投资争端解决程序的特点就是争端机制的投资者单向启动性。另外，NAFTA 争端解决机制对仲裁专家任用资格、选拔程序以及资格认证等各方面内容都设置了详细的规则条文，目的是提高仲裁争端解决程序的整体速度与质量，方便争议双方当事人迅速解决纠纷，降低风险。[2]

（三）CAFTA 争端解决机制的不足

CAFTA 是中国—东盟十国建立的自由贸易区，与 DSU 相比，CAFTA 的争端解决程序也是以磋商为前置程序，但在仲裁裁决阶段有所不同：首先，CAFTA 并未备有待选的仲裁专家名册，仲裁庭的组成人员不必从备选名册中挑选；其次，仲裁组成人员由争议双方当事人协商一致决定，如若对仲裁主席不能达成一致意见，则要请求世界贸易组织或者国际法院来指定；再次，在 CAFTA 仲裁机制下作出的仲裁裁决具有终局性，裁决一经作出立即生效，对争议双方当事人均有约束力，且当事人无上诉

---

〔1〕 吴文婉：《浅论北美自由贸易区争端解决机制对中国—东盟自贸区的启示》，载《财经致富时代》2017 年第 3 期。

〔2〕 王春婕：《区域贸易争端解决机制比较研究》，法律出版社 2012 年版，第 35 页。

权;[1]最后,与WTO争端解决机制下设置的DSB执行监督制度不同,CAFTA并未设置此类确保专家组裁决执行完毕的监督制度。[2] 虽然CAFTA在《争端解决机制协议》中设置了对违反仲裁协议或拒不履行仲裁裁决行为的惩罚性规定,但并未确定惩罚的具体范围和程度,缺乏实际可操作性。[3]

二、构建中国—东盟涉外民商事诉讼争端解决机制的必要性和可行性

(一)构建中国—东盟涉外民商事诉讼争端解决机制的必要性

1. 对外开放经济体制建设的客观需求

在当前世界经济发展大背景下,合作共赢、谋求共同发展是推进国际经济发展的时代主题,也是我国对外开放战略格局建设的重要原则。对外开放经济新体制建设与区域法治建设相辅相成,对外开放经济新体制为区域法治建设奠定了良好的经济基础,区域法治建设的发展与完善则进一步确保对外开放经济新体制建设的外部环境。二者只有在保持相对同步发展的基础上,才符合对外开放体制建设的客观需求,真正实现我国对外开放战略新格局长期稳步发展的目标。

“一带一路”是我国构建对外开放经济新体制,形成对外开放新格局的重要举措之一,东盟十国是我国在东南亚地区的重要战略合作伙伴,随着双方多变贸易合作伙伴关系的不断加深,彼此商贸往来逐渐繁荣,纠纷矛盾也日益凸显,探讨研究中国—东盟诉讼争端解决机制的构建问题势在必行。

2. 国际经济社会发展规律的内在要求

在全球化不断演进发展的大潮流中,各国之间的差异虽然突出,但彼此间的联系也在不断加深。国际分工的加深、资本流动的加快、货币国际化的提速,令世界整体经济飞速发展的同时,也加剧了世界性金融危机的风险。[4] 在此种情况下,各国积极参与制定国际规则,策划构建争端解决机制,平衡各方势力,维护国际秩序,平稳国际法治环境,是国际社会发展规律的内在要求,也是发挥国际制度和国际规则对整个

---

〔1〕 别清涛:《中国—东盟自由贸易区争端解决机制与WTO争端解决机制比较研究》,载《南方论坛》2007年第4期。

〔2〕 蒋德翠:《中国—东盟自由贸易区服务贸易争端解决机制及中国的对策》,载《东南亚纵横》2011年第3期。

〔3〕 张熠星:《投资者—东道国争端解决机制发展的新趋势——TTIP形成中的欧盟模式及中国应对》,载《现代管理科学》2016年第3期。

〔4〕 刘志云:《全球化背景下国际关系与国际法的发展路径》,载《中国社会科学》2007年第2期。

国际秩序的建立、运作、调整和维护的辅助支撑作用,是开辟国际法治新环境的必然途径。

国内法治是国际法治的基石,国际法治是国内法治的延伸,二者相互影响、相互作用。[1] 当下,中国—东盟多边贸易合作伙伴关系日益升华,我国应借此契机,准确定位中国在推进国际区域法治建设中的积极地位,建设中国—东盟诉讼争端解决机制。

3. 解决国际民商事纠纷的有效途径

贸易活动的繁盛在推动经济发展的同时也隐含着不良因素,当下,中国—东盟区域性法律规则匮乏,法律保障机制未建立健全,不利于维护区域经济稳步发展和区域法治化进程。

定分止争是司法的终极目的,任何法律机制的建设,都是以为当事人解决纠纷提供有效帮助为最终目的。制定中国—东盟区域统一民商事规则和构建诉讼争端解决机制,为双方当事人提供订约参照依据以及纠纷解决途径,是降低法律成本,提升司法普适性、司法公信力的最佳途径。

(二)构建中国—东盟涉外民商事诉讼争端解决机制的可行性

1. 区位优势显著,区域间资源流通性强

广西是我国沿海沿边省份,具有得天独厚的区位地理优势,有着孕育国际统一规则的天然“养殖场”环境。早在2000多年前张骞出使西域开辟陆上丝绸之路始,广西合浦就已经作为中国通往东南亚地区航线的重要始发港。[2]

《推动共建丝绸之路经济带和21世纪海上丝绸之路的愿景与行动》中明确表明,我国21世纪海上丝绸之路建设工作要以东盟为核心,辐射南亚和周边国家,广西是我国唯一的沿海沿边省份,地理位置优越,与东盟国家海陆相连,有得天独厚的区域优势。自广西被定位为“一带一路”有机衔接的重要门户,打造成西南中南开放发展新的战略支点以来,就注定其承担着打开中国—东盟互通大门,构建面向东盟的国际大通道的历史使命。

当前,广西与东盟之间的经贸往来日益兴盛,凭祥综合保税区在2016年共完成外贸进出口总额1233.76亿元,同比增长19.3%;东兴试验区与大型企业间已经签订投资额已近100亿元的战略合作协议,广西在跨境合作、多边贸易等方面正在激发着

[1] 赵骏:《全球治理视野下的国际法治与国内法治》,载《中国社会科学》2014年第10期。

[2] 魏恒等:《奏响“一带一路”主旋律的广西音符》,载《广西日报》2017年4月19日。

无限活力,“五通”蓝图正在绘制。[1]

2. 人才资源充沛,人才储存库可建性强

经济基础决定上层建筑,广西得天独厚的区位优势,既为双方构建区域化诉讼争端解决机制奠定了良好的经济基础,也为组建审判团队提供了法律人才、知识数据双向输送的畅通渠道。2017 年 4 月 17 日,环宇中国—东盟法律合作(广西)中心正式揭牌,标志着广西法律服务定位东盟市场,集结服务“一带一路”建设专业法律人员大计划的启动。

3. 平台优势突出,协商探讨基础牢固

东盟博览会是中国与东盟各国开展国际经贸交流与合作的平台,至今已取得较好成效,随着北部湾经济开发区、凭祥综合保税区和东兴国家重点开发开放试验区等定点区域的建设发展,以及中国—东盟成员国检察机关区域合作协调会、东亚商务理事会会议、环宇中国—东盟法律合作(广西)中心等交流合作平台的涌现,为双方联合协商制定统一买卖合同规则创建了良好的平台基础。

三、中国—东盟涉外民商事诉讼争端解决机制的阻碍性因素

(一)现有争端解决机制的局限性

中国与东盟国家之间虽然已经建立起了诸如东盟博览会、东盟大法官论坛、中国—东盟成员国检察机关区域合作协调会等区域化合作会议、交流平台 ,但是中国—东盟之间的司法协助协议以及法律服务平台都相对匮乏。随着我国与东盟之间各项领域的建设工作的开展和推动,物资、人员以及信息的流动量将会规律性地增长,流动频率亦会加快,随之而来的是涉外民商事纠纷的增多。[2]

如前所述,我国与东盟之间的涉外民商事争议的解决途径主要依靠国际双边和多边争端解决机制来进行。但是国际通行的仲裁争端解决机制的固有模式、国内涉外法律规则的不完全性、非具体化、可操作性弱等特征以及各国参与国际争端解决机制规则的差异性将难以满足日益增多的纠纷,无疑也会阻碍国际多边经济贸易的发展进程。涉外纠纷的争端解决机制必然会呈现出多元化发展趋势。诉讼作为公力救济的重要手段,是当事人维护合法权益, 解决争议纠纷的最后一道屏障。

---

〔1〕 胡铁军:《凭祥综合保税区:进出口增加量创全国第一》,载《广西日报》2017 年 4 月 18 日;简文湘:《东兴国家重点开发开放试验区:“五大攻坚”迈出新步伐》,载《广西日报》2017 年 4 月 18 日。

〔2〕 刘敬东:《“一带一路”建设的法治化与人民法院的职责》,载《人民法治》2015 年第 11 期。

（二）中国—东盟各国差异性较大

中国与东盟各国之间的政治制度、历史文化以及社会制度都有较大差异，不同国家甚至于同一个国家的不同地区之间的市场开放程度和经济体系的完善程度也存在显著差异。中国与东盟各国之间的经济发展水平不一，政治体制、宗教信仰、文化传统、法律渊源和司法制度各异，这也是中国与东盟之间实现区域统一化发展，塑造统一合作与交流平台的基础障碍。即使是实现东盟内部的一体化争端解决机制，也会面临长期筹备工作、专项人才培养、立法进程缓慢以及各方协调性差等多重问题。[1]

除却在政治、经济和文化上的差异性，在法律体系上，大陆法系国家与英美法系国家相对立，从而客观上致使各个国家之间在法律规定、司法程序以及审判制度等方面存在较大的差异性。举例来说，新加坡是英美法系国家，适用判例法规则，中国和越南隶属于大陆法系，而菲律宾则具有混合法系的特色。[2]

（三）人才短板问题有待解决

专业诉讼人才是构筑诉讼争端解决机制的基础，定目标、有计划、按步骤地制订东盟专项诉讼法律人才培养计划，建立专业审判团队，培养一批具有外向包容性、熟知国际争端解决机制规则、了解沿线各国相关法律原则规则的专业复合型法律人才，为打造解决涉东盟民商事纠纷、服务“一带一路”战略政策，创建专业审判团队奠定基础。

随着中国与东盟之间贸易合作与交往的不断加深，贸易双方对相关法律服务的需求也会不断增强。虽然环宇中国东盟法律服务中心的启动与发展，提高了“一带一路”法律服务高度，拓展了法律交流与合作的开放平台，但是从目前整体情况来看，尚且缺乏专业东盟法律人才培养平台，这是研究、构建诉讼争端解决机制需要解决的人才短板问题。

（四）经济基础决定上层建筑

经济基础决定上层建筑，当整体经济大环境发生变化的时候，法律制度必然会随之发生变化。当下，我国打造的21世纪海上丝绸之路，实际上就是在建设一个扩大版的国际经济合作市场，寻求更大合作的利益增长点。利益的增大，意味着风险的加剧，虽然市场经济是规则经济，在一定程度上能依靠自有规则化解冲突，但是在涉外贸易活动中，单纯依靠经济规则的自我调控能力，并不足以满足投资者的对争端解决

---

〔1〕 朱伟东：《中国与“一带一路”国家间民商事争议解决机制的完善》，载《求索》2016年第12期。

〔2〕 朱伟东：《中国与“一带一路”国家间民商事争议解决机制的完善》，载《求索》2016年第12期。

机制的需求。

四、中国—东盟涉外民商事诉讼争端解决机制模式设想

(一)法律原则对争端解决机制的指导性作用

法律规则是解决法律纠纷的重要参照依据,裁判者都是依据与纠纷相关的法律规则,对照事实证据进行裁断处理。“抽象规范的一般性与现实生活的个别性之间的差异,是过去所立之法与当下发生事实的时间之距,是有限的法律在无限复杂多变的社会现实面前露出的破绽”,随着中国—东盟贸易交往频率的不断增长,物资流通速度的不断加快,民商事纠纷的不断增加,现有的涉外法律规则已不能有效解决当前的纠纷。立法过程固有的滞后性、延时性和不周延性特征,注定其难以在短时间内形成统一区域化争端解决规则。因此,在目前立法与现实不能有效衔接的情况下,应当依靠法律原则对法律规则未释明部分的补充功能,为处理涉东盟民商事纠纷提供大方向的参照依据。

从长远目标来看,为了巩固中国—东盟至今为止的合作成果,加深双方多方面合作,构建较为完备的诉讼争端解决机制平台,是打造中国—东盟法律交流与协助机制的重要组成部分。为了实现有效解决中国涉东盟商贸纠纷的最终目标,筹备制定统一区域化法律规则势在必行。综合中国涉东盟经贸发展的历史和纠纷的特征来看,有学者认为在解决中国涉东盟商贸纠纷时应当遵循以下原则:[1]

1. 统筹全局,全面协调

中国—东盟涉外民商事纠纷,从地域范围来看,涵盖面广,合同双方当事人可能涉及十几个国家或地区。而且中国与东盟各国之间在政治、经济、文化、历史、法律体系、制度等方面的显著差异性,客观上影响了中国—东盟涉外民商事纠纷的有效、快速和合理解决。因此,在处理该类纠纷的时候,首先应当跳出国内立法、司法的固有模式,要以求同存异为基本要求,从统领全局的视野出发,统筹考虑不同国家、地区之间的法律传统、法律惯例、法律规则,通过对比衡量、综合分析、平衡协调的方式,有针对性地处理涉东盟民商事纠纷,定分止争,进一步维护中国—东盟自贸区的经贸往来。

---

〔1〕 曹平:《中国涉东盟商贸纠纷解决之基本原则及路径研究——以广西壮族自治区解决涉东盟商贸纠纷实践为研究视角》,载《社会科学家》2014年第12期。

2. 双重手段，双管齐下

如前所述，当下国内国外争端解决机制均呈现出政治手段与法律手段并用的特征，NAFTA 争端解决机制的自由贸易委员会和专家组采用的就是典型双重手段。中国—东盟涉外民商事纠纷，是在“一带一路”合作发展战略大背景下的衍生品，本身就具有政治、法律双重属性，政治手段和法律手段是解决纠纷的两大途径，二者相辅相成，政治手段的引导协调性能有效引导当事人协商解决纠纷，法律手段的强制力确保当事人依照法律程序，严格履行各自的义务。因此，在对争端解决机制的顶层设计时要考虑这一特性，这同时也是解决中国—东盟民商事纠纷应当遵循的重要原则。

3. 区域统一，平等互谅

中国—东盟自由贸易区是我国面向东南亚、南亚地区的经贸往来的对外窗口，在处理涉东盟纠纷问题时，区域法治差异性是不可避免的阻碍。因此，处理此类纠纷应秉承全局观念和区域化理念，重点是区域间的协调与平等，切实做到双方当事人地位平等、责任平等、法律平等。

4. 多元机制，共同启用

所谓的多元机制，实质上是要综合运用诉讼机制和非诉机制解决纠纷。诉讼作为正式的纠纷解决机制，具有国家强制力和公信力的特征，但是诉讼程序复杂、耗时耗力。相比之下，非诉纠纷解决机制的便捷快速性更加符合经济投入与产出规则，方便当事人之间以较低的成本解决纠纷，但是非诉纠纷解决机制非公信力和非国家强制力也令纠纷的解决存在一定隐患。

（二）区域化统一民商事法律规则的基础构想

1. 充分借鉴国际公约成熟的法律规则

法律移植是立法的重要手段之一，借鉴移植已经获得广泛认同且发挥长期效用的已有规则，能在一定程度上降低立法成本，加快立法进程。

《联合国国际货物销售合同公约》（the United Naticos Convention on Contracts for the International Sale of Goods，CISG）和《国际商事合同通则》（Principles of International Cornmercial Contracts，PICC）是国际上影响力较大，缔约国较多，适用较广的国际条约，是已经具有一定的国际认识的国际统一法。《中华人民共和国合同法》在制定之初也大量参照和借鉴了上述两个国际公约；我国涉外民商事，特别是货物运输合同的司法审判实务也多以 CISG 和 PICC 为准据法加以适用，以中化国际（新加坡）有限责任公司诉蒂森克虏伯冶金产品有限责任公司国际货物买卖合同纠纷案为例，该案对根本性违约问题的认定就是适用了 CISG 的规定。

CISG和PICC的立法背景与在规则设计和制度制定上的优势，长期以来为解决涉外合同纠纷，促进涉外合同法律规则统一化起到了积极引导作用。总的来说，CISG和PICC具有以下优势：

一是规则统一化程度高，能直接调整涉外合同法律关系。“国际统一实体法规则是以更高规定的方式来解决法律冲突问题，这是国际私法发展的自然进程及重要阶段。CISG和PICC作为国际统一实体法规则，可以直接调整涉外合同法律关系，解决合同纠纷，避免准据法选择冲突。”〔1〕PICC和CISG相比，更具普适性，PICC的立法目的就是要在排除考虑被适用国家的政治、经济情况和法律传统的基础上，在世界范围内设立均衡的规则体系，故而在立法技术上采用由非政府性质的合同法和国际贸易法领域专家，选取其认为最符合当代国际商业环境的合同法原则，自上而下、规范参与的民主型专家立法模式。〔2〕

二是国际共识程度高，能被双方当事人普遍认可。CISG以实现最大范围内的公平为标准，在对比、借鉴和融合两大法系成熟立法经验的基础上，在分析经济发展水平不同国家不同的利益要求后，综合分析国际发展新局势，反复谈判磋商，最终形成统一具体规则体系，代表了全球范围内对国际货物销售合同法律领域的最广泛共识。〔3〕PICC的法律规则严格排除政治因素和国内法干扰，并未偏向任何一个国家的法律。学者Bonell指出：“PICC的法律规则，不仅在技术、经济等方面影响了跨国贸易活动的新发展，还有效确保了国际商业关系之间的公正性。”〔4〕

三是立法示范功能强，对国际、国内立法有借鉴意义。CISG作为国际私法统一运动进程中的标志性成果，集合了各国合同法律规则中的精华部分，融会贯通了不同法系、国家重要的法律原则、规则，具有较强的实用科学性，能指导当事人在缔结国际货物销售合同的过程中，约定更加完善的合同条款，降低交易成本，减少合同纠纷。PICC更是在开篇的序言中就明确表明，其具有指导国际公约、国际私法和国内立法

---

〔1〕 韩德培、李双元：《应该重视对冲突法的研究》，载韩德培：《韩德培文选》，武汉大学出版社1996年版，第56页。

〔2〕 E. A. Farnsworth, Closing Remarks, *The American Journal of Comparative Law*, (1992), p. 40.

〔3〕 张玉卿：《国际货物买卖统一法　联合国国际货物销售合同公约释义》（第3版），中国商务出版社2009年版，第13页。

〔4〕 Michael Joachim Bonell, An International Restatement of Contract Law and the UNIDROIT Principles of Commercial Contracts, cited Kotz. H, UNIDROIT Principles of International Commercial Contracts (1994), p. 16.

的立法示范功能，能帮助法律相对滞后国家在较短时间内实现与国际先进制度的有效对接。[1]

由此可见，CISG 和 PICC 的法律规则可以作为构建中国—东盟区域统一化民商事法律规则的参照依据，并且需要注意的一点是，国际条约在制定的过程中为了能够获得更多国家的认可与加入，在对规则内容和机制的磋商、制定过程中，往往会采用规避、妥协、中立、抽象等方式来促成符合大部分国家利益的规则。因此，CISG 和 PICC 整体规则都呈现出一定的妥协性。中国—东盟区域统一化民商事法律规则作为区域性的法律规则，区域内国家间的法律差异性必然会导致法律规则呈现出一定的妥协性，这也是构建机制过程中必然会面对的问题。

2. 吸收较为合理的国内法规则

机制的建设与完善，首先要建立在坚实的基础之上，面对各国法律规则差异性显著的现实困境，切忌急于求成，必须厘清各国之间在民商事规则上的异同点。

区域统一性规则的设定还应该建立在协调融合国内法的合理部分的基础上，各国的国内法规则是本国国民较为熟悉且遵循的法律规则，涉外合同双方当事人对本国法律规则的依赖性也较为明显，吸收同化国内法律条款作为区域统一规则的内容有助于提高各国当事人对统一规则的接受度。

3. 强化统一规则的区域自主性

从投资者，尤其是大型跨国企业的角度来看，对于多边自由贸易区出台的规则、政策并无过多要求，只希望政府能少管、少限制、多放宽，为贸易创造更加畅通的渠道。[2] 2014 年 8 月 1 日生效的《中国（上海）自由贸易试验区条例》作为我国第一部与自贸区相关的地方性法规，具有一定的典范引领作用。上海自贸试验区范围内的投资事项大多已有法律规定，若要更改则需经过漫长的立法修改程序，耗时长且实际可操作性弱，故而《中国（上海）自由贸易试验区条例》的制定过程另辟蹊径，进行了破格性立法改革——申请国家授权在自贸区范围内暂停法律的实施，需要注意的是，该条例的立法依然属于在现有法制框架内的创新，是兼顾立法程序和保障自贸区建设需要的创新之举。上海自贸区的创新立法充分体现了因地/因事调整法律的理念，针对自贸区的特定经贸投资环境在加强政府、市场和社会三位一体监督管理模式的

---

〔1〕 左海聪：《试析〈国际商事合同通则〉的性质和功能》，载《现代法学》2005 年第 5 期。

〔2〕 廖凡：《上海自贸区制度建设还要做什么》，载《经济参考报》2016 年 1 月 5 日。

基础上放宽管制，保障交易安全的同时不影响经贸活动的飞速发展。[1]

上海自贸区的立法过程是一次区域化、自主化和程序化的变革，对构建区域化统一民商事法律规则有一定的借鉴意义。当然这种借鉴并不等同于完全复制，关键是要抓准自贸区的独特性质，对症下药，根据中国涉东盟贸易的基础特征设置统一规则条款内容。中国—东盟自由贸易区与上海自贸区相比，贸易规模较小，资金流通速度较弱且多为商品货物贸易。因此，与上海自贸区放宽行政管制以畅通大型贸易门户的立法目的相比，更应偏重于制定保护双方当事人合法权益条款、争端解决条款、法律适用条款以及司法协助条款等内容。

（三）中国—东盟诉讼争端解决机制团队构成初析

1.“两库”的筹建对区域统一化民商事法律规则的保障

“两库”是指人才库和法律数据库，人才库主要由涉外专业法律人才库和专业法律翻译人才库构成，法律数据库包括东盟各国法、国内法、国际规则等内容。

菲利普斯勋爵和中国人民大学法学院副院长、普通法执行秘书长时延安教授在由中国人民大学法学院、中国人民大学普通法中心、英国英中协会（Great Britain China Centre）联合举办的“‘一带一路’倡议推进中的法律纠纷解决”国际研讨会上均指出，随着“一带一路”沿线各国之间经贸往来的增加，培养了解两大法系，熟悉普通法、熟悉中国法甚至是熟悉整个全球法的复合型法律人才是降低争端解决成本的有效途径，也是中国今后一段时间培养涉外专业法律人才的重要目标导向。[2]

语言是人类沟通的基础，对涉外法律人才的培养也应当加强语言能力培养工作。东盟各国语言纷乱复杂，自东盟博览会以来，广西高校和东盟国家高校在人才的交流与合作模式多为合作办学和互派留学生，但是在专业培养上更偏重于外语和对外汉语教学，缺乏多专业复合型人才培养机制。[3] 反观法学教育，并未有专门的东盟法学人才培养计划。法律本身是一项复杂且专业的学科，需要经过长时间的专业培养，才能塑造专业的法律逻辑，因此，法律人才培养的专业性和针对性十分明确。培养中国—东盟法律专业人才，特别是诉讼服务与审判人才，应当培养东盟语言和法学双重

---

〔1〕 贺小勇：《上海自贸试验区法治建设的评估与展望》，载最高人民法院“一带一路”司法研究中心：《“一带一路”司法理论与实务纵览论文精选（2015～2016年度）》，法律出版社2016年版，第147页。

〔2〕 蒋安杰：《“一带一路”倡议推进中的法律纠纷解决国际研讨会举行》，载《法制日报》2016年11月30日。

〔3〕 李宁林、杨建娣：《广西与东盟高校之间的合作与交流——对人才培养模式、专业与课程设置的探讨分析》，载《东南亚纵横》2006年第3期。

复合型人才。

中国—东盟涉外民商事诉讼纠纷机制的人才培养计划应分类进行，重点对两类人才进行培养：复合型涉外诉讼人才和专业型翻译人才。

本文所指的专业型翻译人才与通常理解下的翻译人才有所不同。目前广西已经完成员额法官入额的选拔程序，进入审判团队的组建过程，这是优化人员配置，精简人才的关键时期，这也是构建中国—东盟涉外民商事专业审判团队的重要契机。法院是人员多元化的综合性部门，虽然法院系统内部人员的绝大数为法学专业人员，但是在以往的人员招录和调动过程中，其他专业诸如外语、中文等人员也是法院系统的重要构成。沟通问题是影响中国—东盟涉外民商事诉讼争端机制构建的重要因素，从法院内部系统里选拔培养一批兼具外语能力和法学素养的专业人士，不仅能帮助翻译、汇总、分析东盟各国及我国民商事规则，还能进一步协助区域统一化民商事规则的形成和审判流程的顺利开展，这也是我国培养涉外复合型法律人才的起点。

复合型涉外诉讼人才包含复合型法律服务人员和复合型审判团队人员，前者主要是为涉外合同当事人提供诉讼和非诉服务的法律人才，以环宇中国（广西）东盟法律服务中心为例，该法律服务中心的设立宗旨就是在广西设立中国—东盟法律对外服务门户，开辟广西面向东盟的法律服务窗口，提供优质的法律服务。后者主要是具有丰富的审判实践，掌握涉外诉讼审判技巧的法律人才。中国—东盟涉外民商事争端解决机制不是一家独唱，单纯的诉讼机制、人员配置并不意味着该项机制能发挥最大程度的效用，需要探索开拓诉前调解、判决裁定、诉后救济的多元化争端解决机制。

2. 审判团队构成——以国际仲裁争端解决机制为模板

前文比较分析了 DSU、TPP、NAFTA 三类国际主流仲裁争端解决机制的异同点，从对比中可以看到，当前涉外纠纷当事人之所以选择选用国际仲裁作为解决纠纷的主要途径，主要原因就在于解决纠纷的速裁性、程序启动的便捷性以及仲裁庭组成人员的专业化。对于涉外纠纷当事人，特别是涉及经贸纠纷的当事人来说，选用最高效的方式，在最短的时间内解决纠纷以实现降低纠纷解决成本的目的。诉讼作为解决纠纷的司法公力救济，是为当事人提供法律保障的最后一道屏障，规划组建专业审判团队是保障当事人合法权益的重要举措。

随着中国—东盟互通有无，经贸合作深化的推进和发展，中国—东盟之间的货物、资金、人员流动量递增，交流频率加快，与之相关联的涉外民商事纠纷必然呈现出增长趋势。《最高人民法院关于人民法院为“一带一路”建设提供司法服务和保障的若干意见》（法发〔2015〕9 号）中明确表明：“人民法院是解决中国—东盟贸易纠纷的中坚力量,应当对照'一带一路'建设对司法服务、保障的基本要求,积极回应中外市场主体的司法需求,加强对涉外民商事等相关案件的审判工作,营造良好的涉外法治环境",对涉外审判工作提出了新要求。

如何组建审判团队?笔者认为,对于涉东盟审判团队的组建工作应坚持一个重要原则:化整为零,化零为整。

西魏权臣宇文泰创建并在唐朝达到鼎盛时期的府兵制,是我国古代重要兵制之一,该制度最重要的特征就是兵农合一。"闲时务农,战时兵",府兵在和平年代是耕田的农民,利用农隙开展军事训练,战时从军打仗。与数额庞大的国内诉讼纠纷相比,涉外纠纷只是冰山一角,因此对涉外诉讼审判团队可以参照府兵制的理念加以组建:

首先,人员构成专业化。中国—东盟涉外民商事争端解决审判团队是我国处理涉东盟民商事纠纷的专业化队伍,组成人员应具备相应的专业化素养。在法院系统内部选拔有涉外审判实践经验的法官及辅助人员,特别是已经在涉外诉讼审判岗位工作多年的审判人员更是团队构成的主力军。

其次,团队地域集中性。东兴、凭祥、北部湾等地区是广西与东盟各国物资输送的核心地区,之前有学者对广西法院审理涉东盟案件的数量和概况作整体调研,数据显示,上述地区法院是全省收录案件的中心地区。因此,审判团队的分布应呈现出一定的区域集中性特征。在东兴、凭祥保税区、北部湾经济开发等广西面向东盟各国的贸易输送口岸,贸易速度既是经济贸易繁荣区,又是纠纷多发地,应集中组建经验丰富、专业素养高的审判团队,并在人员安排上适当偏倚,多案地区多配置团队,少案地区少组或者不组团队。

再次,团队工作灵活性。中国—东盟审判团队的建设,可参照适用古代府兵制度,并遵循"化整为零,化零为整"原则,设立"流动"审判团队,将审判团队的组成人员分散到各个业务庭或综合部门中,既参与国内诉讼审判工作,又兼顾涉外诉讼审理工作。团队成员定期合议商讨案件,如若遇到案情复杂的案件,特别是标的额较大、社会关注度高、情节复杂的重大案件时,就要化零为整,集中审判团队人员集中办案。

最后,团队四维结构性。当前,我国的司法改革重点是重整人员安排,精简人员分配,集中优质审判人员到一线办案,提高整体办案效率和公信力。按照我国司法改革方案要求,改革后的审判团队呈现出三位一体模式,一名入额法官加一名法官助理和一名书记员,也就是所谓的1+2模式。笔者认为,基于涉东盟民商事诉讼的特殊性质,应在1+2模式的基础上升级,形成由入额法官、法官助理、书记员和专家人员组成的四维审判团队模式，其中专家人员主要是指从法院系统内部选拔或外部聘请的翻译人员。在四维审判团队模式的基础上，必要时还可以聘请诸如经济学专家、贸易运输专家等专业人员辅助办案。

结　语

中国—东盟民商事诉讼争端解决机制的建设不是一蹴而就的，需要多方协调、长期筹备，人民法院作为我国诉讼审判机构，应当承担起服务大局，构建涉外诉讼争端解决机制的重任。广西作为中国与东盟各国之间的沟通桥梁，具备先天的区域优势，中国—东盟民商事诉讼争端解决机制理应在广西生根发芽，本文通过分析当前国际争端解决机制的异同，概述当下构建诉讼争端机制的困境、途径等方式，浅述了对构建中国—东盟民商事诉讼争端解决机制的看法，仍待进一步的详细研究与探讨。

海事司法服务“一带一路”建设路径研究

梁炳扬* 赵 波**

引 言

2013 年,中国国家主席习近平先后提出共建“丝绸之路经济带”和“21 世纪海上丝绸之路”(以下简称“一带一路”)倡议,得到了沿线各国的积极响应。5 年来,我国始终坚持“共商、共建、共享”原则加强与沿线各国沟通、协商、合作,共同推进“一带一路”建设,取得了累累硕果——我国已与 80 多个国家和国际组织签署了合作协议,与“一带一路”沿线各国货物贸易额累计超过 5 万亿美元,对外直接投资超过 700 亿美元,我国企业在沿线国家建设 75 各经贸合作区,上缴东道国税费 22 亿美元,创造就业岗位 21 万个,[1]促进沿线各国协调联动发展,初步实现共赢、共享、共同繁荣的目标。

但是,在“一带一路”建设过程中,将面临着因沿线各国政治、经济、文化、法律、宗教等有差异而产生利益冲突,而要通过和平与文明手段解决这些冲突的一个重要手段就是依靠法治,司法的作用不可或缺。为了给“一带一路”建设提供强有力的司法服务和保障,最高人民法院于 2015 年 7 月颁布了《关于人民法院为“一带一路”建设提供司法服务和保障的若干意见》,同时也为各级人民法院服务“一带一路”建设指明了

---

* 北海海事法院党组书记、院长。

** 北海海事法院研究室副主任。

[1] 戴萌萌、刘京京:《习近平铺展“一带一路”通途》,载央视网:http://news.cctv.com/2018/05/14/ARTI15TkiNsHwUMvkJWkVlbh180514.shtml,最后访问日期:2018 年 5 月 15 日。

方向。随后，各级人民法院充分结合自身实际，围绕着如何为“一带一路”建设提供司法服务和保障采取了一系列措施，进行了积极的探索和实践。目前，各地法院的实践效果如何？在司法服务“一带一路”建设过程中将会遇到哪些问题？应该如何构建司法服务“一带一路”建设的路径？本文将从海事司法服务“一带一路”建设的角度进行探析，以达抛砖引玉之目的。

一、“一带一路”建设客观上需要海事司法的服务

法治是“一带一路”建设的重要保障，海事司法服务在“一带一路”建设中具有不可或缺的作用。因为“法有调整社会关系，指引主体行为和保障主体权利的功能，法具有确认和维护一定的秩序、利益和正义的价值”。[1]在“一带一路”建设过程中，将面临着如何营造我国对外开放良好的法治环境、如何促进我国港口经济、航运经济、海洋经济和对外贸易的发展、如何保护我国海洋生态环境等方面问题，而这些问题的解决离不开强有力的海事司法服务。

（一）为“一带一路”建设营造法治化、国际化、便利化的营商环境，离不开海事司法的服务和保障

涉外海事海商审判工作是我国司法面向世界的一个重要国际窗口，是我国对外开放的重要司法保障。世界上85%以上的货物贸易是通过海上运输，随着“一带一路”建设的深入推进，在频繁的国际间海上运输过程中必然出现各种各样的海事海商纠纷，从而导致涉外海事海商案件不断增长。因此，能否依法公正高效审理涉外海事海商案件，平等保护中外当事人合法权益，关乎能否为“一带一路”建设营造法治化、国际化、便利化的营商环境。海事法院从成立之初，就肩负着保障海事运输、对外贸易和改革开放的重要历史使命，从其成立以来也积极承担起了这一历史使命，取得了良好成效。据统计，截至2014年，海事法院成立30年来，全国各海事法院共审结执结涉外、涉港澳台地区海事案件64 747件，结案标的达800多亿元人民币，[2]为我国对外开放政策和“一带一路”建设营造了良好的法治环境。

（二）我国“一带一路”重要门户港建设，离不开海事司法的服务和保障

我国内河、沿海港口是“海上丝绸之路”建设的重要一环，是“海上丝绸之路”国际货物运输网络的起点和重要建设内容。因此，必须大力发展我国沿海城市的港口

---

〔1〕 周旺生：《法的功能和法的作用辨异》，载《政法论坛》（中国政法大学学报）2006年第5期。

〔2〕 《中国海事审判白皮书（1984～2014）》（摘要），载《人民法院报》2014年9月4日。

建设，特别是进一步加强对上海、广州等国内重要港口基础设施的建设，为构建我国港口与海上丝绸之路国家港口之间互联互通网络打下坚实基础。目前，我国沿海港口货物吞吐量和船舶制造业均已位居世界第一，[1]通过进一步加强国内港口建设，凭借强大的造船能力，我国有条件、有能力打造面向海洋、联通亚洲和欧洲大陆、促进沿线各国共同繁荣、造福国内沿海人民的对外开放格局。而国内港口建设与海事司法密切相关，海事法院能否依法公正高效审理港口作业、码头建造、船舶触碰码头、港口疏浚等涉港口建设的相关海事海商案件，关乎着能否顺利推进我国“一带一路”重要门户港建设。

（三）推进海洋生态文明建设，离不开海事司法的服务和保障

党的十九大报告指出，建设生态文明是中华民族永续发展的千年大计。生态兴则文明兴，生态衰则文明衰。重大环境污染事故，将会给我国海洋资源和海洋生态带来巨大的损失，为此，我们必须坚持绿色发展理念，加强对海洋生态环境的保护。而海事审判的一个重要职能之一，就是通过海事司法手段保护海洋环境。1985年，青岛海事法院审理了“大庆232”轮油污损害赔偿责任纠纷案件拉开了海事司法保护海洋环境的序幕，截至2013年，全国海事法院共审理各类海洋环境污染损害赔偿责任纠纷案件2017件，[2]有利地维护了我国海洋生态环境。在今后的“一带一路”建设过程中，海事司法在维护我国海洋权益和保护海洋生态环境方面将会发挥越来越重要的作用。

二、海事司法服务“一带一路”建设遇到的困境

（一）外国法的准确查明和适用问题

在审理涉外海事海商案件中，经常会遇到需要适用外国法律的情况，因而需要对外国法进行查明。但是，如何准确查明和适用外国法在涉外商事海事审判中仍是一个难题。因为，“一带一路”沿线涉及60多个国家，各国的语言文字障碍较大等，导致查明外国法比较困难。为了准确查明和适用外国法律，最高人民法院于1988年1月26日颁布实施的《关于贯彻执行〈中华人民共和国民法通则〉若干问题的意见（试行）》（以下简称《民通意见》第193条第1款规定，明确了外国法查明的五种途径：（1）由当事人提供；（2）由与我国订立司法协助协定的缔约对方的中央机关提供；

---

〔1〕 赵薇：《航运开道　法律护航》，载《光明日报》2014年12月27日。

〔2〕 《中国海事审判白皮书（1984～2014）》（摘要），载《人民法院报》2014年9月4日。

(3)由我国驻该国的使领馆提供;(4)由该国驻我国使领馆提供;(5)由中外法律专家提供。《民通意见》第193条第2款规定:"通过以上途径仍不能查明的,适用中华人民共和国法律。"全国人大常委会于2010年讨论通过的《中华人民共和国涉外民事法律关系法律适用法》(以下简称《涉外民事法律关系适用法》)第10条第1款规定,涉外民事关系适用的外国法律,由人民法院、仲裁机构或者行政机关查明。当事人选择适用外国法律的,应当提供该外国法。该条规定明确了提供外国法的四类主体:人民法院、仲裁机构、行政机关、当事人,以前三类为主、以第四类为辅。该条第2款明确规定:"不能查明外国法律或者该国法律没有规定的,适用中华人民共和国法律。"

但是,不论是《民通意见》还是《涉外民事法律关系适用法》,对外国法查明的表述过于简单、规定过于规范。[1] 首先,《民通意见》没有具体明确如何查明外国法以及采用五种途径查明外国法的先后顺序等程序性问题,导致人民法院在司法实践中难以操作。其次,《民通意见》和《涉外民事法律关系适用法》均未对外国法的查明责任作出明确界定,即对哪些外国法应该由法院依职权查明、哪些外国法应有由仲裁机构查明、哪些外国法应该由行政机关查明、哪些外国法应该由当事人负责举证证明等还未有明确的界定,当人民法院、仲裁机构、行政机关提供的外国法不一致时(因翻译外国语言,会有表述一致的情况发生),应该以谁提供的为准也没有明确的规定。在司法实践中,由于外国法查明责任不明,一定程度出现了几类主体互相推诿的现象。最后,《民通意见》和《涉外民事法律关系适用法》均有规定,在无法查明外国法时,适用中国法律。这一规定,赋予法官对"外国法无法查明"这一界定具有较大的自由裁量权。虽然于2013年1月7日公布实施的《最高人民法院关于适用〈中华人民共和国涉外民事关系法律适用法〉若干问题的解释》(以下简称《关于适用涉外民事关系法律适用法若干问题的解释》)第17条第1款对此作出较为具体的规定,人民法院通过当事人提供、已对中华人民共和国生效的国际条约规定的途径、中外法律专家提供等合理途径仍不能获得外国法律的,可以认定不能查明外国法律。但是,由于缺乏相应的监督机制,法官仍可以相对随意行使这一自由裁量权。在司法实践中,在当事人无法提供、人民法院也无法查明的情况下,办案法官通常会以"外国法无法查明"而适用中国法。据不完全统计,2013年至2015年我国法院涉及外国法查明与使用的案件

---

〔1〕 郑新俭、张磊:《中国内地域外法查明制度之研究》,载黄进主编:《我国区际法律问题探讨》,中国政法大学出版社2012年版,第184页。

有166件，其中有21件因未能查明外国法而使用我国法律。[1] 可见，如何准确查明和适用外国法，仍是目前涉外审判工作的难点。

（二）国际商事海事仲裁裁决的司法审查问题

在“一带一路”建设过程中，随着我国与沿线国家经济来往日益密切，我国企业与外国企业之间或外国企业之间的商事纠纷日益增多，解决商事纠纷除了诉讼、调解之外，仲裁是重要的手段。但是，仲裁只是解决商事纠纷的一种手段，商事纠纷能否得到解决主要还得看仲裁裁决能否得到执行，而司法是仲裁能否得到执行的一个重要保障。国际商事海事仲裁要在“一带一路”建设中发挥重要作用，关键是要看中国法院和沿线国家法院对国际商事海事仲裁裁决的态度，如果持支持的态度，经过司法审判后对相关仲裁裁决予以承认和执行；否则，不予以承认和执行。在司法实践中，对于本国仲裁机构对涉外纠纷作出的仲裁裁决，由本国法院提供司法保障，这一点无论在理论界还是实务界均没有异议；但是，对于外国仲裁机构作出的裁决，沿线各国法院经过司法审查后是否予以承认和执行，基于各种利益考量，沿线各国法院持有不同的态度。因此，如何推动我国法院和沿线国家法院承认与执行国际商事海事仲裁裁决是一个难题。

（三）海洋生态环境保护问题

海洋环境保护涉及国内和国际两个问题。从国内来看，近年来，随着“一带一路”建设和海洋强国战略的深入推进，我国海洋经济得到了快速发展，在国民经济中发挥了越来越重要的作用。据国家发展改革委、国家海洋局联合发布的《中国海洋经济发展报告2017》显示，2016年，我国海洋经济生产总值为70 507亿元，比上年增长6.8%，占国内生产总值的比重为9.5%。[2] 但是，随着我国海洋开发利用及陆上经济发展，伴随而来的是各类海洋污染案件频发。如何完善国内相关立法，保护好我国海洋生态环境，是我们面临的一个重要课题。从国际上来看，随着“海上丝绸之路”的深入推进，我国与沿线各国的经济往来更加密切，海上货物运输更加频繁，越来越多国家的船舶将来到我国的海域、港口，我国的船舶也经常开往沿线国家港口，这将导致我国和沿线国家海域发生船舶污染损害责任纠纷案不断增加，使我国和沿线国家共同面临着如何通过国际法治合作共同维护海洋生态环境的问题。

---

〔1〕 张勇健：《“一带一路”司法保障问题研究》，载《中国应用法学》2017年第1期。

〔2〕 梁健：《我国去年海洋生产总值增速缓中趋稳》，载《中国海洋报》2017年12月27日。

（四）适应“一带一路”建设国际化、法治化需求进一步提升海事审判队伍业务素质和能力问题

随着“一带一路”建设的深入推进，海事海商案件特别是涉“一带一路”国家的海商事案件、涉“一带一路”重要门户港建设的海商事案件等将日益增多，这对海事审判队伍提出了更高的要求。要公正、高效地审理好这些案件，更好地服务和保障好“一带一路”建设，需要一流的海事审判队伍作保障。但是，海事审判专业性和涉外性很强，海事法官要公正高效审理好海商事案件特别是涉外海商事案件，他们不仅要熟悉中国法律、外国法律和相关国际条约、国际惯例，而且还要掌握国际航运、金融、保险、外贸、港口作业、船舶及海洋方面的知识，同时又要具有较高的外语水平。大多数海事法院都共同面临着一个问题，就是缺乏具有上述知识的复合型海事法官，而这种复合型法官正是适应营造“一带一路”建设法治化、国际化、便利化营商环境的客观需求。

三、海事司法服务“一带一路”建设的路径

（一）加强学习，不断完善外国法查明制度，确保海事法官能够准确查明和适用外国法律

一方面，要进一步加大对海事法官学习和培训力度，不断提高海事法官准确查明和适用外国法的能力。要组织海事法官深入学习《涉外民事法律关系适用法》《最高人民法院关于适用涉外民事关系法律适用法若干问题的解释（一）》《民通意见》《最高人民法院关于审理涉外民事或商事合同纠纷案件法律适用若干问题的规定》《海商法》《票据法》等相关法律、司法解释中关于涉外民事关系的法律适用规范，确保能准确理解和适用。要组织海事法官学习国际私法理论，达到熟悉甚至是熟练掌握外国法律术语、法律概念、法律结构等知识，为准确适用外国法律打下基础。要准确适用国际条约和准据法，严格法律适用，坚持条约优先适用原则、当事人意思自治原则和最密切联系原则，优先适用我国批准或者参加的国际公约，尊重当事人的选择，正确确定案件的准据法。对于应当适用外国法的，依照法律规定的各种途径尽量予以查明，不能因为外国法查明难而轻易排除外国法的适用。

另一方面，进一步完善外国法查明制度。一是通过司法解释，进一步完善外国法查明制度。在司法解释中，进一步明确法国法查明的责任主体，在当事人没有协议选择适用的外国法律时，应按顺序确定先由人民法院查明，人民法院无法查明再由仲裁机构查明，仲裁机构无法查明时再由行政机关查明；如果人民法院、仲裁机构、行政机

关无法查明时,可以要求当事人对外国法进行查明。在当事人有协议选择适用的外国法律时,应由当事人提供;如当事人无法提供,人民法院可以协助查明,人民法院无法查明的,则由当事人承担举证不能的后果,人民法院适用中国法律进行审理。对于《民通意见》规定的与我国订立司法协助协定的缔约对方的中央机关提供、我国驻该国的使领馆、该国驻我国使领馆、中外法律专家这几类主体,应明确其只是外国法查明的建议主体,其提供的外国法应经过人民法院的审查,才能确定是否能够适用。[1]二是加强与高校合作,进一步畅通外国法查明的渠道。目前,最高人民法院在西南政法大学建立一个中国东盟法研究室中心,在中国政法大学建立了一个外国法查明研究中心,通过加强与高校的合作,借助高校专家、学者的"智库"力量,对外国法查明问题进行相关理论研究,收集"一带一路"沿线国家和地区的立法、司法信息为我国与相关国家和地区开展司法交流提供参考资料,进一步完善了外国法查明机制。三是探索建立涉"一带一路"国家法律库。随着"一带一路"建设的深入推进,我国法院适用沿线国家和地区法律审理的涉外民商事案件将越来越多。为此,建议由全国人大成立专门机构,邀请高校的法学专家、学者、负责代理涉外案件的资深律师、负责审理涉外案件的资深法官等学界和实务界人士共同参与,借助我国驻"一带一路"国家大使馆的力量,利用互联网平台、司法交流平台等各种渠道查明涉"一带一路"国家法律,并及时向社会公布,同时录入司法大数据库,建立专门的涉"一带一路"国家法律库,方便全国各级法院查询和适用。

(二)进一步完善涉外仲裁裁决司法审查制度,助力国际商事海事仲裁更好地服务"一带一路"建设

一方面,要积极根据国际公约进行司法审查,带头承认和执行涉"一带一路"建设的国际商事仲裁裁决。《承认和执行外国仲裁裁决公约》(以下简称《纽约公约》)是当前最有国际影响力的裁决执行机制,该公约于1958年6月订于美国纽约,我国于1986年12月加入该公约,现在已有156个缔约方。根据该公约的规定,所有缔约国都有义务承认并执行在其他缔约国作出的裁决;所有缔约国的法院都不可对公约裁决进行实质审查,也不得撤销相关裁决。当然,对于不承认和执行条约裁决的几种例外条件的情形,《纽约公约》第5条也作出了具体规定,但是符合该条规定的例外条件是比较难的。因此,《纽约公约》是比较成熟、比较有影响力的仲裁裁决机制。根据我国《仲裁法》第58条和《最高人民法院关于适用〈中华人民共和国仲裁法〉若干问题

---

[1] 于志宏、张超:《建设"一带一路"过程中的外国法查明制度探究》,载《当代港澳研究》2015年第4辑。

的解释》第 12 条规定，对仲裁协议效力认定的案件一般由中级人民法院管辖，其中涉及海商事纠纷仲裁协议效力案件的由海事法院专属管辖。我国作为“一带一路”的倡议国，对于双方当事人所在国家均是《纽约公约》缔约国的，我国各中级人民法院、各海事法院根据《纽约公约》积极进行司法审查后，只要不存在《纽约公约》第 5 条规定的情形，应及时予以承认和执行。

另一方面，要积极根据互惠原则进行司法审查，促进沿线国家法院互相承认和执行涉外仲裁裁决。根据我国《民事诉讼法》第 283 条规定，国外仲裁机构的裁决需要我国法院承认和执行的，我国法院除了依照我国缔结或参加的国际条约办理外，还可以按照互惠原则办理。当一方当事人所在国没有参加《纽约公约》，或双当事人所在国均没有参加纽约公约，而当事人又申请我国法院承认和执行外国仲裁机构作出的裁决时，各中级人民法院或各海事法院应根据互惠原则进行司法审查，在该仲裁裁决不违反我国法律的基本原则、不触犯我国国家利益和社会公共利益的情况下，可根据国际司法合作交流意向、对方国家承诺将根据我国司法互惠等情况积极予以承认和执行。这样可以避免出现以考察先例为唯一标准的互惠原则下通常会导致各国都不愿意基于先提供司法协助的互惠僵局，以此促进沿线国家法院互相承认和执行涉外仲裁裁决。

（三）从国际和国内两个层面完善海洋环境保护的相关立法，充分发挥海事审判职能服务和保障海洋生态环境

首先，从国际层面上，要从共谋全球生态文明建设的高度，加强与“21 世纪海上丝绸之路”沿线国家合作，共同分享和交流海洋环境保护的经验与技术，推动我国与沿线国家特别是与南海周边国家签订海洋生态环境保护相关条约，共同维护海洋生态环境。通过签订条约推动“海洋丝绸之路”沿线国家进一步制定、修改和完善国内海洋环境保护相关立法，通过制定国内法强化“21 世纪海上丝绸之路”沿线国家保护海洋环境的责任。

其次，就国内而言，要用最严格制度最严密法治保护我国海洋生态环境。一是要对接我国与“21 世纪海洋丝绸之路”沿线国家签订的关于海洋环境保护的相关国际条约，进一步修改、完善国内海洋生态环境相关立法。二是我国《刑法》至今尚未单独设置“污染海洋环境罪”的罪名，对海洋环境污染的刑事处罚不够严厉。在司法实践中，如要对污染环境的行为进行刑事处罚，只能依据《刑法修正案（八）》的“环境污染罪”、《刑法》第 339 条“非法处置进口的固体废物罪”和《刑法》第 408 条“环境监测失职罪”进行处罚。但由于海洋环境的独特性和造成海洋环境污染的污染物、行为方式的多样性、复杂性，客观上需要设立单独的“污染海洋环境罪”的罪名，才能更全面地

涵盖各种污染海洋环境的行为,更好地保护海洋生态环境。因此,建议进一步修改我国《刑法》,增设"污染海洋环境罪"。三是我国海洋立法起步晚,有些方面相关立法是空白的,这致使难以有效制止海洋违法行为。例如,我国目前还未制定有油污法、船舶法、航运法等法律,建议抓紧这方面的立法。

最后,要充分发挥海事审判职能作用,依法妥善审理好各类海洋污染案件,全力服务和保障海洋生态文明建设。要坚持绿色发展理念,充分利用海事法院跨行政区划管辖的优势,依法妥善审理海上、通海水域污染损害责任纠纷案和船舶污染损害责任纠纷案,依法明晰损害行为的主观恶性、过错程度和法律责任,彰显司法评价的导向性,保证裁决结果的公平性,体现损失赔偿的合理性,在有力惩治海洋生态环境违法行为的同时,促进相关行业及主体自觉提高海洋生态环境保护意识,减少因主观故意或重大过失所致的海洋生态环境事件发生。大力推进水资源环境公益诉讼,依法保障法定机关和有关组织的水资源环境公益诉权。依法支持海洋环境监督部门为预防、控制和治理海洋生态危害采取相应措施所产生费用的索赔主张,为海洋环境执法提供有力的司法支持。

(四)进一步建立和完善多元化纠纷解决机制,满足中外当事人解决纠纷多元化需求

从国内来看,自推行立案登记制后,大部分海事法院收案数呈大幅上升趋势,面对案件快速增长而司法资源短期内难以大幅增加的不利局面,建立和完善多元化纠纷解决机制,既有助于缓解法院办案压力,又能通过调解、仲裁等多种方式及时化解海事海商纠纷。从国际来看,随着"一带一路"建设的深入推进,涉"一带一路"国家海事海商纠纷案件也逐年增加,为满足中外当事人解决纠纷多元化需求,更好地适应和解决因沿线各国政治、经济、法律、宗教、文化等差异带来的冲突,海事法院应积极推动多元化纠纷解决机制的国际化发展,允许中外当事人选择调解、仲裁等非诉讼方式化解涉外海事海商纠纷。为此,要进一步建立和健全涉外海事海商纠纷案件的行业调解、仲裁调解、司法调解等机制,加强和各类调解组织、行业协会的工作联系,做好诉讼与非诉讼机制之间的有机衔接。同时,要根据国际公约或互惠原则积极承认和执行国际商事海事仲裁机构的裁决,依法支持仲裁机构在化解涉"一带一路"国家海事海商纠纷中发挥积极作用。

(五)积极参与国际海事司法规则制定,努力提升海事审判服务"一带一路"建设的制度性话语权

一个国家想要争夺国际话语权,首先要看这个国家是否有实力,其次要看这个国

家如何运用自己的实力。目前,我国经济总量已仅次于美国位居世界第二,是全球贸易进出口大国、造船大国、航运大国。同时,我国是世界上设立海事审判专门机构最多最齐全的国家,也是受理海事案件最多的国家,具备较为完善的海事法律制度,已实现了“将中国建成为亚太地区海事司法中心”的目标,[1]正朝着“建立国际海事司法中心”的目标大步前进。因此,就海事审判而言,我国已经拥有了硬实力参与甚至引领国际海事司法规则制定。那么,我们该如何运用自身实力去实现这一目标呢?笔者认为,应该从以下几点寻求突破:一是要强化海事法官的国际视野和战略眼光,借助设立在广州海事法院的“最高人民法院国际海事司法广州基地”等平台积极与沿线国家开展司法交流,让沿线国家了解和认同我国司法制度,通过交流求同存异,进而增进我国与沿线各国的司法互信,为我国参与制定国际规则打下坚实基础。二是坚持实施海事审判精品战略,以精品案例特别是涉外海事海商案件的精品案例参与、引领国际海事规则制定。案例是司法经验和智慧的结晶。为此,我们要加强对涉“一带一路”国家海事海商案件进行研究,及时发布相关典型案例,积极开展对外案例交流,讲好中国法治故事,为世界司法和全球治理贡献中国经验和中国智慧,进而参与、引领国际海事规则制定。三是海事法官要积极配合相关国家机关、行业协会、科研院校,积极参与国际海事规则的谈判,凭借丰富的涉外海事海商案件审判经验,积极建言献策。

(六)加强队伍建设,着力建设一支适应“一带一路”建设和我国对外开放大局需求的海事审判队伍

海事审判涉外因素多、国际影响大、专业技术性强、适用法律多元,要确保既能公正高效执法办案,又能肩负起捍卫国家海洋主权和服务保障“一带一路”建设等历史使命,需要一支政治过硬、业务过硬、作风过硬的海事审判队伍。为此,要加强队伍思想政治教育,强化理论武装,教育引导海事法院干警自觉用习近平新时代中国特色社会主义思想武装头脑、指导审判实践、推动审判工作。要深入学习贯彻习近平新时代中国特色社会主义政法思想和公平正义思想,增强海事法官的政治定力,强化责任担当,努力实现“让人民群众在每一个司法案件中感受得到公平正义”的工作目标,平等保护中外当事人合法权益。要大力加强职业培训,着力培养一批既熟悉中国法律和相关国际条约、国际惯例,又掌握国际经贸航运知识,并具有丰富审判经验和较高外语水平的复合型、专家型海事法官,切实提升海事司法服务“一带一路”建设的能力和水平。要加强党风廉政建设和反腐败工作,确保法官清正、法院廉洁、司法清明。

---

[1] 《中国海事审判白皮书(1984~2014)》(摘要),载《人民法院报》2014年9月4日。

“执行难”背景下拒不执行判决、裁定罪的刑事追诉问题

——公诉与自诉的双轨并制

孙仁玲*

引 言

《刑法》第312条规定，拒不执行判决、裁定罪是指对人民法院的判决、裁定有能力执行而拒不执行，情节严重的行为。认定拒不执行判决、裁定罪的重要标准就是对“有能力执行”以及“情节严重”的理解。拒不执行判决、裁定罪司法解释的不断出台，表明国家用拒不执行判决、裁定罪作为破解基本解决“执行难”问题的一把“利剑”之决心。2015年最高人民法院就进一步细化了拒不执行判决、裁定罪客观构成要件中其他情节严重的八种情形，并规定拒不执行判决、裁定罪可采取自诉进行救济的条件。然而，司法实践中对于拒不执行判决、裁定罪客观构成要件适用标准的不统一，使得拒不执行判决、裁定罪在实践中产生如适用率低、难以收集证据等问题，导致申请执行人信访数量攀升等问题多发，拒不执行判决、裁定罪难以有效利用使得被执行人“逍遥法外”。本文拟从“执行难”背景为切入口，以近几年数据探求拒不执行判决、裁定罪司法现状，从刑事追诉角度分析造成拒不执行判决、裁定罪适用率低的原因，从而针对性地从公诉和自诉两方面提出有效对策，真正发挥拒不执行判决、裁定罪对被执行人的司法威慑力，以期有益于破解“执行难”问题。

* 广西壮族自治区南宁市西乡塘区人民法院立案庭书记员。

一、探索:“执行难”背景下拒不执行判决、裁定罪的司法现状

(一)“执行难”背景

1. 现行强制执行措施

强制执行并不是只需要人民法院单打独斗就可以使胜诉当事人的合法权益得到维护、社会矛盾得到有效化解。强制执行是一个综合工程,不仅需要内部人民法院不断增强执行能力,更需要外部环境的强有力支持。同理,造成“执行难”的原因涉及被执行人的执行能力、法院的执行能力、外部执行环境的配合能力、公众法制意识、社会诚信体系等。

“执行是法律拥有生命力不可或缺的形式和途径。”[1]真正让当事人感受到司法公正,法官要正确适用法律,做到实体公正和程序公正双结合,更重要的是,作为保障胜诉人合法权益“最后一公里”的强制执行能够有效实施。但“执行难”似乎已经屡见不鲜。面对这一阻碍社会法治有效推进的绊脚石,法律上的努力从未止步。近年来,陆续出台一系列措施来打击不履行义务的被执行人,2013 年提出“失信被执行人”的概念后,就不断在挤压失信被执行人的“生存空间”,[2]如强制执行其储蓄款、财产性利益、车辆、土地、房产、迟延履行金、限制其出入境、罚款、拘留等措施,以及对特殊标的的执行方法。[3]

2. “执行难”现状

“不积跬步无以至千里。”基本解决“执行难”是一个过程,需要持续不间断的推进,不能一蹴而就。实践中,“执行难”困扰着人民法院,尤其是各基层人民法院,其所承担的任务几乎占全国 80% 的比例。执行干警持续奋战、在执行难工作中不断取得新的成效,但与人民群众的期待相比,仍是有所差距。在申请强制执行案件大量增多

[1] 宋宗宇、黎蜀宁:《民事执行行为性质论略》,载《政法论丛》2005 年第 1 期。

[2] 详见 2013 年 7 月通过的《最高人民法院关于公布失信被执行人名单信息的若干规定》。

[3] 详见《民事诉讼法》第 241 条至第 255 条;《最高人民法院关于人民法院办理执行异议和复议案件若干问题的规定》第 20 条的规定,可以有条件的执行唯一住房;2002 年《最高人民法院研究室关于执行程序中能否扣划离退休人员离休金退休金清偿其债务问题的答复》;2015 年 7 月 22 日起施行《最高人民法院关于限制被执行人高消费及有关消费的若干规定》第 3 条规定;2016 年 1 月 20 日,由国家发展改革委和最高人民法院牵头,人民银行、中央组织部、中央宣传部、中央编办、中央文明办、最高人民检察院等 44 家单位联合签署了《关于对失信被执行人实施联合惩戒的合作备忘录》,共提出 55 项惩戒措施,对失信被执行人设立金融类机构、从事民商事行为、享受优惠政策、担任重要职务等方面全面进行限制;等等。

的情况下，实践中关于执行的各项指标也是不尽如人意的。就广西壮族自治区各法院而言，与全国先进省、直辖市相比还是存在一定差距的，主要表现在一些关键指标偏低。广西各法院首次执行案件标的到位率 7.28%，执行完毕率 24.51%，实际执结率 32.7%，办案压力较大的同时，还存在长期未结案件。

民事案件数量的提升，相应致使执行案件也是持续攀升。2016～2018 年 4 月，广西 X 法院共收民事案件 18 637 件，申请强制执行案件总数为 6063 件，总占比 32.5%，趋近三分之一（具体年份及数量详见图 1）。在申请强制执行的案由中，民间借贷和劳动争议两者数量和所占执行案件比例高达 50% 以上，是执行中难啃的骨头（具体案由及比例详见图 2）。一般来说，法治越完善的国家，自动履行生效判决的比例应是逐渐提高的。令人遗憾的是，在我国则是相反，即使对于被执行人来讲，强制执行需要付出更高的代价。这给本就是案多人少的法院带来更大的挑战，也是造成“执行难”的一大重要因素，而这背后的原因更是复杂的。

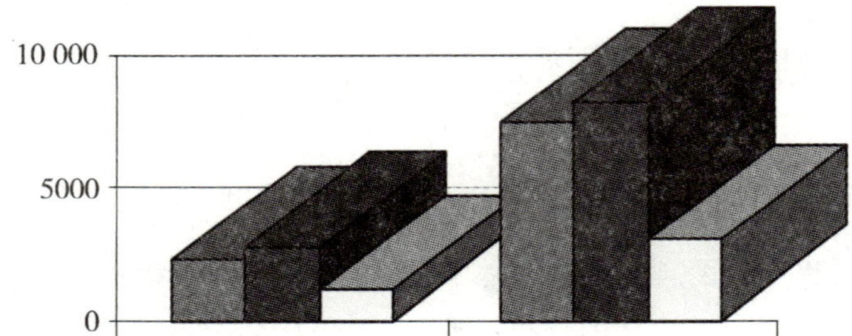

	执行案件	民事
■ 2016年	2238	7434
■ 2017年	2713	8189
□ 2018年(1~4月)	1112	3014

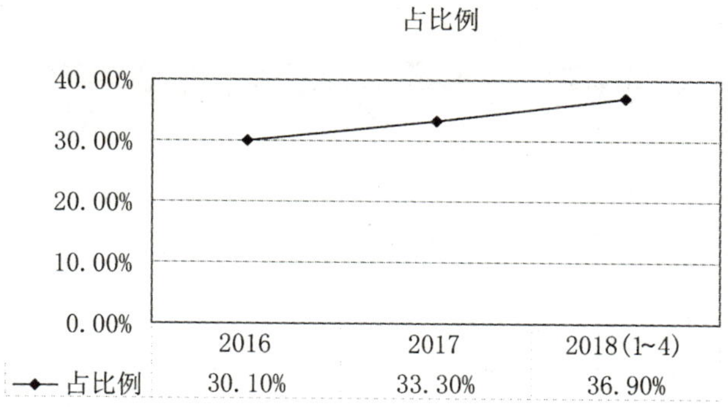

图 1　执行案件与民事案件之比较

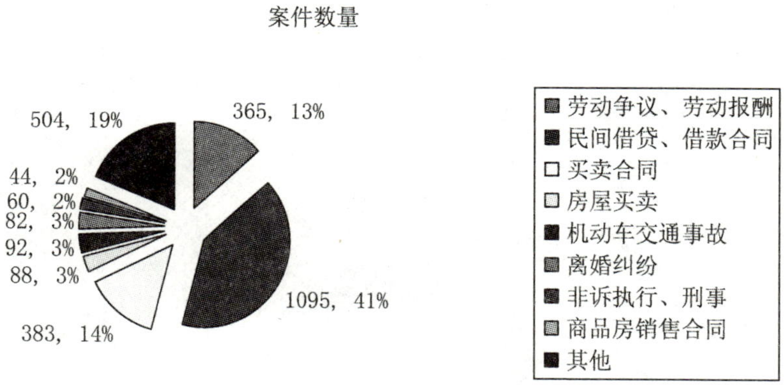

图 2　执行相关案由数量及比例

(二)拒不执行判决、裁定罪的适用现状

1997 年《刑法》就对拒不执行判决、裁定罪有了基本规定,表明在立法层面早已决定用刑罚手段打击拒不执行犯罪行为。就具体适用现状而言,笔者以全国各省、直辖市市区 2016 ~ 2018 年 4 月[1]适用拒不执行判决、裁定罪数量以及判决结果等数据进行搜索,情况如下:

---

〔1〕 检索方式:在无讼网的检索中,输入关键词“拒不执行判决、裁定罪”,年份选为 2016 ~ 2018 年、审理法院选为基层法院。

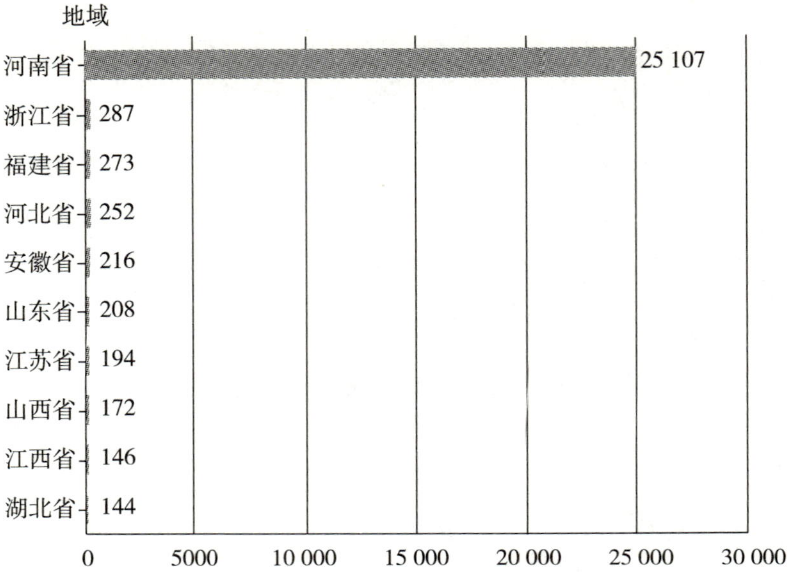

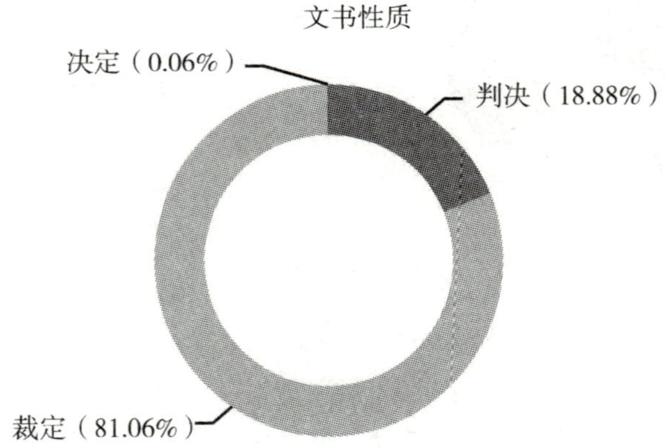

图 3 2016～2018 年 4 月适用拒绝执行判决、裁定罪数量及裁定结果

就无讼网中检索的数据而言，2016 年 3828 件，2017 年激增到 23 157 件。可以看出，拒不执行判决、裁定罪的案件数量上升了将近 7 倍，说明打击力度空前加强。但需要注意的是，河南省就有 25 107 件，所占全国各基层法院比例 89.4%。可见其他各省在适用拒不执行判决、裁定罪的数量和比例还是较低。就广西南宁市共 12 个基层法院而言，2016 年全市适用拒不执行判决、裁定罪为 14 个，2017 年为 24 个，平均 2016～2017 年，每个基层法院适用拒不执行判决、裁定罪的为 3 个。在“执行难”这一大背景下，作为最后一道救济手段的刑罚措施这么低的适用率，缺乏有效的刑罚威慑力，势必会让失信被执行人成为“漏网之鱼”，让其“逍遥法外”，最终导致信访人数增加、社会矛盾增加、人民群众对司法公正失去信心。以广西 X 法院 2016～2018 年适用拒不执行判决、裁定罪为样本来探求实践中拒不执行判决、裁定罪的特点。（见表 1）

表 1　广西 X 法院 2016～2018 年（1～4 月）适用拒不执行判决、裁定罪数据样本

年份	自诉（件数）				公诉（件数）			
	适用程序		结果		适用程序		结果	
	简易	普通	裁定	判决	简易	普通	裁定	判决
2016 年	0	0	0	0	1	0	0	1（徒刑 1 年，缓刑 1 年）
2017 年	1	0	1	0	0	1	0	1（徒刑 10 个月）
2018 年（1～4 月）	3	0	3	0	0	0	0	0

具体分析 2016～2018 年 4 月 X 法院拒不执行判决、裁定罪案件，具体呈现如下特点：

1. 追诉程序自诉比重大，多采用简易程序：近 2 年来，自诉案件为 4 件，公诉案件为 2 件，采取自诉救济手段是公诉的 2 倍。审理模式上，自诉案件采用简易程序，公诉案件简易和普通程序的比例则是 1∶1；其中只有一起自诉案件上诉，上诉率比例低；但应当注意的是，申请执行人采取自诉救济的结果都是裁定不予受理，从裁决结果可见，实践中对于采用自诉手段进行救济成功率低，一定程度上反映当地对拒不执行判决、裁定罪采取自诉的态度不是完全支持。

2. 犯罪主体单一即被申请执行人，且为自然人：虽最高人民法院出台司法解释规定，单位、协助义务人都是拒不执行判决、裁定罪的犯罪主体，但实践中打击主要还是集中在被申请执行人这一主体上，并且自然人所占的比例较大。就南宁市各法院总体适用而言，拒不执行判决、裁定罪自然人占到 75%。一定程度上表明在适用拒不执行判决、裁定罪上，还处在“被执行人是唯一的义务人”的传统价值判断中，没有完全掌握和理解拒不执行判决、裁定罪的立法精神。[1]

3. 申请执行案由多为民间借贷:在6起案件中,其中4起的案由是民间借贷,占比2/3,实践中民间借贷纠纷也是民事申请强制执行案件中所占比例最大的一种案由,虽多是朋友之间的借款关系,缺席判决、无力偿还、找不到人等关键词都使得"熟人社会"也令人不知所措。其他2起案件为买卖合同纠纷,多是不支付所欠货款。

4. 不予受理原因大多相同:4起不予受理的拒不执行判决、裁定罪案件理由多为两种:一种是"自诉人并未提供充分的证据证明存在犯罪事实,主要依据分析和推断";[2]另一种是"自诉人不能提供被告人目前的住址和去向"。[3]

5. 拒不执行方式多为转移财产:2起公诉案件中,被申请执行人的行为方式多为"未经法院与申请人同意转移人民法院查封的财产,致使本可以执行的案件处于履行不能的状态"[4]"将已被法院查封的两台塔式起重机私自转移,至今找不到起重机,造成南宁市西乡塘区人民法院作出判决的案件至今无法执行"。[5] 值得提醒的是,2起案件当事人都申请了诉讼保全。

6. 判决法律效果显著:在2起公诉审理过程中,被告人谢某有酌定处罚情节遂从轻处罚;被告人周某向申请执行人支付货款20余万元及利息,并取得申请执行人的谅解,被判缓刑1年。[6] 这表明刑法在被执行人还是有较强的警示力,效果显著。

二、探讨:分析拒不执行判决、裁定罪追诉率低的原因

(一)追诉程序不通畅

1. 主观认识误区

一些干警在主观上不愿意适用拒不执行判决、裁定罪,其认为申请强制执行的案件多是发生在平等的民事主体之间,应由申请人自行承担不利后果。一方面,各级法

[1] 参见谢建芳:《拒不执行判决、裁定罪的法律适用》,载刘贵祥、宋朝武主编:《强制执行的理论与制度创新——"中国执行论坛"优秀论文集》,中国政法大学出版社2017年版,第463页。

[2] 详见广西壮族自治区南宁市西乡塘区人民法院(2017)桂0107刑初481号;(2018)桂0107刑初122号。

[3] 详见广西壮族自治区南宁市西乡塘区人民法院(2018)桂0107刑初303号;(2018)桂0107刑初121号。

[4] 详见广西壮族自治区南宁市西乡塘区人民法院(2017)桂0107刑初63号。

[5] 详见广西壮族自治区南宁市西乡塘区人民法院(2016)桂0107刑初1119号。

[6] 详见广西壮族自治区南宁市西乡塘区人民法院(2016)桂0107刑初1119号。

院在采取“四查两查”措施后，[1]发现被执行人无可执行的财产后，认为属于“客观履行不能”，不会轻易地动用刑事资源，即一些工作人员还没有真正建立用刑法去保护民事执行的观念。[2] 另一方面，2017 年广西 X 法院共公布失信被执行人员 3000 余人，对 30 余名严重失信被执行人采取司法拘留强制措施，罚款 10 多人次。执行干警表示，在采取司法拘留、罚款措施后，将近 50% 的比例被执行人都能够履行生效判决书规定的义务；而移送拒不执行判决、裁定罪给公安机关需要烦琐的手续和需要证明被执行人有财产却逃避执行等有力的犯罪证据，两相比较，实际中多采取“以拘代刑”“以罚代刑”手段也就见怪不怪。

2. 追诉程序烦琐

就笔者所在基层法院而言，打击拒不执行判决、裁定罪确实存在困难。2017 年，收执行案件 2713 件，执行庭法官及在编助理 13 人，人均收案 209 件，在案件数量大幅度增加的情况下，正常的执行工作就已经使工作人员实行“5 + 2”“白 + 黑”的工作模式，更何况若是要将材料移交到公安机关进行刑事立案需要烦琐的报送程序。此外，移交材料时，执行工作人员需要有充足的证据证明被执行人有财产却采用各种方式阻碍执行，使判决、裁定无法得到执行。同时，还要可以找到被执行人。但执行庭中又没有专门的人员负责移交、整理拒不执行判决、裁定罪的相关材料，这对于本就是压力重重的干警而言更是有心无力。此外，材料移交到公安机关不一定能得到书面答复。各个机关对于拒不执行判决、裁定罪客观要件的理解不统一或是考虑到本机关的评价指标、找不到人造成的破案率低等考量，[3]也会出现石沉大海、不予立案的情况，而法院也没有其他程序进行救济。追诉程序的不通畅使拒不执行判决、裁定罪的适用率低，最终致使申请人的权益得不到伸张，影响裁判文书的公信力。

（二）客观要件理解不统一

1.“有能力执行”的认定

在强制执行内容中，涉及财产类的案件构成拒不执行判决、裁定罪需要证明被申请执行人有能力执行，但对于怎么认定有能力执行，则是存在争议。其中有能力执行

---

〔1〕 即查被执行人银行存款、房地产、车辆、工商登记，控制被执行人出境，限制被执行人高消费等方式对有履行能力而拒不履行的被执行人坚决依法强制执行。

〔2〕 谢建芳：《拒不执行判决、裁定罪的法律适用》，载刘贵祥、宋朝武主编：《强制执行的理论与制度创新——“中国执行论坛”优秀论文集》，中国政法大学出版社 2017 年版，第 462 页。

〔3〕 关俊：《拒不执行判决、裁定罪中执行能力和情节严重的判断标准》，载《人民司法》2013 年第 20 期。

的时间节点认定问题对于判定是否构成拒不执行判决、裁定罪非常重要。[1] 理论上和实践中主要存在如下四种学说:(见表2)

表2 关于"有能力执行"的时间节点认定的四种学说

诉前说	主要观点是认为有能力执行应从诉讼之前开始
诉讼开始说	主要观点是认为有能力执行应从诉讼开始时计算
生效判决说	主要观点是认为有能力执行应从判决生效开始时计算
执行通知说	主要观点是认为有能力执行应从发出执行通知时计算

对于诉前说和诉讼开始说,基本学界和实践界都持反对态度,因为两种学说,法院都没有最终认定权利义务,而拒不执行判决、裁定罪依据的是民事生效判决,为此这两种学说不予采纳;另外,执行通知说跨度较长,正常情况申请人申请执行的时间为收到生效判决后两年内,若是将有能力执行认定到发出执行通知时,可能被执人早已经转移财产,反而会引发更多问题。实践中,大量的判决是比较支持生效判决说,判决书一经作出和送达给当事人后就具有法律强制力,有关单位和个人必须执行。若此时,被执行人有转移财产、致使判决无法执行的行为就侵犯了当事人的合法权益及侵犯了国家司法的权威性。[2]

2. 对于情节严重适用标准不统一

实践中,拒不执行判决、裁定罪的立案难问题,不仅存在于自诉案件中,公诉案件亦是如此。2017年X法院将7件案件7人移送公安机关拟追究拒不执行法院生效判决、裁定罪,但实际只有1个案件立案并最终定罪量刑。法院和公安机关就拒不执行判决、裁定罪客观构成要件中如何理解"情节严重"存在不同的适用标准。2015年7月6日最高人民法院就拒不执行判决、裁定罪"其他有能力执行而拒不执行,情节严重的情形"进行了列举式规定,[3]然而,实践中被执行人转移财产之多样仍是层出不穷,立法解释不能穷尽所有,存在一定的滞后性,且可操作性不强,公安机关不愿立案。实践中,在找到被执行人上,法院的力量不如公安机关,甚者,很多拒执行为带

---

〔1〕 陶小超、吕鑫:《执行威慑机制背景下拒不执行判决、裁定罪的认定标准研究》,载刘贵祥、宋朝武主编:《强制执行的理论与制度创新——"中国执行论坛"优秀论文集》,中国政法大学出版社2017年版,第453页。

〔2〕 陈灏号:《检视与探索:论拒不执行判决、裁定罪追诉路径的选择》,第八届中部崛起法治论坛论文集,2015年,第9页。

〔3〕 参见《关于审理拒不执行判决、裁定刑事案件适用法律若干问题的解释》。

有隐蔽性，难以认定等，而这些认识上的分歧造成实践中法院和公安机关配合度低，一定程度上阻碍了这把“刑事利剑”在破解“执行难”上应该发挥的作用。

（三）外部环境存在阻碍

打击被执行人的失信行为从来都不是法院单打独斗就可以，有效执行是需要其他部门的主动配合的。然而，并非所有的协助执行人都愿意主动配合。有些协助机关在考虑自身利益的情况下，对于法院发出的协助执行通知书视而不见，从而贻误战机，致使判决无法得以执行。如有的银行为了自己银行业绩，担忧若是配合法院执行会损失一定的利益，失去一些大客户，为此会采取不作为的方式或是隐瞒被执行人在银行的账户信息以阻挠法院的执行，使法院执行陷入窘境。

三、探寻：拒不执行判决、裁定罪刑事追诉的双轨路径

（一）全面发力：成体系促公诉

1. 诉讼保全前置化

从上文中提到的广西 X 法院近两年审理的拒不执行判决、裁定罪公诉案件来看，最终认定被申请人构成拒不执行判决、裁定罪的重要证据是被执行人将法院已经查封、扣押的财产私自转移，最终致使判决、裁定难以执行。可见，财产保全在拒不执行判决、裁定罪中发挥的巨大作用。而实际上的适用情况并不尽如人意（见图 4）。

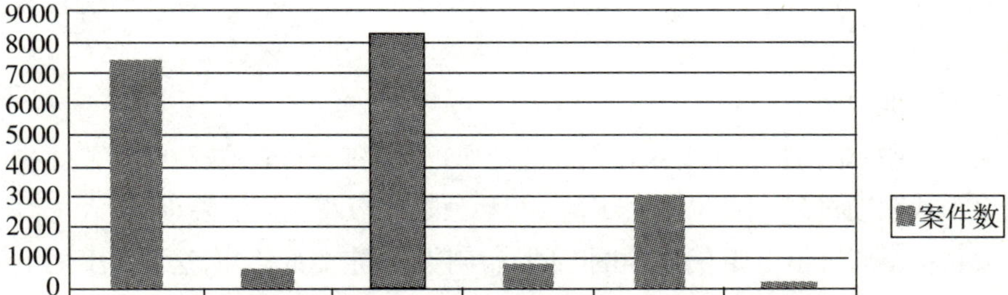

民事案件	保全案件	民事案件	保全案件	民事案件	保全案件
2016年		2017年		2018年（1~4月）	
7434件	696件	8189件	858件	3014件	165件

图 4　财产保全在拒不执行判决、裁定罪中发挥的作用

从数据上看，近两年来诉讼保全的比例较低，2016 年仅有 9.36%，2017 年为 10.47%，2018 年 1 ~ 4 月暂为 5.5%，低于广西法院的平均水平 15.17%，更是低于全国的平均水平 19.73%，而其中如浙江省、广东省的诉讼保全比例就超过了 30%。这

表明,立案当事人对于诉讼保全意识低,法院在诉讼保全方面还是有所欠缺。

一言以蔽之,事后补救措施不如事前预防。引导当事人申请保全应前置化并纳入考核指标中。在立案大厅设置宣传栏,放置关于保全的相关手册,引导当事人尽早提出财产保全申请,并通过降低保全担保门槛、引入保险担保和网络查控系统等制度安排,在最前端固定当事人的财产,最大化保证判决生效后有财产可供执行。[1] 实际立案过程中,专门的保全中心应负责宣传、引导,告知当事人为了防止对方当事人转移财产,保障在执行阶段有财产可供执行,释明当事人执行风险和保全申请材料,并且可以通过执行前置查询系统查询被保全人的财产为之后的查封、扣押等措施的采取提供方便,为此可将提高财产保全比例的目标稳定且持续地推行下去,有效发挥财产保全在后续可能出现的拒不执行判决、裁定罪的巨大作用。

2. 强化证据意识

执行工作过程中,执行干警应当树立正确的执法理念,2018年是破解“执行难”的攻坚之年,更应强化证据意识,强力打击拒不执行判决、裁定罪。在掌握最新法律规定的同时,应放眼全局,注重证据的收集和固定工作,对拒不执行判决、裁定罪的证明标准要做到心中有数。在发现被执行人有转移财产的行为时,就应及时固定证据;可借鉴杭州市国立公证处和杭州法院的做法,将公证处工作人员入驻人民法院,合力推动公证参与司法辅助事务的试点工作。充分发挥公证机构在固定诉讼证据、确定执行效力、参与查控、执行约谈、执行研判、刑事财产案件等实现当事人合法权益方面的作用。

3. 明标准促联动

破解“执行难”、打击拒不执行判决裁定罪,法院和公安机关、检察机关等协助执行机关形成联动机制,才可以握指成拳,行稳致远。最高人民法院、最高人民检察院及公安机关就联合出台要专项打击拒不执行判决、裁定罪的通知,这种自上而下的方式应当更细化地贯彻到基层法院中来。法院可以主动请求公安机关和检察院的协助,并建立无缝对接制度。一方面,公安机关应有专门与法院执行庭关于移交拒不执行判决、裁定罪的相关工作人员,明确拒不执行判决、裁定罪的立案标准;在确定被执行人下落时,要充分利用公安机关相应的查询系统,协助法院发现被执行人的去向,为进一步证明被执行人构成拒不执行判决、裁定罪提供有力支撑。同时公安机关要在相应的时间内对于法院移交的材料进行立案,证据不齐、不予立案的要作书面答

---

〔1〕 详见《最高人民法院关于人民法院办理财产保全案件若干问题的规定》。

复。另一方面,公、检、法三机关应该就拒不执行判决裁定罪的客观要件的行为方式、行为程度、情节严重、怎样理解执行能力、需要达到的实际危害后果、社会危害等方面[1]出台统一实施细则,统一认定标准。如应归纳出转移财产的常见情形:主动放弃财产权利、虚增义务降低履债能力、合法手段掩盖非法目的、隐瞒对外到期债权。将贵重品交他人藏匿、财产混同、抽逃出资等,同时需要实时更新新的行为方式。[2]通过通力合作,形成高压态势,在注重实体公正和程序公正的基础上有力打击拒不执行判决、裁定罪的行为人,为破解“执行难”提供助力。

4. 借媒体形氛围

实践中,强制执行打击“失信被执行人”已经形成高压态势,各基层法院不仅充分利用传统手段在当地社区等宣传法律知识以及将“失信被执行人”基本信息进行张贴,还充分依托互联网传播范围广的优势,利用舆论形成震撼氛围,号召全国人民一起关注强制执行问题。通过传统媒体和网络媒体,对影响较大的拒不执行判决裁定罪进行实时跟踪报道,阐明法律后果。“今日头条”“网络直播”一方面可以向公众传达法院对于基本解决“执行难”的决心和努力,取得公众的支持;另一方面还可以让“老赖”尽快履行法律义务,此外向公众进行普法宣传工作,提高公民守法意识,可谓一石多鸟。

(二)吹响号角:形合力促自诉

1. 规范自诉提请流程,纳入律师调查

拒不执行判决、裁定罪经历了追诉程序公诉唯一化到公诉与自诉双轨并行这一过程。拒不执行判决、裁定罪有着区别于刑法其他罪名的特点,作为申请执行人更需要的是希望被执行人可以履行判决确定的法律义务。为此,相较于刑事公诉程序的耗时长、效率不高等弊端,自诉无疑会是一个比较好的选择。

拒不执行判决、裁定罪的自诉程序属于《刑事诉讼法》第170条第3项的规定,即自诉人除提交可以证明被执行人有通过转移财产等行为致使判决、裁定难以执行的证据之外,还应该提交公安机关不予立案的书面答复。最高人民法院于2018年6月5日发布《关于拒不执行判决、裁定罪自诉案件受理工作有关问题的通知》规定若申请人向公安机关提出控告,但超过60日不予以书面答复的,申请人有证据证明被申请人侵犯了自己的人身、财产权利,应当追究刑事责任的,人民法院可以以自诉案件

[1] 参见赵秉志主编:《妨害司法活动研究》,中国人民公安大学出版社1994年版,第377页。

[2] 参见唐国峰:《执行中转移财产行为的现状及对策》,载《人民司法》2018年第7期。

立案受理。毫无疑问的是,这为申请人提供了一条比以往简化的路径。相信自诉案件的立案数量会有较大的增加。

目前,已经有地区出台相应细化规定。如青岛中级人民法院就针对拒不执行判决、裁定罪适用自诉程序出台了相关意见并予以细致、明确化,为胜诉当事人提供了一条行之有效的维权之路。自诉程序具体条件的规定,为民事执行与刑事追诉程序实现承接进行了规范化。[1] 重庆市高级人民法院以刑事自诉追究刑事责任为突破口,出台《关于加强和改进拒不执行判决、裁定刑事自诉案件办理工作的意见》。[2] 为此,可以给我们提供很好的借鉴,通过鼓励自诉的方式,对公诉起到良好补充作用。此外,自诉人要达到立案标准还是需要一定的证据,实践中一些机关不允许类似自诉人调查的,为此法院可以依当事人申请开调查令,并积极纳入律师参与,通过律师调查取证形成合力让自诉案件有真正落地的条件。

2. 和解

从上文中笔者通过无讼网提供的数据来看,河南省相较于其他省、直辖市,拒不执行判决、裁定罪适用比例非常高。早在2016年,河南省法院就鼓励申请执行人提起自诉,让刑事自诉成为破解执行难的一剂"猛药"。[3] 在审理过程中,如果拒不执行判决、裁定罪中被执行人与申请人达成和解,并履行生效判决书规定的义务,自诉人可以向法院申请撤回自己的诉讼请求。在河南采取鼓励自诉打击拒不执行判决、裁定罪的形势下,以和解撤诉结案的,占自诉结案数的57%,这些案件的被告人都相应地履行法律义务。一言以蔽之,在鼓励自诉的同时,也期望可以通过和解达成结案,最终消解社会矛盾,维护司法权威和当事人合法权益。

---

[1] 该意见主要规定:有证明负有执行义务的人拒不执行判决。裁定,侵犯了申请执行人的人身、财产权利,应当依法追究刑事责任,申请执行人曾提出控告,而公安机关或者人民检察院对负有执行义务的人不予追究刑事责任。人民法院以涉嫌拒不执行判决、裁定犯罪向公安机关移送的案件,公安机关作出不予立案决定并退回法院或十五日内不予答复,公安机关侦查结束移送检察机关,作出不起诉决定,人民法院可以告知申请执行人有权提起自诉。管辖法院认为需要对被告人采取取保候审、监视居住或逮捕等强制措施,应及时采取。

[2] 该意见主要规定了证据条件、自诉要求等7方面内容,明确了"有能力执行而拒不执行,情节严重"的认定标准、提起拒不执行判决、裁定刑事自诉案件的条件、刑事自诉案件材料证据要求,强调了人民法院对提起拒不执行判决、裁定刑事自诉案件的释明义务,明确了刑事自诉案件的释明义务、刑事自诉案件的处理原则,法院立案、审判、执行部门协调配合机制等方面内容。

[3] 赵红旗:《拒不执行判决、裁定罪"自诉+公诉"力破执行难》,载《法制日报》2016年9月27日。

结　语

“法律若不被民众信仰与尊重，就会形同虚设。”[1]出现“执行难”问题很大一部分原因是当前社会诚信体系还不完善，社会公众还未建立起对法律的尊重和敬畏感。大量的缺席判决、拒不申报财产报告及转移财产拒不履行法律义务无疑都在展示公众对法律的态度。不能否认的是，体系正在建立，想要基本解决“执行难”不能一蹴而就，在这个过程中，对于被执行人故意造成社会危害结果严重的要敢于向“失信被执行人”亮出“刑法之剑”。通过刑事追诉程序的完善，“公诉和自诉”两种追诉方式并行可以充分发挥刑法对当事人产生的威慑力以及维护申请人的合法权益，真正为破解执行难提供助力。

〔1〕［美］哈罗德·J. 伯尔曼：《法律与宗教》，梁治平译，中国政法大学出版社2003年版，第1页。

“仲裁前置、一裁两审”劳动争议纠纷处理机制的梳理与重构

陈少杰[*]

“仲裁前置、一裁两审”的劳动争议纠纷处理机制弊端突出，劳动仲裁与劳动诉讼未能有效衔接，劳动仲裁机构没有发挥应有作用，劳动纠纷大量涌入法院，法院工作不堪负重。本文指出，“仲裁前置、一裁两审”劳动争议纠纷解决机制制度设计的理想期待和现实的偏差及其产生的原因。进而提出，加强劳动仲裁机构建设，扩充“一裁终局”适用范围，建立劳动仲裁机构主导、工会参与、律师援助的劳动仲裁调解机制；建立统一管辖制度、证据认证制度、控辩制度、裁决评判和监督制度，以及卷宗移送制度等，疏通劳动仲裁与劳动诉讼之间的衔接。重构程序规范、衔接顺畅的“仲裁前置、一裁两审”劳动争议纠纷处理机制，力求劳动争议纠纷解决达到公平与效率的统一。

一、“仲裁前置、一裁两审”劳动争议纠纷解决机制制度设计的理想期待与现实的偏差

“仲裁前置、一裁两审”，是我国劳动劳动争议纠纷的解决机制。即劳动争议纠纷发生后，当事人未能自行协商解决或通过调解组织调解解决的，可以向劳动人事仲裁委申请仲裁，对仲裁裁决不服的，可向人民法院起诉。劳动仲裁是劳动诉讼的必经程序，当事人不能跳过仲裁直接向法院起诉，只有对仲裁裁决不服的方可向法院起诉。进入诉讼程序后，

---

* 广西壮族自治区河池市中级人民法院法官助理。

除用人单位申请撤销仲裁裁决外,适用两审终审制。劳动人事仲裁委和法院都被赋予解决劳动争议纠纷的法定职责,劳动人事仲裁委具有“准司法”机构的职能。

“仲裁前置、一裁两审”劳动争议纠纷处理机制,在处理劳动争议纠纷中的效果如何,通过以下案例我们可以窥见一斑。

2010 年 3 月,韦某到 A 公司从事光缆铺拉工作,双方未签订书面劳动劳动合同,A 公司未为韦某缴纳社会保险费用。同月 30 日,韦某在作业中受伤致残。而后,韦某向某区劳动人事仲裁委员会(以下简称劳动人事仲裁委)申请仲裁,请求确认其与 A 公司存在劳动关系,并请求 A 公司赔偿工伤保险待遇损失 90 万余元。该仲裁委以韦某未提供劳动合同等书面证据为由不予受理,也不出具不予受理通知书。韦某遂以提供劳务者受害责任纠纷为案由向某区法院起诉,请求 A 公司赔偿其损失。某区法院受理后作出(2010) × 民初字第 × 号民事判决,判决 A 公司赔偿韦某 315 303. 84 元。A 公司不服该判决向 B 市中级法院上诉,B 市中级法院审理后认为,本案属于劳动争议纠纷,应按劳动争议纠纷处理,故撤销(2010) × 民初字第 × 号民事判决,发回重审。某区法院重审后作出〔2012〕× 民初字第 × × 号民事裁定,驳回韦某的起诉,告知韦某向劳动人事仲裁委申请仲裁。韦某遂再次向某区劳动人事仲裁委申请仲裁,请求确认其与 A 公司存在劳动关系,并判决 A 公司赔偿工伤保险待遇损失 90 万余元。某区劳动人事仲裁委作出 × 劳人仲不字〔2012〕07 号《不予受理案件通知书》。韦某收到该通知书后,再向以提供劳务者受害责任纠纷为案由向某去法院起诉,请求 A 公司赔偿损失。某区法院审理后作出(2013) × 民初字第 × × × 号民事裁定,驳回韦某的起诉。韦某不服该裁定向 B 市中级法院上诉,B 市中级法院审理后作出(2014) × 市民立终字第 × × 号民事裁定书,裁定驳回上诉,维持原裁定。2016 年 1 月 4 日韦某再次向某区法院起诉,请求确认其与 A 公司存在劳动关系,并判决 A 公司赔偿工伤保险待遇损失 910 854 元。某区法院审理后判决:(1)韦某与 A 公司存在劳动关系;(2)驳回韦某的其他诉讼请求。A 公司不服该判决,向 B 市中级法院上诉,B 市中级法院审理后驳回上诉,维持原判。目前 A 公司不服该判决向某省高级法院申请再审。

“仲裁前置、一裁两审”劳动争议纠纷处理机制设计的理想是,“既能发挥劳动部门熟悉劳动法规的优势,又能有效地得到法院的司法监督和保障;两个层次的机构可以互相帮助,前面的机构为后面的机构承担工作量,后面的机构为前面的机构做后盾,形成一种相对独立、相互联系又相互衔接的立体劳动争议处理体系,可以更好地发挥处理机制的整体效益”[1]。但是,从上述案例可以看出,“仲裁前置、一裁两审”劳动争议纠纷处理机制在实践中,与其设计的理想产生了较大的偏差。仲裁和诉讼几乎是两个完全彼此独立的阶段,仲裁只是进入诉讼的必经程序,诉讼是对仲裁裁决过的事实重新审理,既不以仲裁为基础,也不构成对仲裁的监督,且仲裁与诉讼之间障碍重重,严重影响诉讼的效率。其往往拉长了纠纷的处理程序,消耗当事人的维权成本,浪费社会公共资源,未能达到公平与效率统一的期待效果。

二、“仲裁前置、一裁两审”劳动争议纠纷解决机制制度设计的理想期待与现实偏差产生的原因

(一)劳动人事仲裁委没有发挥应有的作用

劳动人事仲裁委具有了解劳资关系、专业性强和“三方原则”(政府、资方、劳方代表)的优势,被寄予将劳动争议纠纷化解在基层、化解在源头、化解在诉前,促进劳动关系和谐及社会稳定的厚望,亦在处理劳动争议纠纷中发挥了巨大的作用。但是,当前其与设立的初衷和制度设计的期待仍有一定的差距,不但未能实现将劳动争议纠纷化解在基层、化解在源头、化解在诉前的期待,反而拉长纠纷处理的时间,增加当事人的维权成本,浪费社会资源。这主要由以下原因造成。

一是劳动人事仲裁委工作不规范。上文案例中,某区劳动人事仲裁委第一次以韦某未提供书面劳动合同等书面凭证为由,既不受理也不给韦某不予受理通知书;第二次以证据不足为由不予受理,工作失范,致使韦某走上漫长曲折的维权之路。另外,笔者在收集的200 件劳动争议案件案中,有 41 件在劳动仲裁阶段劳动人事仲裁委以劳动者未提供劳动合同等不予受理,占五分之一的比例。有 96 件裁决错误被法院更正,占近 50% 的比例。这反映出现实中,部分劳动人事仲裁委常以劳动者未提供劳动合同等为由不予受理,直接把纠纷推向法院;部分劳动人事仲裁委在处理劳动争议纠纷时敷衍了事,劳动仲裁成为过场式,把纠纷推向法院。

二是劳动人事仲裁委建设落后。无论是硬件设备还是人力等软件设备,劳动人事仲裁委的建设都跟不上社会发展的需要。劳动人事仲裁委办公场所基本设在劳动人事行政部门办公楼内部,没有独立的办公场所,没有像样的仲裁审判庭。仲裁庭虽然按“三方原则”——劳动行政部门代表、企业代表、工会代表组成,但是由于待遇保障跟不上,企业代表和工会代表不愿意参加仲裁活动,仲裁庭基本上是劳动行政部门

[1] 范占江:《劳动争议处理概论》,中国劳动出版社 1994 年版,第 63 ~ 64 页。

的“独角戏”,且仲裁员法律水平普遍较低,不能满足处理劳动争议纠纷的需要。

三是仲裁可诉制度的影响。当事人对仲裁裁决不服可向法院起诉,一方面,使当事人只把仲裁当作启动诉讼的过场,不认真对待仲裁。另一方面,只要仲裁裁决对其不利便起诉,仲裁未能起到终结纠纷的作用。

(二)“仲裁前置、一裁两审”制度仲裁程序与诉讼程序衔接存在障碍

1. 程序性问题

(1)管辖的衔接不畅。管辖是劳动争议案件非诉与诉衔接的第一步。[1] 首先,劳动仲裁的“地域管辖”与劳动争议诉讼的地域管辖存在差异导致案件管辖衔接不畅。《劳动争议调解仲裁法》规定,劳动争议案件由劳动合同履行地或用人单位所在地仲裁机构管辖,《劳动人事争议仲裁办案规则》进一步规定“用人单位所在地”为用人单位注册、登记地。这与《民法通则》和《民事诉讼法》规定的用人单位所在地为用人单位主要营业地或者主要办事机构所在地明显不同,因而会导致案件管辖上的衔接不畅和案件移送的困难。

其次,劳动仲裁的“级别管辖”与劳争议诉讼的级别管辖存在差异导致案件管辖上的衔接不畅。[2] 我国劳动人事仲裁委通常设置市、县(区)两级,市级仲裁委一般受理用人单位一方为国企、市直单位以上党政部门、外资企业等,县(区)级劳动人事仲裁委一般管辖市级仲裁委管辖之外的劳动纠纷案件。劳动争议纠纷除撤销仲裁裁决由中级法院管辖之外,其余案件由基层法院管辖。如此管辖差别,造成当事人不服市级劳动人事仲裁委的裁决启动诉讼时面临选择管辖法院的困难,造成仲裁转化诉讼的障碍。

最后,管辖权异议衔接不畅。当事人对劳动人事仲裁委的管辖权可以提出异议,但对其异议决定不服不能提起诉讼,只能针对仲裁裁决起诉或者申请撤销。而进入诉讼程序后其可再次提起管辖异议,且对管辖异议裁定不服的可上诉,致使本来在仲裁环节即可以解决的管辖问题到诉讼中巡回折返,降低纠纷解决的效力,浪费司法资源。

(2)时效问题。其一,对于未签订书面劳动合同的双倍工资、未休年休假工资报酬、工伤保险待遇和养老保险等争议的仲裁时效及起算时间没有明确的法律规定。各地劳动行政部门和法院为了统一本辖区裁判尺度,作出本辖区内统一规范意见,从

---

〔1〕 [英]史蒂芬·哈迪:《英国劳动法与劳资关系》,陈融译,商务印书馆2012年版,第58页。

〔2〕 崔子晗:《劳动争议仲裁管辖探析》,载《中国劳动》2006年第11期。

而出现了全国各地裁判“各自为政”的现象，损害劳动仲裁的权威和司法权威。

其二，劳动争议调解仲裁法对“一裁终局”裁决不服，分别赋予劳动者和用人单位不同的救济途径与期限，劳动者不服的在15日内向基层法院起诉，而用人单位不服的30日内向中级法院申请撤销。当双方同时对裁决不服启动诉讼程序时，一方面，造成同一纠纷两级法院同时受理的司法资源的浪费，以及由此产生的何案先结何案中止审理的繁杂程序问题。另一方面，可能造成起诉之案已经审结而撤销之案尚未受理或仍在审理的尴尬。

（3）当事人在仲裁中提出的请求与诉讼中提出的请求不一致问题。增加诉讼请求的问题。《最高人民法院关于审理劳动争议案件适用法律若干问题的解释（一）》（以下简称《解释（一）》）规定，如增加的诉讼请求与讼争的劳动争议具有不可分性的应当合并审理，如属独立的劳动争议则告知当事人申请仲裁。首先，何为不可分性，没有明确规定，法官难以把握，不利审判的顺利进行。其次，让当事人另行申请仲裁，造成同一劳动争议不同请项而无穷裁诉的诉累，消耗当事人的维权成本和浪费司法资源。

减少诉讼请求和不诉问题。在实践中，经常出现两种情况：一种情况是申请仲裁当事人一方因部分仲裁请求未得到支持而起诉，在起诉时只请求法院判决仲裁裁决未支持的部分，对已经支持的部分不再请求。另一种情况是申请仲裁一方未起诉而被申请一方起诉。首先，根据《关于人民法院审理劳动争议案件几个问题的函》的答复的规定，在判决书、裁定书、调解书中不应含有撤销或者维持仲裁裁决的内容，即法院不对仲裁裁决进行监督和评判，而是独立作出判决。其次，根据不告不理原则，对当事人未提出请求和起诉的事项，人民法院不予审理 。最后，根据《解释（一）》第17条的规定，当事人对仲裁裁决不服起诉的，仲裁裁决不发生法律效力。如此一来，对仲裁申请人未起诉或起诉时因得到仲裁支持而未请求的事项，人民法院不予审理和判决，仲裁裁决又不发生法律效力，那其仲裁胜诉权因起诉而失去，违反一般法理。为解决该问题，虽然各省（市）法院作出适用于本辖区内的处理意见，问题得到基本解决，但也造成了各省（市）法院之间的裁判互不一致，损害了司法的权威。

2. 实体性问题的衔接不畅

（1）证据认证、控辩衔接不畅。劳动仲裁与诉讼是处理劳动纠纷两个相互独立的程序。《解释（一）》规定，当事人不服劳动仲裁向法院起诉的，劳动仲裁裁决不发生法律效力。这间接否认了当事人仲裁阶段举出的证据和陈述的法律效力，劳动仲裁裁决所认定的事实在仲裁阶段没有法律意义，诉讼阶段必须重新举证、质证和认定事实。从理论上说,劳动仲裁与诉讼所针对的都是已经发生的案件事实,而且是相同的事实,但是过去无法重现,只能通过证据推断,这给事实的认定带来不确定性。[1] 如果在诉讼阶段证据丢失或者当事人反悔否认仲裁阶段的陈述,造成诉讼阶段案件事实无法查明,或者与仲裁阶段查明的事实不一致,不利于纠纷的处理,同时损害劳动人事仲裁委和法院的权威与公信力。

另外,当事人在劳动仲裁阶段拒绝提交证据而在诉讼中才提交,能否使用及如使用则能否对其适用司法处罚措施亦没有法律规定。一些当事人在仲裁阶段拒不提交证据,在诉讼阶段"突然袭击",这一方面是对劳动人事仲裁委的藐视,弱化和降低劳动人事仲裁委的权威,不利于把劳动争议纠纷消化在劳动人事仲裁委,进而阻碍多元化纠纷解决机制制度的构建和推行。另一方面加大了劳动诉讼环节法院的工作量和工作难度,影响纠纷解决的效率,人为制造仲裁与诉讼衔接的障碍。

(2)法律规定和法律适用不一致。当前,法律规定不一致导致因适用法律的不同而出现仲裁委之间、法院之间以及仲裁委与法院之间"同案不同判"的现象。例如,在仲裁时效的认定上,各法院和劳动人事仲裁委因分别适用《劳动法》第 82 条和《劳动争议调解仲裁法》第 27 条规定,而出现是否超过仲裁时效而导致两种不同裁判结果。

除了不同法律的规定不一致外,劳动人事仲裁委和法院适用法律亦存在不同的现象,从而出现仲裁裁决和法院判决因适用法律问题而不同甚至相反的现象。部分劳动人事仲裁委在裁决劳动争议纠纷时,不适用最高人民法院的司法解释和人民法院的内部规定,只适用劳动争议仲裁法律法规和劳动和社会保障部门的规章。以广西一劳动争议纠纷为例:

2004 年 5 月胡某入职 A 超市工作,双方未签订书面劳动合同,A 超市未为胡某办理社会保险和缴纳保险费用,2014 年 5 月双方解除劳动关系。而后,胡某向当地劳动人事仲裁委申请仲裁,请求裁决 A 超市:支付解除劳动合同经济补偿金、补办社会保险手续并补缴保险费用等。劳动人事仲裁委支持胡某的请求。A 超市不服仲裁裁决向法院起诉,法院审理后认为,根据最高人民法院的司法解释和《广西壮族自治区高级人民法院关于当前民事审判工作若干问题的指导意见》(〔2014〕19 号)第 2 条第 2 项的规定,劳动者请求用人单位为其办理社会保险手续,补缴社会保险费用的人民法院不予受理,故对胡某请求补办社会保险手续并补缴保险费用的诉请不予审理。

从本案中我们可以看出,劳动人事仲裁委作出的裁决并非错误,胡某经过仲裁委

〔1〕 季卫东:《法律程序的意义——对中国法制建设的另一种思考》,中国法制出版社 2009 年版,第 29 页。

的裁决,获得了其申请诉所请求的权益。虽然人民法院的审判不是对劳动人事仲裁委的裁决进行审理,但是根据《解释(一)》规定,劳动人事仲裁委作出的裁决,当事人不服向法院起诉的,仲裁裁决不发生法律效力。从这角度来看,人民法院以自己对劳动者一些诉请的不予受理似乎不合理,但事实上,《社会保险费征缴暂行条例》已明确规定了征缴社会保险费用是社保管理部门的职责,社会保险费用属于行政法规规定的强制交纳的范畴,应当纳入行政救济途径,首先由社会保险机构进行处理,不属于人民法院受理的民事案件范围,法院不应予以受理。

因诉讼是处理劳动争议纠纷的终结程序,当法院与劳动人事仲裁委适用法律不一致时,无论法院适用的法律是否正确,都实质损害了劳动人事仲裁委的公信力,不利于劳动争议纠纷在劳动人事仲裁委的化解。

3. 事务性衔接不顺畅

根据一裁两审,裁诉独立的劳动纠纷处理机制,事务性的断节严重妨碍了劳动仲裁与诉讼的衔接,降低了劳动诉讼的效率。送达是当前人民法院审理民商事案件的棘手问题。然而,同是处理劳动争议纠纷的劳动人事仲裁委和法院的送达却互不认可,需各自送达,这必然增加各自的工作难度。劳动仲裁和劳动诉讼相互独立,仲裁宗卷不移送法院的行为,进一步阻碍了劳动仲裁与劳动诉讼的衔接,增加劳动诉讼的难度,降低劳动诉讼的效率。

三、"仲裁前置、一裁两审"劳动争议纠纷处理机制制度的重构

(一)加强劳动人事仲裁委建设,重启仲裁职能,重塑仲裁权威

1. 加强劳动人事仲裁委建设,规范仲裁工作

如前文所述,劳动人事仲裁委硬件设备和人力资源落后等,导致仲裁权威弱化。要加强劳动人事仲裁委参加化解社会矛盾,突出其处决劳资纠纷的职能,必须从其自身建设开始。首先,提高仲裁软实力,按照《劳动争议调解仲裁法》"三方人员组构"的规定,配备足额仲裁人员,严格仲裁员的选任,加强仲裁员的学习培训,提高仲裁员的法律水平,规范仲裁庭的人员组成,提高仲裁的软实力。其次,规范仲裁程序,建立仲裁受理登记制度,规范仲裁受理告知行为,对符合受理条件的案件登记受理,对不符合受理条件的发送不予受理告知书,改变过去既不受理也不出具正式告知文书的行为。参照诉讼程序,规范文书送达、举证质证和开庭程序,保障当事人的程序权利,塑造严肃形象,树立仲裁权威。最后,加强硬件设备建设,满足劳动人事仲裁委办公的需要。明确劳动人事仲裁解决劳动争议纠纷,化解劳资关系为第一要务,把劳动争

议矛盾化解在诉前的职能定位。

2. 创建劳动仲裁调解新模式

根据《关于进一步加强劳动人事争议调解仲裁完善多元处理机制的意见》(人社部发〔2017〕26号)的要求，贯彻“预防为主、基层为准、调解为主”的原则，建立劳动人事仲裁委主导、工会参与、律师援助的联合仲裁调解机制。劳动人事仲裁委组织，充当中间角色，工会代表和企业代表分别代表劳动者和用人单位，律师协助劳动人事仲裁委向双方提供法律意见，形成一方组织、双方参与、第三方协助的劳动仲裁调解机制。一方面，可以增强仲裁调解的力量，克服劳动人事仲裁委人员不足和法律水平不足的困难。另一方面，律师的参与可向双方提供法律意见，使其预见纠纷的最终处理结果，进而不轻易放弃调解而进入仲裁裁决和诉讼程序，可以把纠纷处理在仲裁调解阶段。同时，律师可以指引当事人依照程序进行仲裁和诉讼，避免如上文第一个案例韦某走上漫长曲折的维权之路，实现高效解决纠纷的目的。

(二)统一立法

无论是劳动法、劳动仲裁调解法，还是劳动和社会保障部门制定的规章及最高人民法院制定的关于审理劳动争议的司法解释，都是调节劳动争议纠纷的规范，其立法目的都是解决劳动争议纠纷。但是，由于仲裁和诉讼是两种相对独立的劳动纠纷处理程序，从而出现了两种并非自成体系的法律规范，两种法律规范出现不一致甚至相互矛盾会使劳动人事仲裁委和人民法院在审理劳动争议纠纷时适用法律时出现抉择困难，出现劳动人事仲裁委和法院就同一案件因适用法规不同导致处理结果的不同，以及不同法院甚至同一法院因不同法官承办而出现“同案不同判”的现象。例如，《劳动法》第82条规定提出仲裁申请的时效期间为60天，而《劳动争议调解仲裁法》第27条规定提出仲裁申请的时效期间为一年。两者规定了不同的时效期限，导致因选择适用上的不同而出现仲裁时效是否超过而出现不同裁判结果。因此，笔者建议，在民法典尚未颁布之前，统一劳动法律法规和劳动仲裁法律法规。劳动和社会保障部门不自行颁布关于劳动争议的规章，最高人民法院不自行颁布关于劳动争议的司法解释，而应联合颁布或者提请全国人大常委会颁布，避免各自适用各自部门颁布的规定而出现“同案不同判”的现象。在将来的民法典中专章规定劳动纠纷解决规范，统一仲裁与诉讼法律适用。

(三)扩大“一裁终局”的适用范围

“一裁终局”“可以防止为了拖延而无止无休地上诉这种诉讼中容易出现的弊

病，从而迅速地解决纠纷”，[1]同时具有树立劳动人事仲裁委权威的作用。笔者认为，除了《劳动争议调解仲裁法》第 47 规定的适用“一裁终局”的情形外，对于确认劳动关系等简单确认之诉和解除劳动关系等简单形成之诉亦可适用“一裁终局”。

双方是否存在劳动关系，可以通过劳动合同、用人单位是否支付劳动报酬、劳动者是否提供劳动服务等易于查明的事实结合法律规定予以确认，案情简单。对双方劳动关系是否存在作出快捷断定，对双方均具有重要影响。通过确定劳动者是否与用人单位存在劳动关系，进而确定劳动者能否启动其他权益请求权之诉或者决定是否继续提供劳动服务，避免拖延其维权时间或耽误就业机会。确定用人单位应否承担用工主体责任，可以及时解决纠纷，同时使其及时择用劳动者，避免影响其生产经营活动。

双方劳动关系是否已经解除亦可以通过劳动合同、资方是否支仍付劳动报酬、劳方是否仍提供劳动服务等予以确认，这些都易于查明确认。一方请求解除劳动关系是否成立，可以通过劳动合同约定和法律规定予以确认，这同样易于确认。对双方劳动关系是否已经解除和一方主张解除合同是否成立纠纷及时作出断定，均可以减少劳动者和用人单位的维权时间与成本，避免耽误劳动者的就业机会，避免用人单位耽误择用劳动者给生产经营造成的损失。

除此之外，可以进一步研探其他适用“一裁终局”的情形，扩大“一裁终局”的适用范围。

（四）畅通仲裁与诉讼衔接

1. 统一管辖制度

首先，统一地域管辖制度。根据劳动争议案件由劳动合同履行地或用人单位所在地管辖原则，进一步明确在劳动合同履行地与用人单位所在地不一致时的优先管辖地，避免管辖选择权的滥用导致纠纷的恶意拖延。明确“用人单位所在地”的旨意，改变《劳动争议仲裁办事规则》规定的用人单位注册地、登记地与《民法通则》及《民事诉讼法》规定的主要经营地或主要办事机构所在地的不同状况，避免案件管辖的推诿和仲裁与诉讼管辖的不一致，导致纠纷延迟解决。

其次，统一级别管辖。既然劳动人事仲裁委之间互不隶属，没有监督、指导与被监督和指导的关系，那么为便于仲裁与诉讼的衔接，不再分设市、县（区）两级劳动人事仲裁委，执行一级设置，按属地管辖。

---

〔1〕［日］棚濑孝雄：《纠纷的解决与审判制度》，王亚新译，中国政法大学出版社 2004 年版，第 301 页。

最后,统一管辖权异议制度。笔者建议,当事人对劳动人事仲裁委的异议决定不服的可起诉,法院应适用速裁程序进行审理裁定,对裁定不服的不可上诉。这样既可保障当事人的诉权又可将问题解决在初始阶段,保障仲裁与诉讼的有效衔接,避免迂回折转的复杂程序。

2. 统一时效制度

其一,对于未签订书面劳动合同的双倍工资、未休年休假工资报酬、工伤保险待遇和养老保险等争议的仲裁时效及起算时间作出明确规定,避免各地因适用内部规定而出现"同案不同判"的现象。

其二,对于"一裁终局"不服的,劳动者和用人单位均在同一期限内向基层法院起诉,法院适用速裁程序一审终审审理。从立法本意来看,赋予用人单位和劳动者对"一裁终局"不同的救济途径和期限,是保护作为弱者的劳动者的善法。但是适用"一裁终局"的前提条件是关于争议数额较小的劳动报酬和补偿、执行国家法律法规的纠纷,争议标的小法律关系明确,而对劳动者和用人单位规定不同的救济途径和时间,明显简单问题复杂化,拖延了劳动者权利实现的时间,加大其维权成本,适得其反。

3. 统一控辩制度,规范控辩程序

为贯彻裁诉独立原则,畅通诉裁衔接,快捷解决纠纷,一方面,应加强劳动人事仲裁委和法院的释明工作,加强仲裁、诉讼指引,把程序性问题解决在仲裁和诉讼程序正式启动之前。另一方面,对于诉讼时增加诉讼请求、减少诉讼请求和仲裁申请方不起诉的应分别作出相应的处理规范。

对于增加诉讼请求的,根据情况作出不同处理。增加的诉讼请求没有金钱债权债务的合并审理,但是按照增加的请求事项分别收取诉讼费用。增加的请求事项涉及金钱债权债务的根据新增诉讼标的数额,如诉讼增加的请求的金钱标的未超过一定数额(建议为统筹地区上年度城镇在岗职工月平均工资 12 个月总和)的合并审理,但按照诉讼缴纳标准加收诉讼费,超过一定数额的不予审理,并告知当事人申请仲裁。这可以避免当事人因遗漏简单和数额较小标的另行仲裁与起诉的麻烦,缩短维权期限,降低维权成本。同时,可以节省仲裁和司法资源,及时解决纠纷。加收诉讼费用和讼诉新增请求金钱标的超过一定数额的不予审理,意在处罚不遵守维权秩序者,防止其滥用良性制度的漏洞。

对于仲裁申请人因部分仲裁请求未得到支持而起诉,在起诉时只请求法院判决仲裁裁决未支持的部分,对已经支持的部分不再请求,以及申请仲裁一方未起诉而被申请一方起诉的情况,法院应按全面审理和独立审理的原则,对仲争议的全部内容进行审理,然后作出具体的权利义务判项,作为执行的依据。

4. 统一证据认证制度

笔者认为,凡是当事人在诉讼阶段举出并经过仲裁庭主持质证的证据,在诉讼阶段无须继续举证,可直接决定是否采信作为定案的依据。当事人在劳动仲裁阶段(除仲裁调解)所陈述的对自己不利的事实,在诉讼阶段视为其自认的陈述作为定案的依据。当事人在劳动仲裁阶段拒绝提交证据,在诉讼阶段才提交的,参照诉讼程序中二审提交新证据的规定予以处理,根据案情决定是否使用和采信及采取相应的司法处罚措施。这可避免同一劳动争议案件一证两举、一事两证,诉讼阶段证据被隐瞒和丢失导致仲裁与诉讼认定事实不一致的问题,畅通劳动诉讼与劳动仲裁的衔接,减少法院案件审理的工作量和工作难度,提高案件审判质量和效率,提高劳动人事仲裁委和法院的权威。

5. 建立裁决评判、监督制度

虽然劳动仲裁是劳动诉讼的必经程序,但是两者相互独立,法院的裁判不对劳动人事仲裁委的仲裁裁决进行评判。劳动人事仲裁委没有按照行政区划层层设立的体系,没有层级的监督和指导关系,虽然省级劳动行政管理部门对本行政区域的劳动争议工作进行指导,但只是宏观指导,没有具体的指导措施和相应的考评机制,劳动人事仲裁委未能在有效的管理和考评机制中运行,其劳动争议纠纷仲裁工作未能得到有效管控。导致劳动人事仲裁委的劳动仲裁工作不规范,裁决质量不高,权威不足,丧失了劳动人事仲裁委“准司法”机构的职能。因此笔者建议:

(1)建立人民法院裁判文书对劳动人事仲裁委裁决文书的评判、监督机制。改变人民法院判决书、裁定书中不含有撤销或者维持仲裁裁决的内容的旧制。对于劳动人事仲裁委的错误判决,人民法院可像二审判决对一审判决一样予以评判、更改或撤销,并依法作出确定当事人权利义务的判决。对劳动人事仲裁委的正确判决予以维持,并告知权利人向法院申请执行仲裁裁决。这既可以加强人民法院裁判对劳动人事仲裁委裁决的监督,提高仲裁裁决质量,又便于劳动仲裁与诉讼的衔接。

(2)建立对劳动人事仲裁委的具体指导和考评机制。劳动人事仲裁委的自我发展、自我监督机制,不足以建设和发展劳动人事仲裁委劳动仲裁事业的需要,不能满足当前解决劳动争议纠纷的需要。虽然劳动人事仲裁委不是行政部门,但其是国家依法设立的专门解决劳动争议纠纷,化解社会矛盾的机构,具有国家机构的属性,加强劳动行政部门对其指导,建立系统的考核机制,符合国家管理的规律。适用当前的绩效管理考评机制进行管理考评，可以强化和激励劳动人事仲裁委的工作，规范劳动人事仲裁，提高劳动人事仲裁工作的效率和质量，提高劳动人事仲裁裁决的公信力，顺通劳动仲裁与劳动诉讼的衔接，有效化解劳动争议纠纷。

6. 建立送达互认制度

笔者认为，在仲裁和诉讼时，要求当事人签订同时适用于仲裁和诉讼程序的联系方式和地址确认书，告知当事人在劳动争议仲裁和诉讼阶段，劳动人事仲裁委和法院均按照确认的方式与地址送达法律文书，如按照确认的方式和地址无法送达的责任由其自行承担。由此解决，避免诉讼阶段当事人躲避而无法送达的困难，以及法院撤销仲裁仲裁后当事人重新仲裁等劳动人事仲裁委送达难的问题。

7. 建立劳动仲裁宗卷移送制度

当事人不服劳动仲裁向法院起诉的，参照法院审级之间的送卷、退卷机制，移送和退还宗卷。便于法院审理劳动争议纠纷案件的阅卷，掌握当事人在仲裁阶段的控辩情况和举证质证情况，查明案件事实，提供审判质量和效率，理顺仲裁与诉讼的衔接，有效化解劳动争议纠纷。

结　语

“仲裁前置、一裁两审”的劳动争议纠纷解决机制，对解决劳资纠纷，化解社会矛盾发挥了举足轻重的作用。但是，由于劳动人事仲裁委自身的原因及法律制度的不完善，加之劳动仲裁与劳动诉讼之间衔接的不理想，原有处理模式已经不能及时、便捷、有效地解决劳动争议纠纷。通过加强劳动人事仲裁委建设，科学规范对劳动人事仲裁委的监督、管理和考评，疏通劳动仲裁与劳动诉讼之间的衔接，革旧弊创新规，便能更好发挥“仲裁前置、一裁两审”劳动争议解决机制的优势，让劳动仲裁成为多元化矛盾解决机制的龙头。

四两拨千斤：法院主导下家庭暴力纠纷诉前调解机制实证研究

——以广西四地区人民法院涉家庭暴力案件为例

郜资源[*]　李　慧[**]

引　言

阿基米德曾说"给我一个支点，我将撬动整个地球"。那么面对家暴纠纷，诉前调解机制是否可以作为一个支点，起到四两拨千斤的作用，做到定分止争，还当事人一个和谐、和睦的家庭呢？我们仍在实践中摸索总结。

一、理论探源：处理家庭暴力纠纷中的诉前调解机制

（一）诉前调解机制概述

诉前调解是指在当事人在诉讼程序启动前，以当事人的合意为前提，对事实清楚、权利义务明确、争议不大的案件，指引当事人通过调解的方式解决纠纷的一种非诉活动。在反家庭暴力纠纷中，其主体一般包含法院和法院以外的其他社会主体，如行政机关、社会组织等社会力量。以反家暴纠纷为例，因为有联动机制存在，反家暴调解启动形式存在三种情形：一是当事人向法院以外的妇联、民政、居（村）委会等部门、组织寻求帮助，由这些单位的专业人员及被邀请的法官参与调解。此情形下

---

* 南宁市中级人民法院刑一庭书记员。

** 南宁市中级人民法院行政庭书记员。

调解不成则进入诉讼程序。二是家暴纠纷当事人直接向法院求助,后法院尊重当事人的意思的前提下,把纠纷引入情形一或是在法院设置的人民调解机构。三是当事人直接向法院提起诉讼,法院立案,在诉讼过程中进行的调解。而家暴纠纷的诉前调解通常指前两种情形,主要是以法院为主导,反家庭暴力联动机制的其他成员单位共同合作而开展,这些单位也是反家庭暴力的重要支柱。按照立案登记制的规定,诉与非诉有了明确区分,在立案登记前的反家庭暴力纠纷可以通过调解的方式解决,反之则以诉讼手段解决。从反家庭暴力实践来看,当家暴当事人来到法院求助后,法官会基于法律规定、情理、办案经验及综合衡量案件的事实情节与家暴风险,引导当事人选择非诉机制并告知家暴受害人此时所能求助的手段及方法;若当事人不同意调解或没能达成调解协议的就进入诉讼程序。这样,既保证当事人对意思和程序的选择性,也区分了纠纷解决进程中诉前调解与立案调解。

(二)反家暴纠纷中,诉前调解与立案调解的不同

基于诉前调解的特性,二者本质上并无大的差异,但二者也有明显的区别。主要表现为:

一是发生的时间顺位不同。二者主要是立案登记制的产物,前者是立案前的调解即为诉前调解,后者是立案登记后的即立案调解。

二是性质不同。诉前调解属于非诉程序,而立案调解属于诉讼程序,二者并非非此即彼的关系,是一个问题的两个不同的进度的路径选择,是“诉与非诉”的性质区分使然。

三是主体不同。在反家庭暴力案件实践中,立案调解的主体是确定的、唯一的,即法院的员额法官。而诉前调解的主体不唯一,主要是反家庭暴力联动机制成员单位中的工作人员或其聘用的专业人员。例如,妇联、民政部门聘请的心理咨询师。

四是法官的地位不同。调解均以双方合意为前提,立案调解中,法官居中起到主导作用,引导双方达成达成合意,其是调解员的角色。在诉前调解中,调解员邀请法官介入调解时,其只是对调解员进行指导和帮助,其角色是调解员的助手,起的是辅助作用。

五是发生的效力不同。立案调解是人民法院的职权行为,它是人民法院的一种审理活动,其形成的调解文书具有强制力。目前,在反家庭暴力实践中,诉前调解所形成的调解文书并无强制执行力。

诉前调解与立案调解的上述区别,直接导致了反家暴诉前调解机制在主体、范围、标准等方面也不尽相同。正是这些不同决定着我们在构建反家庭暴力诉前调解

机制时，不能盲目、笼统地照搬法院调解机制，而是应根据反家庭暴力纠纷的特性，在立案调解机制的基础上，确立反家暴诉前调解机制。

（三）反家暴纠纷诉前调解的价值属性选择

诉讼调解具有价值正当性，这是我国大陆现行民事诉讼制度的一大特色。[1] 但随着司法政策也导向“调解优先”，加之司法实践的深入，调解的优先性[2]渐渐突出，那么在反家暴纠纷中，诉前调解的正当性与优先性该如何定位？二者的价值序位是否可以颠倒？

笔者认为，其实质是对裁判和调解二者关系的认识问题，二者价值均是实现社会和谐稳定。为实现这一目标，不同情况可以作出不同的路径选择，可以择一，也可以是二者交叉适用。它们是动态的、可变的，不能孤立地看待或确定谁是“最佳办法”。所以，在反家暴纠纷中，我们应该首先坚持调解的正当性，兼顾调解的优先性。因为：一是调解的前提是双方自愿，也就说明双方有选择诉讼的权利，也有选择调解的权利，二者是并列的关系，而非存在逻辑上必然的先后顺序。过分强调调解的优先性，可能会侵害当事人诉权。这就决定了调解的正当性地位，而不能过分强调调解的优先性。二是强调调解的正当性，有利于法官根据家暴纠纷的具体情况而灵活处理，增加了法官衡量选择裁判或调解解决纠纷的余地，更能保证以最优的方式解决家暴纠纷。三是法院在推动调解工作是起到引导、支持作用。调解的正当性正是这些作用和定位的体现。在反家暴纠纷中，法院更多的是起到辅助作用，而过分强调调解的优先性则有违法院在家暴纠纷诉前调解中的作用和定位，有越俎代庖之嫌。

综上，对家暴纠纷的诉前调解，我们应秉持“能调则调，当判则判”的态度。诉前调解可以作为家暴纠纷解决的前置程序，但决定权应在于当事人，而非法院，法院在立案前只是起到纠纷解决途径的引导作用。这样就在主张调解正当性的同时，兼顾了调解的优先性，防止落入“调解与裁判优劣之争”的窠臼。

二、现实之惑：反家庭暴力纠纷诉前调解机制的可行性分析及存在的问题

我们也应当认识到反家暴纠纷诉前调解机制有其发展的必然性，其处于摸索与实践阶段，难免会走一些“弯路”，我们在“摸着石头过河”的同时，注意吸取宝贵经

---

〔1〕 何远展：《诉讼调解的价值正当性与优先性》，载《国家检察官学院学报》2012年第2期。

〔2〕 调解的正当性，是指调解具有独特的、裁判所无法替代的价值。调解的优先性，是指在民事诉讼制度中，调解具有优先于裁判的价值。

验，总结产生的教训。

(一)反家庭暴力纠纷诉前调解机制的可行性分析

1. 反家庭暴力纠纷诉前调解机制有良好的群众基础

一方面，在当代随着城市化进程加快，农村出现了泛城市化现象，越来越多农村人口进入城市工作、生活。同时，国家政府层面的政策与宣传已强烈冲击着农村旧有的观念与行为模式。农村妇女地位相对于以前已经大为改变。她们的反家暴意识也已经觉醒。另一方面，受儒家“亲亲、尊尊”思想影响，乡绅和家长在一定程度上扮演着首脑的角色，他们通过言行践行着家法、乡规民约，影响着族人，也树立了权威与声望。当族人发生纠纷时，也多请这些首领予以评理调解。特别是到唐朝，已经形成了官方调处、民间调解、宗教审判、行会裁决的多元化纠纷解决机制。[1] 而这些机制特别是民间调解机制，多以自愿为原则，本着“以和为贵”的思想，着眼于解决现实纠纷，又顾及后续和睦相处，通常以通情达理、富有人情味的方式从根本上解决矛盾，这与调解的价值目标不谋而合。也说明自古以来，调解具有良好的群众基础。最后，人民群众的司法需求决定司法供给。随着市场经济深入发展，利益矛盾的多元化、价值观念多样化，导致了人与人之间冲突加剧，由此，引发了大量且繁杂的家事纠纷。而《反家庭暴力法》颁布，势必在全社会掀起一轮新的反家暴高潮。这也得到了调研数据的证实，如图1所示：

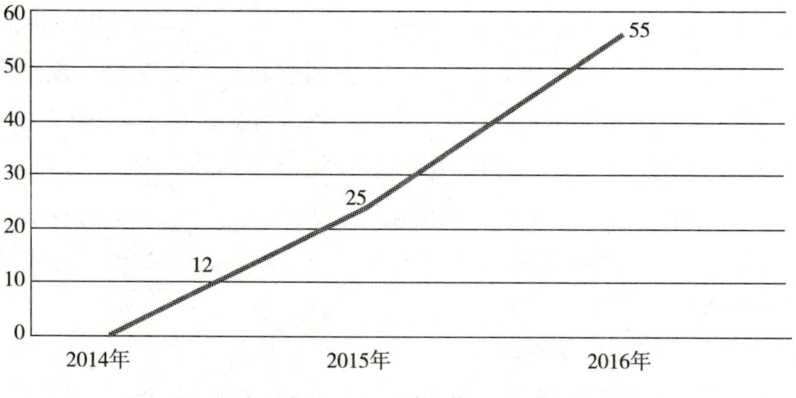

图1　2014～2016年抽样法院民事涉家庭暴力案件数对比[2]

---

〔1〕马晨光：《唐代多元司法解决纠纷机制探微》，载《人民司法》2010年第1期。

〔2〕本图及数据分析来源于广西壮族自治区高级人民法院《关于涉家庭暴力案件的统计分析——以广西法院涉家庭暴力案件为研究视角》课题。其他执笔人：郝欣欣，周嫚，叶坚。

所以,案件数量不断增多,纠纷主体需求基数也相应增大,调解作为纠纷解决的路径之一,加之其自身特有的优势,必然会成为公民的选择。故诉前调解的建立与完善,是司法现实所需,公民维权所求。

2. 反家庭暴力纠纷诉前调解机制有丰富的实践基础

首先,从最高人民法院层面,先后出台了一些文件逐步完善民事调解工作,如《关于人民法院民事调解工作若干问题的规定》《关于人民法院进一步深化多元化纠纷解决机制改革的意见》等。这也为司法实践吹响了号角,指明了方向。

其次,自 2003 年以来,诉调对接机制在全国遍地开花,各地法院作出了有益探索。例如,上海、福建、安徽等所辖法院为保障诉前调解出台了一系列的关于诉前调解的规范性文件。这也为反家暴纠纷诉前调解机制的建立与完善提供了有益借鉴。

再次,反家庭暴力纠纷诉前调解机制顺应了司法改革的潮流。广西壮族自治区高院两会期间工作报告显示:2014 年广西各级法院受理案件 353 448 件,同比上升 13.04%;2016 年广西各级法院受理案件 528 539 件,同比上升 20.7%。可见,立案登记制改革以来,全区法院的案件数量急剧增加。但是,随着员额制法官的改革,具有审判资格的法官则平均减少约 66.2%。法官人数已远远满足不了案件的激增需求,“案多人少”的矛盾日益加剧。“繁简分流”改革随之而来,诉前调解很好地减少了诉讼洪潮,一定程度上起到了分流的作用,减少了法院办案压力。截至调研时统计数据,仅仅柳 X 市市区民政部门已经接受了 1500 对夫妇调解,其中调解成功 650 对,涉及家暴的有 147 对。可见,诉前调解潜力巨大。

最后,司法适度社会化理念不断深入。诉前调解丰富了人民调解、商事调解等综合调解机制,其是司法制度与社会力量结合的产物,《反家庭暴力法》的目标是促进家庭和谐,社会稳定,这与调解理念相吻合,为反家庭暴力纠纷诉前调解机制适用发展提供了前提和空间。随着“调解适度社会化”的理念逐步得到认同,各地法院也开始进行了符合地区特情的诉前调解机制,这也使其有了旺盛的生命力,逐渐成为最具特色的纠纷解决机制。

3. 反家庭暴力纠纷诉前调解机制有坚实的组织基础

建立反家庭暴力联动机制,是各地反家暴成员单位的普遍做法。反家暴联动机制是由政法委指导、协调,法院,检察院,公安机关,宣传、司法、财政、教育、民政、计生委、妇联等部门组成。这就为诉前调解机制奠定了群策群力的智力支持、专项资金的财力支持及点线面结合的网格化管理的科技支持。特别是联动机制依托庇护所、心理咨询室、惜缘工作室网络了大批律师、心理咨询师、大学生志愿者等人才,也为其储备了大量智囊团体，提供了专业的人力支持。

值得一提的是，各地家事法院（法庭）等专门审理家事纠纷的审判组织（机构）的设立，选拔了大批有丰富社会经验和阅历的专门法院，组成家事审判专门审判团队，他们不仅承担着审判任务，同时在实践中总结经验，丰富完善着家事案件调解规程，为反家暴纠纷诉前调解机制建立提供了有力的制度遵循。

（二）反家庭暴力纠纷诉前调解机制存在的问题

1. 反家庭暴力纠纷诉前调解制度供需不足

《反家暴法》实施一年有余，但相应的司法解释和配套制度并没有完善。综观各试点法院，也是做法不一，这也说明还没有统一的规程细化反家暴法的实施。特别是关于反家暴的调解，目前，诉讼调解、人民调解的程序性规定仅有《民事诉讼法》《人民调解法》作出相应的规定，更不用说反家暴纠纷诉前调解机制程序规定，尤其是调解制度的核心——保护当事人自主处分权。目前，并没有法律规定保护处分权原则，调解体系也缺乏对当事人权利的细化规定。所以，家暴纠纷诉前调解的规则、内容、范围、流程等制度的供给不足，势必导致诉前调解活动的混乱。

2. 反家庭暴力纠纷诉前调解制度受反家暴联动机制的制约

反家暴联动机制成员单位是诉前调解的主体重要来源，所以反家暴联动机制的完善直接决定着反家暴诉前调解的质量。但通过座谈，我们发现其还有如下问题：一方面，在人力、物力、财力方面，反家暴诉前调解多在"惜缘工作室""儿童心理咨询室"等救助机构开展，但这些机构多在县级以上单位设立，不具有较强的普及性，另外，其人员构成多以学生、律师、心理咨询师等自发性群体为主，由于资金缺乏、人员配备不足等原因易造成救助机制缺乏持续性。另一方面，组织管理上，各成员单位各自为战，缺乏共享平台，导致纠纷前端解决与后端脱节不能为后续的纠纷解决提供借鉴，后端的纠纷解决也不能给前端共享。联动成员单位多，人员配备、部门制度均不相同，这就导致各单位行动速度和方式不一，很易陷入"九龙治水"的困局，造成"一动全动等于没动"的局面。既造成资源浪费，又增加了调解的成本。

3. 反家庭暴力纠纷诉前调解缺乏专门的调解机构

第一，调解机构不统一。目前，除了上述所说行政机关的救助机构承担着反家暴诉前调解责任，另外就是法院窗口设置的人民调解机构或者家事审判组织。没有统一的专门的调解机构，往往造成当事人的不便，不仅造成了资源的浪费，而且影响了当事人纠纷解决效率。第二，调解机构职能不健全。一方面，行政机关的救助机构多为受害者提供一些暂时性的帮助，即基本的日常起居所需，有条件的则提供心理辅导，并没有承担调解的职能依据。另一方面，法院的家事审判组织在进行调解时，多为立案调解，这并不属于诉前调解的范围。人民调解机构在接到家暴案件时更多的是为当事人提供法律方面的咨询及救助途径，由于调解资源的有限，并不能很好履行调解职能。第三，调解机构覆盖范围受限。无论行政机构或是法院承担调解职能的机构，由于缺乏人力、财力、物力的支持，多分布在城市、县城等地区，在乡镇、农村等偏远地区很难被覆盖。这也限制了调解机构职能的发挥。而且，这些机构多是在实验探索阶段，自身仍需完善。

4. 反家庭暴力纠纷诉前调解的调解主体缺乏专业性

解决家庭暴力是一个社会工程，需要社会各界的关注和支持，也是国家、社会和每个家庭的共同责任。这就需要具有法学、教育学、心理学、社会学等知识的人员担任调解员。就目前诉前调解主体来讲，主要以法官、律师、心理咨询师、社区(村委会)负责人、政府机关单位工作人员等构成。但这些人员多以调解作为其附属职责，更多的是公益性质的参与，而且所具备的知识具有片面性，各地的人员构成也不尽相同，没有固定的模式，反家暴法官虽然具有一定的社会阅历、社会心理学知识，但缺少专业的、系统的反家暴培训，相对于美国纽约州家事法官候选人需要10年以上法律工作、丰富的实践经验和较高的专业水平，[1]我国的专业法官选任资格也相对宽松，有的地方还没有明确的反家暴专业法官的选拔条件制度。所以，调解主体的专业性直接关乎反家庭暴力纠纷诉前调解的质量，构建专业调解团队实为现实所需。

5. 反家庭暴力纠纷诉调对接不力

一方面，因为非诉调解多以居委会(村委会)乡、镇政府(街道办)、妇联为主，而且家庭纠纷的私密性，一般是因当事人请求介入，调解人员主动作为欠缺，大部分又是年长女性，相应的专业知识缺乏，素质也参差不齐，导致调解效果不尽如人意。另一方面，由于法院调解与各成员单位调解组织相分离，当事人到法院寻求帮助时，也多被引入诉前调解机构，经调解后，由于调解效果缺乏强制力，导致其调解失败后，法院再次调解，形成重复调解，二者无法有效衔接。另外，诉前调解多以社会资源为主，由于其有限性，缺乏有效的激励机制来服务于纠纷解决。

三、理念超越：反家庭暴力纠纷诉前调解工作的价值取向

《反家庭暴力法》确立了“预防为主，教育、矫治与惩处相结合的原则”。家暴作

---

〔1〕 齐玎：《美国纽约州家事审判制度的新发展》，载《人民法院报》2016年5月27日。

为家事案件的一部分,在坚持以上原则的同时,也应该坚持促成当事人之间恢复感情、消除对立、实现和解、弥合家庭伤口的根本目标和价值取向。以温情、经济的方式解决家暴问题,增加家暴工作的深度和广度。一方面,正确处理反家庭暴力的先进理念与中国传统文化及风俗习惯的融合问题。国际社会树立了对家庭暴力"零容忍"、受害人本位、人权观念等先进立法理念。而我国在家庭关系处理上往往受长幼尊卑、男尊女卑、"家丑不外扬"等风俗习惯的影响,在一定程度上出现了差异甚至冲突。但法律的生命也根植于文化之中,在进行反家暴工作时我们应该充分考虑国情,如中国的传统文化和风俗习惯,尤其是以少数民族为主的广西壮族自治区,反家庭暴力纠纷诉前调解工作更应该将二者融合于工作当中,充分发挥"族老"等权威人士的地位和作用,作出富有特色的诉前调解。另一方面,对家暴纠纷诉前调解,我们应持"能调则调,当判则判"的态度,充分尊重当事人的意愿,绝不能作出"以判压调""相互推诿"的情形。最后,面对确实存在家暴严重的情形且没有继续共同生活的可能,要拿出劝离的勇气与决心,放弃调解,直接移交法院判决。

四、路径探索:优化反家庭暴力纠纷诉前调解工作的对策

(一)尝试温情投入,创新反家庭暴力纠纷诉前调解工作形式

温情理念应该是反家暴诉前调解工作的主旋律。在调解前,调解员为解决纠纷尽力满足当事人的会见要求,尽可能耐心地倾听他们的诉求。在调解中,创新工作方式,注重劝离与劝和相结合,"劝、批、谈、教"相结合,[1]疏通当事人心理淤塞。从当事人长远、和谐、稳定生活出发,多利用家庭(族)会议促进调解,可以尝试一定程度上超越当事人的诉讼请求。调解后,要开展回访延伸服务。例如,电话回访或者定期回访,建立相应的回访档案,对于出现的新情况、新问题及时收集、归纳、解决。

(二)明确人员结构,构建反家庭暴力纠纷诉前调解专业团队

人员结构不统一,势必会影响诉前调解的质量。为此,明确人员结构非常必要。首先,明确人员职业构成。家暴纠纷处理实质上就是微妙人际关系的处理,这就要求调解员要有丰富的人生经历。所以,那些具有社会学、心理学、法学等知识背景的调解人员更能满足家暴纠纷的工作需要。为此,要不断扩大调解人员的选拔渠道,完善诉前调解员准入机制和遴选资格及考核程序。其次,明确人员角色构成。随着"调解

---

〔1〕 崔拓寰:《广东法院家事审判制度改革的实证分析》,载齐树杰主编:《东南司法评论》,厦门大学出版社2016年版,第314页。

适度社会化”的理念得到逐步认同，家暴纠纷也需要寻求外部资源的摄入。笔者认为，反家暴诉前调解人员应由特邀调解员、妇联人员、家事调查员、心理咨询师等在反家暴中担任调解员，这样有利于在一定程度上提高诉前调解的专业化，以实现温情解决纠纷的目的。最后，明确人员调解模式。调解团队采用“1+1+1”模式，即一名调解员和一名助理员与一名记录员。其中，调解员主要全面负责调解工作，助理员协助调解员进行调解的调查、心理咨询等工作，记录员负责调解工作的记录与归档。

（三）健全联动机制，成立反家庭暴力纠纷诉前调解专业机构

成员多，没有统一的中心指挥，势必会导致运转不畅。一方面，将法院诉前调解窗口及反家暴联动成员承担诉前调解的机构进行资源整合，建立统一的反家暴诉前调解中心，整合资源平台，统一指令、统一部署工作，避免出现各自为战的问题。第一，调解中心可以设置在民政部门但也有人主张设在法院，但笔者调研发现80%以上的家暴纠纷多以离婚为诉求，而且当事人也多经过了民政部门的调解，此时双方情绪较为稳定，从时机和质量上更有利于调解工作进行。第二，设置在民政部门，不仅有利于明确职能，落实责任，还可以垂直管理，扩大覆盖范围，充分利用政府的支持，统一协调资源达到资源的合理配置。第三，调解中心在民政部门，并不排斥法院人员的参与，民政部门可以邀请法院专人办公，提供一站式法律服务。第四，这也与法院正在进行的繁简分流改革精神契合，民政部门承担诉前调解，可以为法院进行诉前分流，减少家事案件办案压力，提升家暴纠纷的解决效率、减少诉讼、促进家庭和谐稳定。另一方面，夯实反家暴诉前调解工作的人、财、力基础，政府可在资金、技术培训、机构及人员编制、政策制定与配套措施等方面给予支持，特别是为反家暴诉前调解团队建立提供持续的经费保障。第一，落实经费保障，明确反家暴经费的适用范围、流程等，并将诉前调解人员纳入经费的预算范围。第二，以“政府购买社会服务”的方式提高反家暴救济质量，但必须划定社会服务的范围。第三，尝试建立反家庭暴力慈善基金，充分动员社会力量，调动社会资源夯实反家庭暴力的物质基础。

（四）注重制度建设，确保反家庭暴力纠纷诉调对接实施效果

第一，完善诉前调解程序。对于调解的每个进度都要填写调解日志，包括调解时双方的诉求、争议焦点、无争议的事实、达成协议、重点分歧等方面，甚至当事人情感波动等信息。以便为诉讼工作奠定基础，提升后续程序的诉讼效率。

第二，总结诉前调解经验。一方面，要注重“回头看”，将本地区形成的宝贵经验及时进行总结。另一方面，还要“向外看”，将其他地区的先进经验结合本地区的实际引进来，并形成可复制、可推广的规范性的文件，明确家暴纠纷诉前调解的规则、内

容、范围、流程,规范诉前调解活动。

第三,确保诉前调解效果。诉前调解成功的,当事人可以申请司法确认,经法官最后审核后,可以并制作调解书或确认诉前调解协议效力的裁定,这样就赋予了调解的执行力,确保调解效果。调解不成的,可由调解员直接移送法院,由法官依法审理。

(五)借力"智慧法院",打造反家庭暴力纠纷在线解决新平台

"智慧法院"建设,是人民法院适应信息化潮流的重要举措。多元化矛盾纠纷解决一体化网上平台建设,正是"智慧法院"建设的题中之义。该平台通常涵盖网上咨询、评估、调解、仲裁、诉讼等业务功能,覆盖受理、分流、化解、反馈、处理等全过程,实现信息搜集、材料传输、证据保存、数据分析、纠纷预警等。[1] 诉前调解作为多元化解决矛盾纠纷的一部分,完全可以借力科技,实现纠纷解决平台的统一化。我们可以尝试依托此平台,为当事人提供相关求助与咨询,并将调解专家、律师、心理咨询师、社区工作者等诉前调解人员工作信息上网,供当事人根据自身需要,为自己提供更多的可供选择的纠纷解决渠道。同时,将此平台与反家暴联动成员共享,并将调解日志电子化固定,实现纠纷前端解决与后端备案相衔接,为后续的纠纷解决提供借鉴。

结　语

诉前调解作为当今法院探索司法改革的重要实践,其不仅符合"繁简分流"改革精神要求,而且也契合提升审判质效的价值目标,更符合家暴纠纷解决的司法规律。故推进诉前调解,以小博大,发挥诉前调解"四两拨千斤"的作用,助力反家庭暴力纠纷的解决。

---

〔1〕 陈辽敏:《创新型多元化纠纷解决机制的构建与发展——以浙江省杭州市西湖区人民法院为例》,载《中国应用法学》2017 年第 3 期。

从“经验”走向“法则”:民事经验法则适用困境、拷问及规制

林　滢*

汽车开启危险信号灯,说明汽车存在安全隐患或因素;电脑运行慢,往往清理一下磁盘空间就可以加快运行速度;想要打开高压锅,先将高压锅内的蒸汽释放出来;微笑代表心情愉悦,痛哭代表内心悲伤;握手意味着友好……这些经验是我们在日常的生活和工作中总结出来的经验和规律。在我们日常生活和工作中,这些经验无处不在,而且在一定程度上可以快速帮助我们解决生活中遇到的一些问题。

在民事诉讼活动中,我们将类似总结称之为“经验法则”。最高人民法院早在2001年《关于民事诉讼证据的若干规定》就赋予了经验法则一席法律之地。然而运行至今,经验法则在适用中陷入了尴尬的困境。笔者将以民事诉讼的角度,对经验法则的不当适用、形成原因及解决对策进行考究。

一、现状展现:经验法则的适用困境

经验法则广泛存在于生活和工作中,且在民事诉讼中具有重要地位,法官在适用经验法则的过程中遇到了哪些问题?运行实效如何?笔者将以两个典型案例为切入口,分析经验法则适用过程中存在的问题。

(一)典型案例

1.重庆九龙坡人民法院审理的一起购房合同纠纷

原告甲向被告乙房地产公司购买一套商品房。房屋交付给甲后,甲

* 南宁市青秀区人民法院审判管理办公室副主任。

发现该套房屋内的其中一间房因四周设有门,因而无法进出该间房屋。甲遂将乙房地产公司起诉至法院,要求乙公司为其在该间房屋内开设一道门,并且赔偿其相应的损失。法院审理认为,甲乙双方均未在合同中约定由在该间房屋内开设一道门,乙方没有相应的合同义务,因此,乙方不存在违约情形,判决驳回了原告甲的诉讼请求。[1]

笔者认为,该法院的判决主要的问题在于忽略了经验法则的存在,应当适用经验法则而未适用。根据日常生活经验,门是房屋构成的必要条件,房间内没设置门,就无法实现房屋的功能。在该案例中,虽然甲乙双方当事人均未在合同中具体约定哪间房应当设有门,但是基于生活经验,每一间房屋都应当设置有门,以便出入。笔者认为这无须在合同中明确约定的义务;被告乙在合同履行过程中,未达到合同的目的而导致违约。因此笔者认为,该案件中原告甲的诉请是可以得到法院的支持的。

2. 南京市鼓楼区人民法院审理的彭宇案

2006 年 11 月 20 日,彭宇在南京某公交车站好心将摔倒的老人徐某扶起,将其送至医院救治并借资给其。徐某老人及其家人将彭宇起诉至法院,诉称是彭宇将老人撞倒,并诉请要求彭宇赔偿各项损失 13 万元。法院审理后,基于日常生活经验,认定彭宇撞倒了老人,并判决彭宇补偿原告近 5 万元的损失。原告彭宇不服一审判决提出上诉。经二审法院主持调解,该案以调解结案。

彭宇案主办法官推断撞人的事实成立的经验法则推断过程如下:(见图 1)

彭宇为什么要搀扶救助老人?那么更符合实际的做法是彭宇撞倒了老人而被老人抓住;

↓推断

彭宇为什么在扶起老人后送去医院?那么根据日常生活常理,当老人的家人到达现场后,彭宇完全可以离开,而彭宇没有离开反而将老人送往医院;

↓推断

彭宇为什么要借钱给老人?根据社会常理,老人被送到医院后,彭宇完全可以离开,而彭宇没有离开反而借钱给老人治疗;

↓结论

彭宇撞倒了老人。

图 1　彭宇案主办法官推断撞人的事实成立的经验法则推断过程

---

[1] 余崇斌:《经验法则及其在民事审判实践中的运用》,厦门大学 2008 年硕士学位论文。

笔者认为,该法院的判决主要的问题在于适用的经验法则与社会公序良俗相背离,而且所适用的经验法则不具有高度的盖然性。该判决是以错误的经验法则为小前提而作出的推断,经过一系列错误的推断,最终得到的结果让社会舆论哗然。[1]

在司法实践中,经验法则常出现适用不当的情况,导致经验法则其自身的功能无法发挥出来。上述的两则案例作为经验法则适用不当的典型反面教材,仅是众多经验法则适用不当情形的缩影。为充分发挥经验法则在民事诉讼中的作用,本文将就实际操作中出现的问题进行归纳总结和探讨。

(二)经验法则运用不当的具体表现

当前民事诉讼中经验法则运用不当具体表现在以下几方面:

1.应当适用而未适用

在司法实践中,经验法则存在应当适用而没有适用的情况。笔者称之为经验法则适用的缺失。经验法则是人们在日常生活和工作中对一些经常发生、具有普遍规律的现象的总结和归纳,并将其运用到司法实践中,用于帮助法官查明案件的事实,从而作出裁判。从这个角度上讲,经验法则可以在一定程度上推定难以判断的事实,厘清抽象的法律概念,帮助法官澄清案件的法律事实。但从另一个角度上分析,经验法则由于是对经验的推断和概括,难免有例外的情形,因此适用经验法则中存在一定的风险。当前,法官的业务能力和认知水平参差不齐,加之法官员额制、法官终身责任的改革不断推进和深化,法官的责任和压力不断增加,一些法官为了趋利避害,在断案中往往采取明哲保身的态度减轻自己的责任,导致出现应当适用经验法则而之于不顾的现象。"彭宇案"因适用经验法则不当而给主办法官及其所在法院带来了许多负面的影响,使得一些法官更加畏惧适用经验法则。经验法则的适用因此被"打入冷宫",出现了应当适用而未适用的缺失。[2]

2. 错用

经验法则的错误运用主要表现为:一是应当用经验法则A却用经验法则B,而实际上经验法则B是不存在的日常生活经验法则,或者经验法则B与社会公序良俗相背离。以彭宇案为例,该案的主办法官在事实认定中认为,被告彭宇向原告徐某施救,是基于撞人的事实,而忽略了日常生活经验中的"乐于助人"。所以该案主办法官适用经验法则与公序良俗相悖,难以为大众接受和理解。二是应当用经验法则A却

---

〔1〕 刘舒:《经验法则的探讨》,南京大学2012年硕士毕业论文。

〔2〕 李美芸:《论民事经验法则不当适用之程序规制》,西南政法大学2014年硕士学位论文。

用经验法则B,经验法则B与实际交易习惯相背离。例如,陈某与李某民间借贷案,被告李某于2013年向原告陈某借资10万元,借条载明:“今李某借到陈某壹拾万元整,借期一年,利息1分。”原告陈某诉请被告李某偿还10万元本金及支付一年利息12 000元。被告李某辩称,借条上载明的利息为1分,一年的利息仅为1分,即1000元,主张多付的利息应抵扣本金。根据交易习惯和经验常识,原告陈某主张的月息为1分符合实际交易习惯,应当认可。三是盖然性程度低导致经验法则适用错误。经验法则的适用,是对经验法则进行连续性推断的思维过程。经验法则适用达不到高度的盖然性,就很可能导致适用的错误。

3. 滥用

司法实践中,法官在适用经验法则时也会出现滥用的情况,主要表现为:一是在民事诉讼中,法官对欲运用的经验法则缺乏翔实的论证和考究,仅凭个人的主管臆断和认知予以适用或排除适用,没有对经验法则进行分析和比较,导致经验法则的滥用。例如,在我国农村地区,农民在村里建房子时,会在房顶上燃放鞭炮以图吉利,燃放鞭炮一般是由施工方负责,是施工方的附随义务。因燃放鞭炮致人受伤的侵权责任,应当由包工头按雇主责任予以承担。而有些法官不知晓该习俗,也没有进一步地考究,错误地认为是房主的责任。二是法官对可能出现的情形考虑不全,忽略了其他存在的可能性。三是法官个人主观推断,对某一事实发生的可能性有多种推断结论,从而导致某一事实发生的概率大大降低。以上三种滥用的情形,究其原因在于法官个人认识水平和阅历不足,经验法则适用的过程没有相应的制约机制,法官的自由裁量权没有合理的制约,法官主观性较大,因此难以避免经验法则滥用的现象发生。

4. 心证不透明

实践中,经验法则的适用是不对外公开、不透明的,当事人及其代理人没有机会和权利对经验法则的适用提出质疑。如判决书中常见的“此违反市场交易之常识、惯例”或“此违反常理、常识、常情”等语言,至于违反何种常识、惯例、常情只字未提,对于如何违反更是几乎没有论述。[1] 心证不透明,容易产生当事人在拿到判决书后,对判决理由的不理解,甚至认为主办法官主观臆断,导致案件质量不高,案件上诉率和发回重审率高的现象。

---

〔1〕 毕玉谦:《试论民事诉讼中的经验法则》,载《中国法学》2000年第6期。

二、拷问成因:经验法则运用困境的原因剖析

事出必有因。经验法则的运用陷入了尴尬的境地,笔者将从内因与外因两方面剖析其成因。

(一)内因:经验法则的掣肘导致适用不当

根据马克思主义哲学理论中的矛盾理论和联系的理论,任何事物都是一把"双刃剑",都有其两面性,因此我们要评价一件事物,需要一分为二地看待。在研究经验法则的过程中,我们要客观地看问题。经验法则在民事诉讼中对法官认定案件事实及法律适用发挥着重要的作用,但经验法则自身也存在缺陷或不足,主要体现在以下几方面:

1. 主观性

经验法则虽然在一定程度上反映出人们对客观事物的理解和归纳,但它的运用不可避免地带有法官的主观思维和个人意志。同样的经验法则在不同的法官运用中会得出不同的结论。因此,其具有一定的主观性。经验法则的主观性与法官的个人阅历、知识储备、理解能力、工作态度及生活经验密切相关。[1] 主观程度越高,经验法则适用出现不当或错误的概率就越高。

2. 条件性

经验法则往往是在满足特定条件的前提下适用的,它的适用受制于条件的成就。[2] 例如,太阳东升而西落,得出此结论的前提条件是站在地球上,因为地球的自转是自西向东;而站在金星上得出的结论将会是相反的,因为金星的自转是自东向西。再如,乘坐飞机遭遇到紧急情况时,普通老百姓本能反应是自救,而机组乘务员的第一反应应该是保护乘客的生命和财产安全,甚至置自己的安危于不顾。

3. 不确定性

经验法则是人类在生产和生活中归纳总结出的常识、经验,是对客观世界认识的产物,属于上层建筑的范畴。因此,经验法则不仅受制于与人类生产力发展水平这一经济基础,而且受到人类的认知水平、文明程度、思维方式的影响,从而形成不同的经验法则。同一条经验法则运用在类似的案件中会得出不同的结论,究其原因就是经验法则不确定性导致的。

〔1〕 曹科武:《经验法则研究》,西南政法大学2009年硕士学位论文。

〔2〕 张卫平:《认识经验法则》,载《清华法学》2008年第6期。

（二）外因：经验法则适用不当的三大障碍

1. 立法上的障碍

综观我国法律法规，关于经验法则的立法规定和表述在《最高人民法院关于民事诉讼证据的若干规定》和《最高人民法院关于行政诉讼证据的若干规定》中有所涉及，但其规定得比较粗浅，可操作性不强，对于经验法则的概念、适用范围、遵循原则、适用程序、救济途径、纠错程序等均未提及。致使在实践中，法官机械地运用经验法则，加之立法上对经验法则规定不详细从而导致裁判结果的错误。

2. 适用主体素质的障碍

在司法实践中，法官是适用经验法则的主体。经验法则的适用不仅受到法官的专业知识、业务水平和逻辑思维能力的影响，还受到法官个人的阅历、综合素质的影响。正确适用经验法则，要求法官不仅具备过硬的专业知识和业务水平，同时要求法官对客观世界的发展规律有精准的判断，才能通过运用经验法则来解决社会纠纷。当前，我国法官队伍的素质参差不齐，因而无法保障在每一次适用经验法则进行裁判时都能作出准确的判断。

3. 配套机制的退化或缺失

合议制度和人民陪审员制度功能退化。为了弥补法官个人能力和水平的缺陷，民事诉讼制度中设置了合议制度和人民陪审员制度，汇聚集体的智慧，纠正法官由于个人水平能力缺陷而作出的错误判断。但在司法实践中，合议庭的其他成员成了主办法官的“陪衬”，人民陪审员甚至成了“陪而不审”“审而不议”的“坐班法官”，其相应功能出现退化或异化，无法弥补主办法官个人智慧的缺陷，没能及时发现和纠正主办法官适用经验法则时作出的错误判断。

异议制度的缺失。实践中，由于我国采用职权主义，法官在诉讼程序中居于核心地位，在适用经验法则过程中起着主导的作用，而当事人却几乎没有参与进此过程中，也没有给当事人在适用经验法则上表达自己的观点和意见的机会与权利，对法官适用经验法则是否正确缺乏异议或质疑制度，缺乏明确的救济途径。此外，来自当事人以外的司法监督和制约制度也是一片空白。通过二审法院对一审法院进行监督和更正，无法对经验法则进行针对性的监督，也会使法官适用经验法则陷入不当的困境。

三、走出困境：经验法则制度的完善路径

运用好经验法则这把利剑，则有助于法官作出正确的判断，进而作出正确的裁

决;运用不当,则会引发负面舆情,削减法院的司法公信力,甚至会威胁法律的权威。要想走出经验法则运用不当的困境,必须完善经验法则制度,对症下药从内外两方面进行完善。

(一)内部出路:完善立法

经验法则在我国《民事诉讼法》中未有规定,仅仅在最高人民法院的司法解释中略有规定,其位阶不高制约了经验法则的适用效能。再者,"法无巨细",立法上不可能对所有的经验法则进行规定,但是对于何为经验法则、在哪些范围适用、适用程序如何、如何制约和救济等方面在立法上应当作进一步的规定,尤其是完善民事诉讼法的程序性规定,加强经验法则在实践中的可操作性,防止法官在适用中主观臆断,确保经验法则在适用法律上的统一。笔者认为,首先,需在诉讼法中明确规定经验法则是法官据以断案的依据。《法国民法典》中规定,法官在审理案件中对事实推定的含义、适用的前提条件及范围。此做法让经验法则的适用有所规制,具有可借鉴性。其次,确立"证据优先"原则。[1] 当某一案件的待证事实有直接证据证明,对案件可以作出判断时,经验法则对认定事实仅起到辅助作用,那么证据往往优先于经验法则;当待证事实在现有的证据无法认定时,经验法则才能成为法官认定事实的大前提。

(二)外部出路:完善配套机制

1. 设置告知规则

法官适用经验法则推断案件事实,是需要由法官独自将法则厘清、通过逻辑推理得出结论的一系列思维过程。而我国采用职权主义诉讼模式,这样的诉讼模式容易导致经验法则适用不当的情形出现。美国法律规定对经验法则适用之前须通知或告知当事人及其诉讼代理人,让当事人获得提供有关证据的机会。此做法对防止经验法则适用不当具有一定的积极意义。因此,笔者认为设置告知规则,赋予当事人知晓法官适用经验法则的权利和机会,进而让当事人及其诉讼代理人能够提出相关的证据,以支持自己的诉讼主张或反驳对方的意见。具体操作为,在庭审过程中法庭辩论终结前,法官告知当事人及其诉讼代理人欲适用哪条经验法则、适用后的结果如何;告知当事人后,给予当事人一定的异议期间,当事人若有异议,需提交书面异议申请,法官再决定是否驳回异议申请。这样能使当事人及其诉讼代理人在法庭辩论阶段行使其辩论权力,法官也可以在辩论阶段充分听取双方对适用经验法则的意见,进而作出更准确的判断。告知程序让法官适用经验法则的思维过程变得更透明,可以有效

---

[1] 黄平:《经验法则在民事诉讼中的适用》,安徽大学 2016 年硕士学位论文。

防止适用不当的情形。

2. 赋予当事人质疑的权利

经验法则适用本身是一个对客观存在或规律的概括和推理的过程，无须经过证明的程序，但是经验法则本身具有盖然性、条件性的特质，难免在推理过程中出现例外的情形，而对于这样的例外情形，就需要证明的过程了。[1] 另外，法官和当事人之间对是否适用经验法则、适用何种经验可能会存在不同的看法，在此种情况下，此项经验法则也成了证明的对象。因此，当事人对经验法则适用应当享有质疑或提出异议的权利和机会。

(1)何时异议。当事人在法官告知其欲适用的经验法则之后，当事人享有对经验法则适用质疑或提出异议的权利和机会。当事人认为法官欲适用的经验法则与日常生活经验不符的，应当提出相反的证据予以证明。笔者认为，为与上文提出的告知规则形成体系，提出异议的时间应当为，庭审辩论结束前，主办法官向当事人及其诉讼代理人告知其欲适用的经验法则，当事人享有异议权，并于案件审结前提出异议。

(2)异议的处理。当事人及其诉讼代理人向法官提出异议后，合议庭或独任法官对异议进行审查。异议理由成立，则停止对该经验法则的适用；异议理由不成立，则作出驳回异议申请的决定，继续适用该经验法则进行断案。为了防止当事人为达到其诉讼目的而滥用经验法则的异议权，可以配套设置相应的处罚规则，如对当事人或其诉讼代理人进行训诫、罚款甚至拘留。

3. 增设经验法则不当适用的救济途径

权利无法得到救济就无所谓权利。大陆法系国家将经验法则适用不当规定为上诉或再审的法定理由之一。[2] 若法院违反经验法则断案或适用不当，都可以成为当事人上诉的理由。而在我国司法实践中，没有直接把违反或错误适用经验法则作为撤销原判或发回重审的理由，也没有把违反或错误适用经验法则作为上诉法定理由。为防止法官滥用经验法则，需要把经验法则适用不当作为上诉理由。

(1)上诉法定事由。我国台湾地区有学者提出，当事人认为法官在认定事实中适用经验法则不当，可以此为上诉的法定事由提出上诉。对此，要作出进一步的区分。[3] 一是一审法院违反了具有高度盖然性的经验法则。如果一审法院未将达到

---

〔1〕 杨晓玲：《经度与纬度之争：法官运用“经验法则”推定事实——以“彭宇案”为逻辑分析起点》，载《中外法学》2009 年第 11 期。

〔2〕 戴涛：《论民事诉讼中日常生活经验法则不当运用的问题》，全国法院系统第 23 届学术研讨会一等奖。

〔3〕 贺寿南等：《试析司法裁判中经验法则的适用》，载《衡阳师范学院学报》2016 年第 1 期。

概率为75%的经验法则来断案，则当事人及其诉讼代理人可以以此为由，向上级法院提出上诉的权利。二是适用经验法则含糊不清。在司法实践中，经验法则在裁判文书中的引用总是用只言片语一笔带过，没有详细地进行论述和分析。在判决理由含混不清的情况下，赋予当事人以判决理由不清为由提出上诉。三是违反告知程序、异议程序的，可以提出上诉。程序公正是实体公正的前提。违反法定程序导致实体不公正的，可以成为当事人上诉的法定理由。

(2)上诉的处理。二审法院根据当事人提出的上诉理由，分别作出相应的处理：对一审法院的裁判违背了经验法则高度盖然性的，二审法院可以依据正确的经验法则而对一审法院的裁判予以撤销，依法改判，或者发回原审法院进行重新审理；对适用经验法则判决理由含混不清的，应当以裁定对其进行补充说明和论述；对违反经验法则的告知程序和异议程序案件，二审法院应当撤销一审法院的判决，发回原审法院重审。[1]

4. 完善合议制

合议制在我国民事诉讼中，对审判权的正确行使、确保司法公平正义具有重要意义。合议制度坚持少数服从多数的原则，采取的是民主集中议事，吸取合议庭成员多数人的智慧和力量，弥补主办法官个人知识能力上的缺陷和主观认识上的不足，防止主办法官主观臆断或个人专断，避免因个别法官知识缺陷而导致适用经验法则的不当或错误。在司法实践中，合议庭的功能开始弱化或退化，合议制度往往流于形式。合议庭的其他成员认真阅卷并充分发表意见的占极少数，他们往往在听取主办法官的口头介绍和意见后，即作出支持主办人意见的决定。有些案件甚至未经过合议程序，主办人即作出判决，合议庭的其他成员仅在合议笔录中签字。在上述合议制功能退化的情况下，法官适用经验法则很可能出现错误。因此，需要对合议制度进行完善。

建议从以下几方面完善合议制度。一是强化合议庭评议功能。从评议的过程、评议的情景、评议得出的结论等方面对评议规则重构，消除合议庭其他成员仅享有“署名权”、合议制度“形合实独”的现象。二是注重发挥合议庭成员的个人特长和智慧，对涉及地域性的经验法则进行深度探讨、论辩，提高经验法则适用的盖然性，减少在推断中的个人臆断。

---

[1] 李美芸：《论民事经验法则不当适用之程序规制》，西南政法大学2014年硕士学位论文。

5. 深化人民陪审员制度改革

人民陪审员制度既是民众直接参与国家管理、扩大司法民主、提升司法公信力的一项重要举措，也是司法体制改革的重要组成部分。然而，人民陪审员制度的功能发生异化，出现了人民陪审员“陪而不审”“审而不议”“编外法官”等一系列问题，亟待改革完善，以适应新时代人民群众对司法的需求。笔者建议，在立法层面明确人民陪审员的权利和义务；通过依托信息化提升选任效率、完善人民陪审员任职体系、选任兼顾广泛性及专业性；通过设置人民陪审员专门管理机构、制定双向考核制度、针对“事实审”制订的培训计划、健全陪审职责制度来改善人民陪审员的管理；通过制定统一的经费拨付标准、明确法院内部相关部门的职权、完善人民陪审员信息保密机制、人身安全保障机制等配套机制改善陪审员的履职环境；加大宣传力度营造良好的改革氛围，为完善人民陪审员制度改革试点工作提供可借鉴的经验和做法。

6. 提高法官司法能力

经验法则的正确运用，离不开法官的良好素养和较高的司法能力。法官具备的职业素养和司法能力越高，适用经验法则发生错误的概率就越低。因此，提高法官的司法能力是经验法则走出困境的前提条件。首先，充分发挥审判委员会的指导功能，对经验法则进行全面的类型化、规范化的梳理和厘清，形成具有指导意义的规范化文件，让法官在寻找经验法则时迅速找到。其次，强化法官培训制度。法官是适用法律和经验法则的主体，法官的素质和能力对正确适用经验法则具有重要作用，法官应当具备良好的综合分析能力和判断能力，在事实的认定、证据的评价和法律的适用上要始终保持中立。法官培训制度不仅要培育法官提高专业知识，更好地培育法官树立正确的世界观，形成正确的客观认识。培训制度可以提高法官的司法能力和业务水平，在一定程度上减少不当适用经验法则的现象。

7. 完善案例指导制度

英美法系国家实行判例制度，而我国形成了具有中国特色的案例指导制度。案例指导制度为具有类似事实的案件提供了具有指导和借鉴意义的参照，以达到同类型的案件获得相同判决的目的，进而提高司法裁判的统一性。案例指导制度对经验法则的适用有一定的积极意义。通过案例的方式，确定、认可、积累、传承和限制经验法则，让具有典型性或代表性的指导性案例在权威媒体上发布，供各级法院的法官学习和借鉴。虽然我国的指导性案例不具有法律的强制约束力，但是它的指导性作用可以指导法官在遇到类似案件的时候，对适用何种经验法则、如何适用经验法则进行指引，能够有效地防止经验法则的错误适用。因此，需要进一步完善案例指导制度，尤其是涉及经验法则适用的案例,需要加大指导力度。

结 语

经验法则的适用在民事诉讼中是一个复杂的思维过程,它包含着对各种经验法则的理解、分析、判断、筛选与运用。英国谚语说道:“一个人认为天经地义的事,另一个人可能认为荒谬绝伦。”经验法则的适用具有一定的主观性和条件性,为防止经验法则适用的机械性和任意性,需要对经验法则的适用进行规制。让经验法则走出适用的困境,需要在立法上给予明确的定位。通过制度构架、程序设计、现实考量等内外因素相结合、多个层面进行塑造,尤其是保障配套制度在程序设计的谨密完备才能避免经验法则在适用中出现不当,从而彰显经验法则在法律实践中的力量和生命力。

实证视野下银行卡伪造、盗刷案件的民事责任分析

黄秋燕[*]　杨　钉[**]

银行卡伪造、盗刷案件在司法审判实践中已经屡见不鲜，由于此类案件具有复合性法律关系的特点，而法律对此又缺乏明确的规定，因此在司法审判实务中对该类纠纷的裁判思路各不相同，争议颇多。本文通过对审判实践中大量此类纠纷的案件进行类型化整理和归纳，以卡内资金的权属为切入点来分析银行卡伪造、盗刷案件民事主体的责任承担路径选择、归责原则和举证责任分配，厘清审判思路，以期对此类纠纷的司法审判实务提供一定参考，统一裁判尺度。

一、问题的提出

近年来，银行卡〔1〕的使用可谓达到了普及的状态，人手数张银行卡也都是非常普遍的。但因为银行卡技术的缺陷和安全用卡意识的不足，银行卡业务的各种漏洞、风险也随之暴露，以致现实生活中常常出现银行卡被伪造、盗刷的纠纷案件，而且案件数量逐年增多，涉案金额也不断增大。

银行卡伪造盗刷纠纷案主要是因为第三人的非法行为引起的，包括但不限于窃取银行卡卡号和密码等，然后伪造、制作假卡并利用假卡进

---

* 广西壮族自治区高级人民法院民事审判第四庭法官助理。

** 广西壮族自治区高级人民法院立案庭法官。

〔1〕 本文所指的银行卡仅为借记卡，信用卡不在本文的探讨范围之内。

行转账、消费、取现等交易行为盗走持卡人卡内资金，持卡人向发卡行主张损失的民事案件。由于此类案件具有复合性法律关系的特点，而法律对此又缺乏明确的规定，因此法官在司法审判实践中立场不一，存在较大争议，以至于在类似案情的案件中也会存在法律适用和处理结果大相径庭的现象。

笔者通过对“中国裁判文书网”[1]公布的此类案件的裁判文书进行整理和归纳，分析不同法院在处理同类型案件纠纷时的裁判理由和结果，归纳出此类案件的处理主要有三种审判思路：第一种处理思路是由发卡行全部承担卡内资金减少的损失，而持卡人无须承担相关损失，其仍可依据其与银行的合同关系主张银行支付存款。主要理由是认为持卡人将资金存入账户后，发行卡即取得货币所有权，第三人伪造盗刷银行卡获取的是银行具有所有权的货币。因此，在持卡人与发卡行的储蓄合同关系中，如发卡行因本身技术缺陷无法克服银行卡存在的安全风险或未能提供安全可靠的取款环境等，且又无法举证证明持卡人存在故意泄露密码等其他过错行为的，则由发行卡承担违约责任。[2]第二种处理思路是由持卡人承担全部或较大部分的资金损失。主要理由是认为第三人非法窃取卡内资金侵犯的是持卡人的权益，根据侵权责任法的过错原则，只要发卡行对此不存在过错，就无须承担责任。即使发卡行存在未尽到合理、善良的安全保障义务，其也只需承担相应的补充赔偿责任。[3]第三种处理思路是不区分责任承担的法律构成，而是直接根据发行卡和持卡人各自的过错大小来分担责任。主要理由是认为银行卡被盗刷至少要具备两个条件：一是伪造的银行卡未被银行识别；二是银行卡密码被知悉，而这两个条件分别对应的是银行和持卡人的责任和义务。银行卡被伪造盗刷则说明双方均存在过错，因此依据双方的过错大小来分配责任。[4] 上述“同案不同判”的司法现象，不仅不利于维护当事人的正当权益，而且阻碍了银行卡业务的健康发展，更影响了中国的司法形象和权威。

二、法院在审理银行卡伪造盗刷纠纷案件中的审判路径抉择

如前文所述，不难发现在审理中主要是关于银行卡卡内资金的归属、当事人承担责任的法律构成、归责原则以及举证责任的分配等问题的分歧，进而导致法院在审理

---

〔1〕 中国裁判文书网：http://wenshu.court.gov.cn。

〔2〕 案例：详见广西壮族自治区高级人民法院（2016）桂民终276号民事判决书、广西壮族自治区南宁市中级人民法院（2015）南市民四初180号民事判决书。

〔3〕 案例：详见天津市第二中级人民法院（2016）津02民终3306号民事判决书民事判决书。

〔4〕 案例：详见广西壮族自治区高级人民法院（2013）桂民四终字第49号民事判决书。

银行卡伪造盗刷纠纷案件中的思路迥异。

（一）银行卡卡内资金的归属之争

关于银行卡卡内资金的归属问题，目前在法学理论界和司法实务界中主要存在两种观点：一种观点认为卡内资金归属于持卡人，即“物权说”；另一种观点认为卡内资金归属于发卡行，即“债权说”。

持“物权说”观点的人认为，“存款人将自己的资金存入银行后，存款人对于自己的银行账户资金仍享有所有权，银行对存款人存入的资金仅取得利用权；而存款人作为转让资金利用权的代价，取得随时或以存款合同的约定取回存款的物权请求权以及一般情况下存款利息的支付请求权”。[1] 因此，“物权说”观点一般就认为存款储蓄合同是一种特殊的保管合同。该观点在我们现行的法律体制中是有迹可循的，如《民法通则》第75条[2]和《刑法》第92条[3]均将储蓄列为公民的财产，《继承法》第3条则将储蓄列为公民的遗产[4]，等等。

持“债权说”观点的人则认为：货币是特殊种类物，具有占有权和所有权相一致的特点，因此“存款人将自己的资金存入银行后，银行对存款人存入的资金即取得所有权；而存款人作为转让资金所有权的代价，仅取得相应的偿还请求权即债权”。[5] 所以持该观点的人往往就认为这种储蓄关系实际上是一种类似借贷的合同。当然，这种观点也并非空穴来风，在现有的新法中也可以找到依据，最为明显的就是《商业银行法》第71条[6]规定在银行等金融机构破产时，要优先支付个人的储蓄存款本金和利息，这就意味着存款人不是存款的所有权人，而是发卡行的债权人。

（二）银行卡伪造盗刷纠纷案件裁判思路的分歧

正如前文所述，由于我国法律对于银行卡卡内资金所有权的归属存在前后不一的规定，给司法审判实践带来了诸多困扰，也因此造成了全国各地法院对银行卡伪造

[1] 孟勤国：《物权二元结构论——中国物权制度的理论重构》，人民法院出版社2002年版，第35～50页。

[2] 《民法通则》第75条规定，公民的财产，包括公民的合法收入、房屋、储蓄、生活用品、文物、图书资料、林木和法律允许公民所有的生活资料和其他合法财产。

[3] 《刑法》第92条规定，本法所称公民私人所有的财产，是指……公民的合法收入、储蓄、房屋和其他生活资料……

[4] 《继承法》第3条规定，遗产是公民死亡时遗留的个人合法财产，包括：……（二）公民的房屋、储蓄和生活用品……

[5] 王鑫：《金融法学》，中国政法大学出版社1999年版，第200页。

[6] 《商业银行法》第71条规定，商业银行破产清算时，在支付清算费用、所欠职工工资和劳动费用后，应当优先支付个人储蓄存款的本金和利息。

盗刷纠纷案件裁判思路的迥异。

对于银行卡卡内资金归属持“债权说”观点的法院，一般会认为持卡人与发卡行之间因银行卡领用协议而形成了储蓄合同关系，故其审判思路会从是否存在违反合同义务的角度来判定发卡行和持卡人应当如何承担卡内资金的损失，如前文所述的第一种裁判思路。因为持卡人将资金存入发卡行后，卡内资金的所有权会因为货币具有所有权与占有权一致的特殊属性而归属于发卡行所有，持卡人则因此享有了随时要求支取卡内资金以及获得利息的债权，而发卡行则负有返还卡内资金和支付利息的义务，以及确保持卡人卡内资金安全以及提供安全交易环境等附随义务。但在此类案件中，发卡行往往以卡内资金系因第三人伪造盗刷的侵权行为所致，而其在整个交易流程中不具有过错为由拒绝向持卡人返还卡内资金。实际上此类案件的发生多是由于发卡行提供的银行卡安全系数较低、卡片磁条信息容易被读取或复制、银行的交易系统存在技术缺陷不能有效识别伪卡以及银行提供的交易环境被安装了摄像头或测录器，以致第三人才有机可乘盗取了持卡人卡内的资金，因此发卡行存在违约行为，其应承担相应的违约责任。

而对于卡内资金归属持“物权说”观点的法院，由于其认为卡内资金属于持卡人，所以对因第三人伪造盗刷银行卡造成损失的纠纷案件则会从侵权赔偿责任的角度来对发卡行和持卡人应当如何承担责任进行裁判，其主要审理思路是审查发卡行是否存在违反安全保障义务的行为，并以此来判定其是否应承担相应的补充赔偿责任，正如前文述及的第二种审理思路。因为根据商业银行法〔1〕和侵权责任法〔2〕的相关规定，发卡行对持卡人卡内的储蓄存款负有安全保障义务，包括对持卡人信息的安全保障义务和提供安全交易环境的义务。而在此类的银行卡伪造盗刷纠纷中，因是第三人直接侵犯了持卡人的卡内资金所有权，所以第三人才是第一责任人，持卡人应该向第三人直接主张权利。但在审判实务中，由于第三人下落不明，向其主张权利不具有现实可能性，因此持卡人多是直接向发卡行索赔。而法院一般则以前述两条法律规定为依据来认定发卡行是否尽到管理人的注意义务，对损害结果的发生是否具有过错来判决发卡行是否承担相应责任。因在侵权模式下，发卡行仅是承担补充赔偿责任，而且侵权责任的法律构成对持卡人的举证责任要求更为苛刻，因此以该裁判思路进行审理并不利于保护持卡人的合法权益。

---

〔1〕 参见《商业银行法》第6条。

〔2〕 参见《侵权责任法》第37条。

另外，除了以上两种裁判思路外，在司法审判实务中也有在判决中未明确承担民事责任的法律构成，而是依据持卡人与发卡行各自的过错大小按比例分配责任。正如前文所述，第三人要完成伪造盗刷银行卡的目的最起码要具备两个不可或缺的条件：一是银行卡相关数据信息被伪造的银行卡所复制，且该伪卡并未被银行所识别；二是银行卡密码被获取。在现实生活中，银行卡伪造盗刷纠纷的发生，一方面是由于发行卡提供的银行卡安全系数级别较低、交易设备和交易系统存在技术缺陷不能识别伪卡，或是交易场所存在管理漏洞以致银行卡信息及密码被窃取而发生伪造盗刷纠纷。另一方面是由于持卡人存在将银行卡出借，将密码、姓名等信息写在卡背面，以及在公共场所使用银行卡输入密码时没有注意防范被偷窥等行为，没有尽到妥善保管银行卡信息和密码的义务，因此双方均存在过错，法院则根据双方当事人在伪卡交易中各自过错大小，按照比例来认定责任分配。

（三）司法实践中对银行卡被伪造盗刷的司法路径抉择——违约责任之诉

基于前文关于银行卡卡内资金归属和三种裁判思路中关于法律责任构成的比较和分析，笔者认为，对银行卡伪造盗刷纠纷下的民事案件，将银行卡卡内资金属性定为“债权”，并在违约责任法律构成项下认定发行卡和持卡人的责任分担及举证责任的裁判思路更能保护持卡人的合法权益，促进银行业的长足发展。主要理由如下：

1. 银行卡卡内资金的所有权归属于发卡行契合民法理论和立法旨意

首先，从民法理论的角度分析，货币属于特殊种类物，谁占有谁就享有所有权，也就意味着交付货币等于所有权的转移。也就是当持卡人将自己的资金存入发卡行的账户后，该笔资金的所有权就转移到发卡行名下，发卡行对该笔资金享有占有、使用、收益和处分的权利，而持卡人则享有对发行卡的“债权”，包括随时要求发卡行返还相同数量的货币及支付利息。而此时持卡人所持有的银行卡就是一种“债权凭证”。

其次，从相关立法来看，虽然没有明确的法律规定存款人对银行享有“债权”，但是从新立的物权法、破产法和商业银行法等相关条文中，也都表明持卡人因储蓄存款而对银行享有“债权”的立法旨意。

最后，再从国内和国外法律进行比较的角度来看，不管是大陆法系国家还是英美法系国家，都普遍确认存款人对银行是享有债权的。

2. 在违约责任法律构成项下认定银行卡伪造盗刷纠纷的民事责任更能保护持卡人的合法权益及促进中国银行业的健康持续发展

首先，相比侵权责任法律构成而言，违约责任法律构成项下持卡人的举证责任相对容易。因为在侵权责任法律构成项下，持卡人不仅需要证明损害结果的发生是伪造盗刷所致,还需要证明发卡行对伪造盗刷的发生具有过错,以及过错行为与损害结果之间存在因果关系。而这对于作为个人的持卡人来说,举证责任难度相当大,因为无论是银行卡交易系统的技术缺陷还是交易记录的数据信息,以及银行自助交易设备的录音录像等资料都掌握在发卡行一方,如持卡人无法完成举证将要面临败诉的可能。但若是在违约责任法律构成项下,持卡人的举证责任则要相对容易,其只需要证明与发卡行之间存在合法有效的合同关系,以及发卡行存在违约行为、存在损害结果即可。

其次,在侵权责任法律构成模式下,即使法院认定发卡行因未能提供足够安全的交易环境、交易设备或是交易系统,违反了管理人的注意义务,但由于进行伪造盗刷的第三人才是侵权责任的主体,发卡行也只是承担相应的补充责任而已。而由于司法实务中第三人逃匿下落不明,如果要等到真正侵权的责任确定,然后才认定补充责任的范围,显然是不切实际的。但在违约责任法律构成项下,只要发卡行存在未尽安全保障义务致使伪卡交易得以实施的情形即属违约,就应该向持卡人承担违约责任,而银行作为金融主体,其经济实力足以保证持卡人的合法权益得到有效的保障。

最后,对作为法定金融主体的发卡行来说,选择违约责任法律构成进行裁判更能促使银行提高银行卡的安全系数、升级交易系统、更新交易设备以及完善相关风险防范制度和保障措施,使银行业得到更持久、更健康发展。

三、违约责任项下银行卡伪造盗刷纠纷的民事责任认定及归责原则

(一)民事责任主体

如上所述,发卡行与持卡人之间因为发生存款业务,彼此之间形成了一种储蓄合同关系,因此一旦发生了银行卡伪造盗刷纠纷,将发卡行认定为责任主体在司法审判实践中并不存在争议。但由于现实中大多数窃取银行卡信息或密码的行为并非只发生在发卡行,而是多发于跨行交易中收单行的网点、ATM机、POS机或特约商户等,因此实务中也有持卡人将收单行或特约商户作为被告主张其共同承担损失,或者发卡行也会提出因收单行或特约商户未尽到管理人的注意义务而将其追加为共同被告的情形。

笔者认为,虽然收单行或特约商户与银行卡伪造盗刷纠纷的发生具有十分密切的关系,但是在跨行交易中,根据合同相对性原理,持卡人只是与发卡行成立了合同关系,与收单行或特约商户没有合同关系,因此收单行或特约商户的支付行为应视为对发行卡的代理行为,故第三人在收单行或特约商户所进行的伪卡交易的法律后果

应由发卡行来承担。即便收单行或特约商户在伪卡交易中因存在一定的过错导致了损害结果的发生，也应该是属于其与发卡行之间另外的法律关系。综上可知，发卡行是银行卡伪造盗刷纠纷案件的民事责任主体，而收单行或特约商户并非民事责任主体。

（二）民事责任的法律构成

在违约责任法律构成项下认定发卡行的民事法律责任，关键在于对持卡人是否存在损害结果、发卡行是否存在违约行为，以及与持卡人的损害结果和发卡行的违约行为之间是否存在因果关系等构成要件进行综合分析和判断。首先，损害结果的发生是持卡人提起诉讼的前提条件，在银行卡伪造盗刷纠纷中主要表现因银行卡卡内资金的减少，而在持卡人仍持有合法有效的银行卡证明其享有对发行卡的合法债权时，其请求发行卡返还卡内资金及支付利息时遭到拒绝，即视为已经发生了损害结果。其次，审查发卡行是否存在违约行为。而明确发卡行合同义务的具体内容，则是判断其是否存在违约行为的先决条件。一是如前文“债权说”的分析所述，持卡人存入资金，即享有随时主张发卡行返还相同数量资金和支付利息的请求权，因此发卡行的首要义务即是返还货币及支付相应的利息。二是根据商业银行法〔1〕和合同法〔2〕的相关规定，发卡人还负有安全保障等附随义务，其中包括保障银行卡信息安全的义务，即防止银行卡的数据信息、密码等被轻易窃取；保障银行卡资金安全的义务，即应具备安全的交易流程、交易系统和交易设备以确保资金安全；保障交易环境安全的义务，即避免因服务场所的管理漏洞导致银行卡信息和密码被窃取而发生伪造盗刷卡内资金等。具体到此类案件的审判实务中，大多都是因为银行存在一定的管理漏洞，以致第三人有机可乘在其自助设备安装了摄像头或刷卡器窃取银行卡密码和信息，进而伪造银行卡进行盗刷，或是由于银行的交易系统和交易设备因存在技术缺陷而无法识别伪卡导致盗刷交易得以实施，因此不难判断发卡行的前述行为以及拒绝向持卡人返还卡内资金的行为，均属于违约行为。三是判断是否存在因果关系，即探究发行卡如未尽到提供安全的交易平台和交易系统，以及安全的交易环境等安全保障义务与第三人窃取银行卡信息和密码并进行盗刷的行为及持卡人卡内资金减少之间是否具有因果关系。

（三）民事责任的归责原则

发卡行的违约行为是否应当承担违约责任，取决于采用何种归责原则。司法实

〔1〕《商业银行法》第6条。

〔2〕《合同法》第60条第2款。

务界对于银行卡伪造盗刷案件中违约责任采用何种归责原则一直争论不休。一种观点认为，违约责任应采取过错责任原则，严格遵照“无过错即无责任”的宗旨来认定发卡行的民事责任。此种观点导致的结果往往是以发卡行辩称其已达到当时国家监管技术部门要求的标准且其已尽到了足够的注意义务而免除违约责任承担，这显然不利于保护本身在储蓄合同关系中处于弱势地位的持卡人。另一种观点认为，违约责任应采取严格责任原则，即不论发卡行是否存在过错，只要出现了银行卡被伪造盗刷情形后，发卡行就应基于合同关系承担违约责任。但有人认为此种归责原则对于发卡行来说无疑过于苛责。

笔者认为，发卡行的违约责任应适用严格责任的归责原则。首先，前文第二部分已述及，即持“债权说”观点的人一般会将持卡人与发卡行之间的合同性质定为借贷合同，属于无名合同。而根据我国合同法总则的规定，除部分有名合同适用过错原则作为归责原则外，其余合同的违约责任都是适用严格责任的归责原则。因借贷消费合同并非合同法中特别规定适用过错原则的有名合同，因此还是应该适用严格责任原则。其次，从发卡行作为金融主体的市场优势地位和风险防控能力的角度来看，采取严格责任原则可以促进发卡行加大力度防止银行卡被不法使用，促进银行业的有序长久发展。最后，经对澳门、台湾地区及国外关于此类纠纷的相关立法进行比较，大多也是采取由发卡行来承担全部或大部分责任的思路和做法，以使持卡人的合法权益得到有效的保障。

但是，适用严格责任的归责原则不等于发卡行要对伪造盗刷纠纷造成的损失一律承担绝对的赔偿责任。因为持卡人作为银行卡的使用人和密码的设立者，其同样负有妥善保管银行卡和密码的附随义务，以及发生盗刷纠纷后的及时通知义务，避免损失的进一步扩大。如果持卡人故意泄露银行卡信息和密码或恶意串通第三人对银行进行欺诈，即使银行未能识别伪卡，也可免除相应的责任。因此，在使用严格责任的同时，可引入过失相抵原则，在持卡人对损害结果的发生也具有过错的情形下，可适当减轻发卡行的违约责任。如此，也可促使持卡人提高安全用卡的防范意识，避免损害结果和道德风险的发生。持卡人的过错行为可归纳为以下几种情形：(1)将银行卡交与他人使用；(2)随意告知他人密码；(3)在非安全交易环境下使用银行卡；(4)使用银行卡不加遮掩密码等信息；(5)轻信诈骗电话或短信多次输入银行卡信息和密码导致泄露；(6)银行卡丢失后或账户发生异常后未及时挂失，导致损失发生或进一步扩大；(7)恶意串通他人伪造银行卡进行盗刷；(8)其他。

四、违约责任项下银行卡伪造盗刷纠纷中举证责任的分配

明确违约责任所采用的归责原则后，分配违约行为或者过失行为的举证责任往往决定着民事责任的大小和案件胜败。正是由于司法审判实务中对于举证责任分配的划分标准存在争议，才导致了前文所述的各种“同案不同判”的司法现象。

（一）举证责任的障碍

所谓举证责任，也就是当事人要对自己的主张举出证据予以证实的义务，如举证不能，则要承担相应不利的法律后果。因此，举证责任的分配，决定这承担责任的主体。

因持卡人系对发卡行提起违约之诉，故其至少要证明与发行卡之间存在合法有效的合同关系、卡内资金被第三人伪造盗刷以及发卡行拒绝向其履行返还卡内资金和支付利息的义务。一般情况下，合同关系和拒绝行为的举证均不存在问题，但是对于是否存在伪造盗刷行为，因为发卡行作为操作平台、交易系统、交易设备以及服务场所的提供者，其掌握所有的交易数据以及摄像监控等资料，所以持卡人作为个体，一般无法举证第三人伪造盗刷的事实。

而对于发卡行，发生银行卡伪造盗刷纠纷后，其也会提出抗辩，认为持卡人未尽到妥善保管银行卡信息及密码的义务。若依据“谁主张，谁举证”的基本分配原则，发卡行则需要对持卡人是否存在的泄密以及不安全使用银行等行为承担举证责任。但由于密码具有私密性的特点，只有持卡人自己掌握，发卡行也无从知晓，而银行卡由持卡人持有使用，其用卡的场所和环境也不固定，因此发卡行的举证困难是不言而喻的。

（二）利益衡量原则的引入

如上所述，如在银行卡伪造盗刷纠纷中遵循一般的举证责任分配原则，就会出现持卡人和发卡行均存在举证不能的尴尬境遇。因此，在法律没有对此类型纠纷的举证责任进行明确规定情况下，引入利益衡量原则决定举证责任的分配显得十分必要。利益衡量原则主要是从法律的立法目的和追求公平的价值目标出发，并结合当事人与证据的远近距离、举证的难易程度以及事实存在或不存在的盖然性和经验法则等方面的能力进行分析，以寻求双方当事人裁判利益的平衡。

以此理论为落脚点来分析银行卡伪造盗刷纠纷中举证责任的分配，便不难得出以下结论：由发卡行承担是否存在第三人伪造盗刷银行卡的举证责任，由持卡人承担是否妥善保管银行卡信息和密码的举证责任。首先，从当事人与证据的远近距离进

行分析，也就是看哪一方占有或更有可能取得证据来判断。因发卡行的后台数据库掌握着所有交易情况的数据以及服务场所的监控录像，故对于是否为第三人伪造盗刷银行卡的举证责任应由发卡行承担。而持卡人自己设立了密码并持有银行卡，因此除了持卡人自己知悉和掌握密码外，其他人包括银行都无从知晓。因此，由持卡人承担是否妥善保管密码和卡片的举证责任更为合理。其次，从举证能力来看，也就是从举证所需要付出的人、财、物力等方面进行综合分析。银行卡业务作为以电子数据交换为主的一种金融交易方式，具有高度的技术性和专业性，因此无论从经济实力还是专业水平上，发卡行相较于个人都具有绝对的优势去获取是否存在第三人伪造盗刷事实的证据。而对于是否存在泄露银行卡信息及密码的事实，因银行卡和密码都由持卡人掌握，只有持卡人自己最为清楚其是否存在过出借银行卡及随意告知他人密码等行为，而如果需要发卡行来承担举证责任，则可能要求发卡行对持卡人的用卡情况进行全方位的跟踪和监控，这显然是不具有现实可能性的。因此，应由持卡人来承担是否妥善保管银行卡信息及密码的举证责任。最后，从发生盗取存款的盖然性及经验法则来看，在公安机关侦破的大多案件中，第三人利用伪卡盗刷卡内资金的情形大量存在，而且多是由于银行的交易场所中存在管理漏洞被安装了摄像头或是测录机器，从而窃取了卡号和密码等信息。由此可推，由发卡行来承担伪卡交易的事实证明也就是理所当然的了。从银行卡信息和密码泄露的盖然性和经验法则来看，第三人之所以可以获取银行卡信息及密码，也多是由于持卡人或曾将卡片借与他人使用，或是使用卡片和密码时不加遮掩，以及在诈骗短信或网站中泄露了密码，以致第三人有机可乘窃取了银行卡信息和密码并进行了伪造盗刷行为。因此，持卡人理应增加安全用卡的风险意识和防范意识，故应由持卡人对其是否妥善保管和使用银行卡及密码承担举证责任。

司法论坛

从利益均衡角度看自由裁量下的商品房交付条件认定之争

耿博瀛*

近年来，随着商品房买卖市场的火热发展，住房的刚性需求与投机行为交织，促使商品房交易市场总体导向呈现卖方市场状态，导致商品房价格连续多年快速增长，在满足人民群众日益增长的住房需求的同时，也为商品房开发企业带来了巨大的经济利益，而在这旺盛的需求和巨大的利益的驱使背后却隐藏着诸多的法律风险，当商品房买卖合同目的无法实现时，开发商与购房者之间因购房而产生的买卖合同纠纷随之大量产生。

其中，商品房买卖合同订立时，大多商品房尚属于在建工程，购房者和开发商一般会在合同中约定房屋具体的交付时间，但对具体的交付条件的约定却并不规范，同时作为价值昂贵的不动产，在建设过程中也会存在诸多风险，导致开发商迟延交付或交付标的物不能达到购房者预期效果问题屡见不鲜，如何平衡买卖双方利益关系，促进和引导商品房市场健康有序发展，同样成了司法裁判中值得关注的问题。正如庞德所说，法官应当了解其责任的性质并应当在他所能得到的最佳信息的基础上尽全力完成其职责，而其最终目的，便是尽可能多满足一些利益，同时

* 南宁市中级人民法院民一庭法官助理。

使牺牲和摩擦降至最小限度。[1]

一、商品房交付性质

商品房买卖合同中约定的商品房交付一般并不等同于不动产物权的转移，其并不发生导致不动产物权变动的公示效力，仅当商品房办理房屋产权证书时发生物权变动。根据《最高人民法院关于审理商品房买卖合同纠纷案件适用法律若干问题的解释》第 11 条的规定，对房屋转移占有，视为房屋的交付使用，但当事人另有约定的除外。在法律、法规和当事人没有明确约定房屋的交付使用为交付房屋所有权证书的，购房者对房屋的转移占有即为合同约定的房屋交付使用，也就是通常所说的开发商"交钥匙"。《商品房买卖合同解释》第 11 条的规定其实是一种有权占有的事实状态，其并不一定产生物权法要求的物权变动效力。故，因商品房交付条件产生争议的请求权基础应当基于买卖双方签订的合同约定。

二、商品房交付条件的判断标准如何界定

1. 商品房交付标准之争

我国法律并没有明确规定何为商品房交付使用标准是导致争议的主要原因，现行的几种主流观点也是综合各部门法律分析推论出的商品房交付"应为模式"，主要包含以下几种：

一是竣工验收说，只要开发商在商品房交付时"五方验收"（具体包括建设单位、施工总承包单位、勘察单位、设计单位、监理单位）合格即为符合交房条件，法律依据为《建设工程质量管理条例》第 16 条[2]规定的建设工程竣工验收合格应当具备的条件，该种观点认为房屋主体质量经过验收合格后就已经符合交付条件，开发商可以向购房者交付房屋。

二是备案登记说，一些学者认为开发商需要取得《商品房竣工验收备案表》才属

---

〔1〕［美］E. 博登海默：《法理学：法律哲学与法律方法》，邓正来译，中国政法大学出版社 2004 年版，第 416 页。

〔2〕《建设工程质量管理条例》第 16 条规定："建设单位收到建设工程竣工报告后，应当组织设计、施工、工程监理等有关单位进行竣工验收。建设工程竣工验收应当具备下列条件：（一）完成建设工程设计和合同约定的各项内容；（二）有完整的技术档案和施工管理资料；（三）有工程使用的主要建筑材料、建筑构配件和设备的进场试验报告；（四）有勘察、设计、施工、工程监理等单位分别签署的质量合格文件；（五）有施工单位签署的工程保修书。建设工程经验收合格的，方可交付使用。"

于法律规定的商品房验收合格交付使用的条件。相较于竣工验收说，备案登记说是在商品房经过五方验收合格的基础上，行政主管部门对房屋整体质量的进一步审核，从保护购房者利益考虑，《商品房竣工验收备案表》是经建设部门确认可以交房的相关文件，具有高度的可信度。备案登记说与竣工验收说另一个重要的区别体现在，取得《商品房竣工验收备案表》的前提条件不仅要满足五方验收，同时还需要开发商按照要求出具规划、环保、消防等部门出具的认可文件，行政主管部门才予以发放竣工验收备案证明文件，总体上使得交付条件更加严格。

三是当事人意思自治说，商品房的交付条件应当遵循双方当事人签订的商品房买卖合同中关于交付条件的约定，如商品房买卖合同双方约定以五方验收合格作为商品房交付条件的，应当尊重双方当事人的意思表示，除商品房买卖合同约定交付条件为取得竣工验收备案证明文件的之外，不应当对商品房交付条件进行扩大解释为取得竣工验收备案证明。至于因房屋未取得竣工验收备案表而导致的房屋无法办理产权证的问题，购房者可以依法追究开发商的违约责任，但不得作为不符合交房条件的抗辩理由。商品房买卖合同约定的内容只要不违反法律、行政法规的禁止性规定，能够真实地表达双方意愿，应当认定合同有效。

2. 商品房交付标准争议缘由

根据我国《建筑法》第 61 条的规定，交付竣工验收的建筑工程，必须符合规定的建筑工程质量标准，有完整的工程技术经济资料和经签署的工程保修书，并具备国家规定的其他竣工条件。建筑工程竣工经验收合格后，方可交付使用；未经验收或者验收不合格的，不得交付使用。同时，结合《建设工程质量管理条例》第 16 条的规定，建设单位收到建设工程竣工报告后，应当组织设计、施工、工程监理等有关单位进行竣工验收。建设工程经验收合格的，方可交付使用。依据以上法律规定的要求，建设工程竣工交付条件应当以五方验收合格为准，即经过建设单位、施工总承包单位、勘察单位、设计单位、监理单位五方验收合格。但是，这里的建设工程交付条件应当理解为工程承包方向发包方交付工程时，工程项目所需要具体达到的要求，至于该项约定是否约束房地产开发商，成为签订购房合同中开发商向购房者交付房屋条件的法律依据，其实并不明确，现有观点都是以此标准作为商品房交付条件的最低要求，但是否应当以此项规定为基础，再加以其他条件共同构成对购房者的交付条件也未作法律要求，而《合同法》及《商品房买卖合同解释》也并没有对商品房交付条件作出更进一步的解释，也在一定程度上造成了商品房交付条件认定标准不一的现实状况。

3. 从利益均衡看商品房交付标准认定

因法律“时滞”(time lag)而导致在处理法无明文规定的法律关系中,难以跳出固有的法律思维去寻找解决问题新的突发方向。尤其对于大陆法系国家,在没有明确的法律适用时,处理法律问题总显得有些无所适从,进而对民事法律规范的基本原则的把握,就成了解决问题的关键所在。

意思自治原则作为“民法之基础”“私法价值之根本”〔1〕,被广泛地应用于民事法律关系中对合同效力及内容的审查,即在不违背禁止性法律规定及效力性强制性规定的前提下,应当尊重经双方合意达成的意思表示,即契约自由意味着契约就是法律。但也正如亚里士多德指出的,由于法律具有一般性和普遍性,所以它可能因此为解决每个个案带来困难,故在某些明确的规定中,应当允许用特殊的衡平手段来纠正法律。故,一味地支持尊重契约自由而不加以规范,最终可能会导致私权力的滥用。

在商品房买卖合同中,尊重双方当事人的约定固然重要,但法律的意义不仅在于个案的公平正义,更要担负彰显国家对社会价值判断导向的引导作用。笔者认为,商品房的交付标准不能因法无明文规定而将其划归为合同双方当事人议定的范畴,商品房交易行为,看似买卖双方是基于平等协商下所达成的一致意思表示,但现实是,开发商作为强势的一方,操控着整个合同的制定过程,以其利益最大化作为签订合同的首要目标,购房者的利益难以到达保障。因此政府的监管,法律的规制,此时显得尤为重要。商品房交付标准的把握,本身就带有很强的技术性规定,开发商其本身就占用优势地位,此时应当借助外力对此加以监管,以此规范开发商行为,使广大消费者的利益得到保障,故商品房交付条件以取得行政主管部门的竣工验收备案证明文件较为适宜,即有利于平衡双方利益诉求,也有利于促进商品房市场健康有序发展,具体原因包括以下几个方面:

其一,以取得《建设工程竣工验收备案表》作为房屋交付条件符合行业交易习惯。我国住房和城乡建设部下发的《住房和城乡建设部关于进一步加强房地产市场监管完善商品住房预售制度有关问题的通知》规定要求“商品住房交付使用条件应包括工

〔1〕 王利民:《民法总则研究》,中国人民大学出版社2003年版,第112页。

程经竣工验收合格并在当地主管部门备案”[1]，且住房和城乡建设部和原国家工商行政管理总局联合制定的《商品房买卖合同(预售)示范文本》(GF-2014-0171)及《商品房买卖合同(现售)示范文本》(GF-2014-0172)的合同“第四章 商品房交付条件与交付手续”都明确规定“该商品房交付时应当符合下列第1、2项所列条件：1. 该商品房已取得建设工程竣工验收备案证明文件；2. 该商品房已取得房屋测绘报告”，说明我国行政主管部门认可的商品房具备交付的前提条件应当为该房屋取得建设工程竣工验收备案证明文件，即《建设工程竣工验收备案表》。虽然商品房开发商与购房者可以就相关交付条件进行具体的约定，但应当以房屋取得《建设工程竣工验收备案表》为基础条件，双方约定的标准高于该标准的，可以依据双方约定交付，低于该标准的约定仍应当以国家规定的取得《建设工程竣工验收备案表》为交付条件更为适宜。另外，从各地的《商品房买卖合同示范文本》来看，以取得《建设工程竣工验收备案表》为交付条件已经得到了广泛的认可，符合商品房买卖市场的发展要求。《浙江省商品房买卖合同示范文本》(编号：浙F1-2008-1)第9条规定，出卖人应当在____年__月__日前，将符合下列各项条件的商品房交付买受人使用：建设工程经竣工验收合格，并取得建设工程竣工验收备案证明。《深圳市房地产买卖合同(预售)》(2016版 示范文本)第9条规定，出人应当于____年__月__日前将本房地产交付给买受人，交付前应当取得《深圳市建设工程竣工验收备案(回执)》。所以，以取得建设主管部门的《建设工程竣工验收备案表》为商品房交付条件是规范商品房买卖交易行为的发展趋势。即便是没有法律规范对商品房交付条件加以明确，但是以取得《建设工程竣工验收备案表》作为交付条件，显然已经成为建筑行业的普遍交易习惯，且被广泛接受，故以取得建设主管部门的《建设工程竣工验收备案表》为商品房交付条件既不违背公序良俗也符合社会大众的一般认知，应当予以认可。

《广东省高级人民法院印发〈关于审理房屋买卖合同纠纷案件的指引〉的通知》第30条规定，根据《住房和城乡建设部关于进一步加强房地产市场监管完善商品房住房预售制度有关问题的通知》(建房〔2010〕53号)第11条的规定，交付使用的商品

---

〔1〕《住房和城乡建设部关于进一步加强房地产市场监管完善商品住房预售制度有关问题的通知》(建房〔2010〕53号)第11项明确商品住房交付使用条件。各地要依据法律法规及有关建设标准，制定本地商品住房交付使用条件。商品住房交付使用条件应包括工程经竣工验收合格并在当地主管部门备案、配套基础设施和公共设施已建成并满足使用要求、北方地区住宅分户热计量装置安装符合设计要求、住宅质量保证书和住宅使用说明书制度已落实、商品住房质量责任承担主体已明确、前期物业管理已落实。房地产开发企业在商品住房交付使用时，应当向购房人出示上述相关证明资料。

房应当经过竣工验收合格并已在当地建设行政主管部门办理工程竣工验收备案。合同约定的交付条件高于前款标准的，以合同约定为准；合同约定的交付条件低于前款标准的，按前款规定认定。同样也以统一裁判尺度的形式，对商品房交付条件标准进一步地加以明确。

其二，有利于建设主管部门加强行政监管。根据建设工程竣工验收备案过程中的规定，建设行政主管部门在发现建设单位在竣工验收过程中有违反国家规定的有关建设工程质量管理规定的行为，可以责令停止使用，重新组织竣工验收。可见，建设工程竣工验收备案制度可以有效防止在工程竣工验收过程中可能存在的徇私舞弊现象，同时也能更加严格地对竣工验收的整个过程加以监督，保障房屋整体质量符合竣工验收标准。同时，设计、勘察、施工、监理等部门的竣工验收以及规划、环保、消防等部门的认可，都是建设工程竣工验收备案登记合格的前提条件，因此建设工程竣工验收备案登记合格说明房屋质量、消防、环保等方面都得了国家的认可。

其三，有利于保障购房者知情权，维护交易公平。根据《合同法》的规定，购房者对买卖合同的标的物享有知情权。商品房作为特殊的商品，有严格的质量要求和严格的行业标准，只有具备专业知识的人才能够对商品房的质量准确把握，对于一般的购房者来说，并不具备这方面的专业知识，开发商自己组织的竣工验收，无异于让其自我约束监督，效力可见一斑，购房者的知情权难以得到保障，商品房的建设工程竣工验收备案证明文件是由建设行政主管部门在对建设工程进行严格审查的基础上的核发，审查权由政府部门行使，具有可信赖性，有效地保障了购房者的知情权益。同时，当商品房取得竣工备案证明文件也意味着商品房整体的环评、消防、规划等方面都经过验收已达到合格标准，此时商品房的交付即满足了入住使用条件。

三、商品房交付标准之争所带来的反思

1. 从利益均衡角度看商品房交付条件认定

对相互对立的利益进行调整，往往需要依靠立法手段予以实现。然而，由于立法是一般性和指向未来的，所以有的法律规范不足以解决现已发生的具体的利益冲突。而法律与利益密不可分，法律通过对利益的调整实现对社会公共秩序的维护，法律体现的意志背后是各种利益。对于商品房交付标准的认定，既是对开发商与购房者两者间的利益的调整，若认定以五方验收合格或当事人意思自治来作为交付条件，明显有利于保护开发商的利益，大大缩短了开发商的交付时间，其实际交付标准也比取得竣工验收备案证明文件有所降低，缺乏有限的监管，直接导致购房者的利益难以得到

保障。故,在法律认知上,应当保护处于弱势的购房者一方,才不至于利益的天平向开发商过度倾斜。

2. 从商品房交付条件看统一裁判思路与自由裁量之博弈

自由裁量,是指由于在审理案件中缺乏明确的法律、法规、司法解释及相关的法律原则、审判思路、有关政策等裁判依据,而要求法官直接面对证据,通过其在法庭上的所见所闻,结合其自身的审判经验和生活阅历,形成对作为判决基础的事实的确认,酌情对案件作出裁判的情形。在商品房交付条件认定问题的处理上,民事法官自由裁量权带来的最多的就是同案不同判的问题,但是同案不同判并不等于冤假错案。自由裁量是法律赋予法官的权利,以来保障司法裁判的公平正义,但因法官生活阅历的不同、知识结构的差异,有的法官侧重于平衡案件当事人双方的利益诉求追求个案的公平裁量,有的法官注重于司法裁判所能达到的法律效果、社会效果,旨在为社会经济活动起到警示指引作用,故会对相同的法律适用产生不同的理解,这也是造成相似案件情况裁判结果不一的一个主要根源。而对民事审判裁判思路的统一,一定程度上有利于对法官的自由裁量权限予以规范和指导,统一上下级法院的法律适用,避免同案不同判现象的发生,减少重复诉讼。但是统一裁判思路会造成有些法官面对疑难复杂案件或是法律适用把握不明确的情况下,考虑到案件的发改率,审理案件畏首畏尾不是去主动探索问题解决的方案,而是消极等待上级法院的相关指导性裁判意见,不利于对法律问题的进一步探究,也导致案件久拖不决,诉讼当事人对此反应强烈。所以过多的司法裁判意见的指导也影响了法官自由裁量权的发挥,削弱了法官探索案件的主观能动性,故如何找到权衡二者之间的平衡点,使得两者效用得到最大发挥成为解决类似商品房交付条件诸类问题,统一裁判思路与自由裁量之间博弈的关键所在。

试论破产管理人的法律定位

吴小嫦[*]　张家财[**]

破产法兼有程序法和实体法的双重属性，但以程序法为主。就程序法的角度而言，破产法属于民事诉讼法的特别法。它的功能在于通过在法院的指挥和监督之下实施破产重整、和解或清算，集中清理债务人的财产，集中清偿债务人的债务，实现债权的公平受偿。通过破产冻结程序使债务人暂时免予追索，以利于有希望的债务人重整；通过破产分配程序和破产豁免制度使债务人免除剩余债务，以利于债务人开始新的经营，甚至东山再起。为了实现这些功能，需要投入大量的人力，处理大量的事务，法院不具备这样的人力，于是产生了管理人，由管理人来完成破产重整、和解或清算中的一系列事务。因此，管理人是民事诉讼程序中的一分子，其身份就是诉讼参与人，享有诉讼参与人的权利，并承担诉讼参与人的义务。

一、破产程序中为什么要有管理人

（一）破产企业财产状况的客观需求

中国古代有一个分梨的故事。大意是，在清朝有乾隆年间，皇帝听说有一个大家庭一百人处地非常的和睦，这让他大为惊叹，于是决定考验一下这个家庭是怎么处地那么和睦的，就赏赐了两个外国进贡的大梨，给这个家的家长。这样一来，两个梨子就算很大，被一百个人分，也

---

* 桂林市中级人民法院，审判委员会委员、民二庭庭长。

** 广西嘉合律师事务所律师。

是没法分的。家长拿回梨后，找人抬来两口大花缸，一口缸里放一个梨子，把梨捣碎，然后加入水，这样一百口人，一人一碗梨水，这个家就这样和睦的。这个故事的精髓在于如何实现公平分配。

破产企业跟大家庭分梨有相似之处，那就是债权人多，可供分配的财产少。进入破产程序的企业，首先就是因为企业资不抵债，僧多粥少，要实现众多债权的公平分配需要这样一个“家长”，把有限的破产财产公平地在众多债权人中实现合理分配，将债权人和债务人利益最大化。为了实现这些功能，需要投入大量的人力，处理大量的事务，在目前案多人少矛盾突出阶段，法院不具备这样的人力，而且管理破产财产事务中的某些事项，比如说参加诉讼或者仲裁，处于中立地位的人民法院不便于参加，于是产生了“管理人”，由管理人来完成破产重整、和解或清算中的一系列事务。

(二)人性的需要

同样地，在我国还一直流传着“孔融让梨”的故事。其大意是孔融有兄弟七人，他排行第六，下面还有一个弟弟，上面有五个哥哥。母亲买回七个梨，有大有小，母亲让孔融先拿，孔融拿了一个最小的。理由是自己小，把大的留给哥哥，他们个子大需要多。弟弟小，作为哥哥要让着弟弟。

这个故事在于鼓励谦让。然而，“人不为己，天诛地灭”彰显了人性的弱点，即每个人都有自私的一面，尤其在日益发展的市场经济形势下，利益最大化是市场主体的本质追求，在这种情形下要求各个主体都有这种谦让是不可能的，于是，需要一个“家长”，即管理人出面平衡各方利益。

(三)管理人制度的产生

管理人制度的起源可追溯至古罗马时代。早期，盛行债权人私力救济，债权人胜诉后，可通过自行执行来实现权利，甚至债权人还可以对债务人采取人身执行的方式清偿债务。之后，以委付财产为主要方式的执行制度逐渐建立并获得发展。法官可依债权人申请发给管财命令，允许债权人占有债务人的全部财产。管财命令应当公布，其他债权人可参加管理债务人的财产并获得分配。这种制度被视为破产制度的起源。罗马法下的财产管理人制度就是管理人制度的开端。

罗马帝制时代以后，改破产财产总括拍卖为个别拍卖，其成效较总括拍卖更为复杂，所需时间也更长久，更有设置专门的管理人之必要。立法于是就规定必须选任财产管理人。此后，破产案件处理权逐步归于法院。但是，进入破产程序后，破产财产的管理和清算工作不但繁多而且很杂，远非法院能力所能胜任。因此，就有成立专门的清算组的必要。这项制度延续、发展至今,便形成了当代的管理人制度。[1]

二、管理人需要做什么事

(一)代表债务人参加诉讼、仲裁或者其他法律程序

作为管理人,首先要处理的是大量的诉讼或者仲裁。由于管理不善或者市场原因导致债务人有很多到期需要清除的债务不能清偿,债权人纷纷向法院提起诉讼或者向仲裁机构申请仲裁。此时,债务人被它的债权人起诉,债务人作为被告参加诉讼。同时,由于债务人的管理机构运行不善或处于瘫痪状态,债务人的财产也没有得到很好管理。债务人的债权也需要追索。此时,债务人应当作为原告向其债务人追索权利,向人民法院提起诉讼。进入破产程序后,原来尚未履行完毕的合同可能被终止,原来尚未执行完毕的执行程序需要中止,已经采取的保全措施需要解除。无论作为被告还是作为原告,债务人都需要参加诉讼。但是,有的债务人虽然还在经营,但是管理机构已经不能正常运转。有的债务人基本处于瘫痪状态,甚至已经停业多年。债务人很难参加诉讼,管理人因此就必须代表债务人参加诉讼或仲裁等法律程序。

(二)收集债务人财产

1. 追索财产或取回债务人财产

就积极行为的角度而言,债务人的财产需要追回或取回。债务人进入破产程序后其财产相对于债权而言不但很少,而且还散乱,非常需要进行归集。比如现行市场状态环境下,企业的银行存款会分布在很多银行账户。有的企业除一个基本账户外,还会有两三个,甚至五六个一般账户。除了以企业名义开立银行账户外还有很多以股东或财务管理人员的名义开立银行账户。造成这种状况的原因很多,有的是由于银行贷款,出于自己利益的考虑,提供贷款的银行往往要求债务人在借款银行开立账户。这样一来,在不同银行办理贷款,就有了不同的银行账户。还有的企业是为了逃避债务,通常不通过基本账户进行资金往来,而是以股东或财务管理人员的名义开设银行账户,通过私人账户进行资金周转。

有的债务人为了转移财产,故意不积极向债务人的债务人主张权利,或者由于债务人的债权人为了实现自己的权利,私自占有债务人的财产,而拒不交回。管理人可以通过清偿债务或者提供债权人接受的担保,取回质物或留置物等。管理人需要积

---

〔1〕 孙建立:《国外破产管理人制度比较》,载MBA智库文档:http://doc.mbalib.com/view/85188b389d69e5ad231b9f5d58421359.html,最后访问日期:2017年10月22日。

极行使追回权或取回权。

有的债务人由于管理原因或者为了逃避债务，财务管理非常混乱，财务资料大量缺失，很难查清债务人财产状况，管理人有必要采取措施进行调查。比如调查债务人土地、房产登记状况、抵押情况，甚至企业、股东、财务管理人员最近几年银行流水，以便于查清债务人款项流向，追收债务人应收账款。

2. 避免债务人财产损失

就消极的角度而言，有必要采取措施避免债务人财产遭受损失。有的合同尚未履行完毕，合同标的物处于无人管理的状态。比如，房地产企业的在建工程由于债务人不能按约定支付工程款，施工方拒绝继续履行合同，工程处于停滞状态，俗称烂尾楼。如果没有人管理，工地上的施工设备、建筑材料等将由于长期暴露在阳光之下，风吹雨淋，造成很大的消耗，新的施工人进场后需要对原来的材料和工程进行鉴定，甚至要更换新的材料才能继续施工，才能确保重新完成的工程符合质量和安全要求，这样势必使债务人财产受到极大浪费，债权人利益也因此受到巨大的损害。

（三）以自己的名义行使权利、承担义务

管理人在管理债务人事务过程中往往需要以自己的名义实施民事行为，此时就需要以自己的名义行使权利，并承担义务。管理人管理债务人财产需要聘请工作人员进行守护、保管。对债务人财产进行评估，管理人需要与评估机构签订委托评估合同。对债务人财务进行审计，管理人需要与审计机构签订审计合同。重整过程中管理人需要与新的管理人签订各种合同，并且还需要对重整进行监督。管理人依法履行义务，有权利收取报酬。管理人在处理破产事务过程中如果没有勤勉尽责，忠实执行职务的，人民法院可以依法处以罚款；给债务人、者债权人或者第三人造成损失的，还要承担赔偿责任。

三、管理人的法律地位是民事诉讼程序中的诉讼参与人

（一）关于管理人地位的各种学说

1. 代理说

代理说是最早关于破产管理人法律地位的学说，源于自力救济主义，根据利益归属的不同，代理说可分为破产人代理说、债权人代理说、债务人与债权人共同代理说。代理说将民法上的代理人理论引入破产管理人之中，认为破产管理人实质上是代表被代理人的利益，以被代理人的名义参与破产事务的代理人。因此，其不可能带有任何公权色彩，不可能是在执行公务，破产管理人在破产程序中所作行为的后果均归于

当事人一方而不归于自己。该学说的最大依据是破产程序解决的是债务人与债权人之间的债务问题，本质上属于私法上的关系。破产管理人无论为诉讼行为还是非诉讼行为，其最终利益归属当事人一方，由此形成的法律关系无异于民事代理。[1] 代理说解决了立法中的一部分问题。但是，实践中管理人难以有债权人或债务人进行委托，也难以实现破产程序对公平分配的追求。管理人履行职务的所有结果也并非完全归属于债务人或者债权人。在民事代理理论中，代理人除非有重大错误才对代理行为向委托人承担责任。而管理人在履行职务过程中由于没有勤勉尽职，法院可以予以罚款；对第三人造成损失还要对第三人承担赔偿责任。这些问题，代理说无法解决。

2. 职务说

职务说是同代理说长期相对立的一种理论。有“公职务说”和“私职务说”之别。公法上的职务说认为破产管理人在为财产进行管理和处分等行为时是在执行公法上的职务，是基于职务的需要。而私法上的职务说认为，破产管理人虽然是基于职务而管理和处分破产财产，却是在私人的名义下进行的，故为私法上的职务。无论两者是否有任何其他深入的观点，其要义均主张破产程序并非私法的清算关系，而属于一般强制执行程序，是全体债权人对破产人所进行的共同清算。这种学说重视国家强制执行对破产人与破产债权人之间破产事务的介入。故而在这种学说理论体系下，破产管理人的法律地位应视为类似强制执行机关工作人员，其行为是一种职务行为，而这种关系很显然是公法关系。[2] 职务说同样面临一些难以回答的问题。职务的依据是基于国家机关授权还是基于民事代理。基于代理的缺陷代理说已经无法克服。如果基于国家机关授权，管理人就只需要对国家机关负责，事实上，管理人更需要对债权人和债务人负责。同时，如果管理人在履行职务中没有勤勉尽职法院予以罚款，则等于法院对该国家机关罚款，这显然是没有法理依据的。同样，按照职务说的观点，“管理人履行职务”就变成了“职务履行职务”，逻辑上是不成立的。

3. 财团代表说

财团代表说认为，债务人财产因破产宣告而成为以破产清算为目的存在的独立财产。这些财产被整体人格化之后，则形成类似于财团法人性质的破产财团，破产管理人是这种人格化财产的代表机关。从某种程度上该说能够克服代理说以及职务说

---

〔1〕 转引自张军：《论破产管理人的法律地位》，载《武汉大学学报》（哲学社会科学版）2017年第4期。

〔2〕 转引自张军：《论破产管理人的法律地位》，载《武汉大学学报》（哲学社会科学版）2017年第4期。

的不足。从逻辑上理解该学说下破产管理人,破产财产完全脱离破产债权人和债务人,将原有破产财产重新拟定为一个新的财产是破产管理人产生的前提,而破产管理人是因以上这种新拟定财产产生而出现的特定法律主体。代理说和职务说都有其自身无法避免的缺陷,但采用破产财团代表说有诸多理论优点,它能够解释明白破产法上的诸多法律现象,解决代理说和职务说所不能解决的问题,比如当破产管理人执行职务时加害他人,就能直接使破产财团对被害人负侵权行为之责,也可以由破产财团承担赔偿责任。同时,因破产管理人被解释为是破产财团的代表机关,所以,其为法律行为时,除可以以代表人地位行使职权外,亦可以以法定代理人的地位执行职务。[1] 财产代表说会面临以下难题:第一,对于破产重整时管理人的职务行为无法定性;第二,债务人无产可破时如何处理。

4. 信托制度说

在传统的破产法研究中,只有大陆法系的破产管理人法律地位存在争论,其重要原因就是法律没有作明文的规定。而在英美法系,对破产管理人的法律地位有很明确的规定,他们直接将信托制度引入破产管理当中。美国联邦《破产法》第 323 条明确规定,破产管理人是破产财产的代表。破产管理人作为破产财产的代表对破产财产承担被信任者义务,须本着破产财产最大化的原则,迅速采取有关措施,保护利害关系方的利益。英国《破产法》第 14 条第 5 项规定,接管人行使其职权时,视其为公司的代理人。由于法律的定位明确,因此避免了许多理论上的争论。[2] 该说同样面临上述财团代表说的问题。

(二)管理人的法律定位决定于破产程序的功能及管理人的职责

任何单独考察管理人的法律地位的方法都有失偏颇,毕竟管理人这一概念是在破产程序中才出现,而且破产程序是民事诉讼程序的特别程序。因此,考察管理人的地位还是要回到民事诉讼法律关系中去界定其地位。

1. 破产程序的特点和功能

破产包括实体和程序两层含义。实体意义上的破产,是指债务人不能清偿到期债务时所处的一种持续的财务状态。程序意义上的破产,是指因债务人不能清偿到期债务,债务人或债权人向法院提出申请,经法院审查受理,依法将债务人的财产公平分配给债权人的特殊的审理程序。它有以下特征:破产是一种清偿债务、结束债权

---

〔1〕 转引自张军:《论破产管理人的法律地位》,载《武汉大学学报》(哲学社会科学版)2017 年第 4 期。

〔2〕 张军:《论破产管理人的法律地位》,载《武汉大学学报》(哲学社会科学版)2017 年第 4 期。

债务关系的具有强制性的特殊手段。进入破产程序后，依照法律规定的破产程序，将债务人的全部资产一次性地分配给全体债权人，从而终结债权债务关系。这种受偿是通过法律程序使债权公平受偿，在管理人的安排下公平受偿，未能受偿的损失也公平分配给各债权人，从而使得各债权人得到的清偿与其债权的性质和数额相适应。这种程序是既有独立性又有综合性。管理人审查申报的债权时，需要面对双方当事人，具有审理的特征。在清算和分配阶段具有强制执行的特征，因此，具有综合性。[1] 就免除债务、终结债权债务关系的角度而言破产程序有保护债务人的功能。就公平受偿的角度而言，它又有保护债权人的功能。

2. 管理人的职责

破产程序的上述功能是通过管理人履行一系列职务来实现的。为了实现上述功能，法律需要设定管理人一系列职责。比如，接管债务人财产，财务资料、印章等；接受债权人申报债权；召开债权人会议；追回或取回债务人财产；审查债务人为履行完毕的合同；甚至还要处理债务人事务；对债务人财产进行评估拍卖；等等。为了便于管理人查清债务人的财产和追索债务人应收款项，还应当赋予债务人一定的调查权，社会机构和自然人还应当有主动配合的义务。同时，为了保护债权人和债务人的合法权益，管理人还需要接受法院和债权人、债务人的监督。

3. 在民事诉讼法律关系中确定管理人的地位

（1）管理人是民事诉讼程序中的诉讼参与人。根据以上分析，不难发现管理人是破产程序中的一个重要的民事诉讼主体。破产程序是民事诉讼程序中的特别程序。既然是民事诉讼主体，它不仅享有民事诉讼权利，也要承担民事诉讼义务。在破产程序中，管理人会与民事诉讼中的各种主体形成各种民事诉讼法律关系。接受法院指定为管理人后，管理人与法院之间形成了一种监督和被监督的关系。管理人在审查债权人申报的债权时行使了部分审判权，当然这种审判权是在债权人对管理人对债权审查结果没有异议时才能得到体现。此时形成的是一种审判法律关系。管理人代表债务人参加诉讼和仲裁时，与债务人形成一种代理关系。当然，这种代理是基于法律的规定，由人民法院指定，是法定代理。管理人管理债务人财产时，既有为债务人提供服务的特点，又有为债权人服务的特点。因为债务人财产的多少直接影响债务人重整成功的可能性，同时也直接影响债权人债权的实现程度。此时，管理人管理事务的结果归债务人，也归债权人。但是，本质上，管理人处理破产程序中的各种事务，

〔1〕 田平安：《民事诉讼法》，清华大学出版社2005年版，第272页。

是在履行其在民事诉讼法律关系中的义务,并获得相应的报酬。其地位就类似于鉴定人提供鉴定服务,收取鉴定费;证人出庭作证,获得必要的误工费和差旅费。

(2)确立管理人为民事诉讼程序中诉讼参与人地位的意义。确立管理人为民事诉讼程序中诉讼参与人地位的意义在于:第一,选任方式便于实现市场化。对于管理人的选任,可以由债务人或债权人、也可以由债权人和债务人共同选任;债权人和债务人无法确定管理人时,可以由人民法院指定。第二,管理人资格法定,主体市场化。管理人的资格可以由法律予以规定,可以是机构,也可以是自然人,只要具备法定资质的机构和个人都可以参与市场竞争。第三,法律赋予管理人履行职责充分的权利,以利于实现破产程序保护债权人和债务人权利的功能,例如调查权,在很大程度上减轻法院的负担。第四,提高管理人的社会认知度。目前法律框架下,社会对管理人是一个什么角色很不了解。这与破产案件比较少有关,社会对破产这一概念很模糊,当然对破产管理人这个概念就更模糊。法律明确了管理人的地位,明确了管理人在破产程序中的权利和义务后就容易接受,容易对管理人的工作予以协助。

结　语

总之,破产法兼有程序法和实体法的双重属性,就程序的角度而言,是民事诉讼的特别程序。它的功能在于保护债权人获得公平受偿,也保护债务人的合法权益,使得有能力的债务人能够重新获得新生。管理人作为破产程序中的主要民事诉讼主体具有诉讼参与人的特征。确立管理人民事诉讼参与人的地位有利于充分保障管理人的合法权益,有利于保障管理人充分履行义务,最终实现破产程序的功能。

专业法官会议机制的意义和作用

蒋志文*

一、建立专业法官会议机制的意义

建立和完善专业法官会议机制，是人民法院关于全面深化人民法院改革中健全审判权力运行机制的一项改革要求，也是完善人民法院司法责任制中改革审判权力运行机制的一项重要举措。根据《最高人民法院关于完善人民法院司法责任制的若干意见》规定，专业法官会议分别由民事、刑事、行政等审判领域法官组成，为合议庭正确理解和适用法律提供咨询意见，供合议庭复议时参考，采纳与否由合议庭决定，但讨论记录应当入卷备查。设立专业法官会议，体现了让审理者裁判、由裁判者负责，既为合议庭正确理解和适用法律提供制度支持，又为院庭长依法有序监督审判权提供制度保障，对于确保人民法院依法独立公正行使审判权具有十分重大的意义。

二、专业法官会议机制的积极作用

从目前专业法官会议机制运行来看，起到了以下积极作用：(1)解决了部分疑难案件，对部分分歧问题形成了共识，统一了部分案件类型

* 南宁市中级人民法院民事法官专业委员会主任。

的裁量标准;[1](2)促进了法官队伍专业素质和审判水平的提高。通过集体讨论案件,使每个法官更广泛地接触不同类型的案件或者同类型案件的不同情形,更广泛地听取各种审判思路和法律思维、案件分析和法律适用见解,进一步开拓了视野、丰富了阅历、增长了见识,通过思维碰撞、集思广益、交流互鉴,法官队伍整体专业素质和审判水平大大提高;(3)有力促进了案件审理进度。对于困扰承办法官和合议庭的疑难复杂问题、法律适用新问题、与类案生效判决冲突问题、系列案件裁判尺度统一问题、当事人矛盾激化及舆论压力问题等,通过专业法官会议为合议庭正确理解和适用法律提供咨询意见得以及时解决,同时通过平时集体讨论案件提高了法官队伍整体专业素质和审判水平,切实有力促进了案件审理进度;[2](4)减少了审判委员会讨论案件数量。因大多数案件通过专业法官会议已经得到解决,不再需要提交审判委员会讨论,因此减少了审判委员会讨论案件数量,使审判委员会能够集中精力讨论解决重大疑难复杂案件和总结审判工作经验。

三、专业法官会议机制运行中的存在问题

从目前现状来看,专业法官会议机制运行中仍然存在思想认识不足和运行机制不完善、不规范等问题,主要表现在:(1)少数法院领导层面重视不够,至今还没有建立和运行专业法官会议机制。(2)部分院庭长还没有转变观念,不愿放权、不敢放权,习惯和留恋行政化的案件汇报处理方式,或者相反,把放权当成放任不管,不敢监督、不善监督。(3)部分法官仍不适应新的改革要求。有的仍有等靠思想,遇到疑难复杂问题拖住不办或者习惯依靠院庭长来定案;有的则对院庭长依法监督审判权产生误解和抵触,把依法监督当作干预办案;有的对专业法官会议产生新的依赖思想,只管上会抛问题向他人要答案;有的对讨论他人案件不关心、不参加、不发表意见或者不认真分析,只顾自己结案。(4)运行机制不完善、不规范。有的没有制定议事规则,有的没有明确讨论案件范围或者所定范围不科学,有的没有明确会议组成人员和召集人,有的没有会议办事机构和人员、没有会议场所和设施;普遍存在会议记录不够全面、准确和规范,会后没有与会法官签名和入卷备查,合议庭复议和反馈机制没有建

---

〔1〕 例如,截至2017年4月,南宁市两级法院共召开民事专业法官会议85次,讨论案件661件。中院还通过民事专业法官会议(和民、商事专业法官联席会议)讨论提出意见后经审批委员会讨论通过了《关于审理消费者权益保护纠纷中适用惩罚性赔偿若干问题的裁判指引》和《关于审理商品房买卖合同纠纷案件中如何认定商品房交付条件的会议纪要》。

〔2〕 例如,2017年南宁市两级法院民事案件结案同比增长42.09%。

立,合议庭汇报材料不够规范。

四、专业法官会议机制的强化和完善

(一)要高度重视和正确认识专业法官会议机制的作用与意义

专业法官会议机制是全面深化人民法院改革的要求,是健全审判权力运行机制的一项新的制度安排。最高人民法院对于专业法官会议机制的建立和运行十分重视,作为一项制度规定在《最高人民法院关于完善人民法院司法责任制的若干意见》和《最高人民法院司法责任制实施意见(试行)》中,并多次作为改革项目进行督导和检查,可见其重要。我们不能因为它是咨询机制就当作可有可无,不予重视。正是因为它是咨询机制,才能保证真正还权合议庭,同时又能为合议庭正确理解和适用法律提供帮助,并使院庭长监督审判权从行政化走向公开化、民主化、程序化,更好实现让审理者裁判、由裁判者负责和达到监督有序、制约有效,确保依法独立公正行使审判权和落实司法责任制的实现。根据《最高人民法院司法责任制实施意见(试行)》规定,院庭长按照审判监督管理权限决定提交讨论的案件和拟提交审判委员会讨论的案件都需提交专业法官会议讨论,因此,它虽然是咨询机制,但却是上承审委会、中联院庭长、下启合议庭必不可少的重要机制。它可以为承办法官、合议庭决疑解难提供帮助,加快案件审理进程,确保正确理解和适用法律;为院庭长监督审判权提供公开民主平台,确保审判权依法独立公正行使;为审委会提供专业意见参考,使审委会听取更加全面和专业的意见,避免定案出现偏颇或者失误;也为审判法官提供业务学习交流平台,通过案件讨论,交流互鉴,集思广益,释疑解惑,共同提高。

(二)要正确对待和用好民事专业法官会议机制

承办法官、合议庭面对疑难复杂问题和外界干扰压力,不要久疑不解,久拖不决,要善于借助民事专业法官会议机制,及时上会帮助解决。院庭长对于承办法官久拖不决的案件或者依法需要进行审判监督的案件,要善于借助民事专业法官会议机制,及时提起上会讨论解决,必要时提请审委会讨论,促使案件及时公正审结。承办法官、合议庭要善于听取不同意见、吸纳正确意见,复议时对讨论意见要进行参考、比较分析、权衡理据,决定采纳与否,不能上不上会一个样,上会不过摆样看,反正最终由我说了算,那样不利于正确理解和适用法律,不利于避免错案追责。审判法官要积极参加专业法官会议,认真分析发表意见,不要对他人的案件,事不关己,高高挂起,不参加、不认真分析、不积极发表意见,这样不利于集思广益,提供有益参考,也不利于交流互鉴,共同提高审判水平和案件质量。当然,承办法官、合议庭也不能对专业法官会议机制形成依赖思想，遇到问题，不加思考、不经过认真查找法律和深入讨论分析，只管上会抛问题，向别人要答案，这样不利于提升自身业务素质和审判水平。

（三）要正确认识和处理院庭长审判监督管理权与专业法官会议机制的关系

不是有了专业法官会议机制就不需要院庭长审判监督管理权了，那种认识是十分错误的。专业法官会议只是为合议庭正确理解和适用法律提供咨询意见的一项咨询机制，不能代替院庭长审判监督管理权。院庭长审判监督管理权肩负着广泛的职责，〔1〕只能加强，不能削弱。院庭长要依法肩负起审判监督管理职责，大胆依法行使审判监督管理权，不能放任和松懈，做到放权不放任、监督不干预。审判法官要自觉接受和服从院庭长依法进行的审判监督管理。需要特别强调的是，依照院庭长审判监督管理权限，院庭长对涉及群体性纠纷，可能影响社会稳定的案件；疑难、复杂且有重大社会影响的案件；与本院或者上级法院的类案判决可能发生冲突的案件；有关单位或者个人反映法官有违法审判行为的案件，可以要求合议庭报告案件进展和评议结果，可以决定将上述案件提交专业法官会议、审判委员会讨论，〔2〕并可以要求逐级审批。〔3〕对此，承办法官和合议庭不能错误地把这种合法监督当作干预办案，产生抵触情绪。当然，院庭长也要改变过去那种行政化的案件汇报处理方式，不再单独发表倾向性意见，认为合议庭评议结果不当的，应提交专业法官会议、审判委员会讨论。〔4〕

（四）要严格遵守审判纪律

一是要严格保守审判机密，这是一条红线，不能触碰，否则，轻则纪律处分，重则刑事追责。专业法官会议参加的人员多，涉及的案件也多，保密难度加大，保守审判机密纪律更要强调，所有参加讨论的人员、包括记录书记员，对于知悉的合议庭评议结果和意见、专业法官会议讨论意见都不能对外泄露，必须严格保密。二是要严格遵守回避制度。虽然专业法官会议不是合议庭、审委会，会上对案件处理发表的只是咨询意见，但是对案件的最终处理结果可能产生影响，因此应参照民事诉讼法有关回避的规定实行回避，凡是符合法定情形的，要自觉回避，不得参加相关案件讨论和记录。

（五）要进一步完善和规范专业法官会议机制

一是要建立和完善有关规章制度。首先，要制定议事规则；其次，在运行一段时

〔1〕参见《最高人民法院司法责任制实施意见（试行）》第59条、第60条、第64～68条。

〔2〕参见《最高人民法院关于完善人民法院司法责任制的若干意见》第24条。

〔3〕参见《最高人民法院司法责任制实施意见（试行）》第64条。

〔4〕参见《最高人民法院关于完善人民法院司法责任制的若干意见》第23条。

间后,要总结经验,根据工作需要完善议事规则和制定其他必要的配套规章制度,保障专业法官会议机制依法、有序、有效运行。二是要规范汇报材料、会议记录、复议和反馈机制。汇报材料要详略得当、提炼需要讨论的法律适用问题、归纳合议庭的分析意见、备附相关法条或者判例规则。会议记录要全面、准确,并由参加讨论的审判法官签名,入卷备查。合议庭复议和反馈机制也要建立完善,以便院庭长根据复议结果决定是否需要提交审委会讨论。

论口述历史故事的著作权保护

陈雪娇*

“口述历史故事”是指散落在民间且以口口相传的方式进行保存和流传的民间历史故事，在对这类故事进行固定和传播的过程中，口述人、采整人和组织者这三者的作用与价值均不可忽视。根据口述历史故事表现形式的不同，本文将其分为固定前和固定后两个阶段，分别分析了在不同阶段中如何确定口述历史故事的作品类型和权利主体，旨在为从事民间文化保存工作的各方主体提供合理的著作权保护。

一、口述历史故事的基本概念及研究背景

因受到时代以及科学技术发展的局限，很多历史事件、历史故事或人物传说的相关情况没法在当时及时记载和保存，那些经历特定时代或者知晓情况的人是当今时代的“活历史”，是我们了解历史最直接的渠道。他们对自己所经历过的时代、事件的介绍，或是将长辈讲述的历史故事进行的回忆、重述，对我们完善史料、还原历史真相、全面了解历史都大有裨益。为讨论方便，笔者将这些散落在民间以口口相传的方式进行保存和流传的民间历史故事，统称为“口述历史故事”。

在固定和保存口述历史故事的过程中，通常存在以下三个主体：一是口述人，即讲述历史故事的人，因受到科学技术以及个人文化水平的限制，这些知晓历史情况的人主要通过口头叙述的方式使得历史故事得以世代流传，其讲述故事的过程很可能就是创作本身，也可能是为后续

* 广西高级人民法院民三庭法官助理。

的创作提供素材，从某种程度上讲，口述人的口述是这类“口述历史故事”获得著作权的基础和来源。二是采整人，即对民间流传故事进行搜集、记录、整理的人，他们通过访谈、记录、录音、录像等多种方式，将口述人口头讲述的故事以某种形式固定下来，使得民间流传的历史故事得以完整保存和长久流传。三是组织者，因民间流传故事分散范围广，搜集的工作量大，耗时长，且多具有公益性，个体从事组织工作受到资金、能力和动力不足等限制，所以这项工作一般是由政府部门或者社会团体来组织承担。

以上三个主体对保持民间文化的延续性和历史的承继性而言，其作用和价值均不可忽视，但随着时间的推移，知晓相关历史情况的人越来越少，口述工作的重要性和紧迫性随之凸显，因开展口述工作带来的著作权保护问题也开始引起社会的注意，但学界对这类问题的研究甚少，现有研究大多集中在图书馆学及档案学的领域中，所涉及的著作权研究也没有对上述主体进行区分和甄别，研究不够全面和系统。在司法实践中，这类案件虽然占比不大，但在认定作品类型、权利归属、著作权人享有何种权利，如何行使权利等方面经常出现裁判不一的情况。笔者将围绕口述历史故事，对所涉及的著作权问题进行梳理，旨在明晰此类案件的审理思路，以便为从事保护民间流传文化的各方主体提供合理的著作权保护。文中，笔者根据口述历史故事表现形式的不同，将其分为两个阶段：一是固定前，即口述阶段，强调的是将历史故事用言语进行表达的阶段；二是固定后，强调的是将上述言语表达通过某种有形形式进行固定的阶段。下文将会结合上述权利主体以及其所处的阶段，对其中涉及的著作权法律问题分别进行讨论。

二、口述历史故事与相关概念的辨析

（一）口述历史故事是否属于“公有领域”的素材

有观点认为，“口述历史故事”在民间流传多年，早已经进入公有领域，不能再由特定人独占享有权利。笔者认为，著作权法保护的是作品的表达，而不延及思想，这些故事所讲述的内容或者所描述的事件确实属于公有领域，任何人都可以对其加以使用，但是将这些故事用不同的表达方式（包括讲述、表演、写作等）表达出来之后，只要符合著作权法规定的作品构成要件，不影响对其提供相应的著作权保护，不应将故事的内容和故事的表达混为一谈。

（二）口述历史故事是否属于“民间文学艺术作品”

有观点认为，“口述历史故事”是通过民间口口相传留存下来的，无法确定最初的创作者,应属于民间文学艺术作品的范畴,根据2014年9月国家版权局起草的《民间文学艺术作品著作权保护条例(征求意见稿)》(以下简称《征求意见稿》)的规定,民间文学艺术作品的著作权属于特定的民族、族群或者社群,且民间文学艺术作品的著作权的保护期不受时间限制。笔者认为,将口述历史故事纳入民间文学艺术作品的范畴存在以下诸多障碍:第一,"口述历史故事"并不符合"民间文学艺术作品"的创作规律,《征求意见稿》第2条规定了"民间文学艺术作品"是指"由特定的民族、族群或者社群内不特定成员集体创作和世代传承,并体现其传统观念和文化价值的文学艺术作品","集体创作"是其主要特点,而"口述历史故事"是历史的经历者或见证者,通过口头叙述的方式,对特定时期的历史及事实状况所进行的描述或再现,并非由特定的民族或群族进行集体创作形成的。第二,从社会效果上讲,将"口述历史故事"纳入民间文学艺术作品的范畴不利于民间历史文化的留存和传播,如果不认可口述人的作者地位,将会在很大限度上降低知晓历史情况的人员参与口述工作的积极性。第三,从法律适用上讲,关于民间文学艺术作品的著作权保护条例至今没有正式出台,在法律没有作出另行规定的情况下,适用《著作权法》及相关条例对这类作品提供保护并无不当。综上,笔者认为,口述历史故事不属于民间文学艺术作品的范畴,其属于我国《著作权法》及相关条例规定的"作品"范畴。

三、口述历史故事在固定前的作品类型确定及权利归属问题

(一)口述人的口头表达是否属于"口述作品"?

我国《著作权法实施条例》第2条规定,著作权法所称作品,是指文学、艺术和科学领域内具有独创性并能以某种有形形式复制的智力成果。在第4条第1款第2项中,规定了"口述作品"的含义,即兴的演说、授课、法庭辩论等以口头语言形式表现的作品。根据上述法律规定,我们可以概括构成口述作品的基本要件有:(1)具有独创性;(2)能以某种有形形式复制;(3)即兴地以口头语言形式表现,这三个要件缺一不可。

那么根据上述要件,口述历史故事是否符合口述作品的概念呢?首先,"独创性"不难理解,我国著作权法对独创性的要求并不高,只要是体现了创作人自己的构思、安排、取舍等,就可以认定具有独创性,绝大多数的口述历史故事都符合独创性的要求。其次,是否能够以有形形式固定,著作权法并没有限定固定的形式类型,也没有要求固定的行为一定要完成,也就是说,只要存在可以以有形形式固定的可能性即可,当今科学技术发达,采用笔纸记录、录音、录像等手段都有可能将口述作品固定下

来，所以口述历史故事符合此项要件。最后，即兴地以口头语言形式表现，这也是口述作品与其他作品最大的区别，以口头语言形式表现不难理解，重点在于如何理解“即兴”？现代汉语词典对“即兴”一词的释义是：“事先毫无准备，仅就当时的感受创作、表演或者演讲的”，在著作权法层面来理解，“即兴”是指事先没有形成文字稿，或者虽然形成文字稿也仅仅是非常简单的提纲式的概括。我们经常拿“朗诵”来举例，朗诵的前提和条件是事先有书面文稿，将书面文稿逐字逐句朗读出来的过程并非创作的过程，不能形成口述作品，通过这样的对比，大家对“即兴”概念的理解就会明晰很多。回到本文的研究对象口述历史故事上来，大多数口述人是将自己对当时亲历事件的感受，或自己从长辈那里听来的故事，边回忆边讲述，在这个过程中，虽然故事讲述的内容属于事实，是曾经真实发生过的，但是讲述人在讲述的过程中，对这些故事、实践、感受等按照自己的方式作出了提炼、归纳、取舍和安排，其讲述的过程本身便是再创作的过程，历史事实本身仅是口述人进行创作的素材。综上，笔者认为口述历史故事符合口述作品的概念，而且不同的人讲述同一个故事，尽管题材相同，但只要口述人之间的表述不存在实质性相似，仍然不影响口述作品的认定，这与文字作品的认定思路是一致的。所以，将固定前的口述历史故事定性为口述作品合法合理，口述人对其口述所形成的表达享有著作权。

（二）口述人的口头表达是否属于“法人作品”

一般而言，作者为自然人，但是在符合法律规定的条件下，法人或者非法人组织可以视为作者，这是一种法律拟制，理论上称这类作品为“法人作品”。法人作品并非作品的一个类型，它侧重于强调作品的权利人是法人而非自然人。我国《著作权法》第11条第3款规定，由法人或者非法人单位主持，代表法人或者非法人单位意志创作，并由法人或者非法人单位承担责任的作品，法人或者非法人单位视为作者。该条规定确立了构成“法人作品”的三个必备要件：(1)由法人或者非法人单位主持；(2)代表法人或者非法人单位的意志创作；(3)由法人或者非法人单位承担责任。例如，某单位的发言人代表单位对外所作的发言体现了单位的意志，单位对其发言承担责任，则该发言属于法人作品。

在口述历史故事构成“口述作品”的前提下，该作品是否属于“法人作品”，关键在于分析组织者和口述人之间的关系。一般而言，在口述历史故事的采集过程中，组织者与口述人之间通常不直接进行联系，口述人也并非组织者的雇员，二者相互独立。口述人进行口述的时候，是将其所知晓的故事凭记忆向采整人讲述，并非代表组织者进行创作，口述人的口头表达随意性很大，而且很多表达都是临场发挥，很难受到组织者意志的控制和影响。所以,笔者认为,在双方没有对作品类型及权利归属作出约定的情况下,固定前的口述历史故事不是法人作品,组织者对口述人的口头表达不享有著作权。

(三)口述阶段口述人的口头表达是否属于"职务作品"

根据我国《著作权法》第16条的规定,公民为完成法人或者非法人单位工作任务所创作的作品是职务作品。职务作品的著作权原则上由作者享有,但法律还规定了两种例外:(1)主要是利用法人或者非法人单位的物质技术条件创作,并由法人或者非法人单位承担责任的工程设计、产品设计图纸及其说明、计算机软件、地图等职务作品;(2)法律、行政法规规定或者合同约定著作权由法人或者非法人单位享有的职务作品。在这两种情况下,作者仅享有署名权,著作权的其他权利由法人或者非法人单位享有。

根据上文对组织者与口述人的关系分析可以得出,口述人讲述历史故事,是出于自愿所进行的言语创作,并非是为了完成组织者所安排的工作任务,口述人创作的方式是通过言语表达,即以自己的声音作为传播的媒介,并没有利用也无法利用他人提供的其他物质技术条件来创作,所以,固定前的口述历史故事不属于职务作品,但当事人另有约定的除外。

(四)口述人的言语表达是否属于"合作作品"

在口述历史故事固定前这一阶段,均有口述人和采整人的共同参与,那么二者是否属于共同创作呢?我国《著作权法》第13条第1款规定,两人以上合作创作的作品,著作权由合作作者共同享有。没有参加创作的人,不能成为合作作者。根据口述历史故事的创作规律,一般是由口述人即兴讲述,然后由采整人进行记录整理。口述人讲述历史故事的过程就是其创作口述作品的过程,采整人在期间的提问、访谈仅是对故事内容或是细节起到引导和提示作用,不属于创作行为,不存在采整人和口述人共同创作口述作品的情形。当然,在多个口述人同时对同一个历史故事进行讲述的情况下,两个人的言语表达相互补充,形成一个完整的故事或对一个时间的完整介绍,则存在认定该口述作品为"合作作品"的可能。

综上,在当事人没有就作品类型以及著作权利归属作出约定的情况下,口述阶段口述人的口头表达,属于著作权法规定的"口述作品",该作品不是著作权归属于组织者的"法人作品",也不是权利行使受到限制的"职务作品",也不是口述人与采整人共同创作的"合作作品",口述人对其创作的口述历史故事享有完整的著作权,他人未经许可,不得擅自使用。

四、口述历史故事在固定后的作品类型确定及权利归属问题

(一)口述历史故事的固定方法

目前,社会各界对这些口述历史故事的保存和流传越来越重视,所采用的保存手段和方式方法也越来越多样化,常见的方法包括:用纸笔记录、录音、录像,或将历史故事编排成话剧、歌剧、舞剧、戏剧等,抑或将历史故事拍摄成纪录片、电影等。对口述作品采取何种固定方式,直接决定着固定后的口述历史故事的作品类型,不同的固定方式会在这些口述历史故事的基础上衍生出不同的周边作品或制品,因篇幅有限,本部分重点讨论将口述作品以文字形式进行固定的情形。这部分重点讨论采整人的权利保护问题。

(二)固定后的口述历史故事的作品类型

如果采整人只是用纸、笔等工具将口述人口述的内容原貌记录下来,形成的文字稿件仅是对口述作品的固定形式,采整人付出的是劳动,并不属于创作,故该文字稿件仍然属于口述作品,口述人对其口述表达享有著作权。

但是,如果采整人仅仅是把"口述作品"作为其创作的素材,用文字把口述作品重新进行了表达,虽然故事内容相同,但是该表达与口述人的表达不同,这种情况下,因该文字表达体现了采整人自己的取舍、安排等,具有独创性,该文字表达是一个新的作品,但是属于演绎作品[1]的范畴,原则上著作权由采整人享有,其行使著作权时不得侵犯原口述作品的著作权。此外,在这种情形中,还需要考虑组织者和采整人之间的关系,可以根据本文第三部分介绍的分析方法,分析该文字作品是否属于法人作品、职务作品或者合作作品,对作品类型的定性不同,直接影响到权利人的权利内容以及权利的行使方式。

(三)司法实践中对固定后的口述历史故事权利人的认定

我国著作权法规定,创作作品的公民、法人或非法人单位是作者,如无相反证明,在作品上署名的公民、法人或者非法人单位为作者。司法实践中,一般都是根据作品上的署名来认定作者,除非有相反的证据证明。但是,口述历史故事的署名具有特殊之处,因"口述人"和"采整人"所处的历史时代、生活背景、人物关系等,对研究历史真相、提高还原历史的准确性而言均具有较高的学术价值,所以,在口述历史故事中

〔1〕《著作权法》第12条规定,改编、翻译、注释、整理已有作品而产生的作品,其著作权由改编、翻译、注释、整理人享有,但行使著作权时不得侵犯原作品的著作权。

一般都会注明"口述人"和"采整人",那么,在双方没有约定的情况下,如何判断该文字作品的权利主体,即谁是作者?

笔者认为,如果有证据能够证明该文字表述与口述人的口述表达不一致,应认定该"采整人"为文字作品的作者,但是采整人在行使著作权的时候不得侵害"口述人"的权利。如果没有此类证据,原则上应认定"口述人"为作者,该文字作品仅是"口述作品"的固定形式,不产生新的著作权,"采整人"仅有表明记录人身份的权利,不享有其他著作权利。

结 语

根据口述历史故事表现形式的不同,分为固定前和固定后的口述历史故事。固定前的口述历史故事在符合法律规定的情况下,构成"口述作品",但该作品不是属于组织者的"法人作品",不是权利行使受到限制的"职务作品",也不是口述人与采整人共同创作的"合作作品",口述人对其创作的口述历史故事享有完整的著作权,任何人未经许可,不得擅自使用。

固定后的口述历史作品,固定方式的不同会导致作品类型的不同,文章对采用笔、纸记录的固定方式进行了分析:如果采整人对口述人的表述进行原貌记录,属于对作品的再现,不属于创作,形成的文字仍然属于口述人的口述作品;如果采整人仅仅是将"口述作品"作为其创作的素材再创作,则采整人对其新的表达享有著作权,但是行使著作权时不得侵犯原口述作品的著作权。司法实践中,因文字作品中通常会署上"口述人"以及"采整人"的名字,原则上将"口述人"视为作者,"采整人"仅享有署名权。但在采整人有证据证明该文字表达是采整人再创作而形成的表达,且该文字表达与口述人的口述表达不一致的情况下,可以认定"采整人"对该文字表达享有著作权,此时"口述人"仅享有署名权。

关于适用追缴与责令退赔的几个问题的探讨

韦宗昆[*]

《刑法》第64条规定，犯罪分子违法所得的一切财物，应当予以追缴或责令退赔(以下简称退赔)。但上述条文中关于追缴、退赔的规定过于笼统，相关司法解释或规范性文件对此的规定也过于分散，如何正确适用追缴、退赔一直是困扰刑事审判实践中的一个突出问题。特别是在当前强调保护被害人合法权益、保护公民产权制度的形势下，如果贯彻得不好，既不利于惩治侵财性犯罪和经济犯罪，也不利于保护被害人的合法权益。本文就刑事审判实践中如何正确适用追缴、退赔几个问题作一探讨，以求教于广大同人，达到规范刑事司法的目的。

一、关于正确适用退赔与追缴的重大意义

2014年之前，《刑法》第64条规定的由刑事判决确定的追缴、退赔的判项是否应当由人民法院强制执行没有明确规定，所以，退赔和追缴在刑事审判实践中不太受重视，判决追缴、退赔固然正确，不判追缴、退赔也不能说错误。2014年之后，相关司法解释及刑事指导性政策密集出台，退赔与追缴被上升到事关被害群众切身利益和保护公民合法财产的大事来看待。主要司法解释、文件有：

1. 2014年10月30日下发的《最高人民法院关于刑事裁判涉财产部分执行的若干规定》第1条规定："本规定所称刑事裁判涉财产部分的执行，是指发生法律效力的刑事裁判主文确定的下列事项的执行：(一)

---

* 广西壮族自治区高级人民法院邢二庭副庭长。

罚金、没收财产；（二）退赔；（三）处置随案移送的赃款赃物；（四）没收随案移送的供犯罪所用本人财物；（五）其他应当由人民法院执行的相关事项……”第15条规定：“执行过程中，案外人或被害人认为刑事裁判中对涉案财物是否属于赃款赃物认定错误或者应予认定而未认定，向执行法院提出书面异议，可以通过裁定补正的，执行机构应当将异议材料移送刑事审判部门处理；无法通过裁定补正的，应当告知异议人通过审判监督程序处理。”

2. 2014年12月17日下发的《最高人民法院关于依法平等保护非公有制经济促进非公有制经济健康发展的意见》第8点意见强调，对犯罪分子非法占有、处置非公有制经济主体的财产，要依法予以追缴或者退赔；犯罪分子非法毁坏非公有制经济主体财产，非公有制经济主体提起附带民事诉讼的，依法予以支持。

3. 2016年11月28日出台《最高人民法院关于充分发挥审判职能作用切实加强产权司法保护的意见》第4点意见强调，……加大对非公有财产的刑法保护力度，依法惩治侵犯非公有制企业产权以及侵犯非公有制经济投资者、管理者、从业人员财产权益的犯罪。对非法占有、处置、毁坏财产的，不论是公有财产还是私有财产，均依法及时追缴发还被害人，或者责令退赔。第8点意见强调，……严格区分违法所得和合法财产，对于经过审理不能确认为违法所得的，不得判决追缴或者退赔。

上述司法解释、指导性文件明确追缴和退赔事关被害人合法权益，事关维护公民合法财产权益，应当予以高度重视，并在审判实践中加以贯彻落实。

二、关于正确适用退赔与追缴的几个问题的探讨

（一）关于一审法院没有判令被告人退赔、二审法院能否直接改判责令被告人退赔的问题

在审判实践中，对于一审法院遗漏判决责令被告人退赔的案件，二审法院能否直接改判增加责令退赔的内容，存在争议：一种意见认为不可以，理由是二审增加了责令退赔的判决主文违反了上诉不加刑原则，同时二审终审又剥夺被告人的再上诉权利，在此种情况下，只能待判决生效后通过审判监督程序纠正；另一种意见认为可以，理由是二审改判责令退赔是适用《刑法》第64条对涉案款物的处置，不是增加主刑或附加刑，不存在加重刑罚或剥夺被告人相关权利的问题，其既然构成犯罪，责令退赔当然是其依法承担的法律道义，是惩治犯罪本有之义，故二审可以直接改判，以保护被害人的合法权益。

笔者同意第二种意见，理由是：一是判决被告人责令退赔是依据《刑法》第64条

对涉案款物的处置,不属于刑种,既不是主刑,也不是附加刑,不存在上诉加刑的问题。二是二审增加责令退赔的判决主文是以被告人构成犯罪为前提,其既然终审认定其构成犯罪,则依照《刑法》第64条规定依法判决其对未退赔被害人的经济损失是法律应有之义,除非其不构成犯罪。三是二审增加责令退赔的判决条文是确定被告人有罪后判令其应当履行有义务(如不主动履行即强制执行),是判决其犯罪的必然结果,而不存在剥夺其权利之说。其对二审判决责令退赔有异议的,只能通过申请再审确认其无罪,才能不承担退赔的义务。四是如果说要保护权利,法律应当优先保护被害人的权利,即被害人有权要求法院在惩治犯罪的同时,一并判决被告人退赔其造成被害人的损失,无论是一审或者是二审法院,只要判决认定被告人有罪,被害人都有权要求法院判决被告人责令退赔。五是如果机械执法,僵化强调保护被告人所谓的权利而损失了被害人的真正合法权益,对被告人来说是有利的、求之不得的,如果法院只能通过审审监督程序纠正,对国家来说意味着浪费司法资源增加了司法成本,对被害人增加了讼累,显然不符合司法的核心价值观。综上,一审遗漏判决责令退赔的情况下,二审法院如果认为被告人构成犯罪的,可以直接改判增加责令退赔的判决主文。

(二)关于共同犯罪案件能否以无法分清分赃事实而笼统判决共同退赔被害人经济损失的问题

如A是某医疗机构的负责人与社会人员B勾结,共同骗取医疗保险金100万元。上述事实有书证及银行走账单等证据以及B供述证实,A是零口供。对于骗取所得款项全部打入B的个人账户,B供述取出所得款后,两成交给A,自己得一成。因A是零口供,一审法院认为分赃的事实无法查清,即笼统判决A、B共同退赔医疗机构经济损失100万元。

上述案例的判决退赔情况在审判实践中并不鲜见,法律界也见怪不怪。一种观点认为,这样判决没有问题,道理很简单,待移送执行部门后由执行部门按照民法连带责任的方式执行,即谁有财产就先执行,之后再由共同犯罪的被告人内部分担、追偿;另一种观点认为,共同犯罪退赔也要明确各被告人具体退赔数额,否则,执行部门无法执行。道理也很简单,审案的法官都分不清,怎样苛求根本不知道案情的执行法官代替办案法官去区分、去执行?

笔者同意后一种观点,理由是:一是刑事追赃的原则是赃款去到哪就追到哪,这是刑事审判实践的共识,依据是《关于办理诈骗刑事案件具体应用法律若干问题的解释》第10条规定,行为人已将诈骗财物用于清偿债务或者转让给他人,具有下列四种情形之一的,应当依法追缴……他人善意取得诈骗财物的;《关于办理非法集资刑事案件适用法律若干问题的意见》第5条也有相同规定。这样规定的目的就是不能让占有他人财物的被告人获益。二是退赔不适用民事连带赔偿的形式,以上述案例为例,如执行部门执行了B的财产,即是B代A履行了退赔义务,B再向A追索赃款缺乏法律依据,人民法院也不可能支持、认可。三是退赔必须明确具体。《最高人民法院关于适用刑法第六十四条有关问题的批复》规定,被告人非法占有、处置被害人财产的,应当依法予以追缴或者退赔。据此,追缴或者退赔的具体内容,应当在判决主文中写明;其中,判决前已经发还被害人的财产,应当注明。《最高人民法院关于适用〈中华人民共和国刑事诉讼法〉的解释》第356条规定,对查封、扣押、冻结的财物及其孳息,应当在判决中写明名称、金额、数量、存放地点及其处理方式等……涉案财物未随案移送的,应当在判决中写明,并写明由查封、扣押、冻结机关负责处理。《最高人民法院关于刑事裁判涉财产部分执行的若干规定》第6条规定,刑事裁判涉财产部分的裁判内容,应当明确、具体。涉案财物或者被害人人数较多,不宜在判决主文中详细列明的,可以概括叙明并另附清单;判处没收部分财产的,应当明确没收的具体财物或者金额;判处追缴或者退赔的,应当明确追缴或者退赔的金额或财物的名称、数量等相关情况。上述司法解释之所以作出这样规定,是因为执行部门依据判决主文执行,如果上述案例主文笼统判决:“被告人A、B共同退赔被害人经济损失100万元。”那执行法官在不了解案情的情况下,当然不知道应该执行A多少财产、B多少财产,无论怎样执行都找不到法律依据,当然包括找不到参照民事连带责任方式执行的依据,最终结果当然是不了了之。这显然无法保护被害人的合法权益。

所以,共同犯罪案件的退赔必须明确被告人的具体退赔数额,不能笼统判决共同退赔。如上述案件,法官完全可以采信B的供述,即认定A分得100万元中的2/3即67万元,B分得其中的1/3即33万元,并按B供述判令二人具体的退赔数额。当然,如果某一个案件中,两名共同犯罪被告人都推诿说是对方占有、自己没有占有的,是否可以各打五十大板、各承担50%退赔数额?笔者认为是可以,除非两被告人能举出自己没有占有的证据或理由,从另一个角度来说,这样判决也是倒逼被告人举证以免除自己的退赔责任,如果一审判决二被告人各承担50%退赔责任后,其中一被告人不服提出上诉,并在二审中举证自己没有占有50%而是占有20%的,二审法院还可以直接改判。总之,法官应当根据在案的证据综合案情作出共同犯罪分赃的判断并判令各被告人承担具体的退赔数额,努力避免笼统判决共同犯罪的被告人共同退赔被害人经济损失,确保案件退赔主文能够得到执行,保护被害人的合法权益。

（三）关于继续追缴被告人未退出的赃款的判项能否作为强制执行的依据的问题

应该说，如果赃款赃物尚在，法院判决追缴的，该判决主文当然可以作为强制执行的依据，如《全国法院维护农村稳定座谈会纪要》指出："……赃款赃物尚在的，应一律追缴……"《关于办理诈骗刑事案件具体应用法律若干问题的解释》第10条规定，行为人已将诈骗财物用于清偿债务或者转让给他人，具有下列四种情形之一的，应当依法追缴……他人善意取得诈骗财物的；《关于办理非法集资刑事案件适用法律若干问题的意见》第5条也有相同规定。所以，如果赃款赃物尚在，判决追缴的主文可以作为强制执行的依据并无疑义。

但是在审判实践中，法院判决主文判决："继续追缴被告人某某未退出的赃款××万元。"该主文是否能够作为强制执行的依据，存在争议。一种意见是可以作为强制执行的依据，理由是既然是法院判决主文，当然可以强制执行，否则就没有判决的必要，特别是职务犯罪案件，必须"依法对贿赂犯罪分子违法所得一切财物一追到底，不设时限，永不清零"。另一种意见是不能作为强制执行的依据，理由是在审判时都不能发现赃款赃物，判决生效后也不可能发现，就算发现，也必须通过判决再行确认、再执行。

笔者同意后一种意见，既然是继续追赃，顾名思义，只能追缴赃款赃物，不能执行个人合法财产充抵（被告人、家属同意除外）。对于这种判决主文，个人认为虽然可以作为执行依据，但事实上无法执行，理由是：执行阶段要执行判决尚未明确有具体执行对象（赃款赃物），已不可能。法院经过审理后都无法确定案件赃款赃物的去向，判决中继续追缴赃款赃物就是尚无具体指向对象，只期待今后任何时候发现即能追缴，目的是不让犯罪分子获得利益。但既然案件经过侦查、起诉、审判等强大的国家强制程序都无法查清赃款赃物去向，怎么可能在执行阶段能够发现？就算能够发现，也必须通过审判监督程序确认是否赃款才能判决处置。所以，在执行阶段继续追赃的判决主文更多是具有象征意义而已，除非是被告人自动履行或者他人检举告发。所以，在上述追赃事项的执行上，建议通过下列方式促使被告人以及其家属自动履行：

1. 不履行退赃义务的严格限制减刑，不得假释。2016年9月19日《最高人民法院关于办理减刑、假释案件具体应用法律若干问题的规定》第2条、第3条、第7条、第9条、第11条都明确即确有履行能力而不履行或者不完全履行生效裁判中财产性判项的，要严格控制限制减刑，不得假释。从而实现了与判决追赃判项对接，我们刑事法官近段时间不断接到职务犯罪分子家属电话要求履行追赃判项义务，无疑是上述司法解释正在发挥威力。虽然上述减刑、假释司法解释于2017年1月1日刚开始施行，效果尚待观察，但应该说还是有值得商榷之处，即对于履行生效判中财产性判项的前提是“确有履行能力而不履行或者不完全履行”，问题来了，这是不是会催生犯罪分子找人去开证明证实自己没有能力、去花钱打通监狱监管进行减刑，或者由谁去核实这个问题？所以，对于职务犯罪、涉黑犯罪、涉危害金融秩序及诈骗类犯罪，应当作为一个硬性条件，即不履行或者不完全履行财产性判项的，不得减刑和假释。

2. 悬赏。通过向社会公开悬赏，鼓励全社会提供被告人的财产线索，只要证明其有财产且不退赔的，不得减刑和假释。

3. 纳入失信名单。拒不履行退赔义务的犯罪分子刑满出狱后，对其未履行生效判决财产性判项的情况，应当由监狱部门纳入社会诚信黑名单，让其出狱后因个人诚信原因依然处处受限，最终实现“依法对贿赂犯罪分子违法所得一切财物一追到底，不设时限，永不清零”的目标。

案例分析

无过错责任原则及举证责任倒置规则在环境污染侵权案件审理中的运用

——邓某某诉永凯公司等六企业通海水域污染损害责任纠纷案*

麦　青** 　周艳华***

一、裁判要点

环境污染侵权责任的归责原则为无过错责任原则，因污染环境造成损害的，不论污染者有无过错，应当承担侵权责任。污染者以排污符合国家或者地方污染物排放标准为由主张不承担责任的，人民法院不予支持，但法律另有规定的除外。在分配举证责任时，要严格把握举证责任倒置规则，同时原告仍需承担初步的证明责任。原告应对被诉排污企业存在侵害行为、自己存在损害后果以及侵害行为和损害后果之间有关联性承担举证责任。被诉的排污企业应对法律规定的不承担责任或者减轻责任的情形及其行为与损害之间不存在因果关系承担举证责任。在

---

* 本案于2017年6月22日被最高人民法院评选为全国十大环境资源刑事、民事、行政典型案例；本案(2016)桂民终193号民事判决书获得首届全国法院环境资源优秀裁判文书评选民事类一等奖。

** 广西壮族自治区高级人民法院环境资源审判庭员额法官。

*** 广西壮族自治区高级人民法院环境资源审判庭法官助理。

确定损失赔偿范围时,应当注意区分合法民事权益与非法收益。

二、基本案情

2012 年 4 月 29 日至 5 月 25 日,广西横县郁江六景至飞龙河段连续发生多起网箱养殖鱼类死亡事故,邓某某是遭受死鱼事故的养殖户之一。事故河段是横县人民政府为保护重点流域水质和饮用水源安全而划定的禁止网箱养殖水域,邓某某未持有合法有效的《水域滩涂养殖许可证》。死鱼事件发生后,当地渔业管理部门和环保部门对死鱼原因开展调查,认为溶解氧偏低是主要原因。邓某某认为永凯公司等六企业所在的河岸位置均属原告养殖河段的上游,且其排污管都是通向郁江,其排污行为直接造成郁江六景至飞龙河段溶解氧过低,从而导致原告网箱鱼大量死亡,请求法院判令六家企业连带赔偿其经济损失人工费 114 786 元、饲料鱼苗成本 302 500 元,并共同承担本案的诉讼费用。

三、裁判结果

北海海事法院一审认为,邓某某已经举证证明永凯公司、祈顺公司和华鸿公司均排放了可能造成其养殖鱼缺氧致死的污染物,并且污染物到达了损害发生地,而永凯公司、祈顺公司和华鸿公司未能举证证明其污染行为与邓某某的死鱼损害不存在因果关系,故认定永凯公司、祈顺公司和华鸿公司的排污行为与邓某某的养殖损失存在因果关系。邓某某在死鱼事故发生时未依法取得《水域滩涂养殖许可证》,并不享有使用水域从事养殖生产的权利,其养殖收益不具有合法性,故养殖鱼价值构成中的利润部分及养殖人工费不受法律保护,但其购买的鱼苗、鱼饲料等成本性投入属于合法民事利益,应当受到法律的保护。对于邓某某可受法律保护的养殖损失,强降雨导致各种污染源汇入郁江所输出的有机污染物与损害后果的原因力比例为 75%,沿江生产企业正常排放生产废水所输出的有机污染物与损害后果的原因力比例为 25%。对于生产企业排污所造成的邓某某养殖成本损失 23 056.13 元,因本案污染源构成较为复杂,永凯公司、祈顺公司和华鸿公司无法证明各自排放生产废水中耗氧有机物的数量在所有有机污染物中所占的具体比例,应平均承担赔偿责任。判决:(1)永凯公司、祈顺公司和华鸿公司分别赔偿邓某某养殖经济损失 5523.33 元;(2)驳回邓某某的其他诉讼请求。

广西壮族自治区高级人民法院二审认为,邓某某主张因郁江水域污染,养殖的鱼类受到侵害,应对被诉排污企业存在侵害行为、自己存在损害后果以及侵害行为和损害后果之间有关联性承担举证责任。被诉的排污企业应对法律规定的不承担责任或者减轻责任的情形及其行为与损害之间不存在因果关系承担举证责任。对于金龙公司,邓某某未能完成其初步举证责任。邓某某无法指认金龙公司的排污口具体位置,对金龙公司是否存在在其养殖区域上游进行生产污水排放,且其排污行为与自己遭受的损害存在关联性进行举证。经南宁市环保局排查,仍不能明确金龙公司的排污口位置。一审判决未支持邓某某对金龙公司的损失赔偿主张正确。永凯公司、祈顺公司、华鸿公司在本案审理中均未能就其排污行为与损害之间不存在因果关系完成举证责任,应当承担不利的法律后果,一审判决认定永凯公司、祈顺公司、华鸿公司的排污行为与邓某某养殖的鱼类死亡有因果关系正确。一审法院以行政部门记载的死鱼数据为依据,综合鱼种类、数量、鱼苗市场价格等各方面实际因素,对邓某某购买鱼苗的损失进行合理计算,对购买饲料的成本根据养殖惯例进行酌定,尊重客观事实且公平合理。邓某某未持有合法有效的《水域滩涂养殖许可证》,其网箱养殖水域属于横县人民政府划定的禁止网箱养殖水域,其养殖行为违反了《渔业法》的规定,未取得该水域的合法使用权。邓某某未经相关行政主管部门许可使用全民所有的水域,对其非法占有水域进行养殖而取得的不正当收益损失部分法律不予保护,对其具体实施非法养殖行为所投入的人工费亦不应支持,但其购买的鱼苗、饲料、鱼药等生产成本并无非法性,仍属于合法的民事权益,应予以保护。根据南宁市环保局的报告,从造成死鱼河段溶解氧降低的有机污染物的来源构成来看,沿江生产企业正常排放的生产废水为输出耗氧有机物的来源之一,还存在另外三方面的污染源,一审确定排污企业对邓某某可受法律保护的养殖损失应承担25%的责任比例有事实和法律依据。本案已确定承担责任的有永凯公司、祈顺公司、华鸿公司,现有证据无法确认其各自排放生产废水中耗氧有机物的数量在所有有机污染物中所占的具体比例,根据《侵权责任法》第12条的相关规定,应当由永凯公司、祈顺公司、华鸿公司对邓某某的损失平均承担责任。上诉人永凯公司、祈顺公司、华鸿公司的上诉请求没有事实和法律依据,二审判决驳回上诉,维持原判。

四、裁判说理

本案的争议焦点为:(1)永凯公司、祈顺公司、华鸿公司、金龙公司的排污行为与养殖户的鱼类死亡有无因果关系;(2)一审判决认定养殖户的损失金额有无事实依据;(3)邓某某在禁养区内无证进行养殖,其赔偿损失请求应否支持;(4)排污企业应否承担及如何承担赔偿责任。

（一）关于永凯公司、祈顺公司、华鸿公司、金龙公司的排污行为与养殖户的鱼类死亡有无因果关系的问题

环境污染侵权责任的归责原则为无过错责任原则，因污染环境造成损害的，不论污染者有无过错，应当承担侵权责任。污染者以排污符合国家或者地方污染物排放标准为由主张不承担责任的，人民法院不予支持，但法律另有规定的除外。邓某某主张因郁江水域污染，养殖的鱼类受到侵害，应对被诉排污企业存在侵害行为、自己存在损害后果以及侵害行为和损害后果之间有关联性承担举证责任。被诉的排污企业应对法律规定的不承担责任或者减轻责任的情形及其行为与损害之间不存在因果关系承担举证责任。

对于金龙公司，邓某某未能完成其初步举证责任。邓某某无法指认金龙公司的排污口具体位置，对金龙公司是否存在在其养殖区域上游进行生产污水排放，且其排污行为与自己遭受的损害存在关联性进行举证。经南宁市环保局排查，仍不能明确金龙公司的排污口位置。因此，邓某某因举证不能，应当承担对其不利的法律后果，一审判决未支持邓某某对金龙公司的损失赔偿主张正确。

永凯公司、祈顺公司、华鸿公司在本案中未能完成排污行为与损害结果之间无因果关系的高度盖然性的举证责任。第一，已查明的事实显示，永凯公司排污口位于郁江左岸横县六景镇覃寨村码头下游200米处；祈顺公司排污口与永凯公司排污口并排，相距不超过10米；华鸿公司的排污口位于横县六景镇覃寨村码头下游200米处左右。三家公司的排污管道均直接通入郁江，处于横县郁江六景至飞龙河段的上游位置，不能排除其排放的废水有到达养殖水域的客观可能。邓某某在一审提交村民委员会出具的养殖点证明以佐证本案排污企业的排污口均位于养殖点上游，永凯公司虽质疑该证据的证明力，但未能提交相反的证据以支撑自己观点。第二，广西壮族自治区渔业病害防治环境监测和质量检验中心作出的《横县郁江六景至飞龙河段网箱养殖鱼死亡原因分析》认定：郁江河段先后发生的3起网箱养殖鱼类死亡事故，死鱼原因均是由于水体缺氧所致。2012年6月20日，南宁环保局向南宁市委、市政府作出《南宁市环境保护局关于横县六景至飞龙河段网箱养鱼大量死亡原因的情况报告》（南环报〔2012〕153号），认定郁江有机污染物的来源、构成：一是强降雨导致内河积累多时的污水和底泥进入郁江；二是强降雨导致沿江城镇居民和农村生活污染源进入郁江；三是强降雨将沿江两岸农业面源携带入郁江；四是沿江工业企业正常排放的生产废水。上述废水中主要污染物为化学需氧量、生化需氧量、氨氮等耗氧有机物。根据南宁市环境监察大队的数据，永凯公司4月废水总流量为442 530.26立方

米,COD 排放量为 30 127.01 千克,氨氮排放量为 179.1 千克;5 月废水总流量为 83 595.39 立方米,COD 排放量为 4817.06 千克,氨氮排放量为 132.5 千克。祈顺公司 4 月废水总流量为 8071 立方米,COD 排放量为 93.83 千克,无氨氮排放。5 月废水总流量为 139 580 立方米,COD 排放量为 2184.06 千克,氨氮排放量为 175.53 千克。华鸿公司 4 月废水总排放量为 31 725.50 立方米,COD 排放量为 573.2 千克,氨氮排放量为 21.33 千克。5 月废水总排放量为 76 199.51 立方米,COD 排放量为 816.9 千克,氨氮排放量为 39.1 千克。因此,从三家公司排放的废水所具有的物理、化学属性来看,不能排除造成损害的客观可能性。第三,2012 年 4 月 29 日至 5 月 25 日,横县郁江河段先后发生三次大规模的网箱养殖鱼类死亡事故,一审法院所调取、依据的废水排放数据为 2012 年 4 月、5 月,与事故发生时段相当。同时,由于水体污染成因复杂,具有间接性、长期性、潜伏性、滞后性等特点,被侵权人所遭受的损害往往是一个累积的、长期性、复合性的过程,不能机械选取某一天的某一数值以排除企业日常排污行为的侵害性。永凯公司、祈顺公司、华鸿公司所提交的证据不能证明邓某某养殖鱼类受到的损害在排放污染物之前已经发生,且其排放的污染物没有加重对邓某某养殖鱼类的损害。

综上,由于永凯公司、祈顺公司、华鸿公司在本案审理中均未能就排污行为与损害之间不存在因果关系完成举证责任,应当承担不利的法律后果,一审判决认定永凯公司、祈顺公司、华鸿公司的排污行为与邓某某养殖的鱼类死亡有因果关系正确。

(二)关于一审判决认定养殖户的损失金额有无事实依据的问题

邓某某的网箱发生死鱼事故后,横县水产畜牧兽医局对死鱼情况进行了核实登记,形成了书面的登记表,对网箱数量、鱼种类及重量等进行了记载,是行政主管部门依职权对突发性事件损失核实的现场资料,是对易灭失证据的有效固定,有工作人员签字确认,文本留存于横县农业局。该证据真实、合法,有助于法院查清事实,一审将其作为损失确定的依据并无不当。死鱼在核实登记后已经在行政主管部门监管下做了填埋处理,祈顺公司主张的损失评估不具现实可操作性。购买鱼苗与饲料是渔业养殖的最基本投入,邓某某对其这两项投入进行了举证,提供了相应的票据,可作为参考依据。一审法院以行政部门记载的死鱼数据为依据,综合鱼种类、数量、鱼苗市场价格等各方面实际因素,对邓某某购买鱼苗的损失进行合理计算,对购买饲料的成本根据养殖惯例进行酌定,尊重客观事实且公平合理。

(三)关于邓某某在禁养区内无证进行养殖,其赔偿损失请求应否支持的问题

水流属于国家所有即全民所有,个人利用自然资源,必须依法进行。根据《渔业法》第10条、第11条的相关规定,国家鼓励个人充分利用适于养殖的水域发展养殖业,但用于养殖的水域由国家统一进行规划。个人使用国家规划确定用于养殖的全民所有的水域的,应当向县级以上地方人民政府渔业行政部门提出申请,由本级人民政府核发养殖证。横县人民政府于2010年8月2日发布《通告》,划定了临时许可网箱养殖河段和禁止网箱养殖水域,要求从事网箱养殖的业主必须向县水产畜牧兽医局申请,获得县人民政府核发的《水域滩涂养殖许可证》后,方可按照养殖许可范围在郁江河段从事养殖生产。邓某某未持有合法有效的《水域滩涂养殖许可证》,其网箱养殖水域属于横县人民政府划定的禁止网箱养殖水域,其养殖行为违反了《渔业法》的规定,未取得该水域的合法使用权。邓某某未经相关行政主管部门许可使用全民所有的水域,对其非法占有水域进行养殖而取得的不正当收益损失部分法律不予保护,对其具体实施非法养殖行为所投入的人工费亦不应支持,但其购买的鱼苗、饲料、鱼药等生产成本并无非法性,仍属于合法的民事权益,一审判决对此部分的损失赔偿请求予以支持并无不当。

(四)关于排污企业应否承担及如何承担赔偿责任的问题

《环境保护法》第64条规定,因污染环境和破坏生态造成损害的,应当依照《侵权责任法》的有关规定承担侵权责任;《侵权责任法》第65条规定,因污染环境造成损害的,污染者应当承担侵权责任;第67条规定,两个以上污染者污染环境,污染者承担责任的大小,根据污染物的种类、排放量等因素确定。排污企业如没有免责事由,应当承担侵权损害赔偿责任。

根据南宁市环保局的报告,从造成死鱼河段溶解氧降低的有机污染物的来源构成来看,沿江生产企业正常排放的生产废水为输出耗氧有机物的来源之一,还存在另外三方面的污染源。在事发当时郁江水位、流量和流速偏低,水体稀释降解能力下降的情况下,大范围、短时间、高强度的降雨使得内河及城市污水管、雨水管内积存的污水和污染物短时间内大量排入郁江,是造成流域性溶解氧急剧下降的主要原因。因此,自然因素引发的有机污染物输出对邓某某养殖损失具有大部分原因力,一审确定排污企业对邓某某可受法律保护的养殖损失应承担25%的责任比例有事实和法律依据。

如前所述,本案已确定承担责任的有永凯公司、祈顺公司、华鸿公司,现有证据无

法确认其各自排放生产废水中耗氧有机物的数量在所有有机污染物中所占的具体比例。《最高人民法院关于审理环境侵权责任纠纷案件适用法律若干问题的解释》第3条第2款规定，两个以上污染者分别实施污染行为造成同一损害，每一个污染者的污染行为都不足以造成全部损害，被侵权人根据《侵权责任法》第12条规定请求污染者承担责任的，人民法院应予支持。《侵权责任法》第12条规定，二人以上分别实施侵权行为造成同一损害，能够确定责任大小的，各自承担相应的责任；难以确定责任大小的，平均承担赔偿责任。一审判决永凯公司、祈顺公司、华鸿公司对邓某某的损失平均承担责任正确。

五、典型意义

横县郁江六景至飞龙河段连续出现大批网箱养殖鱼死亡事件，引发几十位网箱养殖户起诉上游排污企业赔偿各项养殖损失，总诉讼标的超过1000万元。受灾养殖户均为当地具有世代养殖传统的村民，在事故发生后，对事故调查处理的结论进行过信访，在起诉前对被告企业相关环境审批的行政行为申请过行政复议，案件在当地广受民众及媒体关注。本案属于典型的陆源污染所引起的通海水域污染损害责任纠纷，是比较特殊的案件类型，这类纠纷的处理关系到水资源的保护及可持续发展的国计民生问题，处理需审慎。被诉的排污企业较多，水体污染的来源也诸多，甄别侵权责任主体及判定其应承担的责任大小有难度。一、二审法院在案件审理中严格适用环境污染侵权责任的无过错责任原则，被告企业的排污虽未超过国家和地方的污染物排放标准，并不能直接免除其责任承担。在审理中正确分配举证责任，准确把握证明标准，由原告邓某某对存在侵害行为、损害以及侵害行为和损害之间有关联性承担初步举证责任；被告企业对法律规定的不承担责任或者减轻责任的情形及其行为与损害之间不存在因果关系承担高度盖然性举证责任。通过举证、质证和认证，确定永凯公司、祈顺公司、华鸿公司为本案侵权责任的承担主体。在数个排污企业同时排放污水，造成流域性溶解氧急剧下降的情况下，每一个企业的污染行为都不足以造成全部损害，也难以确定其各自的责任大小，赔偿责任应由确认构成侵权的几家排污企业平均承担。养殖户无证在政府划定的禁止网箱养殖水域进行生产，其主张的损失应否支持是本案审理的另一个难点，裁判代表了法院的立场与价值取向。一、二审法院对邓某某诉请的损失进行细化定性，对不正当收益损失部分及其具体实施非法养殖行为所投入的人工费不予支持，但认为其购买的鱼苗、饲料、鱼药等生产成本并无非法性，此部分的损失赔偿请求予以支持，对社会管理及合法民事权益的保护作了充分的衡平考量。本案审理思路清晰,举证责任分配及证明标准的把握准确,查明事实清楚,适用法律正确,对水污染案件的审理具有一定示范意义。

六、专家点评

本案于2017年被最高人民法院评选为全国十大环境资源刑事、民事、行政典型案例,该案的裁判文书也在首届全国法院环境资源优秀裁判文书评选活动中荣获民事类一等奖。复旦大学张梓太教授曾对该案件发表如下点评意见:

对污染水体造成损害的案件,应适用有关环境侵权的特殊规则。但水体污染成因复杂,具有间接性、长期性、潜伏性、滞后性等特点,即使适用特殊规则,要厘清致损原因及责任范围等也殊为不易。环境侵权规则的目的是合理填补受害人的损失,本案较好地把握了这一理念,具体体现在:

1. 在无过错责任与违法性关系的把握上,明确了合法排污仍应承担责任。无过错责任产生的原因不是违反法定或约定义务,而是来自法律的直接规定,因而违法性不应纳入考量因素。

2. 在举证责任的分配上,准确把握了举证责任倒置规则,原告仍需承担初步的证明责任,且举证程度需达到一定的盖然性。

3. 在损害范围的确定上,本案没有直接探寻单个污染行为对损害结果的影响,而是首先明确了不同类型的污染源的致损原因力,进而在同一类型的污染源排放企业间划分责任,较好地解决了污染源复杂所导致的责任确定困境。

4. 水污染案件的另一特殊性在于所侵害权益的把握上。民事法律所保护的民事权益不包括非法民事利益。我国水资源属于国家所有,个人利用水资源,必须依法进行。本案中原告未取得养殖证,不享有受到物权法保护的养殖收益权,其养殖收益不具正当性,不属于民事权益。但原告购买鱼苗、饲料、鱼药等并不违法,在因污染受损后应予以救济。

侵害注册商标专用权案件中经许可使用他人注册商标不构成侵权抗辩之审查判断

——香港周六福珠宝国际集团有限公司诉容县百年周六福珠宝店侵害商标权纠纷案

周　冕*

一、裁判要旨

1. 我国《商标法》第56条规定，注册商标的专用权，以核准注册的商标和核定使用的商品为限。被许可人只有依法规范地使用注册商标，其合法权益才受到法律保护。被许可人超出核定商品的范围或者以改变显著特征、拆分、组合等方式使用的注册商标，若系在与他人注册商标核定使用的相同商品上使用，且与他人注册商标相近似，容易导致混淆的，则其行为侵害他人注册商标专用权，应承担侵权民事责任，其不构成侵权的抗辩不成立。

2.《商标注册用商品和服务国际分类》第35类的服务项目不包括商品的批发、零售，商场、超市的服务不属于该类的内容。在经营范围为"钻石、金银饰品、玉器、钟表销售"的经营场所使用第9713147号"百年周六福 BAI NIAN ZHOU LIU FU"注册商标，已超出该注册商标核定使用第35类商品/服务项目的范围，实际系在第14类珠宝首饰类商品上作为商品商标而不是作为服务商标使用。

---

* 广西壮族自治区高级人民法院民三庭副庭长。

二、基本案情

上诉人(一审被告):容县百年周六福珠宝店。经营者:谢瑞华。

被上诉人(一审原告):香港周六福珠宝国际集团有限公司(以下简称香港周六福珠宝公司)。

香港周六福珠宝公司诉称:其系第7519198号“周六福 ZHOU LIU FU”和第16441293号“周六福”注册商标的商标权人。容县百年周六福珠宝店未经许可,擅自在所开设的珠宝首饰店的招牌、广告牌以及包装袋等处使用和香港周六福珠宝公司第7519198号、第16441293号注册商标非常近似的商标“百年周六福”,根据《商标法》第48条、第57条之规定,其行为已构成侵权,应承担侵权责任,故提出诉讼请求:(1)判令被告容县百年周六福珠宝店停止针对原告香港周六福珠宝公司的商标侵权行为;(2)判令被告容县百年周六福珠宝店赔偿原告香港周六福珠宝公司经济损失及为制止侵权支出的合理费用150 000元;(3)判令被告容县百年周六福珠宝店停止使用“容县百年周六福珠宝店”个体工商户名称。本案诉讼费用由被告承担。

容县百年周六福珠宝店辩称,(1)香港周六福珠宝公司于2016年7月20日向容县工商局投诉其在招牌及服务场所中使用“百年周六福”商标构成侵权,但容县工商局作出答复,认为该使用行为不构成侵权,玉林市工商局复议后驳回了香港周六福珠宝公司的行政复议申请。(2)容县百年周六福珠宝店经商标权人许可享有第9713147号注册商标“百年周六福 BAI NIAN ZHOU LIU FU”的使用权,该注册商标核定使用于第35类,其在经营服务招牌、服务场所中使用该注册商标并未超出核准使用范围,其行为不构成侵权。(3)“容县百年周六福珠宝店”系在工商部门合法注册成立的个体工商户,应依法受到法律保护。“百年周六福”招牌不仅为其被许可使用的服务商标,也是其字号,其上述使用行为有正当理由。(4)第7519198号及第16441293号注册商标中的“周六福”与其在招牌及服务场所使用的“百年周六福”商标也不属于相同或近似商标,即使共同使用在珠宝类别商品上亦不会导致消费者的混淆误认。故请求驳回香港周六福珠宝公司全部诉讼请求。

一审法院查明:香港周六福珠宝公司于2004年在香港特别行政区成立,拥有国家商标局核准注册的第7519198号“周六福 ZHOU LIU FU”和第16441293号“周六福”商标。其中第7519198号“周六福 ZHOU LIU FU”核定使用商品(第14类):银饰品;手镯(首饰);胸针(首饰）；链（首饰）；项链（首饰）；装饰品（珠宝）；珍珠（珠宝）；戒指（首饰）；翡翠；手表（截止）。注册有效期限自 2011 年 2 月 28 日起至 2021 年 2 月 27 日止。第 16441293 号“周六福”商标核定使用商品/服务项目，第 14 类：未加工或半加工贵重金属；贵金属合金；未加工、未打造的银；贵金属盒；黄琥珀首饰；玛瑙；小饰物（首饰）；珠宝首饰；装饰品（首饰）；宝石；贵重金属艺术品；贵重金属小塑像；别针（首饰）；金红石（宝石）；银制工艺品；玉雕首饰；景泰蓝；金线（首饰）；钟；表盒（礼品）；电子万年台历（截止）。注册有效期限自 2016 年 4 月 21 日起至 2026 年 4 月 20 日止。根据广州市中级人民法院（2012）穗中法民三终字第 78 号民事判决查明的事实，有关法院判决认定“周六福”系香港周六福珠宝公司知名商品“周六福珠宝”的特有名称，该院在该判决中亦认定“周六福”系香港周六福珠宝公司知名商品“周六福珠宝”的特有名称。2016 年 11 月 6 日，经中华人民共和国国家工商行政管理总局商标局核准，第 7519198 号和第 16441293 号商标转让注册，受让人周六福珠宝有限公司；2016 年 12 月 14 日，周六福珠宝有限公司（甲方）与香港周六福珠宝公司（乙方）签订协议，约定，鉴于乙方是第 7519198 号、第 16441293 号等注册商标的申请人，已转让给甲方，商标局核发商标转让证明。2017 年 1 月 1 日前，乙方单独通过投诉或诉讼方式向涉嫌侵害注册商标的侵权人主张权利的案件，仍由乙方继续处理，赔偿所得全部由乙方享有。

另查明，容县百年周六福珠宝店经营者为谢瑞华，类型为个体工商户，注册日期为 2016 年 7 月 21 日，经营范围为钻石、金银饰品、玉器、钟表销售（依法须经批准的项目，经相关部门批准后方可开展经营）。其在门店门口及上方的招牌、牌匾、店堂正面位置使用“百年周六福”，在商品的包装盒和其他包装材料上使用“BNZLF”。现已拆除门口上方“百年周六福珠宝”招牌；第 9713147 号“百年周六福 BAI NIAN ZHOU LIU FU”商标注册人为香港周元福珠宝首饰有限公司，核定使用商品/服务项目，第 35 类：进出口代理；拍卖；替他人推销；替他人采购（替其他企业购买商品或服务）；特许经营的商业管理；商业管理和组织咨询；组织商业或广告展览（截止）。注册有效期限自 2013 年 9 月 14 日起至 2023 年 9 月 13 日止。第 15552248 号“BNZLF”商标注册人为香港黄金珠宝国际有限公司，核定使用商品/服务项目，第 14 类：贵重金属锭；未加工或半加工贵重金属；铂（金属）；小饰物（首饰）；珠宝首饰；装饰品（首饰）；人造珠宝；贵重金属艺术品。注册有效期限自 2015 年 12 月 7 日起至 2025 年 12 月 6 日止。2016 年 7 月 16 日，香港周元福珠宝首饰有限公司、香港黄金珠宝国际有限公司签署授权书，授权广西百年周六福珠宝有限公司全权负责“百年周六福”“BNZLF”商标在中国大陆的品牌推广及维护事宜。同日，广西百年周六福珠宝有限公司签署委托书，授权谢瑞华在广西玉林市容县容州镇北大街万佳超市一楼铺面使用“百年周六福”商标、“BNZLF”商标推广品牌服务和销售商品，授权期限为:2016 年 7 月 16 日至 2018 年 6 月 30 日。

根据香港周六福珠宝公司的举报，容县工商行政管理局于 2016 年 7 月 25 日对容县百年周六福珠宝店涉嫌侵犯注册商标专用权进行检查和核查，但容县工商行政管理局认为容县百年周六福珠宝店在招牌和店堂使用“百年周六福”的商标和经营中使用“BNZLF”商标不存在侵犯注册商标专用权行为，决定不予以立案；因发现容县百年周六福珠宝店仍在使用“百年周六福”商标经营，香港周六福珠宝公司遂提起诉讼，为本案支出律师费 20 000 元。

一审法院认为，香港周六福珠宝公司是第 7519198 号和第 16441293 号商标的注册人，虽然已经将商标转让给周六福珠宝有限公司，但双方签订的协议已经约定 2017 年 1 月 1 日前，香港周六福珠宝公司单独通过投诉或诉讼方式向涉嫌侵害注册商标的侵权人主张权利的案件，仍由香港周六福珠宝公司继续处理，赔偿所得全部由香港周六福珠宝公司享有。因此，香港周六福珠宝公司有权向侵害前述商标的侵权人主张权利。前述商标现仍在有效期限内，同时，“周六福”已被多份生效民事判决认定为香港周六福珠宝公司知名商品的特有名称，具有较高的市场知名度。香港周六福珠宝公司作为商标权利人，其合法权益应受法律保护。容县百年周六福珠宝店在其门店门口及上方的招牌、牌匾、店堂正面位置使用的“百年周六福”商标，核定使用商品/服务项目为第 35 类，与珠宝的销售无关。与“周六福”相比，“百年周六福”虽然多了“百年”二字，但“百年”仅对“周六福”起强调、强化作用，并不能起区分商品来源的作用，应认定其与“周六福”商标相近似。容县百年周六福珠宝店销售的是珠宝首饰等，与香港周六福珠宝公司的注册商标商品同类，其未经香港周六福珠宝公司同意，将与他人注册商标相近似的文字作为企业字号在相同、近似商品上突出使用，容易使相关公众产生误认，容县百年周六福珠宝店的行为已经构成对香港周六福珠宝公司注册商标专用权的侵犯，应承担停止侵权、赔偿损失的责任。因权利人的实际损失及侵权人获得的利益均难以确定，根据香港周六福珠宝公司的申请，综合考虑香港周六福珠宝公司注册商标的知名度、容县百年周六福珠宝店经营的规模、时间、范围、区域、侵权商品类型及香港周六福珠宝公司为制止侵权行为支出的合理费用等因素，酌定由容县百年周六福珠宝店赔偿 50 000 元。一审法院依照《商标法》第 48 条、第 57 条第 2 项、第 63 条第 3 款和《最高人民法院关于审理商标民事纠纷案件适用法律若干问题的解释》第 1 条第 1 项之规定，判决:(1)容县百年周六福珠宝店于本判决发生法律效力之日起，立即停止侵害香港周六福珠宝国际有限公司第7519198号和第16441293号注册商标专用权的行为；(2)容县百年周六福珠宝店于判决发生法律效力之日起十日内赔偿香港周六福珠宝国际有限公司经济损失及合理费用共50 000元；(3)容县百年周六福珠宝店于本判决发生法律效力之日起在企业名称中停止使用“周六福”字样。

一审判决后，容县百年周六福珠宝店不服，上诉请求：(1)撤销广西壮族自治区玉林市中级人民法院(2017)桂09民初16号民事判决，驳回被上诉人的全部诉讼请求；(2)一审、二审案件受理费全部由被上诉人负担。其理由主要是：(1)一审判决认定上诉人在门店门口上方的招牌及店堂正面使用“百年周六福”商标，属于作为第14类商品商标进行使用系适用法律错误。上诉人经许可授权拥有第9713147号注册商标的使用权，该商标核定使用于第35类服务上。上诉人在招牌及堂店正面使用“百年周六福”商标系作为服务商标使用，并未超出该商标核定使用的服务范围，上诉人在珠宝、首饰等产品的销售上使用的商标为第15552248号图形加拼音的组合商标，并未使用“百年周六福”或“周六福”商标标识，不构成侵权。(2)一审判决认定上诉人使用的“百年周六福”商标与被上诉人的“周六福”商标构成近似商标系适用法律错误。“百年周六福”商标与被上诉人的“周六福”商标多了“百年”二字，两商标不完全一致，也并非对“周六福”起强调、强化作用，两商标共存于珠宝市场不会引起消费者的混淆误认，不构成近似商标。(3)一审判决判令上诉人在企业名称中停止使用“周六福”字样系适用法律错误。上诉人系个体工商户，不存在判项所判令的“企业名称”。上诉人系在工商部门合法注册的个体工商户，其在门店门口上方招牌及店堂正面使用“百年周六福”并非使用上诉人商号的行为，而是经许可授权使用第9713147号注册商标的行为，上诉人在本案中不存在不规范使用商号导致消费者产生混淆误认。一审判决认定事实错误，适用法律错误，应依法改判。

被上诉人香港周六福珠宝公司答辩称，一审判决认定事实清楚、适用法律正确，上诉人上诉请求没有事实和法律依据，依法应予驳回。理由如下：(1)上诉人在店面招牌、形象墙等处所使用的“百年周六福”商标，系将该商标用于对其店面所售珠宝首饰商品的广告宣传等商业活动，属于第14类珠宝首饰类商品上商标的使用，而不属于第35类服务商标的使用。(2)上诉人使用“百年周六福”商标已构成侵权。香港周六福珠宝公司第7519198号“周六福 ZHOU LIU FU”商标系由“周六福”中文和拼音组成，字形、读音、含义及显著部分均是“周六福”，第16441293号“周六福”注册商标的标识就是

“周六福”。“百年周六福”标识中能够区别商品来源的显著部分是“周六福”文字，与香港周六福珠宝公司注册商标字形、读音、含义均相同，普通消费者看到该标识，容易误认为上诉人所售商品来源于答辩人或上诉人与答辩人具有关联关系。(3)上诉人应当停止在企业名称中使用“周六福”字样。企业名称和个体工商户名称，虽然表述有所区别，但实际上含义相同。依照《最高人民法院关于审理商标民事纠纷案件适用法律若干问题的解释》第1条及《商标法》第58条之规定，上诉人个体工商户名称中的字号为“百年周六福”，上诉人在店面招牌、形象墙等处使用的“百年周六福”不是第35类第9713147号商标核定使用的范围，显然是对其字号的突出使用。即使上诉人在店面招牌等处完整使用“容县百年周六福珠宝店”名称，也容易使相关公众误认为上诉人和答辩人具有关联关系，或者上诉人所售商品系答辩人“周六福”品牌的珠宝首饰。因此，一审判决认定上诉人突出使用“百年周六福”字号构成侵权，并判决上诉人停止在名称中使用“周六福”，并无不当。请求驳回上诉，维持原判。

上诉人容县百年周六福珠宝店除了对一审判决认定“其在门店门口及上方的招牌、牌匾、店堂正面位置使用‘百年周六福’招牌”提出异议之外，其余事实皆予以认可，对其认可的事实，二审法院予以确认。

二审法院另查明，容县百年周六福珠宝店经营场所店门上方的招牌上不但有“百年周六福”这几个大字，还有第15552248号注册商标标识BNZLF；其店堂正面位置（形象墙）招牌上不但有第9713147号注册商标的标识“百年周六福 BAI NIAN ZHOU LIU FU”，还有第15552248号注册商标标识BNZLF；在店门口上方竖立的牌匾上横写字体较小“百年”，竖写字体粗大“周六福珠宝”，下方还有电话号码5311333。

三、裁判结果

二审法院认为，被上诉人香港周六福珠宝公司系在中华人民共和国香港特别行政区注册成立的企业法人，依照《最高人民法院关于适用〈中华人民共和国民事诉讼法〉的解释》第522条及第551条之规定，本案系涉及香港特别行政区民事诉讼案件，可以参照适用涉外民事诉讼程序的特别规定。《中华人民共和国涉外民事关系法律适用法》第50条规定，知识产权的侵权责任，适用被请求保护地法律，当事人也可以在侵权行为发生后协议选择适用法院地法律。本案因被请求保护地在中国大陆，故本案应适用中华人民共和国法律。本案各方当事人在一审起诉、答辩及一审法庭辩论中亦均选择适用中华人民共和国法律，依照《最高人民法院关于适用〈中华人民共和国涉外民事关系法律适用法〉若干问题的解释(一)》第8条之规定,可以认为当事人在侵权行为发生后亦协议选择适用中华人民共和国法律。故本案准据法为中华人民共和国法律。

关于争议焦点一,即上诉人容县百年周六福珠宝店的涉案行为是否侵犯了第7519198号“周六福 ZHOU LIU FU”和第16441293号“周六福”注册商标专用权问题。

《最高人民法院关于审理注册商标、企业名称与在先权利冲突的民事纠纷案件若干问题的规定》(法释〔2008〕3号)第1条第2款规定,原告以他人超出核定商品的范围或者以改变显著特征、拆分、组合等方式使用的注册商标,与其注册商标相同或者近似为由提起诉讼的,人民法院应当受理。从本案查明的事实来看,上诉人容县百年周六福珠宝店在其经营场所超出核定商品的范围,并且以改变显著特征、拆分、组合等方式使用第9713147号“百年周六福 BAI NIAN ZHOU LIU FU”注册商标。依照《商标法》第57条第2项、第7项,《最高人民法院关于审理商标民事纠纷案件适用法律若干问题的解释》(法释〔2002〕32号)第1条、第9条第2款、第10条之规定,上诉人容县百年周六福珠宝店未经商标注册人香港周六福珠宝公司的许可,在同一种商品上使用与其注册商标近似的商标,容易导致混淆,一审判决据此认定其行为侵犯了涉案第7519198号和第16441293号注册商标专用权并无不当,上诉人关于经许可授权拥有第9713147号注册商标的使用权、其在招牌及堂店正面使用该注册商标不构成侵权等相关上诉理由不能成立。上诉人容县百年周六福珠宝店系个体工商户,营业执照上登记的字号为“容县百年周六福珠宝店”,“容县”系县行政区划,“百年周六福”系企业名称中的字号,“珠宝店”系企业名称中的行业和组织形式,上诉人经营范围系“钻石、金银饰品、玉器、钟表销售”,因此,其在经营场所店面招牌、店门口上方竖立的牌匾等处使用的“百年周六福”,系将与被上诉人香港周六福珠宝公司涉案第7519198号及第16441293号注册商标相近似的文字“百年周六福”作为企业的字号在相同商品上突出使用,容易使相关公众产生误认,一审判决认定其上述行为侵犯第7519198号、第16441293号注册商标专用权,并无不当。

关于争议焦点二,即关于上诉人容县百年周六福珠宝店是否应承担侵权民事责任、如何承担的问题。由于上诉人容县百年周六福珠宝店的涉案行为侵犯了被上诉人香港周六福珠宝公司第7519198号、第16441293号注册商标专用权,应当承担停止侵权、赔偿经济损失等侵权民事责任。鉴于权利人的实际损失及侵权人获得的利益均难以确定,一审法院根据香港周六福珠宝公司的申请,综合考虑涉案注册商标的知名度、侵权人经营的规模、时间、范围、区域、侵权商品类型及权利人为制止侵权行为支出的合理费用等因素,酌定由容县百年周六福珠宝店赔偿50 000元,并无不当。上诉人容县百年周六福珠宝店系个体工商户,且其字号名称与营业执照上记载的经营范围均表明其销售的商品主要系珠宝、钻石、金银饰品等,其将与被上诉人香港周六福珠宝公司涉案第7519198号、第16441293号注册商标相近似的文字"百年周六福"作为企业的字号在相同商品上突出使用,容易使相关公众产生误认,其行为已构成侵权,一审判决判令其停止侵权,即在企业名称(个体工商户字号)及店面招牌中停止使用"周六福"字样,符合法律规定,上诉人相关上诉理由不能成立。据此,依照《民事诉讼法》第170条第1款第1项之规定,判决驳回上诉,维持原判决。

四、评析

在侵害注册商标专用权案件中,被告往往以其经授权被许可使用他人注册商标不构成侵权进行抗辩,如何审查判断该抗辩是否成立,是司法实践中必须研究解决的问题。本案容县百年周六福珠宝店以其经授权被许可使用第9713147号"百年周六福 BAI NIAN ZHOU LIU FU"注册商标、其使用行为不构成侵权进行抗辩。容县工商行政管理局及玉林市工商行政管理局均支持了容县百年周六福珠宝店的抗辩主张。一审法院虽然认定容县百年周六福珠宝店的涉案行为构成侵权,但对其抗辩主张是否成立却没有给予评判。

笔者认为,审查判断被告以其经授权被许可使用他人注册商标不构成侵权的抗辩是否成立,可以按照以下审判思路进行:

首先,审查被告是否与他人签订了商标使用许可合同,是否为注册商标的被许可使用人。我国《商标法》第43条规定"商标注册人可以通过签订商标使用许可合同,许可他人使用其注册商标。许可人应当监督被许可人使用其注册商标的商品质量。被许可人应当保证使用该注册商标的商品质量。经许可使用他人注册商标的,必须在使用该注册商标的商品上标明被许可人的名称和商品产地。许可他人使用其注册商标的,许可人应当将其商标使用许可报商标局备案,由商标局公告。商标使用许可未经备案不得对抗善意第三人。本案第9713147号"百年周六福 BAI NIAN ZHOU LIU FU"、第15552248号"BNZLF"注册商标的权利人分别为香港周元福珠宝首饰有限公司、香港黄金珠宝国际有限公司,上述商标权人于2016年7月16日签署授权书,授权广西百年周六福珠宝有限公司全权负责"百年周六福""BNZLF"商标在中国大陆的品牌推广及维护事宜。

同日，广西百年周六福珠宝有限公司签署委托书，授权谢瑞华在广西玉林市容县容州镇北大街万佳超市一楼铺面使用“百年周六福”商标、“BNZLF”商标推广品牌服务和销售商品。谢瑞华系个体工商户容县百年周六福珠宝店的经营者，故容县百年周六福珠宝店系第 9713147 号“百年周六福 BAI NIAN ZHOU LIU FU”注册商标的被许可使用人。

其次，审查注册商标的被许可使用人是否依法规范地使用注册商标。我国《商标法》第 56 条规定，注册商标的专用权，以核准注册的商标和核定使用的商品为限。被许可人只有依法规范地使用注册商标，其合法权益才受到法律保护，其以经授权被许可使用他人注册商标不构成侵权的抗辩主张才成立。《最高人民法院关于审理注册商标、企业名称与在先权利冲突的民事纠纷案件若干问题的规定》（法释〔2008〕3 号）第 1 条第 2 款规定，原告以他人超出核定商品的范围或者以改变显著特征、拆分、组合等方式使用的注册商标，与其注册商标相同或者近似为由提起诉讼的，人民法院应当受理。否则，告知原告向有关行政主管机关申请解决。

从本案查明的事实来看，上诉人容县百年周六福珠宝店在其经营场所不但以改变显著特征、拆分、组合等方式使用注册商标“百年周六福 BAI NIAN ZHOU LIU FU”，而且超出该注册商标核定使用商品的范围使用注册商标。首先，容县百年周六福珠宝店在其经营场所店门上方的横写招牌将组合商标“百年周六福 BAI NIAN ZHOU LIU FU”拆分使用了其中的文字“百年周六福”，而在店门口上方竖立的牌匾上横写字体较小“百年”，竖写字体粗大“周六福珠宝”，则系以改变显著特征、拆分、组合等方式使用注册商标。其次，容县百年周六福珠宝店在店堂招牌上虽然完整地使用了第 9713147 号注册商标的标识“百年周六福 BAI NIAN ZHOU LIU FU”，但已超出该注册商标核定使用的第 35 类商品/服务项目：进出口代理；拍卖；替他人推销；替他人采购（替其他企业购买商品或服务）；特许经营的商业管理；商业管理和组织咨询；组织商业或广告展览（截止）。《商标法》第 48 条规定，本法所称商标的使用，是指将商标用于商品、商品包装或者容器以及商品交易文书上，或者将商标用于广告宣传、展览以及其他商业活动中，用于识别商品来源的行为。容县百年周六福珠宝店在其经营场所的广告宣传及商业活动中使用第 9713147 号注册商标，因其经营范围系“钻石、金银饰品、玉器、钟表销售”，并不属于该注册商标核定使用的第 35 类商品/服务项目，已超出该注册商标核定使用商品的范围。原国家工商行政管理总局商标局《关于国际分类第 35 类是否包括商场、超市服务问题的批复》（商标申字〔2004〕第 171 号）亦指出，商场、超市属于销售商品的企业，其主要活动是批发、零售。《商标注册用商品和服务国际分类》第 35 类的注释明确说明，该类别服务的主要目的在于“对商业企业的经营或管理进行帮助”，且“尤其不包括：其主要职能是销售商品的企业，即商业企业的活动”。因此，《商标注册用商品和服务国际分类》第35类的服务项目不包括“商品的批发、零售”，商场、超市的服务不属于该类的内容。该类“推销”（替他人）服务的内容是：为他人销售商品（服务）提供建议、策划、宣传、咨询等服务。二审判决认定容县百年周六福珠宝店在其经营场所的广告宣传及商业活动中使用第9713147号注册商标已超出该注册商标核定使用的第35类商品/服务项目，与上述批复一致。

由于上诉人容县百年周六福珠宝店在其经营场所不但以改变显著特征、拆分、组合等方式使用注册商标“百年周六福 BAI NIAN ZHOU LIU FU”，而且超出该注册商标核定使用商品的范围使用注册商标，故本案侵害商标权纠纷属于人民法院受理民事诉讼案件的范围 。

最后，若被许可人超出核定商品的范围或者以改变显著特征、拆分、组合等方式使用注册商标，则需进一步审查被诉侵权行为是否符合侵害注册商标专用权的构成要件。若符合侵害注册商标专用权的构成要件，则被告的涉案行为构成侵权，其以被许可使用注册商标不构成侵权的抗辩不成立。

本案容县百年周六福珠宝店在其经营场所店面招牌、店门口上方挂的匾牌等处超出核定商品的范围、且以改变显著特征、拆分、组合等方式使用第9713147号注册商标“百年周六福 BAI NIAN ZHOU LIU FU”中的文字“百年周六福”，不管从其名称“容县百年周六福珠宝店”，还是其经营范围“钻石、金银饰品、玉器、钟表销售”，均表明上诉人使用的被诉侵权标识“百年周六福”系用于对其店面所售珠宝首饰商品的广告宣传等商业活动，属于第14类珠宝首饰类商品上的商标使用行为，故使用被诉侵权标识的商品与涉案第7519198号“周六福 ZHOU LIU FU”商标、第16441293号“周六福”注册商标核定使用的第14类商品系相同商品。涉案第7519198号“周六福 ZHOU LIU FU”注册商标系由“周六福”中文和拼音组成，字形、读音、含义及显著部分均是“周六福”。经过长期使用和广泛宣传，被上诉人香港周六福珠宝公司的“周六福珠宝”已经具有较高的市场知名度，涉案第7519198号“周六福 ZHOU LIU FU”、第16441293号“周六福”商标取得注册前，多份法院生效判决均已认定被上诉人香港周六福珠宝公司的“周六福珠宝”是知名商品，“周六福”是该知名商品的特有名称。上述事实说明涉案第7519198号、第16441293号注册商标已经具有较高市场知名度，相关公众一见到包含“周六福”标识的珠宝首饰店或珠宝首饰产品，很容易联想到是被上诉人的“周六福珠宝”。被诉侵权标识“百年周六福”中的“百年”是形容词，表明历史悠久，但能够区别商品来源的显著部分是“周六福”文字，与涉案第16441293号“周六福”以及第7519198号“周六福 ZHOU LIU FU”的显著部分“周六福”的字形、读音、含义均相同，普通消费者看到被诉侵权标识“百年周六福”，容易误认为容县百年周六福珠宝店所售商品来源于香港周六福珠宝公司或容县百年周六福珠宝店与香港周六福珠宝公司具有关联关系。因此，容县百年周六福珠宝店未经商标注册人香港周六福珠宝公司的许可，在同一种商品上使用与其注册商标近似的商标，容易导致混淆，一审判决据此认定其行为构成侵权并无不当，容县百年周六福珠宝店关于其经授权被许可使用第9713147号注册商标、其行为不构成侵权的抗辩主张不能成立。

被告人投案后委托家属动员在逃同案人投案的能否认定为立功

——曹某某、杨某某、张某等人故意伤害案

唐玉迪*

一、裁判要点

被告人投案以后，委托亲属动员在逃的同案犯投案自首，属于亲属代为立功，不能认定为被告人本人立功。但可认定被告人具有悔罪表现，酌情予从轻处罚。

二、基本案情

被告人曹某某，男，1983年9月28日出生，无业。2015年7月17日因涉嫌犯故意伤害罪被逮捕。

被告人杨某某，男，1984年2月12日出生，无业。2015年7月17日因涉嫌犯故意伤害罪被逮捕。

被告人张某，男，1986年9月23日出生，无业。2015年7月17日因涉嫌犯故意伤害罪被逮捕。

广西壮族自治区防城港市人民检察院以被告人曹某某、杨某某、张某等人犯故意伤害罪，向防城港市中级人民法院提起公诉。在本案审理过程中，附带民事诉讼原告人乌某某、卢某某、许某某提起附带民事诉讼。

---

* 广西师范大学法学院研究生、广西壮族自治区纪委干部。

防城港市中级人民法院经公开审理查明:2015年6月11日凌晨,被告人曹某某看见与其有矛盾的卢某某(被害人,男,殁年34岁)在东兴市V12娱乐城玩耍,遂产生报复的念头。随后纠集被告人杨某某、张某等人伏击守候。当日6时许,卢某某从V12娱乐城出来后,曹某某驾车搭乘其余同案人尾随至东兴市安得花园六区大门附近。杨某某、张某二人从杨某某带上车的纸箱内各拿砍刀一把并戴上头套后下车追打卢某某。杨某某持砍刀分别砍卢某某的背部、腿部各一刀,张某持砍刀砍卢某某右腿一刀,后逃离现场。卢某某受伤后被送往医院抢救无效于当日死亡。经鉴定,被害人卢某某系被锐器暴力砍击全身多处并造成左腘动脉静脉完全断裂致失血性休克而死亡。

曹某某于当年6月14日到公安机关投案,并让其哥哥曹兄长寻找、劝说在逃人员张某和杨某某归案,其亲属还代为赔偿了被害人亲属经济损失55万元并取得谅解。张某和杨某某分别于6月14日和7月9日到公安机关投案自首。

三、裁判结果及理由

防城港市中级人民法院认为,被告人曹某某、杨某某、张某故意伤害他人身体,致人死亡,其行为已构成故意伤害罪,均应对各自行为造成被害人卢某某死亡的结果承担刑事责任。案件的发生系曹某某主动寻仇所致,被害人并无过错。但鉴于本案事出有因,在量刑时酌情予以考虑。在共同犯罪中,曹某某纠集同伙,指认被害人,是犯意提出者和组织指挥者;杨某某提供作案工具,持砍刀砍击卢某某的背部和腿部;张某持砍刀砍击卢某某的右腿,作案后藏匿、处理作案工具,三人均起主要作用,系主犯。曹某某、杨某某、张某自动投案并如实供述自己的罪行,是自首。曹某某投案自首后,请求其哥哥协助动员同案犯张某和杨某某投案,仅是一种协助抓捕的意思表示,不属协助公安机关抓获同案犯的具体行为,不应认定为立功,但该行为反映出其将功赎罪的主观意愿,在量刑上可酌情从轻处罚。曹某某积极赔偿被害人家属经济损失并取得谅解,依法可以酌情从轻处罚。根据各被告人的犯罪事实、性质、情节和对于社会的危害程度,决定对曹某某、杨某某、张某从轻处罚。据此,依照《刑法》第234条第2款、第25条第1款、第26条第1款和第4款、第67条第1款和第3款,《民法通则》第119条、第130条和《最高人民法院关于适用〈中华人民共和国刑事诉讼法〉的解释》第138条、第155条第1款、第2款之规定,判决如下:(1)被告人曹某某犯故意伤害罪,判处有期徒刑15年,剥夺政治权利4年。(2)被告人杨某某犯故意伤害罪,判处有期徒刑15年,剥夺政治权利4年。(3)被告人张某犯故意伤害罪,判处有期徒刑13年,剥夺政治权利3年。

宣判后,曹某某等人提出上诉,均认为被害人存在过错。曹某某还提出其投案后委托其哥哥动员在逃同案犯杨某某、张某投案自首是立功表现的上诉意见。

广西壮族自治区高级人民法院经审理后认为,上诉人曹某某纠集上诉人杨某某、张某等人持械对被害人卢某某追砍殴打,致其死亡,各上诉人的行为已构成故意伤害罪,均应依法惩处。曹某某组织他人伺机报复,在共同犯罪中罪责最为严重;杨某某为帮曹某某出气,准备犯罪工具、持砍刀暴力砍击卢某某,其行为与卢某某的死亡具有直接因果关系,系致死卢某某的直接凶手;张某接受曹某某的指派,持砍刀严重伤害卢某某,案发后又藏匿作案凶器,其行为与被害人死亡亦有一定的因果关系;上述三人均系主犯。上诉人曹某某、杨某某、张某作案后能自首,依法可以从轻或减轻处罚。虽然卢某某曾两次殴打曹某某,是引发本案的诱因,但被害人卢某某在本案案发时,不存在刑法上的过错,仅属事出有因。曹某某归案后确有委托其哥哥曹兄长动员上诉人杨某某、张某投案自首的行为,对张、杨二人先后到公安机关自首起了一定的作用。该行为表明曹某某有悔罪表现,但曹某某并未知道杨某某、张某的藏匿地点等具体信息,而是其兄及杨某某、张某的亲属代为找到此两上诉人并动员他们投案的,故不属刑法上的立功行为。因此,曹某某亲属代为动员同案犯归案的行为,不能视为曹某某的立功表现。故曹某某不具有立功表现。原判对该行为不认定为立功,但酌情从轻处罚正确,对其判处有期徒刑15年,已充分体现从宽。杨某某直接致死卢某某,张某严重伤害卢某某,原判虽未查明直接致死者,但对二人分别判处有期徒刑15年、13年,罪罚相当,应予维持。根据《刑法》第234条第2款、第26条第1款和第4款、第27条、第67条第1款、第55条第1款、第56条第1款和《刑事诉讼法》第225条第1款第1项和第233条之规定,判决维持原审对曹某某、杨某某、张某的定罪量刑。

四、法理评析

本案中,曹某某犯罪以后逃到越南,在其兄曹兄长找到其并讲明“跑得了一时,逃不了一世”的道理后,其来到公安机关投案自首。之后,让其兄去找杨某某、张某回来投案。后经曹兄长寻找,张、杨二人的亲属协助寻找并作动员,张、杨二人先后投案。据此,曹某某是否属于《最高人民法院关于处理自首和立功具体应用法律若干问题的解释》(以下简称《解释》)第5条中的“协助司法机关抓捕其他犯罪嫌疑人”的情形,从而认定为立功表现呢?实践中有两种不同的意见。第一种意见认为,《最高人民法院关于处理自首和立功若干问题的意见》(以下简称《意见》)对《解释》第5条规定的“协助司法机关抓捕其他犯罪嫌疑人”提供了具体认定的标准,并列举了四种主要情形。虽然本案中曹某某委托亲属动员同案前来投案不属于这四种具体情形,但是《意见》对“协助”的情形是列举式的,并不排除其他情形,且在第四种情形“提供司法机关尚未掌握的其他案件犯罪嫌疑人的联络方式、藏匿地址的”之后,写有“等等”二字。该“等”无疑是“等外等”之意。这表明协助的具体方式包括但不限于上述四种,只要确实起到了协助作用就应当认定为立功表现。那么,在具体认定的时候,可以“举轻以明重”,即协助的情形比《意见》明确的四种主要协助情形所起作用要大的,就应当认定为“协助司法机关抓捕其他犯罪嫌疑人”,从而认定为立功表现。而本案中,杨某某、张某二人作案后跑到山上藏匿,司法机关一时半会难以抓获。曹某某因为本人已投案,无法直接动员杨、张二人投案自首,故委托其兄代为寻找。其兄遂前往寻找,最后也成功动员了两名在逃同案犯前来投案,确实节省了司法资源,相比“带领侦查人员抓获其他犯罪嫌疑人(包括同案犯)的”“提供司法机关尚未掌握的其他案件犯罪嫌疑人的联络方式、藏匿地址的”这两种协助情形,对案件的侦破工作所起作用更大。应当鼓励这种行为。因此,应当认定曹某某有立功表现。第二种意见认为,本案系曹某某的亲属曹兄长代为立功,属于亲属代为立功,不能认定为曹某某立功。

笔者同意第二种意见,理由如下:

(一)立功表现的主体,原则上应限定为犯罪嫌疑人、被告人本人

无论是刑法还是《解释》《意见》,所规定的立功表现的主体都是“犯罪分子”。如果是在侦查、审查起诉阶段检举、揭发他人犯罪行为的,立功的主体就是犯罪嫌疑人。如果是在审判阶段提供重要线索从而得以侦破其他案件的,立功的主体就是被告人。因此,刑法上的立功表现的主体,原则上应限定为犯罪嫌疑人、被告人本人。这就是学理上讲的立功具有“亲为性”的特征。犯罪分子的亲属“协助立功”的,不符合立功的主体要件,因此,不能认定为犯罪分子的立功表现,也就不属于刑法上的立功表现。

(二)对《意见》所列举的“协助抓捕其他犯罪嫌疑人”的理解与适用,应当采取缩小解释

《意见》虽然在列举了四种常见“协助抓捕其他犯罪嫌疑人”的情形后,加上了“等等”二字,但对“等等”应当进行严格的限制解释,不能认为凡是对侦破案件起到了一定的协助作用,节约了一定的司法资源就一律认定为立功表现。在具体情形的认定上,应当把握两个要件。一看是否按照司法机关的安排,配合司法机关的侦破工

作而提供相应的协助行为,二看将重要信息提供的对象是否是司法机关。前者的要点是,提供的协助行为是依照司法机关的安排所为,表明其有配合司法机关侦破案件的意愿和行为,如《意见》列举的第一种、第二种协助方式,“按照司法机关的安排,以打电话、发信息等方式将其他犯罪嫌疑人(包括同案犯)约至指定地点的”“按照司法机关的安排,当场指认、辨认其他犯罪嫌疑人(包括同案犯)的”,无不强调是按照司法机关的安排所为。后者的要点是将重要信息向司法机关提供,如《意见》列举的第三种、第四种协助方式,“带领侦查人员抓获其他犯罪嫌疑人(包括同案犯)的”“提供司法机关尚未掌握的其他案件犯罪嫌疑人的联络方式、藏匿地址的”,均要求是将重要信息向司法机关提供,之后由司法机关前往抓获。这体现出对立功持谨慎认定的态度,一方面,立法不鼓励“私力缉凶”这一冒险方式,以免发生新的悲剧;另一方面,也防止饱受诟病的“串通买功”现象的发生,在案件发生后,人为制造不公正的量刑,进一步损害公平正义。

本案中,曹某某规劝同案犯投案,既非是在司法机关的安排下进行,也非是将杨某某、张某二人的藏匿信息告知司法机关,由司法机关前往抓获。而是将该想法告诉其兄长,由兄长与张某、杨某某的亲属共同寻找、动员,之后,张某、杨某某才先后投案的。曹某某供述,其不知道杨某某在哪里,仅猜测张某躲在附近的山上。张某则供述,曹某某兄长与其父亲张某某一起寻找到其后,共同做其思想工作,之后才自动投案的。杨某某亦供述,其哥哥杨某某找到其后,动员其去自首。之后,其哥哥拨打曹兄长先前留下的纸条上的电话号码,由曹兄长陪同投案。曹兄长则对上述动员经过进行了证实。可见,曹某某并不能提供杨某某、张某的详细、具体、准确的藏匿地址,其仅仅是有规劝杨、张二人投案的意愿。杨某某、张某的投案,系曹兄长与杨、张的亲属共同寻找、动员的结果,并非曹某某直接动员的结果,不能认定为曹某某的立功表现。

试想,假若将本案中曹某某的协助动员同案犯投案的意思表示行为认定为立功表现,则曹某某、杨某某、张某均可享受政策红利,三人均有自首情节,曹某某还另有立功表现,且是重大立功表现则量刑时,三人均可从轻甚至减轻处罚。这对各被告人而言,将是一种皆大欢喜的局面。如果曹某某能够将杨某某、张某的准确藏匿地址提供给司法机关,由司法机关抓获杨、张,则杨、张二人不可能成立自首,此时曹某某则可以构成立功表现。因此,不宜对曹某某提供信息的对象和信息的准确度不加区分,认为只要是起到了一定的协助作用,就一律认定为立功表现。否则,将导致量刑失衡,也不符合宽严相济刑事政策的要求。

（三）曹某某的行为虽不是立功表现，但可作为悔罪表现，酌予从轻处罚

考虑到曹某某在投案以后，人身自由受限，确实不能亲往动员同案犯投案，其委托亲属代为动员的行为，虽是家属代为立功，不能认定为被告人的立功表现，但也表明了其将功赎罪的意愿，可认定为被告人具有悔罪表现，酌情予从轻处罚。

综上，一审法院不认定曹某某委托亲属代为动员在逃同案犯投案的行为为立功表现是准确的，同时考虑到其有自首情节，本案事出有因，案发后又积极赔偿了被害人亲属经济损失并取得谅解，对其从轻处罚量刑适当。

关于承揽人上门作业时定作人的指示过失责任的认定

——周某触电死亡损害赔偿案

赵元松*

一、裁判要点

承揽人上门作业时，定作人负有提供安全工作环境、警告、制止危险行为等义务。

二、基本案情

周某经营窗帘生意。唐某在周某处购置窗帘，双方约定周某负责窗帘的制作及安装。在上门安装时，因选装窗帘的房间位于涉案房屋四楼，而安装窗帘的不锈钢管长约 5 米，无法进入楼道。周某遂在被告唐某之子唐某某（已成年）的协助下将不锈钢管从楼下递上四楼，周某将钢管横握准备进入四楼房间时，钢管不慎与四楼阳台旁的高压电缆线发生触碰并造成周某受电击身亡。死者周某家属提起民事诉讼，请求唐某、供电公司连带赔偿死亡赔偿金、被扶养人生活费及精神损害抚慰金。法院另查明，唐某购买涉案房产后，未经有关部门批准将该房产加层扩建至四层。涉案架空高压电力线路架设于唐某对涉案房屋加层扩建之前。经测量查实距离涉案房屋最近的高压电线缆与该房屋四层阳台女儿墙上檐事故点的水平距离为 1.79m。

---

* 广西壮族自治区高级人民法院研究室审判员。

三、裁判结果

一审法院审理认为:周某与被告唐某之间系承揽合同关系。在涉案
房屋四楼事故发生地点与高压线缆的水平距离处于安全范围且原告未提交证据证明定作人对承揽人存在指示过失的情况下,原告要求被告唐某承担赔偿责任的诉请无事实和法律依据。综合考虑周某与供电公司的原因力大小,两者对事故责任的承担比例以 8:2 为宜。二审法院审理认为唐某未经任何部门的批准,擅自加建致使房屋存在安全隐患,是造成本案触电事故发生的主要原因,存在过错,应承担 50% 侵权责任,死者周某与供电局各承担 30% 和 20% 的责任。

唐某不服二审判决,申请再审称,唐某的违章搭建房屋行为与周死亡不存在因果关系,不应对周某死亡承担赔偿责任。再审法院审理认为,唐某作为涉案存在安全隐患的房屋屋主,未尽到及时提醒并指示预防措施的义务,应承担侵权民事赔偿责任。根据原因力分配各行为人的侵权责任比例,确定唐某承担 30% 、周某自行承担 40% 、供电局承担 30% 。

四、法理辨析

本案主要争议焦点之一为:唐某对周某的死亡是否有过错。根据《最高人民法院关于审理人身损害赔偿案件适用法律若干问题的解释》(以下简称《人身损害赔偿司法解释》)第 10 条的规定“承揽人在完成工作过程中对第三人造成损害或者造成自身损害的,定作人不承担赔偿责任。但定作人对定作、指示或者选任有过失的,应当承担相应的赔偿责任”,定作人一般情况不承担责任,只有在存在过失时才承担责任。

本案中定作合同的特殊性在于承揽人的工作场所不仅在自己的工作场所,还需要到定作人指定的场所提供上门安装服务。在承揽人上门完成定作合同的情况下,定作人的义务如何?定作人是否需要对承揽人在完成工作过程中对自己造成的损害承担赔偿责任?在本案审理过程中,对于定作人唐某是否对承揽人周某的人身损害承担赔偿责任,双方当事人各执一词,法院在审理中也存在不同看法。

第一种观点认为:本案涉及的基础法律关系是承揽合同,在涉案房屋四楼事故发生地点与高压线缆的水平距离处于安全范围且原告未提交证据证明定作人对承揽人存在指示过失的情况下,根据《人身损害赔偿司法解释》第 10 条的规定,定作人不承担损害赔偿责任。

第二种观点认为：本案被告唐某明知涉案房屋处在高压电缆之下，却未经任何部门的批准，擅自违章加建楼房，致使房屋存在安全隐患，是造成本案触电事故发生的主要原因，存在过错。根据《侵权责任法》第28条以及《电力法》第60条，唐某作为侵权人及受益人应承担50%的侵权责任。

第三种观点认为：本案中，唐某作为案涉房屋的屋主及定作人，知道房屋存在安全隐患，未履行进行提醒义务并指示预防措施，未尽到安全指示义务，应作为法定赔偿责任主体承担民事侵权赔偿责任。

各方观点的分歧点在于定作人指示过失责任的认定。定作人指示过失责任并不是大陆法系各国普遍规定的一类侵权行为形态。在英美法系侵权法中，定作人侵权责任源于早期的“独立承揽人责任”。该理论认为，雇主[1]无须为独立承包人的侵权行为承担替代责任或代理责任，但当雇主自己存在过失时，这个规则存在“非代理责任”的例外情形。日本借鉴英美法中该项制度，在《日本民法典》第716条规定：“定作人对于承揽人就其工作加害于他人的损害，不负赔偿责任。但是，定作人对定作或指示有过失的，不在此限。”我国在清末立宪中引进该制度，《大清民律草案》第254条规定，“承揽人执行承揽事项过程中，不法侵害他人权利的，定作人不负损害赔偿责任，但定作人于定作或指示有过失的，不在此限”。我国台湾地区“民法典”第189条也作如此规定。我国1985年的《民法通则》、2010年的《侵权责任法》和2017年的《民法总则》都没有对此未作出规定。目前，依据是《人身损害赔偿司法解释》第10条的规定。然而，由于本条规定在理论上和司法实践中存在诸多问题，因而有必要对定作人的侵权责任进行深入探讨，以便为我国未来侵权法的制定提供参考。本文拟从定作人过失责任的基本性质、来源等方面进行探析。

（一）定作人指示过失责任概述

定作人过失的侵权民事责任，是指承揽人在执行承揽合同过程中，因执行定作人的有过失内容的定作、指示或者选任而对第三人造成损害或者造成自身损害的，应由定作人承担损害赔偿的特殊侵权民事责任。定作人指示过失，有广义和狭义之分。广义上的定作人指示过失即定作人过失，包括定作、指示和选任过失。狭义上的定作人指示过失，单指定作人在指示上的过失，不包括定作过失和选任过失。本文采取狭义上的概念。

---

〔1〕 在英美法及欧洲民法中，雇主不仅包括雇佣合同中的雇主，还包括承揽合同中的定作人、运输合同中的托运人等。

1. 定作人指示过失责任的性质

《人身损害赔偿司法解释》第10条的规定比较模糊，对定作人承担的是直接责任，还是替代责任，抑或是与承揽人一起承担连带责任；是依照一般侵权来处理，还是根据特殊侵权来解决，均未明确。各方观点存在较大争议：

（1）一般侵权责任与特殊侵权责任的争辩。日本学者大多认为，定作人指示过失责任并不是一种特殊的侵权责任，应当依据一般侵权行为来承担责任。[1] 我国大部分学者认为属于特殊侵权，是责任人与行为人相分离，行为人致人损害，而责任人承担赔偿责任。[2] 有学者认为定作人指示过失责任是两重责任：定作人为自己的过失行为独立负责时，是一般侵权行为责任；而当承揽人在执行定作人有过失的承揽事项过程中，也因承揽人自身的过失而造成损害结果的发生，此时定作人承担替代责任也即代理责任，是特殊侵权责任。[3]

本文认为，定作人指示过失责任应该是一种一般侵权责任。定作人指示过失责任的构成依然是要符合一般侵权责任构成的四个要件，即侵权行为、损害事实、因果关系和过失。虽然定作人过失责任具备自身的特殊性，但这种特殊性是区别于其他侵权责任，与无过错责任等特殊侵权责任还有着本质的区别。

（2）替代责任与直接责任的争辩。大多数学者主张定作人指示过失责任是一种替代责任，认为在定作人指示过失责任中，造成损害事实的直接行为人是承揽人，而承担责任的主体是定作人，这是责任人与行为人相分离，是典型的替代责任。本文认为定作人侵权行为是一种直接责任。定作人所承担的责任是对自己的过失行为承担责任，属于自己责任。承揽人执行承揽事务的行为造成他人损害时定作人对此有过失的，此时定作人所承担的责任就是对自己的过失行为承担责任，而不是对承揽人的过错承担责任，属于自己责任，即直接责任。替代责任是责任人为他人的行为或自己管理的物所导致的损害承担侵权责任的侵权责任形态，在本质上是代人受过。按照英美学者的解释，所谓的替代责任表达的是这样的一种思想：某人因与另一人之间有特定关系，而对另一人的错误行为承担责任。[4] 定作人责任则是因自己的过失行为导致承揽人过错从而致人损害，损害之根源在于定作人之过失行为，承揽人只不过是

[1] 杨丽珍：《论定作人之责任》，载《西北大学学报》（哲学社会科学版）2010年第1期。

[2] 参见郑玉波：《民法债编总论》，中国政法大学出版社2004年版，第161～162页；杨立新：《侵权责任法应当规定定作人指示过失责任》，载《法制日报》2009年3月25日。

[3] 史尚宽：《债法总论》，中国政法大学出版社2000年版，第194～195页。

[4] [美]爱德华·J. 柯恩卡：《侵权法》（第2版），法律出版社1999年英文影印版，第237页。

定作人行为与受害人损害的施加媒介，这显然与替代责任的定义不符。

(3)单独侵权责任与共同侵权责任的争辩。针对《人身损害赔偿司法解释》第10条规定中，定作人因过失承担相应的赔偿责任范围，该司法解释制定者分成三种情形作了有权解释：第一，定作人具有全部过错而承揽人没有过错的，定作人承担全部赔偿责任。第二，定作人与承揽人均有过错的，共同承担连带赔偿责任。同时指出，双方承担责任的范围大小，可依据双方的过错程度和致害行为的原因力比例确定。第三，定作人没有过错的，承揽人单独承担赔偿责任。[1] 学界也基本持同样的观点，定作人侵权责任依据承揽人有无过错可分为单独侵权与共同侵权。承揽人无过错时定作人是单独责任；承揽人与定作人都有过失时，双方是共同侵权，应该对损害结果承担连带责任。[2]

2. 定作人指示过失责任的归责原则

关于定作人过失责任的归责原则，主要有以下几种观点：(1)适用过错责任原则。受害人必须举证证明定作人具有过错，而定作人才能承担相应的责任。[3] (2)过错推定责任原则。由定作人承担自己没有过错的举证证明责任，如果定作人不能举证证明或者证明不充分，则推定其存在过错成立。[4] (3)过错责任原则与过错推定责任原则并用。定作人独立负责时，其定作、指示或选任的过失，应由受害人负举证责任；在共同负责时，解释上亦应由受害人负证明之责。但是，定作人原本不负雇主的责任，只是在自己有过失的特殊情况下，才负替代责任，为此，定作人证明自己无过失的，应当免除其赔偿责任。[5] (4)过错责任原则与无过错责任原则并用。认为"定作人的侵权责任有的属于自己责任，有的属于替代责任，如果属于自己责任，就是一种一般侵权行为，应适用过错原则……当定作人的责任属于替代责任时，应适用无过错

---

〔1〕 最高人民法院民一庭编著：《最高人民法院人身损害赔偿司法解释的理解与适用》，人民法院出版社2004年版，第171页。

〔2〕 参见彭俊良：《侵权责任法论：制度诠释与理论探索》，北京大学出版社2014年版，第348页；姬新江、王燕军：《论定作人的指示过失责任》，载《当代法学》2007年第1期。

〔3〕 参见张新宝：《侵权责任构成要件研究》，法律出版社2007年版，第535页；王利明主编：《中国民法典学者建议稿及立法理由·侵权行为编》，法律出版社2005年版，第163页。

〔4〕 参见王惊雷：《定作人侵权责任研究》，华侨大学2010年硕士学位论文；马晓惠：《定作人指示过失责任法律适用问题的思考》，山东科技大学2012年硕士学位论文。

〔5〕 参见杨立新主编：《类型侵权行为法研究》，人民法院出版社2006年版，第595页；史尚宽：《债法总论》，中国政法大学出版社2000年版，第196页。

或严格责任原则”。[1]

本文认为,应当适用过错责任原则。无论是无过错责任原则还是过错推定责任原则,均是特殊归责原则,需要法律的明确规定。如《侵权责任法》第6条第2款规定,根据法律规定推定行为人有过错,行为人不能证明自己没有过错的,应当承担侵权责任。定作人责任本来就属于一般的过错责任,在无法律明确规定的情况下,应适用侵权责任法关于过错责任原则的规定。

3. 定作人指示过失责任的构成要件

定作人指示过失责任的构成要件,应由侵害行为、过错、损害事实,侵害行为与损害事实之间的因果关系等构成。(1)定作人存在指示过失。指示过失,是指定作本身为正当,但定作人在对承揽人完成定作事项的指示中具有过失,有致承揽人自身损害或第三人损害的危险。因承揽合同之特征,定作人对承揽人并没有支配性的指令关系,但这只是说定作人无权干预承揽人自行选择完成工作的方法,以及为完成工作而采取的措施,定作人对定作行为本身还是要作出指令和安排的,这时如果出现过失,是需要承担责任的。(2)须承揽人或第三人受到损害。损害的发生,应是承揽关系之外的第三人或承揽人自身的损害,且该损害发生在承揽事项的范围内,承揽事项不应狭义理解为我国合同法中的承揽合同。在此,还应包括承揽加工、建筑承包等合同所约定的内容,泛指依合同约定,一方为另一方完成某种行为的情况。(3)定作人存在过错。定作人的过错状态应是过失,包括疏忽大意和过于轻信。(4)定作人指示过失与人身损害具有相当因果关系。依通说,侵权责任法中的因果关系采相当因果关系理论。定作人指示过失的责任基础是定作人对承揽人完成定作事项的指示中具有过失,有致承揽人自身损害或第三人损害的危险。但定作人的指示过失与承揽人及第三人的损害事实之间的因果关系是间接和疏远的,承揽人自身的行为才是造成损害发生的主要原因。因此,对定作人指示过失归责的逻辑轨迹是定作人作出了错误的指示或者消极地未履行应当积极作为的指示义务,客观上造成了对承揽人或者第三人损害发生的危险可能,最终发生了可以避免发生的实际损害结果。

(二)上门危险作业下定作人指示过失的内容及司法认定

对于定作人指示过失的内涵,我国制定法上并没有作出明确的规定。一般认为,定作人指示过失包括积极指示过失,也包括消极指示过失。前者如命令承揽人违章作业,后者如承揽事项明显有侵害他人权利的可能却不指示预防措施而任其进行、对

〔1〕 汪渊智:《侵权责任法学》,法律出版社2008年版,第358页。

安全隐患应当告知而未告知。对于定作人作出错误的指示构成的积极指示过失,比较容易理解;但对于定作人未履行指示义务而构成的消极指示过失,理论界研究的不多,司法实务界在适用时也存在较大争议。本案即是一例比较典型的定作人未积极履行指示义务的定作人侵权案例。

1. 比较法上的定作人指示义务

在英美法系,雇主通常不需要为独立承包人开展工作时实施的侵权行为负责,但在例外情况下,需要承担"非代理责任"。雇主存在过失的情形,包括雇主向独立承包人作出不适当的指示或提供危险的工具、没有对独立承包人的工作进行必要的检查、挑选无资格胜任该项工作的独立承包人或者明知履行合同的行为本身具有内在危险性却不加以制止以及违背不可转移的义务等,〔1〕雇主指使独立承包人从事违法活动并造成损害,雇主应承担赔偿责任。〔2〕 加拿大法下,雇主对独立承包人负有谨慎监督独立承包人对工作的专门事项、技术细节给予合理注意的义务等。在丹麦、瑞典等斯堪的纳维亚民事责任法中,雇主要为未给予承包人足够的指示否则完成这一任务不会造成对他人的损害,或者产生于由于雇主违背了由特别法规定的和本人的一种不可移转的义务等行为承担对独立承包人的责任。〔3〕

在大陆法系,最早引进定作人指示过失侵权责任制度的是《日本民法典》第716条,该条在吸收英美侵权法关于定作人侵权责任的原理的基础上,作了概括性的发挥,较为完整地表述了定作人责任的全部内容,具有普遍的意义。在欧洲大陆,立法明确规定了类似定作人侵权责任的国家只有荷兰。《荷兰民法典》第171条规定:"一个非下属的人在他人之指示下实施了执行他人之事务的行为,他对在实施那些行为时因过错给第三人造成的损害负有责任。该他人也对第三人负有责任。"该条规定了与本人地位相同的独立承包人,为本人的利益在本人的指示下工作造成损害的,本人要对独立承包人的行为承担责任的制度。德国尝试用保护第三人的利益合同理论替代定作人侵权责任。

---

〔1〕 这些义务一般都与公共利益和安全有关,是由法律直接规定的,它要求雇主即使在将自己的工作委托给他人时,也要采取有效措施以确保第三人不受到损害。这些义务如土地、房屋所有者或商店店主保证来访者和顾客的安全的义务、小心存放危险物品的义务等。

〔2〕 徐爱国:《英美侵权行为法》,北京大学出版社2004年版,第255页。

〔3〕 参见[德]克雷斯蒂安·冯·巴尔:《欧洲比较侵权行为法》(上卷),张新宝译,法律出版社2001年版,第430~431页。

2. 上门危险作业下定作人指示义务的内容及司法认定

我国法律对定作人指示过失缺乏明确的规定，对于承揽人上门危险作业情况下定作人的指示义务更是缺失。一般而言，承揽工作进行过程中可能存在的危险因素主要包括三种：一是加工物和施工行为自身存在的危险因素，如高空作业；二是工作现场环境固有的危险因素，如在高压电线附近进行工作；三是人为原因，主要是定作人或承揽人的不当行为，导致施工中发生危险。有学者总结定作人指示过失主要有如下三类表现：(1)定作之时，定作人提出的具体施工要求（有的反映在施工图纸中）存在安全隐患。(2)于承揽人作业中，临时改变施工方案且该方案存在指导性的错误，或指示承揽人违章冒险作业。(3)对定作的项目或作业中存在的安全隐患，定作人明知有侵害他人合法权益的可能，应当告知而未告知。此系不作为的指示过失，亦称消极的指示过失。〔1〕

为防止危险的实际发生，由于具体的施工行为主要由承揽人一方完成，对于定作人而言，承揽人提供上门服务时，其义务主要是以足够谨慎的态度对各类危险因素作出及时、正确的指示。具体而言，定作人承担的指示义务主要有以下几种：

(1)提供安全工作场所及配套设施义务。承揽合同中承揽人一般在自己的工作场所工作，定作人不承担提供工作场所的义务，这也是承揽合同与雇佣合同的重要区别之一。但承揽合同的完成，在许多情况下也需要承揽人离开自己的工作场所，提供上门服务，如本案中的窗帘的安装，这在日常经济生活中很常见。在承揽人到定作人提供的工作场所进行作业时，定作人就有义务保证工作场所的安全性，其提供的生产设备、工具、机器等应当安全可靠，符合保障人员人身安全与健康的劳动安全和卫生标准。

在“丁红芬、陈颖等与丁均壮海上、通海水域人身损害责任纠纷案”中，法院认定，定作人丁均壮未及时提醒承揽人陈建新油柜中仍有残油，未尽谨慎提醒的义务，提供安全的施工环境，存有指示过失。〔2〕 在“董军与姜志尚、董海荣等侵权责任纠纷案”中，法院认定，定作人姜志尚指示董海荣、董军、裘益明在指定场所修理网型门，其应当为承揽方提供安全的工作环境。姜志尚明知修理过程中需要关闭电闸，且电闸与修理场所有一定的距离，无法在修理场所看管电闸，其应当负责看管好电闸，防止修

〔1〕 李斌：《论定作人过失责任的认定与承担》，载 http://blog.sina.com.cn/s/blog_d180fe770101j5ir.html，最后访问日期：2017年2月15日。

〔2〕 参见山东省高级人民法院(2014)鲁民四终字第153号民事判决书。

理过程中电闸被打开。但姜志尚未能提供安全的工作环境，导致董军在修理过程中触电受伤。姜志尚对董军的受伤负有指示过失，应承担相应的过错责任。[1] 在“陈洪美、盐城市利新房屋拆除有限公司与杨林、郑海荣、兴化市祥兴房屋拆迁有限公司健康权纠纷案”中，法院认定定作人郑海荣未能提供足够安全的定作条件，在杨林施工过程中，因其大吼一声“梯子要滑了，快走开”，致陈洪美松开梯子，杨林摔倒受伤，郑海荣存在明显的指示过失，应对杨林的受伤承担相应的赔偿责任。[2]

(2)工作环境中危险因素的指示。在承揽人提供上门作业时，施工现场一般处于定作人的实际支配之下，定作人比承揽人更为熟知工作环境中的危险因素，要求定作人承担对危险因素告知的义务可以促使其以更加谨慎的态度对待他人的人身安全。司法实践一般也将完成这一告知行为视为定作人指示义务的一种，如果定作人未尽到告知义务，引起损害后果，即应承担赔偿责任。

在“陈昌超与盐城市海诚汽车销售服务有限公司、陈玉兵承揽合同纠纷案”中，法院认为陈玉兵作为定作人，在明知陈昌超未系安全带的情况下进行作业，未能尽到提醒陈昌超注意安全的义务，存在指示过失，故对陈昌超受伤致残应负一定的责任。[3] 在“李圣亮与山东湖西电力发展有限公司、王从彪等生命权、健康权、身体权纠纷案”中，法院也认定定作人湖西公司在施工现场没有设立安全警戒标识，任由被告王从彪从事起吊工作，亦存在指示过失，应当承担部分赔偿责任。[4] 在“刘春桃与刘小庚、姜堰大运交通运输集团有限公司追偿权纠纷案”中，法院认定在轮胎修理过程中，定作人刘小庚没有告知轮胎已经长时间缺气，且在缺气状况下被碾轧了数公里的事实，没有主动提醒刘春桃待修理的轮胎存在安全隐患，没有尽到安全提醒义务，应当认为其作为定作人存在指示上的过失，依法应当承担相应的赔偿责任，原审法院确定刘小庚承担10%的赔偿责任。[5] 在“石河子开发区绿洲牧业奶牛养殖有限责任公司等与王尕占等生命权纠纷案”中，绿洲养殖公司作为事实上的监控安装承揽合同的定作人，对王永平架高监控线，在其高压线的变压器附近施工存在的安全隐患不巡视、不指示预防措施，未能保障王永平等人的工作安全，亦存在过错，故其对王永平触电身

---

〔1〕 参见浙江省杭州市中级人民法院(2015)浙杭民终字第1708号民事判决书。

〔2〕 参见江苏省泰州市中级人民法院(2013)泰中民四终字第0634号民事判决书。

〔3〕 参见江苏省盐城市中级人民法院(2015)盐商终字第00467号民事判决书。

〔4〕 参见山东省菏泽市中级人民法院(2015)菏民一终字第12号民事判决书。

〔5〕 参见江苏省泰州市中级人民法院(2015)泰中民四终字第00285号民事判决书。

亡的后果应承担相应的民事赔偿。[1]

(3)警告并制止危险的义务。当定作工作要求承揽人采取相应的安全防护措施而承揽人违反操作规则不采用,或者明知承揽人采取危险的方式进行作业并未采取有效安全防护措施情况下,定作人有义务及时提出警告,并采取措施有效制止承揽人的错误行为。如果定作人怠于履行此项义务,应承担过失侵权赔偿责任。应当注意的是,定作人如未履行警告并制止危险的义务,应当和承揽人承担混合过失责任;如定作人履行警告并制止危险的义务后,承揽人拒不接受指示而造成伤害的,承揽人应当承担全部的损害责任。

在“成都启云装饰工程有限公司、四川碟滋味餐饮有限公司诉程海涛、向随才生命权、健康权、身体权纠纷一案”中,法院认为,碟滋味公司作为本案事故升降机的所有人,在升降机未进行安全调试的情况下将升降机置于可使用状态,碟滋味公司未对该升降机进行妥当的管理、未进行安全告示,在向随才使用升降机的时候未进行阻拦,主观上有过错,且是向随才受伤的原因之一。因此,碟滋味公司对升降机疏于管理有过错,该过错与损害结果具有一定的因果关系,应承担一定的责任。[2] 在“刘家迁与卢红宝、卢志钢提供劳务者受害责任纠纷案”中,法院认为,被告卢红宝作为定作人,承揽给卢志钢的阳台油漆工程本身存在一定的危险性,在施工期间,卢志钢和刘家迁搭建木板、脚手架时没有采取固定措施,而其作为定作人没有在场进行纠正,督促承揽人采取相应的安全保障措施,存在一定过错,原审酌情确定由其承担25%的损失合理。[3] 在“清远市恒达装饰设计有限公司、湖南省衡南第五建筑工程有限公司提供劳务者受害责任纠纷案”中,法院认定恒达公司对作业现场缺乏监管、对黄桐怀的违规作业行为未及时制止导致事故发生负有责任。[4] 在“韦永育等人与韦炳芝等人生命权纠纷案”,法院认为,定作人韦钟泽事前明知马耀忠等人没有配戴安全帽、安全绳等安全防护设施,不具备相应的安全生产条件,还将工程发包给马耀忠等人承揽,存在选任过失,况且,韦钟泽在事发前已看到马奕钦没有配戴安全帽、安全绳等安全防护设施,也不提醒或要求其改正,存在不作为的指示过失。[5]

(4)定作人排除因自身原因产生的危险的义务。如果在施工过程中某一危险因

---

[1] 参见新疆维吾尔自治区高级人民法院生产建设兵团分院(2017)兵民再11号民事判决书。

[2] 参见四川省资阳市中级人民法院(2015)资民终字第262号民事判决书。

[3] 参见浙江省金华市中级人民法院(2015)浙金民终字第444号民事判决书。

[4] 参见广东省高级人民法院(2016)粤民申1321号民事裁定书。

[5] 参见广西壮族自治区南宁市中级人民法院(2014)南市少民终字第52号民事判决书。

素产生是由定作人行为所致，作为“危险源”的开启者，定作人应排除危险因素，或正确指示承揽人避免、排除危险，否则即应承担过失侵权责任。

在“刘为与姚宝卫人身损害赔偿案”中，法院认为，因定作人商店中货架的摆放影响了人字梯的架设，导致承揽人不得不悬空作业，因此可以认为系定作人原因导致了危险因素存在，而定作人又拒绝排除这一危险因素，最终造成承揽人人身伤害的后果。所以法院在判决中认为，姚宝卫在指示刘为取挂件时，没有为其提供足够的安放人字梯的空间，未采取其他安全措施，且在他人提出货架碍事的情况下，仍要求刘在不具备安全条件的情况下取挂件的行为，应视为指示不当，应承担相应的赔偿责任。[1]

3. 定作人指示过失的判断标准

对定作人过失的认定是判定定作人应当承担损害赔偿责任以及责任范围的关键。法院判定行为人是否承担过失赔偿责任要有一定的判断标准。通说认为是“理性人”标准，即采取客观化的标准判定行为人是否违反安全保障义务。按照这一标准，法院在确定行为人是否违反指示义务时，要求行为人尽到社会的大多数人在同样或者类似的情况下所能尽到的标准。如果行为人已经尽到大多数人在同样或者类似的情况下所能尽到的义务，采取了合理的措施予以避免，则无过失；如果行为人没有尽到大多数人在类似情形下所能尽到的义务，或者未采取措施以及采取的措施不适当、不合理，则认定有过失，承担侵权责任。“理性人”标准是一种普遍意义上的判断标准，并非针对特定的人，或具体的情形作出的个别判断。法院具体审判实践中，应在此标准指导下，结合案件的具体情形判定行为人是否违反安全保障义务。

（三）承揽人上门作业下定作人指示义务的来源

1. 承揽人上门作业时定作人指示义务的理论依据

定作人指示义务的法理基础指的就是行为人之所以要承担义务的原因所在。主要有以下几个方面：

（1）危险控制理论。对于行为人来讲，其相对于其他任何人应该说是最接近该行为的，比较起其他任何人他最了解该行为可能会产生的危险，所以说由他来控制危险将会是最有效率的。由此法律认为应该让行为人自行控制危险。如果说此时，行为人未能很好地控制危险，给他人造成了伤害，就理应由其自己来承担责任。

（2）诚实信用原则。诚实信用原则是民法领域的“帝王条款”。《合同法》第62

〔1〕 参见安徽省淮南市中级人民法院（2005）淮民一终字第292号民事判决书。

条第2款规定,当事人应当遵循诚实信用原则,根据合同的性质、目的和交易习惯履行通知、协助、保密等义务。

(3)合理信赖理论。合理信赖原则是指基于诚实信用原则,社会活动参与者有权利合理信赖与其有关系的他人会采取适当措施防范危险,以保障自己的权益不受侵害。在社会生活中,各个社会主体彼此接触产生各种特殊的社会关系,各种社会关系主体之间相信这种特定的社会接触能够保障自己的人身和财产安全。这种信赖是社会交往和稳定社会关系的前提,应当受到法律的保护。

(4)可预见性理论。可预见性理论是指如果被告作为一个理性人本来可以预见其行为会侵害他人利益,就应当承担合理的注意义务。可预见的风险是指行为人本该预见的风险。在古罗马法上,"一般谨慎之人能够预防损害的发生,而行为人却没有预防,或者虽然采取了预防措施,但是为时已晚"。[1]英美法系根据可预见性标准判断行为人是否负有作为义务以及是否违反作为义务,进而确定其是否应承担民事责任。"一个行为人只有在其行为为他人造成不合理的风险且该行为人认识到,或作为一个有理性的人本应该认识到该风险的情况下才是有过失的。这些术语通常可从可预见性的方面进行陈述:除非伤害被行为人所预见,或对一个有理性的人本来是可预见的,而且该伤害本来是可以被合理避免的,否则行为没有过失。"[2]

(5)社会成本理论。制度经济学认为,为了实现社会的良好控制,应该把义务分配给能以最低的成本负担该义务的人。在社会交往当中,行为人所从事的事业很有可能会给不特定的他人造成损害,如果我们将损害责任的承担,分配给不特定的社会公众,让其各自照顾好自己,这是不经济的。只有将控制危险的义务分配给行为人,这样才能使其将对外部的不经济带来的社会成本内部化。从总体上来讲,这也体现出实质意义的公平。

2. 定作指示义务的来源

义务的来源主要有法定义务、契约上的义务、先行行为产生的义务等。设定定作人指示义务,目的是保证承揽合同顺利进行和确保承揽人及第三人不因承揽事项而受到不法伤害。从定作人指示义务的目的来看,根本来源于前述的危险控制、合理依

---

〔1〕 转引自[意]桑德罗·斯齐巴尼:《侵权法当今问题之思考——罗马法原始文献的重新研读》,翟远见译,载[意]S.斯齐巴尼、朱勇主编:《罗马法、中国法与民法法典化——从古代罗马法、中华法系到现代法:历史与现实的对话》,中国政法大学出版社2011年版,第263页。

〔2〕 [美]丹·B.多布斯:《侵权法》(上册),马静、李昊、李妍等译,中国政法大学出版社2014年版,第295页。

赖、诚实信用等理论,但由于这些理论和原则过于抽象,有必要加以具体化,以便操作。

(1)来源于一般注意义务。一般注意义务是由德国法官通过判例创设而来,在德国法称之为"交往安全义务"或"社会活动安全注意义务",是指因社会接触或社会交往活动而对他人引发一定的危险,基于诚信原则、善良风俗、行为人与受害人之间的合理信赖,或适当社会生活不成文的规则所要求的对此等危险之合理的注意而对一般人负有的除去或者防止危险的义务,要求从过去确立"无害他人"的普遍义务转变为特定情形下要求行为人应"适当地爱他人"。"一般的或特殊的危险"是确定一般注意义务的重要依据。在现代各国立法中,对特殊的危险基本上采用特别立法的方式加以规范,违反此类义务可以直接构成"违反保护他人的法律",不必再求助于一般注意义务。但除去法律明文规定的特殊危险责任外,社会生活中还有无数无法律规定也无法用法律一一明确规定的危险性的活动或者行为,这就需要适用到一般注意义务。[1] 通过适用一般注意义务,法官可以对那些法律没有规定的侵权领域,根据普通人的认知和判断,认定行为人是否尽到了不使他人的合法权益遭受损害的注意责任,并据此对违反注意义务的侵权行为追究法律责任,从而保护受害人的合法权益,并通过注意义务的法律认可,引导人们在行为时注意他人的人身与财产安全,从而提高行为的安全系数,减少损害事故的发生,维护社会的和谐稳定。

(2)来源于不动产物权人的注意义务。不动产物权人的注意义务是指不动产物权人对不动产可能存在之现实危险向不动产进入者进行警告并采取适当措施防止危险发生的一种注意义务。不动产物权人是指占有或管理不动产,对不动产具有一定支配或控制权利的人,包括不动产的所有人、占有人、使用人或管理人。不动产,既包括属于公共所有或面向公众开放的不动产,也包括属于私人属于或不向公众开放的不动产,具体有土地、建筑物、构筑物及搁置物、悬挂物与林木等。

不动产物权人不作为引发的侵权纠纷是世界各国几乎都存在的一个常见问题。不动产物权人的注意义务在罗马法中即已出现。罗马法中有关于准侵权行为的规定,认为侵权人既不是根据契约负责,又或许是因为他的无知而犯的某种过错,此行为的具体情况足以给他人造成损害,因而行为人必须承担赔偿责任。[2] 我国对不动产物权人注意义务的相关规定主要集中在《侵权责任法》第 37 条,按照本条的规定,

---

〔1〕 林美惠:《交易安全义务和"我国"侵权行为法体系之调整》,载《月旦法学》总第 80 期。

〔2〕 [罗马]查士丁尼:《法学总论》,张企泰译,商务印书馆 1989 年版,第 204 页。

负有安全保障义务的人被限定于公共场所的管理人和群众性活动的组织者。但对于非公共场所的私人物权范围内，不动产物权人对进入者是否也需要提供类似安全保障义务的积极作为义务，我国却没有相应的明确规定予以调整。在英美法上，侵权行为法理论非常注重保护人的人身和财产安全，对侵权的认定非常宽泛，判例中形成了非常有名的"安全第一原则"。[1] 英国法并未将安全注意义务的空间限定为经营场所，不动产产权人危险警告义务作为安全注意义务的合理延伸，对于非明显、公开的危险，不动产物权人作为不动产之所有人或使用人，其对不动产上存在的危险更为熟悉，应承担警告义务，以防止损害发生。美国法也没有将注意义务的空间限定为经营场所，并认为安全注意义务是一种对世义务，即对任何有可能因被告之作为或不作为而遭受损害的人，被告均应承担责任。

不动产物权人作为义务源于一般危险责任，是现代侵权法不断发展的产物。不动产物权人对合法进入者承担警告义务主要原因有：①不动产物权人通常是所有人或使用人，对不动产状况最为了解，其能够预见到不动产的特殊现状或环境是否存在致合法进入者遭受损害的可能，能更好、更便利地采取措施防范危险的发生。因此，根据危险控制理论和可预见性理论，理应由不动产产权人对不动产所存在的危险情况进行警告，以避免合法进入者因此遭受不应有的损害。另外，合同中双方所掌握的信息往往处于不对称的状态，从社会经济学的角度来看，充分掌握信息的一方应承担更多的义务，以降低可能发生的风险和交易成本，避免损失。②合法进入实际上暗含不动产物权人允许进入之义，亦暗含不动产物权人对合法进入者承诺不动产是安全的。在侵权责任法上，若行为人给予安全保障之承诺，就应该采取措施保证他人安全，否则，行为人应当就他人因自己未采取措施而遭受的损害承担侵权责任，此即基于承诺而产生的作为义务理论。故而，不动产物权人对其不动产之合法进入者负有安全保障义务，若未采取保障措施而致其遭受损害，不动产产权人应当承担侵权责任。③从先行行为理论来看，当不动产物权人许可他人进行不动产时，作为危险的开启或维持者应负有保障他人人身或财产安全的作为义务。从信赖关系理论来看，合法进入者对邀请或许可的接受中蕴含着对私人场所占有人或管理人保障该场所内的人身、财产安全的信赖，因此私人场所占有人或管理人违反了合理的作为义务的，应承担赔偿责任。

在英美法上，不动产物权人对进入者的警告义务的大小因进入者的身份不同而

[1] 李亚虹：《美国侵权法》，法律出版社1998年版，第14页。

变化。在英国1957年的《占有者责任法》生效前，普通法将进入产业者分为四类，即依约而入者、受邀请者、被许可者、侵入者四类。1957年的《占有者责任法》将所有进入产业者分为两大类：其一，合法访问者；其二，非合法访问者。[1] 对于合法进入者，不动产物权人应当承担危险警告义务，并应采取合理措施避免因其不动产所存在的危险而致进入者遭受损害，否则，对所产生损害承担侵权责任。对于非法进入者，不动产产权人一般情况下不承担危险警告义务，即便他们知道或应当知道自己不动产存在某种异常危险。但对于未成年人，法院通常会要求土地占有人承担更高标准的注意义务。

不动产物权人对合法进入者承担的合理注意义务包括：对自己从事的危险活动承担合理的注意义务，预防自己的危险活动损害他人的利益；对已知危险承担合理的警告义务；对未知危险承担合理的检查和发现义务，具体来讲有预防（控制）、检查、警告、保护和救助。①危险预防、控制义务。不动产物权人基于其对不动产的控制能力，应当采取必要的措施保证其不动产及其附属设施、设备保持在安全正常状态，预防不动产本身潜在的危险，以防止义务相对人人身和财产损害的发生。②检查、维护义务。不动产物权人对控制的不动产及其附属设施应当积极检查，进行正常的维护，及时发现并排除可能危及他人的潜在危险，使之一直处于安全状态。③警示义务。对于已经发现的潜在危险又不能及时消灭的，以及进入者采取危险行为的，应通过合理的警示、提醒、制止他人避免危险。④危险救助义务。对于正在或者已经发生的危险，不动产物权人应当进行积极的救助，以避免损害的发生或损失的扩大。

在实践中，不动产物权人未尽作为义务主要有以下情形：一是怠于消除其所占有或控制的不动产本身具有的危险，如房屋楼梯设计有瑕疵、庭院里的沟坑没有加盖、摇摇欲坠的窗页没有及时修理。二是怠于消除使用、管理、服务中产生的人为的危险，如地面油渍没有及时清除、楼道坏掉的照明设施没有及时更换。三是怠于防止侵害行为，即负有防止侵害行为的发生却没有对侵害行为进行及时有效的防范或制止。不动产物权人对作为义务的违反，或者没有尽到应尽的作为义务而对他人造成损害，就推定该不动产控制人对损害有过错，应对受害人承担侵权责任。如果已经采取了足够合理的作为义务，而损害仍然发生，那不动产权利人就可以减少或免除责任。

（3）来源于定作合同的附随义务。按照通说，合同义务主要分为三类：主给付义务、从给付义务和附随义务。合同附随义务是指合同当事人依据诚实信用原则，在法

[1] 胡雪梅：《英国侵权法》，中国政法大学出版社2008年版，第169页。

律无明文规定，当事人之间亦无明确约定的情况下，根据合同的目的、性质和交易习惯所应当承担的协助、保密、通知、照顾、保护、忠实等义务，以此来保护对方利益和维护交易秩序的稳定。从性质上看这些义务具有附随于主给付义务的性质。[1] 附随义务的理论基础源于诚实信用原则。德国学者霍恩认为，"合同中隐含着一套以保护合同当事人权益为目的的'义务网络'，这一'义务网络'的存在，使得积极违约的范围得到了极大的扩展，这些注意义务和保护性义务产生于合同的解释过程，并附随于合同的主义务。"[2] 史尚宽教授将合同附随义务分为辅助的或非独立的附随义务和补充的或独立的附随义务两种。[3]

合同附随义务主要包括：①通知义务。通知义务又称告知义务，是指合同当事人应当将有关合同利益的重大信息及时向对方通知和说明使其知晓的义务。若依据诚实信用原则和合同发展的进程，需要合同当事人主动地告知对方当事人一些与其切身利益相关的事项，此时就可以认定有告知义务存在。关于通知义务，在《合同法》第230条、第256条都有明确规定。②协助义务。是指合同当事人应互为对方行使合同权利，履行合同义务提供照顾和便利，促使合同目的圆满实现。在履约中，当事人应当顾及另一方及其标的物的状况，最大限度地运用其能力和一切可以运用的手段实现对方的正当愿望，以利于合同的适当履行。合同关系终止后，当事人应当协助对方处理与合同相关的事务。《合同法》第181条、第255条、第259条，都有关于协助义务的明确规定。③保密义务。保密义务是指当事人一方对于知晓的对方的商业秘密或要求保密的信息、事项不得对第三人泄露。保密义务是一种消极义务，只要义务人消极的不作为，而不要求义务人积极的作为。《合同法》第43条、第266条都对保密义务作出了规定。④注意义务。一般而言，当事人应作一个善良管理人并像管理自己事务那样做到尽职尽责，以尽保护对方合法权益的义务。⑤保护、救助义务。是指在因合同接触而发生侵害对方生命、身体健康、财产安全的可能性场合，合同当事人彼此之间负有对他方人身及财产利益的保护、照顾、不得损害的义务以及在对方生命、健康受到威胁时负有的救助义务。[4] 合同附随义务中的保护义务不同于侵权责

---

〔1〕 参见王利明：《合同法新问题研究》，中国社会科学出版社2003年版，第19页；吕忠梅：《论合同制度的生态化拓展》，载《河南师范大学学报》（哲社版）2004年第5期；王泽鉴：《民法学说与判例研究》（第1册），中国政法大学出版社1998年版，第96页。

〔2〕 [德]罗伯特·霍恩：《德国民商法导论》，楚建译，中国大百科全书出版社1996年版，第150页。

〔3〕 史尚宽：《债法总则》，中国政法大学出版社2000年版，第341页。

〔4〕 韩世远：《合同法总论》，法律出版社2004年版，第288页。

任法上的安全保障义务。安全保障义务的违反,通常是对已经存在的某种不安全因素未及时采取适当措施从而导致损害发生,但是合同附随保护义务则只要是在理论上认为存在危险的可能性即需要履行,否则即为违反保护义务。《合同法》第301条对保护、救助作出了规定。

由于合同交易的多样性和复杂性,附随义务并不是一种静态的事物,以上五项义务只是对目前常见合同附随义务的简单汇总,并不能囊括现实中合同附随义务各种情形。在司法实践中,可参考法院判决先例进行确定。对无法律明文规定也无当事人约定又无先例借鉴的附随义务,应依据诚实信用原则,根据合同性质、目的和交易习惯等情况具体问题具体分析,综合考量密切联系标准、理性人标准及效益标准,合法合理地确定当事人的合同附随义务。

(四)定作人指示过失责任范围的确定

在确定定作人指示过失责任范围即承担的责任比例时,应比较其过错与承揽人、受害人的过错大小以及该过错与事故发生的原因力大小等而定。过错程度是主观的,而致害行为原因力是客观的,法官在具体案件的审理中应如何把握?在定作人与承揽人都有过失的情形下,如何比较各自的过失程度和原因力大小来确定各自的责任范围?

杨立新教授在《侵权责任形态研究》一文中提出了具体的确定方法,可资法官审判时借鉴。对于过错程度的大小,杨教授认为,“比较过错亦称比较过失,是指在都有过失中,通过确定并比较加害人和受害人的过错程度,以决定责任的承担和责任的范围。具体方法是,将双方当事人的过错程度具体确定为一定的比例,从而确定出责任范围。对损害后果应负主要责任者,其过错比例为51%~95%;对损害后果应负同等责任者,其过错比例为50%;对损害后果应负次要责任者,其过错比例为5%~49%;过错比例不足5%的,可以免除其赔偿责任,不认为其有过失。”对于过错程度和致害行为的原因力对确定有过失责任范围所起的作用,杨立新教授认为,“原因力对于有过失责任范围的相对性的认定作用,主要表现在以下方面:第一,当事人双方的过错程度无法确定时,应以各自行为的原因力大小,确定各自责任的比例。第二,当事人双方的过错程度相等时,各自行为的原因力大小对赔偿责任起‘微调’作用。第三,当加害人依其过错应承担主要责任或次要责任时,双方当事人行为的原因力起‘微调’作用:原因力相等的,依过错比例确定赔偿责任;原因力不等的,依原因力的大小相应调整主要责任或次要责任的责任比例,确定赔偿责任。根据过错比较和原因力的比较,确定双方当事人各自应当承担的责任范围,分担责任。”[1]

(五)对本案的分析

在本案中,唐某与周某之间系承揽合同关系。根据安装窗帘的交易习惯,承揽人周某上门为定作人唐某提供安装窗帘服务,无论唐某是定作人的身份还是作为不动产物权人的身份,唐某在周某履行窗帘的安装义务过程中负有提供便利和安全场地等协助义务,并对危险工作环境负有警告义务,对危险行为负有提醒和制止义务。

本案中,唐某作为案涉房屋的屋主,涉案房屋未经有关机关审批在高压电力设施下加层扩建,导致架空电力线路保护范围明显减少,亦致使案涉房屋存在安全隐患,是导致危险发生的危险源。涉案房屋虽然经专业机构测量查实案涉房屋四楼事故发生地点与高压线路的水平距离仍处于安全范围内,但是仅仅比安全距离超出 0.29 米,客观上增加了安全隐患,加大了事故发生的概率,未尽到控制义务。唐某知道房屋上方存在 10KV 的高压线路,存在安全隐患,在周某从楼下递送窗帘钢管时未及时进行提醒并指示预防措施;其子唐某某作为具备完全民事行为能力的家庭成员,虽在周某从事危险操作行为时已予以提醒,但并未制止,且还为周某将窗帘钢管从楼下递上四楼阳台的过程中提供帮助,未尽到对危险行为的提醒、有效制止义务。唐某作为房屋的所有权人和实际控制人,未能给周某提供必要的安全保护措施,违反了合同履行中所应承担的相应附随义务。唐某主观上的不作为及明知违章建筑存在高度风险又未采取基本的安全保障措施的行为,与周某某触电身亡事故的发生这一损害结果之间具有因果关系,唐某应作为赔偿责任主体承担民事赔偿责任。但唐某的过失为不作为过失,并非周某损害事实发生的主要原因,损害发生的主要原因是周某自己的疏忽大意,故定作人的责任比例范围可在 10% ~30% 。本案一审法院未能准确理解定作人指示过失的内涵与外延,也未能充分考虑到承揽人上门作业时定作人指示义务的内容,判决定作人唐某不负任何责任;而二审法院错误判断本案损害发生的因果关系,判决定作人唐某承担主要责任,均属于适用法律错误。再审法院准确判断法律关系,准确理解定作人过失责任的概念,从定作人过失责任的确认和处理两方面慎加把握,确定定作人唐某承担 30% 的责任,适用法律正确,责任比例分配也比较合理。

(六)结论

综上所述,在审判实践中,适用《人身损害赔偿司法解释》第 10 条解决有关纠纷时,应该准确理解定作人过失责任的概念,从定作人过失责任的确认和处理两方面慎

[1] 杨立新:《侵权责任形态研究》,载《河南省政法管理干部学院学报》2004 年第 1 期。

加把握,针对具体案件具体分析,从而达到准确合法、合情合理地解决该类承揽过程中造成损害的纠纷。

同时,本案审理过程中的分歧也表明《人身损害赔偿司法解释》第10条存在立法不明确的情况。对此,本文结合审判实践及学者的研究成果,建议借鉴域外立法成例,对相关条文修改为:“承揽人在完成承揽工作过程中对第三人造成损害的,定作人不承担赔偿责任;但定作人对定作、指示或者选任承揽人有过失,或者违反注意义务的,应当对受损害的承揽人或第三人承担赔偿责任。承揽人对损害的发生有故意或重大过失的,应当与定作人承担连带赔偿责任。定作人承担连带赔偿责任后,可以向承揽人追偿。”

对毒品案件贩卖行为的审查判断及同时犯与共同犯罪的甄别认定

——朱某贩卖、运输毒品，王某运输毒品案*

宿　薇**

一、裁判要点

1. 被告人承认贩卖毒品又翻供的，通过逻辑推理和经验法则运用，准确揭示被告人的行为实质。

2. 各被告人之间是否具有共同意思联络，是甄别同时犯和共同犯罪的关键。

二、基本案情

上诉人王某向上诉人朱某求购氯胺酮（俗称"K 粉"），朱某遂向毒品卖家"黑鬼"（另案处理）询价，告知王某每条氯胺酮为 2.8 万元，并安排王某与其一同前往异地交易。2015 年 5 月 19 日 20 时许，朱某驾驶桂 A7X775 小汽车搭载王某从南宁市出发，到达玉林市博白县松旺镇腰婆岭村村口附近。王某将其用于购买 3 条氯胺酮的毒资 8.4 万元交给朱某。朱某向"黑鬼"先购买了 3 条氯胺酮共 3006.3 克，后又购买了 4 条氯胺酮共 4009.5 克，为 7 条氯胺酮总计支付毒资 16.4 万元。"黑鬼"向朱某另行赠送了 30 小包含甲基苯丙胺成分的粉末（俗称"开心粉"）

---

* 本案二审裁判文书获 2016 年广西全区法院优秀裁判文书评比一等奖。

** 广西壮族自治区高级人民法院民三庭审判员。

42.9克。次日1时许,朱某、王某驾车回到南宁市南北高速那马收费站出口,被公安机关当场抓获。侦查员从小汽车副驾驶座查获了上述毒品。

三、裁判结果

广西壮族自治区南宁市人民法院于2016年2月4日作出(2015)南市刑一初字第90号刑事判决,认为:被告人朱某贩卖、运输毒品氯胺酮7015.8克、甲基苯丙胺混合物42.5克,被告人王某伙同朱某共同运输氯胺酮7015.8克,其二人行为已触犯《刑法》第347条第2款第1项之规定,朱某构成贩卖、运输毒品罪,王某构成运输毒品罪。在运输毒品的共同犯罪中,朱某主要负责联系毒品卖家、商谈价格、提供并驾驶车辆等,在犯罪过程中起主要作用,是主犯,应按其参与的全部犯罪处罚。王某明知是毒品仍伙同朱某予以运输毒品,其亦是运输毒品的主犯,亦应按其参与的全部犯罪处罚。王某曾因犯贩卖毒品罪被判过刑,又犯运输毒品罪,是毒品再犯,依法对其从重处罚。判决:(1)被告人朱某犯贩卖、运输毒品罪,判处无期徒刑,剥夺政治权利终身,并处没收个人财产人民币20万元。(2)被告人王某犯运输毒品罪,判处无期徒刑,剥夺政治权利终身,并处没收个人财产人民币10万元。(3)公安机关依法扣押的供被告人朱某犯罪所用的作案工具大众牌FV小型汽车一辆(车牌号桂A7X755,发动机号380039)、黑色苹果手机一部(号码为150××××3336)、毒资人民币15 000元,以及供被告人王某犯罪所用的金色苹果手机一部(号码为187××××6002),予以没收(均由扣押机关依法处理)。

宣判后朱某上诉认为,其只是购买毒品和运输毒品,原判采纳同案人王某的口供,认定其贩卖毒品与事实不符。

王某上诉提出:其向朱某购买3条氯胺酮然后一起返回南宁,只应对黑色塑料袋装的3条氯胺酮负责。其与朱某并没有协商共同运输毒品,没有共同犯罪的主观故意,不是共同犯罪。朱某实际购买了多少毒品、“开心粉”如何出现,其均不知情。即使朱某贩运毒品成功获利,其也不会从中获取丝毫的利润。故原判认定其构成共同犯罪,对7条氯胺酮承担责任没有事实和法律依据。

广西壮族自治区高级人民法院于2016年8月29日作出(2016)桂刑终172号刑事裁定书,裁定驳回上诉,维持原判。

四、裁判理由

1.本案的争议焦点之一在于,被告人朱某在侦查阶段供述其为自己购买毒品的同时还加价贩卖给被告人王某，但在审理阶段又对此翻供。在本案指向朱某贩卖毒品的直接证据不足的情形下，需要法官运用逻辑推理、经验法则加以审查判断。

首先，审查被告人购买毒品数量与交易金额是否对应。被告人王某和朱某一致供述，朱某为王某以每条2.8万元代购3条氯胺酮。若此价格与毒品卖家的报价一致，则朱某为自己购买4条氯胺酮的价格应为11.2万元，但朱某为7条氯胺酮总计支付毒资16.4万元，相当于为自己购买4条氯胺酮仅花费8万元。朱某辩称自己因赊账而少给了部分毒资，但案发当日朱某从银行取款11.2万元，随身还携带了部分钱款，所备现金足以全额支付，赊账之说与其行为表现不符。

其次，审查证人的主观证言和客观行为是否一致。朱某的胞弟朱良在侦查机关阅看自己作出的证言后，将“朱某平时做贩卖毒品”改成“以前做过”；并删掉了“其猜测他可能带毒品回南宁”的字样。根据朱良亲自涂改后再签名捺印的证言证明，朱某没有驾驶证怕被查车，打电话要朱良前去探路，朱良担心朱某被抓要坐牢就答应去看看，朱良到收费站后见到有警察在抓人即驾车离开，随后到禁毒大队打听朱某的下落。二审法院审查认为，朱良涂改后的证言不符合通常认知，无证驾驶通常接受行政处罚，而“坐牢”属于刑事处罚；且无证驾驶被查处应前往交警部门查询，而朱良却径直找到禁毒大队。证人朱桂民的证言亦与朱良涂改前的证言相互印证，证实其听朱良说朱某去外地购买毒品，其跟随朱良前去为朱某探路时看见警察设卡稽查，朱良即意识到朱某可能被抓。

最后，根据案件事实准确认定被告人的行为性质。朱某的辩护人提出，根据毒品审判工作会议纪要的规定，应认定朱某承担了运输成本，及朱某为王某代购的氯胺酮仅用于吸食，不属于贩卖毒品的辩护意见，二审法院审查认为，根据生活常识，从南宁市至博白县的自驾费用包括油费、道路通行费等在内仅需数百元，而朱某供述其为王某代购毒品赚取了差价1.5万元，故朱某承担的运输成本与其获得的利润相比微不足道。在此情形下，无论朱某为王某代购的毒品作何用，均应视为朱某从中牟利，变相加价贩卖毒品。

综上，二审法院认为，结合朱某在侦查阶段作出的有罪供述，本案中朱某向王某加价贩卖毒品的事实清楚。

2. 本案的另一个争议焦点为，本案中朱某驾车搭乘王某一同去异地，由朱某出面交易毒品并加价转卖部分毒品给王某，然后二被告人持各自名下的毒品同车返回，此情形下朱某对全案的毒品负责并无争议，但王某是否仅需对自己名下的毒品负责？该问题涉及共同犯罪与同时犯的法理辨析，关键在于审查被告人之间有无共同意思联络。

王某的辩护人提出，王某搭朱某的便车为自己运输3条氯胺酮，其罪责独立于朱某。二审法院认为，辩护人观点的实质是将朱某和王某视为同时犯，经审查与本案事实不符。就法理而言，同时犯和共犯均是同时同地的指向相同目标，但同时犯之间没有犯罪意思联络，认为自己在犯罪中处于孤立无援的境况；而共犯之间具有明示或暗示的犯意联络，知道有他人加入犯罪，通过互相利用使各自行为融为一体。本案中，朱某和王某事前约定同车往返异地交易毒品。在这一概括犯意的支配下，随着犯罪进程的发展，必然包含了彼此容忍、接纳对方毒品同车运输，及相互协作使所有的车载毒品安全地实现空间位移的合意。根据刑法理论并结合本案实际，朱某和王某主观上明确认识到在犯罪中有对方存在，并积极追求一致的犯罪结果，客观上共同实施犯罪，共同承担风险，这种相互给予精神和行动支持的犯罪特征显著区别于同时犯，依法应构成共同犯罪。

挪用小金库公款是否属于单位行为以及挪用款项用于购房的有关定罪问题

——谭某某挪用公款无罪案

纪 娜*

一、裁判要点

1. 正确适用《全国法院审理经济犯罪案件工作座谈会纪要》第4条，单位挪用公款不构成犯罪，认定单位行为同时具备两个条件：一是单位集体讨论或单位负责人授意；二是为单位谋取利益。鉴于小金库本身属于非正常财务，确认小金库款项审批、使用，是否代表单位意志，为单位谋取利益，是否属于单位行为，审查时应与一般单位账户有所区别。

2. 挪用公款用于购买商品房，是否属于营利活动，应综合行为人构成犯罪时的主观目的，是否追求经济利益来作出判断。

二、基本案情

被告人谭某某作为某单位财务部主任，在企业合并过程中，于2005年1月31日，让财务科出纳黄某到中国农业银行柳州分行广雅支行蝴蝶山分理处，使用"黄某"的名字开设"6643"账户（账外账，即小金库），后将部分公款转存入该账户，用于发放职工工资、福利及广告业务费等，直至2009年8月19日该账户注销。其间，被告人谭某某让黄某将该账户的公款共计人民币70万元转出，供自己及他人使用。具体如下：

---

* 广西壮族自治区高级人民法院审监二庭审判员。

2006年4月3日及10月31日,被告人谭某某为获取利息及发展单位广告客户,先后两次让黄某从“6643”账户中将公款人民币10万元和40万元转到从事房地产开发的个体老板黎某某的私人账户上,供黎某某用于营利活动。事后,被告人谭某某向企业负责人蒙某某汇报此事,蒙某某表示同意并要求被告人谭某某完善手续和保证资金安全,但被告人谭某某没有办理任何借款手续。2006年12月4日,黎某某将人民币20万元归还到“6643”账户上,另30万元借款以现金的方式归还到黄某处。被告人谭某某将50万元借给黎某某后,获得利息人民币3万元,在经蒙某某同意后,将其中的2.5万元作为加班费发给自己、黄某和会计韦某。

2007年12月9日,被告人谭某某经蒙某某同意后,以借款的方式让黄某从“6643”账户将公款人民币20万元转到其个人银行账户上,用于购买商品房。20天后,被告人谭某某将人民币20万元以现金的方式归还给黄某。

2011年1月12日,被告人谭某某被柳州市柳北区人民检察院带走接受调查。次日,柳州市柳北区人民检察院对本案予以立案。

三、裁判结果

柳州市柳北区人民法院于2013年5月24日作出(2012)北刑初字第96号刑事判决。谭某某不服,提出上诉。柳州市中级人民法院于2013年12月26日作出(2013)柳市刑二终字第97号刑事裁定,撤销原判,发回重新审理。柳北区人民法院于2015年3月18日作出(2014)北刑重字第59号刑事判决,认定谭某某犯挪用公款罪,判处有期徒刑3年,缓刑5年。谭某某不服判决,提起上诉。后柳州市中级人民法院于2015年9月16日作出(2015)柳市刑二终字第72号刑事判决,宣告谭某某无罪。生效后,广西壮族自治区人民检察院提起抗诉,广西壮族自治区高级人民法院裁定维持原判。

柳州市柳北区人民法院认为,被告人谭某某身为国家工作人员,利用职务上的便利,在没有如实向其单位负责人蒙某某汇报借款人身份,也没有按要求履行正常审批手续的情况下,擅自将公款50万元分两次借给房地产商人黎某某进行营利活动,其行为构成挪用公款罪。而对于第二起谭某某挪用公款20万元购买商品房的指控,因该20万元借款未超过三个月,并且亦没有证据证明购买商品房是以营利为目的,故对该起指控不应以犯罪论处。鉴于谭某某有自首情节,可以适用缓刑。依照《刑法》第384条第1款,第67条第1款,第72条第1款,第73条第2款、第3款及《最高人民法院关于处理自首和立功具体应用法律若干问题的解释》第1条之规定,判决:被告人谭某某犯挪用公款罪，判处有期徒刑3年，缓刑5年。

柳州市中级人民法院认为：原判根据现有证据认定谭某某借用公款20万元用于个人购买商品房，并在20天内分三次将借款全部归还单位出纳黄某，且本案无证据证明谭某某购买商品房是以营利为目的，对公诉机关的该项指控不以犯罪论处，处理正确，予以确认。但是原判认定谭某某擅自将公款50万元分两次借给房地产商黎某某进行营利活动，因谭某某是否为擅自使用公款以及使用公款是否为单位行为，是否为单位利益的事实不清，证据未达到确实、充分的证明标准，未能形成完整的证据锁链，不足以认定谭某某该起行为构成挪用公款罪。因此，公诉机关指控谭某某犯挪用公款罪不成立，原判定罪错误，根据本案的事实与证据予以改判，宣告谭某某无罪。据此，根据《刑事诉讼法》第53条、第195条第3项、第225条第1款第3项之规定，判决：(1)撤销广西壮族自治区柳州市柳北区人民法院(2014)北刑重字第59号刑事判决；(2)上诉人(原审被告人)谭某某无罪。

广西壮族自治区人民检察院抗诉认为，二审判决以事实不清、证据不足为由，认定谭某某挪用公款50万元不构成犯罪，属事实认定错误，谭某某的行为应构成挪用公款罪。谭某某利用职务便利，擅自挪用公款，具有非法性，获得的利息不是单位所得的利益，谭某某将其中的2.5万元私分的行为不是单位行为。谭某某明知黎某某借款用于营利活动，并收取利息而挪用公款借给黎某某。谭某某的行为应构成挪用公款罪。

广西壮族自治区高级人民法院认为，原审被告人谭某某在担任柳州市广播电视中心财务主任期间，将公款50万元借给黎某某进行营利活动，没有充分证据证实是个人行为，抗诉机关补充对蒙某某的证词，虽与之前侦查、原审阶段部分不一致，未能与谭某某供述、证人黎某某、黄某等证词相互印证，不足以推翻原判认定的事实，抗诉机关抗诉理由不成立。对抗诉机关认为谭某某构成挪用公款罪的意见，对抗诉意见不予支持。

四、裁判理由

(一)刑法意义上的单位行为及其所含两个条件

本案以事实不清，证据不足，不构成挪用公款罪，主要依据源于《全国法院审理经济犯罪案件工作座谈会纪要》第4条的规定，经单位领导集体研究决定将公款给个人使用，或者单位负责人为了单位的利益，决定将公款给个人使用的，不以挪用公款罪定罪处罚。上述行为致使单位遭受重大损失，构成其他犯罪的，依照刑法的有关规定对责任人员定罪处罚。在这个规定指的是单位挪用公款的行为不成立单位犯罪。要成立单位行为,要满足以下两个条件:一是单位集体讨论或者单位负责人所默认、许可或追认;二是代表单位的整体意志,非法利益归属于团体,客观上表现为为单位谋取非法利益的行为,违法所得实际归属于集体。本案中,谭某某借用小金库50万元给黎某某是否属于单位行为,要满足以下两个条件:本案中单位负责人是否同意借款(是否授权),以及是否为了单位的利益。

从审批上看,单位行为不一定要求均是以单位盖章签字确认,可采取单位集体讨论决定或有相关会议纪要,或单位负责人同意的情况下,以为单位利益为前提作出的决定。单位负责人越权审批,未按照规章制度办理,超越本单位赋予职权或者超越本单位的权限,在民法上单位负责人对外订立的合同或者实施的行为,均为无效合同或行为。但在刑法上,单位负责人为了谋取单位利益,超越权限或规则实施的行为,仍视为单位行为。如单位负责人为了集体利益,非法处分收益分给单位个人,视为单位行为,对单位直接负责的主管人员和其他直接责任人员以私分国有资产罪定罪处罚。

从形式上看,单位行为表现形式,可以分为作为和不作为。作为的单位行为,一般认为是以单位名义对外实施的行为。但司法实践中,不以单位的名义对外实施,以个人或者其他名义对外实施的行为也客观存在。区分单位行为与否,不能简单地从文字上看以谁的名义作出。如财务会计以个人名义开设的银行账户用于单位资金流转。部分单位行为还存在不作为情形,即消极行为,单位在管理制度上出现漏洞导致严重后果的发生,主要指的是单位过失犯罪,如重大劳动安全事故罪、工程重大安全事故罪。

从内容上看,单位行为,狭义是单位业务范围内的事项,广义的单位行为,包括合法行为和非法行为,只要代表单位利益,可视为单位行为。单位犯罪中的单位行为所涉及的是非法利益和非法行为。在司法实践中,有部分认为单位负责人决定的非法行为不应视为单位行为,应视为其个人的犯罪行为;有部分认为单位负责人为了谋取单位利益决定的行为,应视为单位行为。《最高人民法院关于审理单位犯罪案件具体应用法律有关问题的解释》第2条的规定,个人为进行违法犯罪活动而设立的公司、企业、事业单位实施犯罪的,或者公司、企业、事业单位设立后,以实施犯罪为主要活动的,不以单位犯罪论处。在该解释规定的两种情形中,单位丧失独立人格,为个人行为所控制,单位只充当个人实施犯罪的工具,不以单位犯罪论处,而直接以自然人犯罪定罪处罚。笔者认为,在单位人格未丧失的情况下,单位负责人为了谋取单位非法利益所决定的行为,应视为单位行为,达到定罪标准,即构成单位犯罪。

(二)处分小金库行为属于单位行为的判定标准

首先,要明确小金库的公款使用决定权。涉案小金库存在只有单位负责人蒙某某及相关财务人员知情,其他班子成员不知道有小金库的存在。与单位一般账户不同,蒙某某是控制该小金库的单位负责人,不需要经过单位集体讨论,而且蒙某某作为单位第一负责人具有决定小金库去向的权力,这无形中为滥用公款创造了条件,也是小金库滋生的根源。是否征得小金库管理负责人的同意,形式是否公开化,不具隐密性,是否为单位谋利,必须同时具备上述条件,才能确定挪用小金库的公款是否得到单位的认可。

其次,要确认得到单位或单位负责人授意,以排除个人擅自行为。在管理小金库这样特殊情况下,谭某某从小金库直接转款借给黎某某,虽然对外是个人名义,但谭某某是否向蒙某某汇报,决定了是否属于单位行为的重要因素之一,予以排除谭某某滥用个人权力,非法处置管理的小金库公款。本案中蒙某某的证言模糊,称谭某某提及过借款给客户,具体借款给谁不清。谭某某供述对借款前还是借款后向蒙某某汇报,出现反复不一致,表示得到蒙某某的认可。蒙某某与谭某某的口供在一定程度相互吻合,证实蒙某某口头概况同意谭某某公款外借的行为,仅对具体借款方式及流程未表示追认,属事实不清。此外,谭某某借款行为形式较为公开,直接从该账户转款给黎某某,谭某某未采取虚设账目隐匿行为,在其视为蒙某某同意的情况下,整个借款行为经其他会计人员明知借款的情况下办理完成。

再次,要确认违规或超范围使用小金库资金,是否代表单位的意志。蒙某某为了增加单位效益,决定外借公款,在无单位具体规定且未经集体讨论的情况下,外借公款给相关客户,超范围甚至违规是否代表单位的意志,主要看是否为单位谋取利益为出发点。小金库滋生的原因,就是为了逃避正规账目审计,用于非正常的开支,包括超范围、超额使用等。若是为己私利,中饱私囊,则不是单位意志的体现;反之,亦然。本案是挪用小金库公款外借的行为,与一般公款账户不同,该账户只有单位负责人及相关财务人员知情,其他领导班子成员不知道有小金库的存在,使得小金库款项的决定权掌握在蒙某某的手中。在将不具合法性并具有一定隐密性的小金库挪用公款给他人使用,单位无相关会议纪要及单位其他主要领导均不知情的情况下,蒙某某概括授意谭某某可外借公款,有蒙某某、谭某某稳定的言词证据印证,传来证据会计人员黄某佐证经蒙某某授意,而且直接从小金库转账的方式完成了借款行为,形式较为公开,属于得到单位负责人的授意。但是否代表单位的意志,需从是否为单位谋取利益方面进一步分析。

最后,要确认为单位谋取利益,还是为个人谋取利益。本案中谭某某称将借款所获 3 万元利息,5000 元存入单位账户,余下 2.5 万元用于财务人员发放加班费予以平分。第一,蒙某某的证词反复,对加班费是否追认,事实不清。第二,蒙某某在原审出庭作证时对借款所得利息,对利息可作为加班费表示追认。抗诉机关补充对蒙某某问话否认对加班费的追认,与之前的证言不一致。谭某某与证人证言相互印证,证实用于发放加班费,无为个人谋取利益,除少部分留给单位支配外,余款不入账,直接给予自己部门人员加班补助,连未实际参与的其他人员也平分到了利息。因此,虽然加班费发放不符合正常手续,但在目前证据上,只能认定谭某某具有为单位及小集体谋取利益的目的,没有充分证据非法占为己有的目的,没有合谋侵吞利息的意思表示。

此外,对于私分利息余款 2.5 万元是否构成其他犯罪?本案中,若认定谭某某以单位名义借款行为不构成挪用公款罪,但所得利息应上缴单位,后为集体利益私分,符合私分国有资产罪的构成要件,但私分国有资产罪的入罪起点是 10 万元,不追究刑事责任。若确定谭某某擅自借款,将所获利息平分,则符合贪污罪的构成要件。因目前没有充分的证据证实谭某某的借款行为是单位行为的前提下,是否得到单位负责人的默许分发奖励,难以区分谭某某主观目的是追求个人利益还是群体利益,故不宜认定后续分利息的行为构成贪污罪。

综上所述,本案谭某某挪用小金库的公款借给他人使用,将所获得收益,部分用于单位,大部分用于部门私分的行为,同时谋取小团体和单位双重利益,是否为个人谋取利益,事实不清,证据不足,不构成挪用公款罪。第一,谭某某的借款行为是单位行为,属事实不清,证据不足。第二,对谭某某将利息余款平分的行为,没有充分证据证实谭某某的借款行为是单位行为还是个人行为,未能区分谭某某主观目的,属事实不清,不予认定是否构成犯罪。

(三)挪用公款中营利活动与购买商品房的认定

《最高人民法院关于审理挪用公款案件具体应用法律若干问题的解释》第 2 条第 2 款对于"营利活动"作出了列举性的说明,认为挪用公款存入银行、用于集资、购买股票、国债等属于挪用公款进行营利活动。该解释是对"营利"作了扩大解释,重在投资理财方面。购买商品房是一个较为中性的行为,对于购房者可能同时具有投资和自用的目的。所谓自然人的投资,就是除了满足基本生活资料以外,为了改善生活,提高生活质量,为了未来可预见的时期内获得收益或资金增值。投资是否等于营利活动?营利,是指谋取利益。营利活动则是从事谋取利益的活动,在刑法上主要指的是物质利益。一般情况下,购买商品房自用,未用于租赁或转卖,未转化为物质利益,不宜认定用于营利活动。与挪用公款存入银行相似,不能一概而论认定属于营利活动。主要在于是否具有营利的目的,客观上实施了追求利益的行为。本案中谭某某挪用单位 20 万元用于购买商品房仅 20 多天,其及其家属在持有多套房产情况下,挪用公款购买房产,实时其子在南宁读书,现用于自住。关于其他房产是否发生转让或租赁,侦查机关未能收集相应证据,是用于资金周转还是营利,存在事实不清,证据不足,不作为犯罪处理。同时法律对购买多套住房,以学区房为例,是否纳入挪用公款罪的营利活动,也没有明确规定。在司法实践中,挪用公款购买商品房应以构成犯罪时的主观目的来认定,是否具有追求经济利益的营利目的。法律没有明确规定购房是一种营利活动,也不宜作扩大解释,从行为人主观恶性出发,区别对待,审慎分析。

“零口供”案件中情况说明可否作为定案的根据

——林某某贩卖、运输毒品、朱某某、董某某贩卖毒品案

植勇建*

一、裁判要点

公安机关使用技术侦查措施破案，但未将技术侦查相关证据移送审查起诉，仅出具情况说明的，在缺乏其他证据证明被告人具有犯罪事实，且被告人“零口供”的情况下，公安机关的情况说明不能作为认定被告人具有犯罪事实的定案根据。

二、基本案情

W市人民检察院指控：2013年7月初，被告人朱某某与被告人董某某经事前合谋，通过电话与被告人林某某联系购买毒品。同月4日晚，林某某驾驶粤TTN003（原车号为粤TTN603）小汽车，从广东省中山市横栏镇出发，沿高速路往广西梧州方向行驶，并随车携带大量毒品，于同月5日凌晨到达W市境内。朱某某则驾驶粤SD617K小汽车与董某某一起从岑溪市出发，到两省交界处与林某某会合，然后分别驾车返回岑溪市。5日5时许，双方在岑梧高速公路岑溪市区出口前400米道路旁停车，林某某将一只内装大量毒品的黄色旅行袋交给朱某某，朱某某驾驶粤SD617K小汽车将上述毒品先运回到其位于岑溪市思英二街20号的住处收藏，随后将人民币26.7万元送到距岑梧高速公路岑溪市区出

* 广西壮族自治区高级人民法院刑事审判第三庭审判员。

口不远的一间饮食店旁交给林某某。双方交易完毕各自离开后,被公安民警分别抓获,并从朱某某位于岑溪市思英二街20号的住处搜出一只内装4包毒品冰毒疑似物和20包毒品K粉疑似物的黄色旅行袋;在林某某所驾驶的车辆上搜获内装人民币26.7万元的花纹塑料袋一只。经称量,4包冰毒疑似物共净重3178.8克;20包毒品K粉疑似物共净重19 794.3克。经检测,上述4包冰毒疑似物均检出甲基苯丙胺成分,20包毒品K粉疑似物均检出氯胺酮成分。

公诉机关提供了物证、书证、证人证言、鉴定意见、检查、辨认笔录、视听资料以及被告人的供述和辩解等证据,公诉机关认为,被告人林某某、朱某某、董某某明知是毒品而进行贩卖、运输,应以贩卖、运输毒品罪追究被告人林某某的刑事责任,以贩卖毒品罪追究被告人朱某某和被告人董某某的刑事责任 。

三、裁判结果

W市中级人民法院经审理认为:被告人林某某违反国家毒品管理法规,明知是毒品仍将毒品运输到异地贩卖给他人,其行为已触犯刑法,构成贩卖、运输毒品罪。被告人朱某某、董某某违反国家毒品管理法规,明知是毒品而非法贩卖,其行为均已触犯刑法,构成贩卖毒品罪。公诉机关起诉指控林某某犯贩卖、运输毒品罪和朱某某、董某某犯贩卖毒品罪罪名成立。林某某、朱某某、董某某非法贩卖、运输毒品甲基苯丙胺3178.8克和毒品氯胺酮19 794.3克,属于"数量大",依法应在"处15年有期徒刑、无期徒刑或者死刑,并处没收财产"的刑罚范围内处刑。

被告人林某某曾因犯贩卖毒品罪被判处有期徒刑以上刑罚,刑罚执行完毕后,在5年以内再犯应当判处有期徒刑以上刑罚的贩卖毒品罪,既是累犯又是毒品再犯,依法均应从重处罚。

被告人朱某某和董某某在贩卖毒品中有共同的犯罪故意,也共同实施了贩卖毒品的行为,是共同犯罪。二被告人在共同犯罪中互相合作,均起主要作用,均是主犯,依法均应按照其参与的全部犯罪处罚。董某某在共同犯罪中作用相对于朱某某较小,可比照朱某某酌情从轻处罚。

对于被告人林某某、董某某否认参与毒品犯罪及其辩护人提出指控林某某、董某某实施贩卖、运输毒品犯罪的事实不清、证据不足的辩护意见,经查,在案的立案决定书、抓获经过、扣押物品清单、毒品称重记录、手机通话资料、鉴定意见、汽车通行记录、被告人朱某某的供述等证据均充分地证实林某某参与贩卖、运输毒品的行为以及董某某参与本案贩卖毒品的行为。林某某、董某某对彼此交易接触的供述亦与同案人朱某某的供述相互印证，以上证据之间已形成闭合性证据链条。故林某某、董某某的辩解及其辩护人的辩护意见与法庭查明的事实不符，不予采纳。

对于被告人朱某某的辩护人提出朱某某没有前科劣迹，有悔罪表现，涉案毒品未流入社会等从轻情节，建议法庭对朱某某从轻处罚等辩护意见，与查明的事实相符，予以采纳并在量刑时综合考虑。

被告人朱某某贩卖毒品甲基苯丙胺、氯胺酮数量大，其行为的社会危害性特别严重，罪行极其严重，论罪应当判处死刑，唯考虑到朱某某能够如实供述其本人的涉案事实，有悔罪表现，涉案毒品未流入社会，对朱某某判处死刑可不立即执行。

被告人林某某贩卖毒品数量大，犯罪情节特别恶劣，而且其犯的前罪和后罪均为贩卖毒品犯罪，个人主观恶性极大，罪行极其严重，社会影响极其恶劣，应依法予以严惩。

广西壮族自治区W市中级人民法院依照《刑法》第347条第1款和第2款第1项、第25条第1款、第26条第1款和第4款、第65条第1款、第356条、第48条第1款、第57条第1款、第64条之规定，判决如下：(1)被告人林某某犯贩卖、运输毒品罪，判处死刑，剥夺政治权利终身，并处没收个人全部财产；(2)被告人朱某某犯贩卖毒品罪，判处死刑，缓期二年执行，剥夺政治权利终身，并处没收个人全部财产；(3)被告人董某某犯贩卖毒品罪，判处无期徒刑，剥夺政治权利终身，并处没收个人全部财产；(4)公安机关扣押的毒品甲基苯丙胺3178.8克、毒品氯胺酮19 794.3克、现金人民币295 781元、手机7台，予以没收；(5)公安机关扣押的粤TTN603黑色丰田皇冠小汽车1辆、粤SD617K红色福特小汽车1辆、银行卡21张、花色塑料袋1只、黑色塑料袋2只、高速公路缴费单3张、公路收费票据1张等物品，由公安机关依法处理。

林某某上诉提出原判认定其贩卖毒品事实不清、证据不足，请求二审法院改判其无罪。

辩护人黄俊鹄提出：原判认定林某某犯贩卖毒品罪事实不清、证据不足；二审庭审出示的公安机关情况说明不属于证据，其中内容所反映公安机关通过监听被告人手机得知被告人与同案人在电话中商量毒品交易事宜的事实没有监听录音予以佐证，且就算有监听手机通话录音也无法证明是被告人的通话，故该情况说明是一份待证材料，不能作为定案的依据。请求二审法院撤销原判，发回原审法院重新审理。

朱某某上诉提出：其归案后能如实供述自己的罪行，有悔罪表现，且是初犯、偶犯，毒品未流入社会，原判量刑过重，请求二审法院改判其无期徒刑以下刑罚。

辩护人刘兆雄提出的辩护意见与朱某某的上诉意见相同。

董某某上诉提出:其在侦查阶段所作的有罪供述是公安机关对其诱供作出的,其并不知道朱某某有贩卖毒品的行为,其没有贩卖毒品的犯罪故意,请求二审法院改判其无罪。

辩护人张则能提出:原判认定董某某犯贩卖毒品罪事实不清,证据不足,请求二审法院撤销原判,改判董某某无罪。另提出,二审庭审出示的公安机关情况说明不是证据,不能证明董某某参与毒品犯罪。

广西壮族自治区人民检察院认为,一审判决认定上诉人林某某、朱某某犯贩卖毒品罪的犯罪事实清楚,证据确实、充分,定罪准确,量刑适当,审判程序合法;但一审判决确实没有罗列上诉人董某某参与本案毒品犯罪的证据,二审宣读的公安机关情况说明能否作为认定董某某构成毒品犯罪的证据由二审法院依法作出评判。

广西壮族自治区高级人民法院经二审审理认为,原判认定上诉人董某某犯贩卖毒品罪部分事实不清,证据不足。依照《刑事诉讼法》第225条第1款第3项之规定,裁定如下:(1)撤销广西壮族自治区W市中级人民法院(2014)梧刑一初字第10、30号刑事判决;(2)发回广西壮族自治区W市中级人民法院重新审判。

四、裁判理由

本案一审判决认定林某某犯贩卖、运输毒品罪和朱某某犯贩卖毒品罪的事实清楚,证据确实充分,理由如下:

1. 本案是利用技侦手段监控被告人的手机通话情况,后通过跟踪被告人的车辆,将林某某、朱某某分别当场抓获,公安机关当场从林某某驾驶的车上提取了26.7万元毒资及3部手机(其中一部132××××1616系被监控的手机);从朱某某驾驶的车上提取手机两部(其中一部150××××0069系被监控的手机),并根据朱某某的供述,在朱某某的指认下从朱某某的住处提取了4包冰毒(净重3178.8克)和20包毒品K粉(净重19 794.3克)。

2. 朱某某归案后对其与林某某进行毒品交易的事实一直供认不讳,林某某在侦查阶段也供认过自己将毒品贩卖给朱某某的犯罪事实。朱某某所作的供述与林某某的有罪供述相一致,亦与毒品的提取笔录和称重笔录、毒品鉴定意见、手机通话记录、车辆通行记录、车辆通过收费站的监控视频、公路收费票据、抓获经过、公安机关的情况说明等证据相一致。尤其朱某某供述其向林某某支付毒资26.7万元的情节与公安机关从林某某车上提取一个用塑料袋装着的26.7万元现金相一致。

综上,本案的证据已形成了完整的证据锁链,足以认定上诉人林某某将4包冰毒

(净重3178.8克)和20包毒品K粉(净重19 794.3克)贩卖给上诉人朱某某,收取朱某某26.7万元毒资的犯罪事实。本案一审判决认定上诉人林某某、朱某某参与毒品犯罪的事实清楚,证据确实、充分,适用法律正确,量刑适当,程序合法。

但是,一审判决认定上诉人董某某犯贩卖毒品罪事实不清,证据不足,理由如下:

(1)本案虽系公安机关将朱某某抓获时一并将随车的董某某抓获,但公安机关并非从董某某的身上或住处缴获毒品,无法推定董某某故意进行毒品交易。

(2)上诉人林某某、朱某某归案后均未指证过董某某参与本案的毒品交易;董某某虽在侦查阶段有过两次供述其明知朱某某与林某某进行毒品交易自己仍参与其中的事实,但董某某否认其作过这样的供述,其辩解是公安机关叫其在空白笔录上签字的。经查,该两份笔录是打印的笔录,其中内容没有任何修改,且该两份笔录没有同步录音录像予以佐证,一审判决也没有采信该两份笔录。除了该两份笔录外,董某某一直作无罪辩解,否认自己参与本案的毒品犯罪,本案出现董某某是"零口供"。

(3)一审判决罗列的证据均无法认定董某某参与毒品犯罪。其罗列的第6项手机通话资料,仅能证明罗列的被告人持有的手机之间有过通话,但并不能证明其中的通话内容。判决书上叙述"手机通话记录证明朱某某与董某某在案发前商议向林某某购买毒品,以及朱某某、董某某与林某某商议购买毒品的种类、数量、型号、品质、价钱,还有双方相互约定汇合地点、控路情况等"。这缺乏相关证据予以证明,与事实不符,不符合证据裁判原则的要求。

(4)公安机关的情况说明称有录音资料证实董某某曾联系林某某。但董某某否认电话商谈毒品交易的事实,仅凭该情况说明尚未能充分证明上诉人董某某参与本案。

从一审判决据以认定的证据来看,董某某系零口供,就算经二审补查证据后,也尚无充足的证据证实上诉人董某某构成贩卖毒品罪。一、二审法院从侦查机关了解到,本案侦查机关是利用技术侦查措施破案,公安机关技侦部门的监听电话录音及公安部的声纹鉴定意见证明董某某参与了本案的毒品犯罪。但是上述手机通话录音和物证鉴定书没有作为证据移送法院,不能在庭审中出示、质证,仅允许审理该案的办案人员调阅。上述手机通话录音和物证鉴定书不符合《最高人民法院关于适用〈中华人民共和国刑事诉讼法〉的解释》第107条的规定,不能作为定案依据,因此,一审判决认定董某某贩卖毒品事实不清,证据不足,综合各上诉人的上诉理由和辩护意见,二审法院裁定全案发回重审更为妥当。

植物新品种权效力、权利用尽抗辩及赔偿数额的认定

——博白农科所、王某某、刘某某、中升公司等诉中正公司侵害植物新品种权纠纷案*

周　冕**

一、裁判要旨

1. 未经品种权人许可，为商业目的生产或销售授权品种的繁殖材料，或者为商业目的将授权品种的繁殖材料重复使用于生产另一品种的繁殖材料的，人民法院应当认定为侵犯植物新品种权。被控侵权人重复以授权品种的繁殖材料为亲本与其他亲本另行繁殖的，人民法院一般应当认定属于商业目的将授权品种的繁殖材料重复使用于生产另一品种的繁殖材料。本案博Ⅲ优273、博ⅢA获授予植物新品种权，中正公司未经品种权人许可，为商业目的生产、销售博Ⅲ优273品种，其行为侵害了该植物新品种权；虽然博Ⅲ优9678未获授予植物新品种权，但博ⅢA系博Ⅲ优9678、博Ⅲ优273的亲本，中正公司为商业目的生产、销售博Ⅲ优9678，属于为商业目的将授权品种的繁殖材料重复使用于生产另一品种的繁殖材料，其行为亦构成侵害植物新品种权。

2.《植物新品种保护条例实施细则（农业部分）》第48条之规定致

---

* 广西高级人民法院（2017）桂民终95号侵害植物新品种权纠纷案被最高人民法院评为“2017年中国法院10大知识产权案件”之一，是涉及植物新品种权保护的典型案例。

** 广西壮族自治区高级人民法院民三庭副庭长。

使植物新品种权在保护期限内有可能间歇性地处于终止状态，这是知识产权其他侵权诉讼所不具备的特殊性。在侵权诉讼中，必须注意审查植物新品种权是否始终处于有效状态，或存在间歇终止的情形。不注意审查就会导致认定是否构成侵权以及确定侵权赔偿数额不当。

3. 授权品种的繁殖材料由品种权人或者经其许可的单位、个人出售以后，以商业目的使用、销售该授权品种的繁殖材料的，不视为侵犯植物新品种权。这是权利用尽抗辩原则在侵害植物新品种权诉讼中的适用。虽然《植物新品种保护条例》及相关司法解释中没有明文规定，但本案当事人提出上述抗辩，经审查，因其无法证明其所生产、经营的授权品种的繁殖材料系由品种权人或者经其许可的单位、个人售出而取得，故其抗辩不成立。

二、基本案情

上诉人中正公司上诉请求：(1)撤销(2012)南市民三初字第110号民事判决；(2)驳回被上诉人一审提出的诉讼请求；(3)一、二审的诉讼费用由被上诉人承担。

其理由主要是一审判决错误地认定中正公司2011年11月2日后即没有生产、销售博Ⅲ优9678、博Ⅲ优273水稻种子的权利，错误地认定中正公司存在侵权事实并确定赔偿数额：(1)苏某某与赵某某、苏某芳于2010年8月21日签订《协议书》，约定将博Ⅲ优9678、博Ⅲ优273的品种使用权划归中正公司，即将品种使用权从中升公司转至中正公司，中正公司于2011年11月2日之后生产、销售上述品种种子不构成侵权。(2)2010年12月9日的12份协议均是为了履行苏某某与赵某某、苏某芳于2010年8月21日签订的《协议书》。作为该12份协议之一，2010年12月9日中升公司与中正公司签订的《品种转让协议》，约定中升公司将其在2007年协议中对博Ⅲ优9678、博Ⅲ优273等品种的使用权转让给中正公司。(3)中正公司正在以上述2010年8月21日《协议书》作为新证据，对二审法院(2016)桂民终167号生效民事判决申请再审。(4)一审判决对中正公司所谓的侵权事实认定和赔偿金额确定存在以下错误：①根据权利用尽原则，2011年8月中正公司从权利人博白农科所下属的博有公司合法购买博ⅢA、博Ⅲ优9678，并支付博Ⅲ优9678使用费、博Ⅲ优273使用费、博Ⅲ优9678生产费，权利人所销售部分的专有销售权即告品种权“用尽”，中正公司合法取得授权品种繁殖材料后使用该繁殖材料是合法的，不构成侵权。②中升公司与博白农科所2012年5月19日协议确认并进行公告称，2012年5月19日中升公司对中正公司授权自行终止，一审判决却认定中正公司于2011年11月2日之后的生产、销售行为构成侵权。③被上诉人对博Ⅲ优9678无植物新品种权，无排他使用权，一审判决在侵权认定上却未将其与博Ⅲ优273区分。④一审判决认定中正公司销售价格和利润时未考虑包装、运输、返点等成本，而认定中正公司的获利明显超过司法解释确定的赔偿限额，判令赔偿180万元远远超过中正公司实际的获利金额。上诉人在二审证据交换时补充上诉称，对一审判决认定博ⅢA、博Ⅲ优273两个植物新品种权仍然有效提出异议，主张上述品种已于2013年11月1日及2015年11月1日终止。

四被上诉人博白农科所、王某某、刘某某、中升公司共同答辩称：(1)中升公司与中正公司之间没有合法的涉案品种转让，该事实已经被二审法院(2016)桂民终167号民事判决认定。(2)2011年11月2日中升公司已对中正公司终止授权，中正公司生产、销售博Ⅲ优9678和博Ⅲ优273构成侵权。(3)中正公司侵权期限为2011年11月至今，仅在2012年种植博Ⅲ优9678和博Ⅲ优273达到1000多亩，涉案金额达到600多万元，侵权时间长、区域广，博白农科所的损失远大于一审判决确定的180万元，中正公司的获利也大于180万元。综上，一审判决认定事实清楚，适用法律正确，请求二审法院驳回上诉，维持原判。

一审法院经审理查明：博Ⅲ优273获植物新品种权，品种权号为CNA20040223.4，品种权共有人为博白农科所、王某某、刘某某。博ⅢA亦获植物新品种权，品种权号为CNA20040339.7，系博Ⅲ优9678、博Ⅲ优273的亲本，博ⅢA植物新品种的品种权人为博白农科所。2003年11月2日，博白农科所与中升公司签订《品种使用权转让协议书》(2003年协议)，博白农科所将“博Ⅱ优815”“博Ⅲ优273”的使用权转让给中升公司独家使用开发。2007年11月16日，中升公司与博白农科所签订《协议》(2007年协议)约定，博白农科所将博Ⅲ优9678、博Ⅱ优815的品种使用权转让给中升公司独占使用开发(博Ⅱ优815仅限于广东区域)，中升公司继续享有博Ⅲ优273的使用开发权，博白农科所不得将博Ⅲ优9678、博Ⅱ优815(只限广东区域)的品种权转让或授权给第三方，否则应赔偿中升公司相关损失。本协议签订生效后，2003年协议终止执行。2008年1月7日，博白农科所授权中升公司生产经营博Ⅲ优9678、博Ⅲ优273。博ⅢA仅用于配组博Ⅲ优9678、博Ⅲ优273，不得作其他商业用途使用。授权起止时间自2008年1月7日起至2012年12月31日止。中正公司根据中升公司的授权和“2007年协议”的约定，经营博Ⅲ优9678、博Ⅱ优815及博Ⅲ优273等品种。2011年11月2日，中升公司分别致函中正公司、博白农科所，决定从2011年11月2日起终止对中正公司生产、经营博Ⅲ优9678、博Ⅲ优273及博Ⅱ优815(已退出市场)

的授权,有关品种的生产、经营权为中升公司独占所有。中升公司享有博Ⅲ优273的开发权,博白农科所不得再向中正公司提供博Ⅲ优9678、博Ⅲ优273及博Ⅱ优815的不育系、恢复系。博白农科所、王某某、刘某某、中升公司主张中正公司在2011年11月2日之后仍委托他人生产博Ⅲ优9678、博Ⅲ优273种子的行为构成侵权,遂向法院提起诉讼。

二审法院对一审判决查明的事实予以确认。另查明,博ⅢA、博Ⅲ优273两个植物新品种因未按规定缴纳年费于2013年11月1日公告终止,于2014年12月4日恢复权利;于2015年11月1日因未按规定缴纳年费又公告终止。

三、裁判结果

南宁市中级人民法院于2016年12月22日作出(2012)南市民三初字第110号民事判决:(1)中正公司立即停止生产、销售博Ⅲ优9678、博Ⅲ优273水稻种子的侵权行为;(2)中正公司于本判决生效之日起10日内在《广西日报》上刊登声明,就其侵权行为消除影响,声明的内容须经一审法院审核;如未按本项消除影响,一审法院将采取公告、登报等方式,将判决的主要内容和有关情况公布于众,费用由中正公司承担;(3)中正公司赔偿博白农科所、王某某、刘某某、中升公司经济损失合计180万元;(4)驳回博白农科所、王某某、刘某某、中升公司的其他诉讼请求。一审案件受理费22 544元,由中正公司负担。

宣判后,中正公司提出上诉。广西壮族自治区高级人民法院于2017年6月13日作出(2017)桂民终95号民事判决:(1)维持南宁市中级人民法院(2012)南市民三初字第110号民事判决第四项;(2)撤销南宁市中级人民法院(2012)南市民三初字第110号民事判决第一项、第二项;(3)变更南宁市中级人民法院(2012)南市民三初字第110号民事判决第三项为,中正公司赔偿博白农科所、王某某、刘某某、中升公司经济损失合计人民币40万元。一审案件受理费22 544元,由中正公司负担15 029元,博白农科所、王某某、刘某某、中升公司负担7515元;二审案件受理费22 544元,由中正公司负担15 029元,博白农科所、王某某、刘某某、中升公司负担7515元。

四、裁判理由

法院生效判决认为:

1. 关于一审判决认定博ⅢA系博Ⅲ优9678、博Ⅲ优273的亲本,且博ⅢA、博Ⅲ优273这两个植物新品种权仍然有效是否正确的问题。广西壮族自治区高级人民法院(2016)桂民终167号民事判决鉴于各方当事人对涉案两个植物新品种权仍在保护期内该事实并无异议,且植物新品种权证书记载的授权日2007年11月1日至该生效判决作出之日2016年7月4日并未超过保护期限15年,故上述(2016)桂民终167号民事判决确认一审判决查明的涉案两个植物新品种权仍在保护期内并无不当。依照《最高人民法院关于适用〈中华人民共和国民事诉讼法〉的解释》第93条第1款第5项及第2款之规定,已为人民法院发生法律效力的裁判所确认的事实,当事人无须举证证明,但当事人有相反证据足以推翻的除外。由于上诉人中正公司在二审期间提交的新证据、二审法院依职权调取的证据以及二审庭审时登陆农业部植物新品种保护办公室网站查询所见情况互相印证,证明了博ⅢA、博Ⅲ优273这两个植物新品种因品种权人未按规定缴纳年费,于2013年11月1日均公告终止,于2014年12月4日恢复权利,于2015年11月1日因未按规定缴纳年费又公告终止。一审判决认定博ⅢA、博Ⅲ优273这两个植物新品种权仍然有效与本案查明的事实不相符,应予以纠正。

2. 关于被上诉人中升公司是否已将博Ⅲ优9678、博Ⅲ优273品种使用权转让给上诉人中正公司,上诉人中正公司生产经营涉案博Ⅲ优9678、博Ⅲ优273品种的行为是否构成侵权,上诉人中正公司关于权利用尽抗辩理由是否成立的问题。根据本案查明的事实,中正公司主张中升公司已将博Ⅲ优9678、博Ⅲ优273品种使用权转让给中正公司、其行为不构成侵权的上诉理由不能成立。首先,上诉人中正公司以其在二审提交的证据1协议书以证明被上诉人中升公司已将博Ⅲ优9678、博Ⅲ优273品种使用权转让给上诉人中正公司。由于四被上诉人对该协议书的真实性不予认可,而且该协议的内容与本案没有关联性,尽管上诉人中正公司主张该协议书第3.1条中"其余品种"包括了涉案博Ⅲ优9678、博Ⅲ优273品种,但该协议书的其他条款均无涉及,从协议书的内容来看难以得出上述结论;且该协议书第3.1条约定"其余品种归嘉陵研究中心或中正公司独占所有",并不能证明上诉人中正公司对涉案博Ⅲ优9678、博Ⅲ优273品种享有独占所有或使用权。由于证据1协议书与本案无关联性,不能证明待证事实,故不予采信。其次,即使2010年8月21日《协议书》真实,且协议书第3.1条中"其余品种"包括了涉案博Ⅲ优9678、博Ⅲ优273品种,即使2010年12月9日《品种转让协议》是中升公司与中正公司的真实意思表示,由于博白农科所系"2007年协议"的合同主体,博白农科所自始至终均未同意中升公司将其在"2007年协议"项下权利义务转让给中正公司,故中升公司将其在"2007年协议"项下权利义务转让给中正公司所达成的协议即2010年12月9日《品种转让协议》不具有法律效力，况且中升公司在诉讼中主张其从未签订过上述协议。因此，上诉人中正公司以其与中升公司于2010年12月9日签订的《品种转让协议》证明中升公司已将博Ⅲ优9678、博Ⅲ优273品种使用权转让给中正公司的上诉理由不成立。最后，虽然“2007年协议”第7条约定中升公司授权中正公司经营博Ⅲ优9678、博Ⅲ优273，博白农科所不提出异议，但被上诉人中升公司在本案一审提交的证据目录(一)证据11即“关于开发博Ⅲ优9678、博Ⅲ优273、博优815相关问题的函”，以及中正公司在一审提交的证据19“中升公司解约函”，均证明了中升公司自2011年11月2日起终止对中正公司生产、经营博Ⅲ优9678、博Ⅲ优273的授权，中正公司已收到中升公司上述终止授权函。因此，中正公司上诉称其于2011年11月2日之后生产、销售博Ⅲ优9678、博Ⅲ优273品种是取得了中升公司的许可，该上诉理由不成立。

依照《最高人民法院关于审理侵犯植物新品种权纠纷案件具体应用法律问题的若干规定》第2条第1款、第3款之规定，本案上诉人中正公司在被上诉人中升公司于2011年11月2日终止授权后，未经品种权人许可，为商业目的生产、销售博Ⅲ优273品种，侵犯了该植物新品种权；博ⅢA系博Ⅲ优9678、博Ⅲ优273的亲本，中正公司为商业目的生产、销售博Ⅲ优9678，属于为商业目的将授权品种的繁殖材料重复使用于生产另一品种的繁殖材料，亦构成侵犯植物新品种权。中正公司上诉称其于2011年11月2日后生产、销售涉案品种的行为不构成侵权的上诉理由不成立。

关于权利用尽抗辩是否成立的问题。在二审诉讼中，上诉人中正公司以其在一审诉讼中提交的证据18“2011年调种结算”主张权利用尽抗辩，即中正公司向博有公司购买了博ⅢA、博Ⅲ优9678、博Ⅲ优273品种，并支付上述品种的使用费和生产费，中正公司可以用于经营而不构成侵权。二审法院认为，中升公司自2011年11月2日起终止对中正公司生产、经营博Ⅲ优9678、博Ⅲ优273的授权，鉴于“2011年调种结算”的结算时间2011年8月6日系在侵权行为发生之前；“2011年调种结算”的结算主体是博有公司与南宁中正公司，不是上诉人中正公司，该事实一审判决第18页已作出认定，且一审判决第27页查明孙某某自2010年5月16日起系南宁中正公司的业务负责人，上诉人中正公司不能证明结算签名人孙某某系上诉人中正公司的法定代表人或员工，或孙某某接受上诉人中正公司的委托与博有公司结算，故其主张结算主体系上诉人中正公司证据不足；调种的4000公斤博ⅢA、98784公斤的博Ⅲ优9678，支付使用费的22 500公斤的博Ⅲ优273以及138 000公斤的博Ⅲ优9678，上述数量的涉案品种使用于侵权行为发生之前还是之后并无相应证据证实；上诉人中正公司亦不能提供证据证明自2011年11月2日之后，中正公司生产、经营博Ⅲ优

9678、博Ⅲ优273品种所需要的涉案植物新品种博ⅢA、博Ⅲ优273、博Ⅲ优9678均来源于“2011年调种结算”记载的已购买或已支付使用费、生产费的上述品种,故中正公司关于权利用尽抗辩缺乏足够的证据证明,其上诉理由不能成立。

3. 关于本案侵权责任承担问题。《最高人民法院关于审理侵犯植物新品种权纠纷案件具体应用法律问题的若干规定》第6条第1款规定:“人民法院审理侵犯植物新品种权纠纷案件,应当依照民法通则第一百三十四条的规定,结合案件具体情况,判决侵权人承担停止侵害、赔偿损失等民事责任。”关于停止侵权。虽然侵权人应当承担停止侵权民事责任,但鉴于涉案两个植物新品种博ⅢA、博Ⅲ优273自2015年11月1日因品种权人未按规定交纳年费而宣告终止,至今尚未恢复,故自2015年11月1日之后,原品种权人已无权禁止他人使用涉案植物品种,一审法院判令侵权人承担停止侵权民事责任不妥。基于同样的理由,判令侵权人承担消除影响民事责任亦无必要。故二审法院对一审判决的上述判项均予以撤销。

关于赔偿损失。本案中,双方当事人均无充分证据证明权利人所受损失或者侵权人因侵权所得利益的具体数额,四被上诉人在一审要求按照其陈述的侵权获利计赔,一审法院以缺乏事实依据为由不予支持,并无不当。二审法院综合考虑以下因素:(1)参考《关于生产经营博Ⅲ优9678及博Ⅲ优273水稻种子的说明》显示的亩产量、销售价格以及中正公司认可的生产面积;(2)中正公司在2011年11月2日之前被授权经营涉案品种,中升公司突然中止授权,没有给予中正公司相应准备时间,中正公司不可避免遭受一定损失;(3)本案侵权持续期间自2011年11月2日至2013年11月1日、2014年12月4日至2015年11月1日;(4)涉案植物新品种实施许可费的数额以及实施许可的种类、时间、范围等具体情节,二审法院酌定上诉人中正公司赔偿四被上诉人经济损失人民币40万元。一审法院确定的赔偿数额180万元过高,二审法院酌情予以变更。

五、法理评析

本案被最高人民法院评为“2017年中国法院10大知识产权案件”之一,是涉及植物新品种权保护的典型案例。侵害植物新品种权的行为司法实践中可分为两种类型:一是未经品种权人许可,为商业目的生产或销售授权品种的繁殖材料;二是未经品种权人许可,为商业目的将授权品种的繁殖材料重复使用于生产另一品种的繁殖材料。本案同时涉及以上两种侵权行为的判定,在法律适用方面具有典型性。此外,植物新品种权在保护期限内有可能间歇性地处于终止状态,这是其他类型的知识产权侵权诉讼所不具备的特殊性。本案裁判充分考虑植物新品种保护中的特殊因素，对侵权行为及赔偿数额作出了正确认定，对类似案件的裁判具有规则指引意义。

（一）如何认定被诉侵权行为是否侵害了植物新品种权

1. 要确定博Ⅲ优273、博ⅢA两个植物新品种权是否仍然有效。如权利无效，则侵权无从谈起

涉案植物新品种授权时间为2007年11月1日，根据《中华人民共和国植物新品种保护条例》第34条“品种权的保护期限，自授权之日起，藤本植物、林木、果树和观赏树木为20年，其他植物为15年”之规定，涉案植物新品种权至本案一审判决作出之日即2016年12月22日并未超过保护期限15年，仍处在保护期限内。中正公司上诉称，博ⅢA、博Ⅲ优273两个植物新品种权已于2013年11月1日及2015年11月1日公告终止，并提交了证据2.1博Ⅲ优273品种权终止公告复印件、证据2.2博ⅢA品种权终止公告复印件予以证明。二审庭审时登陆农业部植物新品种保护办公室网站查询，均显示涉案品种博Ⅲ优273、博ⅢA因品种权人未按规定缴纳年费分别于2013年11月1日、2015年11月1日公告终止。由于被上诉人质证认为上述证据是复印件，没有原件，不认可真实性，且登陆的网站无法证实确系农业部植物新品种保护办公室网站，并提交了证明涉案品种权人在2013年、2014年、2015年缴纳年费的凭证，故涉案博Ⅲ优273、博ⅢA植物新品种权是否依然有效这个争议焦点悬而未决。为了进一步查明涉案植物新品种的权利状态，二审法院依职权调查取证，到农业部植物新品种保护办公室调取相关证据。经调查查明，因品种权人未按规定缴纳年费，博Ⅲ优273、博ⅢA两个植物新品种权于2013年11月1日公告终止，2014年12月4日公告恢复权利，2015年11月1日因未按规定缴纳年费又再次公告终止。2014年12月恢复权利的理由是品种权人提出的恢复权利请求符合《植物新品种保护条例实施细则（农业部分）》第48条第1款“当事人因不可抗力而耽误《条例》或者本细则规定的期限或者品种保护办公室指定的期限，导致其权利丧失的，自障碍消除之日起2个月内，最迟自期限届满之日起2年内，可以向品种保护办公室说明理由并附具有关证明文件，请求恢复其权利”之规定。由于涉案植物新品种权分别于2013年11月1日、2015年11月1日被公告终止，且第二次公告终止之后再没有恢复权利，故一审判决判令中正公司立即停止侵权、刊登声明消除影响就没有事实和法律依据，被二审判决所撤销，确定的赔偿数额也相应地作出调整。

《植物新品种保护条例实施细则（农业部分）》第48条之规定致使植物新品种权在保护期限内有可能间歇性地处于终止状态，这是其他类型的知识产权侵权诉讼所

不具备的特殊性。不注意审查就会导致认定是否构成侵权以及确定侵权赔偿数额不当。虽然上述第 48 条之规定有其合理性,使品种权人的权利得到较高程度的保护,但品种权人因未按规定缴纳年费失权之后最迟 2 年内还可以申请恢复植物新品种权,造成社会关系处于不确定状态,损害相关利害关系人的合法权益,建议立法予以修改。

2. 博Ⅲ优 9678 未获授予植物新品种权,中正公司为商业目的生产或销售博Ⅲ优 9678 是否构成侵权的问题

《植物新品种保护条例》第 6 条规定,完成育种的单位或者个人对其授权品种,享有排他的独占权。任何单位或者个人未经品种权所有人(以下称品种权人)许可,不得为商业目的生产或销售该授权品种的繁殖材料,不得为商业目的将该授权品种的繁殖材料重复使用于生产另一品种的繁殖材料;但是,本条例另有规定的除外。《最高人民法院关于审理侵犯植物新品种权纠纷案件具体应用法律问题的若干规定》第 2 条规定,未经品种权人许可,为商业目的生产或销售授权品种的繁殖材料,或者为商业目的将授权品种的繁殖材料重复使用于生产另一品种的繁殖材料,人民法院应当认定为侵犯植物新品种权。被控侵权物的特征、特性与授权品种的特征、特性相同,或者特征、特性的不同是因非遗传变异所致的,人民法院一般应当认定被控侵权物属于商业目的生产或销售授权品种的繁殖材料。被控侵权人重复以授权品种的繁殖材料为亲本与其他亲本另行繁殖的,人民法院一般应当认定属于商业目的将授权品种的繁殖材料重复使用于生产另一品种的繁殖材料。根据上述规定,侵害植物新品种权的行为可分为两种类型:一是未经品种权人许可,为商业目的生产或销售授权品种的繁殖材料;二是未经品种权人许可,为商业目的将授权品种的繁殖材料重复使用于生产另一品种的繁殖材料。

本案博Ⅲ优 273、博ⅢA 获授予植物新品种权,中正公司在中升公司于 2011 年 11 月 2 日终止授权后,未经品种权人许可,为商业目的生产、销售博Ⅲ优 273 品种,其行为侵犯了博白农科所、王某某、刘某某共有的博Ⅲ优 273 植物新品种权,这属于侵害植物新品种权的第一种类型,显而易见,对此各方当事人均无异议。但被上诉人无证据证明博Ⅲ优 9678 获授予植物新品种权,中正公司为商业目的生产、销售博Ⅲ优 9678 是否构成侵权,这是本案裁判的难点之一。一、二审判决均认为,虽然博Ⅲ优 9678 未获授予植物新品种权,但博ⅢA 系博Ⅲ优 9678、博Ⅲ优 273 的亲本,中正公司为商业目的生产、销售博Ⅲ优 9678,属于为商业目的将授权品种的繁殖材料重复使用于生产另一品种的繁殖材料,其行为亦构成侵犯植物新品种权,即侵犯了博白农科所所享有的博ⅢA 植物新品种权。这属于侵害植物新品种权的第二种类型,在司法实

践中比较少见。

(二)关于权利用尽抗辩是否成立的问题

本案上诉人中正公司提出了权利用尽抗辩,但《植物新品种保护条例》以及《最高人民法院关于审理侵犯植物新品种权纠纷案件具体应用法律问题的若干规定》均无相关规定,这是本案裁判的难点之二。我国《专利法》第69条第1项规定了权利用尽抗辩原则,“有下列情形之一的,不视为侵犯专利权:(一)专利产品或者依照专利方法直接获得的产品,由专利权人或者经其许可的单位、个人售出后,使用、许诺销售、销售、进口该产品的”。权利用尽原则一般是指受知识产权保护的产品,在被知识产权人或其授权人投入市场流通领域后,权利人对该产品享有的法律赋予的特权即行用尽或丧失。此后任何对该产品的处置如购买、转卖、使用等均不构成侵权,权利人无权就此提起侵权诉讼。作为知识产权领域的一项基本制度,权利用尽原则是对权利人行使专有权的一项有效限制。[1] 本案中正公司在诉讼中提交的证据不足以证明其所生产、销售的博Ⅲ优9678、博Ⅲ优273系由品种权人或者经其许可的单位、个人售出而取得,故认定其权利用尽抗辩不成立。《植物新品种保护条例》及相关司法解释中均没有明文规定权利用尽抗辩,但有其存在的合理性,故建议立法修改增添相应的内容。

(三)关于侵权赔偿数额的确定问题

《最高人民法院关于审理侵犯植物新品种权纠纷案件具体应用法律问题的若干规定》第6条第2款、第3款分别规定“人民法院可以根据被侵权人的请求,按照被侵权人因侵权所受损失或者侵权人因侵权所得利益确定赔偿数额。被侵权人请求按照植物新品种实施许可费确定赔偿数额的,人民法院可以根据植物新品种实施许可的种类、时间、范围等因素,参照该植物新品种实施许可费合理确定赔偿数额。”“依照前款规定难以确定赔偿数额的,人民法院可以综合考虑侵权的性质、期间、后果,植物新品种实施许可费的数额,植物新品种实施许可的种类、时间、范围及被侵权人调查、制止侵权所支付的合理费用等因素,在50万元以下确定赔偿数额。”

一审判决认为,本案当事人均无充分证据证明权利人所受损失或者侵权人因侵权所得利益的具体数额,一审原告要求按照其陈述的侵权获利计赔,缺乏事实依据,不予支持。综合考虑以下因素:(1)参考《关于生产经营博Ⅲ优9678及博Ⅲ优273水稻种子的说明》显示的亩产量、销售价格以及中正公司认可的生产面积、成本;(2)中

[1] 任军民:《我国专利权权利用尽原则的理论体系》,载《法学研究》2006年第6期。

正公司明知授权终止仍实施侵权行为的主观过错;(3)本案的侵权持续期间较长;(4)涉案植物新品种实施许可费的数额,植物新品种实施许可的种类、时间、范围等具体情节,酌定赔偿数额为 180 万元。从一审判决阐明的理由分析,一方面,既不是根据一审原告诉请按照侵权人因侵权所得利益确定赔偿数额;另一方面,也不是依照《最高人民法院关于审理侵犯植物新品种权纠纷案件具体应用法律问题的若干规定》第 6 条第 3 款规定的法定赔偿方式确定赔偿数额,因为,一审判决酌定的赔偿数额为 180 万元,远高于上述款项规定的法定最高赔偿数额 50 万元。一审判决究竟是根据上述司法解释第 6 条第 2 款还是第 3 款确定赔偿数额,论述前后自相矛盾,法律依据不足。

二审判决认为,本案当事人均无充分证据证明权利人所受损失或者侵权人因侵权所得利益的具体数额,四被上诉人要求按照其陈述的侵权获利计赔,一审法院以缺乏事实依据为由不予支持,并无不当。即不适用《最高人民法院关于审理侵犯植物新品种权纠纷案件具体应用法律问题的若干规定》第 6 条第 2 款规定的按照被侵权人因侵权所受损失或者侵权人因侵权所得利益确定赔偿数额,而是适用上述司法解释第 6 条第 3 款规定的法定赔偿方式确定赔偿数额。综合考虑的因素中,有两点与一审判决差异甚巨:其一,关于侵权持续时间。一审判决认为“本案的侵权持续期间较长”,即自 2011 年 11 月 2 日起至一审判决作出之日 2016 年 12 月 22 日止,侵权持续时间 5 年多。二审判决则认定,本案侵权持续期间自 2011 年 11 月 2 日至 2013 年 11 月 1 日、2014 年 12 月 4 日至 2015 年 11 月 1 日,侵权持续时间不满 3 年。其二,关于中升公司终止授权中正公司经营涉案植物新品种后对中正公司侵权责任的评判。中升公司原授权中正公司自 2008 年 1 月 7 日起至 2012 年 12 月 31 日止生产经营博Ⅲ优 9678、博Ⅲ优 273。在授权期间,中升公司于 2011 年 11 月 2 日突然终止授权,一审判决确定侵权赔偿数额考虑的因素之一为“中正公司明知授权终止仍实施侵权行为的主观过错”,言下之意,即明知故犯,主观过错严重,应增大其赔偿责任。二审判决评判“中正公司在 2011 年 11 月 2 日之前被授权经营涉案品种,中升公司突然中止授权,没有给予中正公司相应准备时间,中正公司不可避免遭受一定损失”,即中升公司在授权期间突然中止授权违背诚实信用原则,中正公司基于合理预期为经营涉案植物新品种所作的投入不可避免遭受一定损失,要减轻其赔偿责任。基于上述情形,考虑本案具体情况,二审判决适用《最高人民法院关于审理侵犯植物新品种权纠纷案件具体应用法律问题的若干规定》第 6 条第 3 款规定的法定赔偿方式,在法定最高赔偿数额 50 万元以下酌定上诉人中正公司赔偿四被上诉人经济损失人民币 40 万元。宣判以后,各方当事人息诉服判,取得较好的社会效果和法律效果。

不具有非法占有目的的行为不能认定为贪污罪

——王某某贪污案

刘劲阳*

一、裁判要点

国家工作人员非基于贪污、受贿的故意，利用职务上的便利套取公款后，没有实际占有，并用于公务的，不具有非法占有目的，该部分款项不应认定为贪污数额，不能适用《最高人民法院、最高人民检察院〈关于办理贪污贿赂刑事案件适用法律若干问题的解释〉》（以下简称《贪污贿赂解释》）第16条第1款之规定。

二、基本案情

原审被告人王某某于2013年10月至2016年5月任中共绍水镇委员会书记期间，利用其主管绍水镇交通管理站的职务便利，指使绍水镇交通管理站站长唐某某通过虚构工程量、虚拟承包工程合同等报账材料的方式，从绍水镇霖源村委钟家村易地扶贫搬迁项目中套取专项资金26万元，并将该款存入交通管理站对公账户。后王某某分多次以借款名义要求唐某某将26万元专项资金全部支取出来，每次均出具借条。王某某将其中3万元给同事王某作为因公车祸的车辆维修费用，5万元给广西新宝铝铝业发展有限公司交电费，2万元给全州县公安局绍水派出所建设天网工程，1.5万元作为绍水镇给水系统改扩建管网工程税费

* 桂林市中级人民法院刑二庭审判员。

支付给桂林市金辉建设发展有限公司，余款据为已有。2016年5月，王某某在离任前夕与唐某某结算完账后，将所有借条、票据烧毁。

2016年9月7日，王某某接到全州县人民检察院电话通知后，主动至指定地点接受询问，并如实供述了上述事实，退出赃款23万元。

另查明，王某某在其取保候审期间，向公安机关揭发检举了全州县绍水镇桐油村委吊源口村赵某某私藏枪支的犯罪事实。

三、裁判结果

全州县人民法院于2017年8月29日作出(2017)桂0324刑初62号刑事判决认为：原审被告人王某某身为国家工作人员，利用职务上的便利，非法占有公共财物共计26万元，数额较大，其行为构成贪污罪。王某某有自首情节，依法可减轻处罚；其在取保候审期间，检举了赵某某非法持有枪支的犯罪事实，属立功，依法可从轻或者减轻处罚；主动退缴大部分赃款，可酌情从轻处罚。原判根据《贪污贿赂解释》第16条第1款“国家工作人员出于贪污的故意，非法占有公共财物之后，将赃款赃物用于单位公务支出或者社会捐助的，不影响贪污罪的认定，但量刑时可以酌情考虑”，认为王某某套取贪污公款26万元，后将其中的11.5万元以单位名义用于公务，该款项也应计入贪污数额，但可酌情从轻处罚。依照相关法律判决：(1)被告人王某某犯贪污罪，判处有期徒刑1年10个月，并处罚金人民币10万元；(2)被告人王某某贪污所得人民币26万元，予以没收，上缴国库。

宣判后，原审被告人王某某不服，提出如下上诉理由：其套取26万元公款时并非基于贪污的主观故意，其后用于公务的11.5万元不应计入贪污数额，其调离前清算涉案款项烧毁借条等凭证才属贪污，其贪污数额应为据为已有的14.5万元；请求二审法院根据其犯罪数额并具有自首、立功、退赃等量刑情节，判处其3年以下有期徒刑并适用缓刑。

桂林市中级人民法院于2017年12月27日作出(2017)桂03刑终650号刑事判决书，认定上诉人王某某的贪污数额为14.5万元，依法撤销原判，改判上诉人王某某有期徒刑10个月，并处罚金人民币10万元；王某某贪污所得赃款人民币145 000元，予以没收，上缴国库。

四、裁判理由

本案的争议焦点是能否适用《贪污贿赂解释》第10条第1款之规定，认定上诉人王某某基于贪污的故意，非法占有公共财物26万元之后，将11.5万元用于公务。

贪污罪是指“国家工作人员利用职务上的便利，侵吞、窃取、骗取或者以其他手段非法占有公共财物”。该罪不仅有手段上的要求，即“侵吞、窃取、骗取或者其他手段”，更要求行为人主观上必须具有贪污故意，即存在非法占有目的。如果现有证据不足以证明行为人具有非法占有目的的，则不能构成本罪。

对于非法占有目的的认定，除了审查被告人的供述外，还需考察其客观行为。目的属于行为人的主观心理状态，一般情况下只有行为人心知肚明，除了依靠行为人本人的供述外，司法人员就只能通过间接证据进行证明或者凭借客观行为推理出来。在实践中，将所得赃款存于私人账户或者藏匿于私人处，或用于个人生活开支、高风险经营性活动、非法活动等方面，且结合其他证据能够证明其根本没有偿还的意愿和能力的，都应认定为具有非法占有故意，因为上述行为将公共财物置于行为人的支配之下，明确排除了权利人对财物的占有和支配，且这种排除自行为终了之日起即既遂，一般情况下具有不可逆性。

一审法院认为，王某某作为绍水镇党委书记，具有主管交通管理站的职权，也必然对交通管理站的对公账户具有强大的控制力、支配力。因此，自26万元进入交通管理站的对公账户时起，王某某就已经实际占有了该款，整个贪污行为已经既遂，故将26万元全部认定为贪污数额。在此之后王某某将其中的11.5万元赃款用于公务，仅是对赃款的处置，不影响行为定性，只能根据《贪污贿赂解释》第16条第1款之规定，在量刑上酌情从轻。

王某某提出上诉后，桂林市中级人民法院经开庭审理认为：在本案中，王某某套取了公款26万元后，并未存入其私人账户或者藏匿于私人处，而是立即将其存入交通管理站对公账户。在此之后，其分多次将该款取出，每次都向交通管理站站长唐某某出具借条，并将其中的11.5万元用于公务支出，其余款项用于私人开支。王某某将套取的公款存入对公账户的行为，证明其当时不是基于贪污的故意，而其将其中的11.5万元公款从对公账户中取出并出具借条，且立即用于公务的行为则更佐证其对该部分款项不具有非法占有的目的。而至于另外的14.5万元，因其用于私人开支，没有告知相关人员，在调离前烧毁借条等凭证，且直至案发均无归还的意思表示和行为，故其对该14.5万元据为己有的主观故意明显，应认定为贪污。桂林中院根据王某某犯罪的事实、犯罪的性质、情节和对于社会的危害程度，依法作出上述判决。

《贪污贿赂解释》第16条第1款表明，行为人将贪污、受贿所得用于公务的，不影响定性。但适用该条款的前提首先是行为人必须“出于贪污、受贿的故意”，且客观上非法占有了公共财物。在本案中,在王某某虚报材料向有关部门套取公款和其将套来的公款据为己有这两个环节之间,还存在一个中间环节,即将公款存入交通管理站对公账户,而在这一环节尚不能认定王某某具有贪污的故意和行为,因为王某某虽然是绍水镇党委书记,主管交通管理站,但本案没有证据证明该账户已经实际成为王某某的私囊,故不能认为只要公款进入交通管理站对公账户就认为已被王某某实际占有。另外,王某某在二审庭审中辩称,由于基层机关单位的办公经费十分紧张,其是想通过此类手段补充部分办公经费,这种做法在基层较为普遍。王某某的这一辩解本身在一定程度上符合我国实际,其也确实将部分套取来的公款用于公务,因此其具有合理性。综上,桂林中院排除对《贪污贿赂解释》第16条第1款的适用,采纳王某某的上诉理由,认定其不具有贪污11.5万元公款的故意和行为,符合主客观相一致原则和该条款的应有之义,是正确、合法的。在量刑方面,王某某虽具有自首、立功、全额退赃等情节,但由于其贪污的款项系扶贫款,不宜对其适用缓刑,遂判处其有期徒刑10个月,符合罪责刑相适应原则。

法院仅能审理与原告诉请有关的直接法律关系

欧阳东[*]　银小平[**]

一、裁判要旨

原告请求确认资金的来源及权属，法院仅能审理该款项的第一层次的来源，而不能对该资金的来源进行更深入及无限次的追根溯源，否则便违反了不告不理的原则。

二、基本案情

2011年11月21日，曾某与刘某某、王某某签订《合伙协议书》并依据合伙协议登记注册了龙玛公司，合伙协议约定：(1)公司资金由曾某独自出资现金人民币100万元整，王志强、刘某某两人无任何资金投入。(2)王某某、刘某某两人在公司任职期间，享有公司经营所产生的收益的15%，退离公司时此权利自动解除。然后，曾某分三笔（分别为70万元、15万元、15万元）转入龙玛公司的账户并经会计师事务所进行了验资（验资报告确认曾某出资70万元，刘某某、王某某各出资15万元）。桂林市龙玛投资有限公司成立，公司章程约定三股东出资比例分别为70%、15%、15%，但未对利润分配及亏损承担作特别约定。经三人商议，由三人个人筹资借款200万元给新锐翔公司及沈某。之后，龙玛公司以支付民工工资的名义将100万元转存入曾某的个人账户，另加上三人共同向许屹立借款30万元、向陆某某借款20万元以及曾某个人的50

---

* 广西壮族自治区桂林市雁山区人民法院审判委员会专职委员。

** 广西壮族自治区桂林市雁山区人民法院民事审判一庭副庭长。

万元与上述的100万元，全部汇集至曾某的个人账户内共计200万元，曾某将此200万元出借给了新锐翔公司及沈某。借款到期后新锐翔公司及沈某未归还，曾某、刘某某、王某某三人作为共同原告向本院起诉，本院作出（2013）雁民初字第66号民事判决书，判决新锐翔公司、沈某共同偿还曾某、王某某、刘某某借款本金200万元及利息。判决后双方未上诉，案件生效后，曾某、王某某、刘某某向本院申请执行，于当年6月将170余万元执行到位，本院随即通知曾某、刘某某、王某某前来领取执行款项，但三人因款项的分配发生争议，经长时间多次协商无果。2017年年初，曾某诉至本院，请求判决确认（2013）雁民初字第66号民事判决书的判决主文共计200万元债权的其中150万元债权本金归原告曾某所有。

三、法院裁判

桂林市雁山区人民法院经审理认为，原告诉讼的对象是出借给新锐翔公司及沈某的资金所有权归属问题，意即该资金归谁所有。从资金的来源来看，该200万元的借款均从原告曾某的账户转出至沈某账户，经过溯源，可以得知进入原告曾某账户的这200万元的组成如下：从龙玛公司账户转出的100万元、向陆某某的借款20万元、向许某某的借款30万元、曾某自有的50万元。关于三人从公司转出注册资本的问题。公司成立之后，本案三名当事人成了龙玛公司的全体股东，公司的注册资本转出至曾某个人名下，三股东知晓且未提出异议，应视为同意，该注册资本转出至曾某名下之后应转化成了曾某的个人合法财产，法院仅能审理该款项的第一层次的来源，而不能对该资金的来源进行无限次的追根溯源，否则便违反了不告不理的原则。

法院一审判决支持了原告的诉讼请求，双方均未上诉，判决已经发生法律效力。

四、案例评析

本案中，对外借款的50万元及曾某个人的50万元基本无争议，争议最大的是从龙玛公司转出至曾某个人账户的100万元如何定性的问题。二被告认为应按公司章程确定的比例分配，因为公司已经明确约定了出资比例并制定了章程，章程虽然没有约定盈余分配比例，但依据《公司法》第34条“股东按照实缴的出资比例分取红利”三人应当按照验资机构已经验资的出资比例分配。曾某认为这100万元最初全部都是他自己的，是为了成立公司才分别以二被告的名义存入公司注册资本的，二被告实际上没有任何出资。经过梳理，资金的路径如下：①成立合伙协议→②曾某个人的100万元分三笔存入龙玛公司→③经验资100万元作为注册资本（曾某占70万元，刘某某占15万元，王某某占15万元），公司成立→④100万元从龙玛公司转出至曾某个人账户，加上三人对外借款50万元及曾某的另外50万元合计200万元→⑤200万元出借给新锐翔公司及沈某，上述款项中的100万元经过数次流转，从最初的曾某个人账户流出，最终又流入曾某的个人账户，成了曾某的个人合法财产。

上述法律关系为：①→②属三人合伙法律关系，②→③属公司成立的法律关系，③→④属股东转移注册资本的法律关系，④→⑤属三人与新锐翔公司借款的法律关系。上述款项流转过程中，二被告认为第③阶段中，曾某将100万元注资进入龙玛公司后就成为了公司财产，属于三人共有，应该按照章程确定的比例分配，而曾某则主张应该追溯到第②阶段，认为资金的源头全部归属曾某所有。但笔者认为本案应从第④阶段确认即可，这个阶段从龙玛公司转出的资金到达了曾某的账户，所有权即发生合法的转移，二被告未能举证对该资金有特别的约定，可以认定三人均一致同意归曾某处置，曾某享有合法的所有权及处分权。

还有一个关于抽逃注册资本的问题。本案中，三人以民工工资的名义将注册资本100万元转出至股东个人账户，属于抽逃注册资本，违反了《公司法》第35条“公司成立后，股东不得抽逃出资”。但双方都似乎刻意回避了这一问题，笔者认为公司法的这一规定属于管理性强制性规定，并不影响三人将注册资本转出至曾某个人账户的效力，从三人共同转出的行为来看，三人应该经过协商一致，对此是认可的，该行为也没有违反效力性强制性规定，属于有效的行为。但该资金从公司转出之后，就与龙玛公司产生了分离，被告没有举证证明三人对转出之后的资金进行了分配，应视为同意将该资金转化为曾某的个人合法财产，本案审理应将资金来源限定在这一层次，不需也没有必要再追根溯源，否则将追溯得无穷无尽，也脱离了原告的主张，将违反不告不理的原则。至于公司的注册资本如何处置、对公司的利润如何分配等其他事项，属于公司法的范畴，不属于本案的审理范围，当事人是可以寻求其他途径解决的。

如何甄别瑕疵证据与非法证据

——凌某某运输毒品案

植勇建*

一、裁判要旨

在刑事诉讼过程中,对证据的审查关系到整个案件证据体系的建立及事实认定。我们审查证据往往会遇到一些有问题的证据,如被告人口供是被逼供或诱供的,扣押的物证来源不清,作出鉴定结论的主体、程序存在一定问题或者鉴定结论明显依据不足,笔录有错误或者笔误,侦查人员、见证人签名有瑕疵等情况。要严格对"问题证据"的审查和采信,应当仔细甄别"非法证据"和"瑕疵证据",贯彻证据裁判原则,才能准确认定案件事实。

二、基本案情

被告人凌某某,男,26 岁,农民。因涉嫌犯运输毒品罪,于 2016 年 5 月 17 日被刑事拘留,同年 5 月 30 日被逮捕。

广西壮族自治区崇左市人民检察院以被告人凌某某犯运输毒品罪,向广西壮族自治区崇左市中级人民法院提起公诉。

被告人凌某某对指控犯罪事实没有异议,请求对其从轻处罚。

辩护人辩称:(1)本案涉案可疑毒品取样重量与委托鉴定样品的重量不一致,3 号可疑毒品取样重量为 1.48 克,鉴定的样品重量为 1.49

* 广西壮族自治区高级人民法院刑三庭审判员。

克,鉴定报告不应作为定案依据,且指控的毒品重量不准确,应予以核实后以实际重量为准;(2)被告人凌某某受人雇用运输毒品,可以从轻处罚;(3)本案存在特情引诱;(4)被告人认罪态度好,系初犯、偶犯,且涉案毒品没有流入社会未造成实际危害。综上,建议对被告人减轻、从轻处罚。

广西壮族自治区崇左市中级人民法院经公开审理查明:

2016 年 5 月 17 日 14 时许,被告人凌某某搭乘车牌号码为桂 F61200 的大巴车从广西天等县前往广州市,途经大新县福隆乡平良村平良桥头路段时遇民警检查,民警当场从其携带的黑色挎包内查获可疑毒品 6 块。其中 1 号净重 355.13 克,2 号净重 357.24 克,3 号净重 355.06 克,4 号净重 351.33 克,5 号净重 348.61 克,6 号净重 348.13 克,其中 1、2、4、5、6 号 5 块毒品净重共 1760.44 克。经鉴定,从所送 1、2、4、5、6 号检材中均检出海洛因,含量从分别为 47.7%、50.4%、51.2%、56.7%、52.0%。

另查明,公安机关从 3 号可疑毒品中提取送检样品的重量为 1.48 克,实际送检的样品重量为 1.49 克。

三、裁判结果

广西壮族自治区崇左市中级人民法院认为,被告人凌某某违反我国对毒品的管理制度,明知是毒品海洛因仍进行非法运输,其行为触犯了《刑法》第 347 条第 2 款第 1 项的规定,构成运输毒品罪。公诉机关指控凌某某犯运输毒品罪的事实清楚,证据确实充分,指控的罪名成立。凌某某归案后如实供述犯罪事实,依法可以从轻处罚。凌某某所运输的毒品重量应为 1760.44 克。对涉案财物及违禁品予以没收,上缴国库。综上,本案事实清楚,证据确实充分。根据凌某某犯罪的事实、性质、情节及悔罪表现,依照《刑法》第 347 条第 2 款第 1 项、第 67 条第 3 款、第 57 条第 1 款、第 59 条第 1 款、第 64 条的规定,作出如下判决:

1. 被告人凌某某犯运输毒品罪,判处无期徒刑,剥夺政治权利终身,并处没收个人全部财产;
2. 公安机关依法扣押被告人凌某某 iPhone 6 Plus 手机一部,予以没收,上缴国库;
3. 公安机关扣押的涉案毒品予以没收,由扣押机关依法处理。

一审宣判后,凌某某不服,提出上诉。

凌某某上诉及其辩护人提出本案公安机关抽样提取的毒品与送检鉴定的毒品数量不一致,不能排除送检毒品不是抽检毒品的可能性,相应的鉴定意见不能作为定案依据,请求依法改判。

广西壮族自治区高级人民法院审理认为，上诉人凌某某违反我国毒品管理制度，明知是毒品仍进行非法运输，数量大，其行为已构成运输毒品罪。凌某某归案后如实供述自己的犯罪事实，依法可以从轻处罚。对涉案财物以及违禁品，依法予以没收，上缴国库。原审判决认定事实清楚，证据确实、充分，定罪准确，量刑适当，适用法律正确。审判程序合法。凌某某的上诉理由以及辩护人提出的辩护意见均不成立，不予采纳。依照《刑事诉讼法》第225条第1款第1项之规定，于2017年5月26日裁定如下：驳回上诉，维持原判。

四、裁判理由

本案争议的焦点问题是如何区分“瑕疵证据”与“非法证据”，亦即扣押、提取毒品的笔录与毒品鉴定意见的毒品检材之间存在某些矛盾时，存在瑕疵的鉴定意见能否在经过合理解释后作为定案依据。

广西壮族自治区崇左市中级人民法院审理认为，公安机关对编号为3号的可疑毒品提取送检样品的重量为1.48克，而实际送检样品的重量为1.49克，不能确定送检的样品就是原来提取的样品，因此鉴定部门对3号可疑毒品所作出的鉴定意见不能作为定案的依据，公诉机关指控凌某某所运输的3号可疑毒品为毒品海洛因的证据不足，不予采纳；其他涉案毒品的称重、送检程序合法，予以认定。据此，本案认定凌某某所运输的毒品重量应为1760.44克。本案没有任何证据证明有特情介入，对辩护人的相关辩护意见不予采纳。综上，本案事实清楚，证据确实充分。

广西壮族自治区高级人民法院生效裁判认为，本案侦查人员制作的可疑毒品送检笔录、毒品称量笔录以及物证封存袋照片反映侦查人员记载毒品数量以及提取毒品检材数量与称重时照片反映查获每块毒品的数量只有零点零几克的差异，侦查机关解释侦查人员记录时省略了零点零几克毒品的记录，解释合理。侦查人员对从凌某某处扣押的毒品以及对提取用于鉴定的毒品样本进行称重时，均有凌某某、侦查人员、见证人在场，扣押、提取毒品的数量均有称量时的照片证实，凌某某对称重过程进行了指认，称量照片客观反映了凌某某运输毒品的数量以及提取毒品检材的数量，称量照片与侦查人员送毒品鉴定时，鉴定委托书与鉴定机构出具的鉴定事项确认书、检验报告记载鉴定的毒品检材数量相一致。本案运输毒品数量大，由于侦查人员记录的原因，记录相差0.1多克的毒品数量并不影响对凌某某定罪量刑，综合全案证据分析，除鉴定3号毒品检材与本案提取3号毒品的检材数量不一致，不能确认系本案查获的3号毒品外，侦查机关委托鉴定以及鉴定机构所鉴定的本案其余几块毒品的检材均是本案查获的1、2、4、5、6号毒品提取的检材，本案毒品鉴定报告对1、2、4、5、6号毒品检材的鉴定意见系具有相应资质的鉴定机构以及人员依法作出，合法有效，遂作出上述裁判。

五、法理评析

本案争议的焦点在于崇左市公安局物证鉴定所崇公物鉴（毒品）字〔2016〕104号鉴定报告能否作为证据使用，这就涉及非法证据与瑕疵证据的区分。非法证据是指办案人员违反法律规定的权限、程序或用其他不正当的方法所获取的证据，即仅限于“非法取得的证据”，具体包括非法取得的言词证据、非法取得的实物证据和以非法证据为线索而取得的其他证据。“瑕疵证据”是指证据在形式要件上存在某些瑕疵，但取证行为未对公民权利造成实际侵犯，也不会影响公正审判，则该证据通过有关办案人员的补正或者作出合理解释后，仍然可以采信的证据。二者产生的原因及法律后果不同，根据现行有关立法和司法解释的精神，认定证据材料是否属于非法证据，关键看该证据材料的取得是否侵犯了公民的基本权利、是否对公正审判可能产生不良影响。实践中，有些司法工作者对“问题证据”一律采取排除的态度是不正确的。对“问题证据”必须仔细甄别是非法证据还是“瑕疵证据”，非法证据往往是由于故意违反法律程序所致，而“瑕疵证据”则更多的是取证主体的疏忽所致。因此，非法证据原则上被排除于程序之外且不得再次使用，而“瑕疵证据”将得到补正的机会而被允许继续使用。非法证据排除规则的目的是为了确保公民基本权利不受侵犯，只有当一项证据的取得方式严重侵犯了公民的基本权利（所谓“重大违法”）时，该证据才是非法证据，才应当从程序上予以排除。其他所谓不符合“合法性”要求的证据，并非一定就是“非法证据”，而只是“瑕疵证据”，对于“瑕疵证据”，进行“补正”后，可以通过转化而作为证据继续使用。

笔者结合本案事实与证据对上述问题进行分析评述。本案一审宣判后，凌某某及其辩护人提出本案公安机关抽样提取的毒品与送检鉴定的毒品数量不一致，不能排除送检毒品不是抽检毒品的可能性，相应的鉴定意见不能作为定案依据。实际上是考究扣押、提取的毒品与送检的毒品是否同一的问题。经查，本案案件来源清楚，抓获经过证实，2016年5月17日，公安机关在省道S316线大新县福隆乡平良村平良桥头路段开展公开查缉毒品行动，当天13时40分许，检查民警对一辆从天等县开往广州市的桂F61200大巴车进行检查时，发现凌某某神色慌张，遂对凌某某查问，凌某某答非所问且前后矛盾，经检查，当场从凌某某随身携带的物品中查获可疑毒品6

块,公安机关当日立案侦查。凌某某对其运输毒品的事实一直供认。这就排除了公安机关使用特情引诱,故意栽赃凌某某的可能。从本案证据来看,公安机关的可疑毒品送检笔录、毒品称量笔录以及物证封存袋照片反映侦查人员记载每块毒品数量以及提取每块毒品检材数量与称重时照片反映本案查获每块毒品的数量只是在净重量数的小数点后面第二位有差异,每块毒品净重量的其余数字相同,这样每块毒品净重量只有零点零几克的差距,这样造成本案的证据之间的矛盾、疑点,司法工作者如何判断这些有问题证据的证明力,是全盘否定这些证据,还是去其糟粕取其精华,关键是要领会法律精神实质,把握证据的真实性、关联性、合法性。依照《人民法院办理刑事案件排除非法证据规程(试行)》的规定,目前我国对于言词证据与书证、物证等问题证据采取的标准不同,对重大非法言词证据一律排除,没有补正程序。而对于可能严重影响司法公正的物证、书证,经补正或者作出合理解释后予以采纳,不能补正或者作出合理解释的予以排除。在本案审理中侦查机关解释是侦查人员记录时省略了零点零几克毒品的记录,从生活工作经验看,侦查机关作出了合理的解释。另外,实际上侦查人员对从凌某某处扣押的毒品以及对提取用于鉴定的毒品样本进行称重时,均有凌某某、侦查人员、见证人在场,还有称量时的照片证实,凌某某也对称重过程进行了指认,称量时照片能客观反映了凌某某运输毒品的数量以及公安机关提取毒品检材的数量。从证据上看公安机关送检验的3号毒品检材与本案提取3号毒品的检材数量不一致,本案公安机关查获的1、2、4、5、6号毒品称量照片与侦查人员送毒品鉴定时,鉴定委托书与鉴定机构出具的鉴定事项确认书、检验报告记载鉴定的毒品检材数量相一致。本案运输毒品数量大,由于侦查人员记录的原因,记录相差0.1多克的毒品数量并不影响对凌某某定罪量刑。本案每块毒品形态是块状物,每块毒品具有相对独立性,不易与其他每块毒品混同。综上分析,本案不能确认3号毒品的定量定性外,本案鉴定报告中对其余5块查获的毒品的鉴定意见系具有相应资质的鉴定机构以及鉴定人员依法作出,对1、2、4、5、6号5块毒品的鉴定在形式、程序、内容上均合法有效,证据之间能形成完整的证据链,依法可确认此鉴定意见具有相应的法律效力。

本案是毒品犯罪案件,应当充分考虑当前毒品犯罪猖獗的严峻形势和毒品犯罪案件证据收集的困难性,对每个证据进行深入审查甄别,注意听取侦查人员的合理解释,不宜采取“一刀切”的简单机械方法审查证据,使案件达到法律效果与社会效果的统一。同时,我们也要注意到由于公安机关的疏漏,使查获的毒品不能全部认定,这需要侦查机关认真反思,吸取教训,努力确保证据的客观性、完整性。

2年起诉期限的法律适用

——练某诉桂平市人民政府土地行政登记违法一案

梁 瑜[*] 黄文臻[**]

一、裁判要旨

对未告知公民、法人或者其他组织诉权或者起诉期限，且是在2015年5月1日至2018年2月8日起诉的行政案件，起诉期限如何确定的问题，应当适用《最高人民法院关于执行〈中华人民共和国行政诉讼法〉若干问题的解释》（以下简称《若干解释》）第41条第1款"行政机关作出具体行政行为时，未告知公民、法人或者其他组织诉权或者起诉期限的，起诉期限从公民、法人或者其他组织知道或者应当知道诉权或者起诉期限之日起计算，但从知道或者应当知道具体行政行为内容之日起最长不得超过2年"的规定。

二、基本案情

上诉人（一审原告）练某因诉被上诉人（一审被告）桂平市人民政府、一审第三人钟某土地行政登记一案，不服贵港市中级人民法院（2017）桂08行初64号行政裁定，向广西壮族自治区高级人民法院提起上诉。

贵港市中级人民法院审理查明，2014年6月26日，桂平市人民政府经审核后，根据钟某、熊某某的土地使用权变更登记申请，将位于西山镇

---

* 广西壮族自治区高级人民法院立案庭庭长。

** 广西壮族自治区高级人民法院立案庭法官。

大起村3队的浔国用(2013)第××××号国有土地使用证上的土地使用权人从熊某某变更登记为钟某，并向钟某颁发了浔国用(2014)第××××号国有土地使用证(以下简称第××××号土地证)。

另查明，2014年5月15日，熊某某与钟某签订《房屋买卖协议书》，约定甲方(熊某某、练某)将自有的位于桂平市西山镇大起村3队6层房屋一幢(占地面积60.9平方米，国有土地使用权证证号:浔国有(2013)第×××××号，地号×××××××××，房屋所有权证证号:浔房权证字第×××××号)转让给乙方(高某某、钟某)，转让价为218万元。落款处甲方为熊某某亲笔签名，练某为代签，乙方为钟某签字。2015年10月10日，练某以熊某某、钟某、高某某为被告诉至桂平市人民法院，要求确认所签订的房地产合同无效，该院于2016年5月16日作出(2015)浔民初字第4107号民事判决，判决驳回练某的诉讼请求。练某不服，上诉至一审法院，一审法院于2016年9月29日作出(2016)桂08民终757号民事判决，判决驳回上诉，维持原判。2016年10月10日，一审法院将(2016)桂08民终757号民事判决书送达练某。在一、二审民事案件审理期间，钟某出具第××××号土地证作为证据，证实涉案土地的使用权已变更登记为其所有。2017年4月13日，练某以桂平市国土资源局为被告，向桂平市人民法院提起行政诉讼，要求确认第××××号土地证发证行为违法，经桂平市人民法院释明错列被告后，练某申请撤回起诉，桂平市人民法院于2017年4月14日作出(2017)桂0881行初16号行政裁定书，裁定准许练某撤回起诉。2017年4月18日，练某诉至一审法院，要求确认桂平市人民政府核发第××××号土地证的行政行为违法。

贵港市中级人民法院(2017)桂08行初64号行政裁定认为，《行政诉讼法》第46条规定，公民、法人或者其他组织直接向人民法院提起诉讼的，应当自知道或者应当知道作出行政行为之日起6个月内提出。法律另有规定除外。本案中，练某以《房屋买卖协议书》无效为由，将熊某某、钟某、高某某诉至法院，在一、二审民事案件审理期间，钟某出具第××××号土地证作为证据证实涉案土地的使用权已变更登记为其所有，二审终结后，于2016年10月10日将终审民事判决书送达练某，即练某最迟在2016年10月10日已明确知道桂平市人民政府向钟某核发第××××号土地证的具体行政行为，练某如认为行政机关的行政行为侵犯其合法权益，依法应在自知道或者应当知道作出行政行为之日起6个月内提出，其于2017年4月13日向桂平市人民法院提起行政诉讼，要求确认第××××号土地证发证行为违法，其提起行政诉讼主张权利的时间已超过上述法律规定的6个月的起诉期限，因此，练某的起诉已超过法定期限且无正当理由,对其起诉依法应予驳回。依照《最高人民法院关于适用〈中华人民共和国行政诉讼法〉若干问题的解释》第3条第1款第2项的规定,裁定驳回练某的起诉。

上诉人练某不服一审裁定上诉称,(1)其于2015年10月10日以熊某某、钟某、高某某为被告向桂平市人民法院提起的民事诉讼,因不服一、二审判决,已于2017年3月27日向广西壮族自治区高院提起民事再审,案号为(2017)桂民申1363号。(2)其是于2016年4月6日民事一审开庭方才知道桂平市人民政府行政行为的内容,2017年4月8日才知道诉讼期限的,当月18日就向一审法院起诉,根据《最高人民法院执行〈中华人民共和国行政诉讼法〉若干问题的解释》第41条"起诉期限从公民知道或者应当知道诉权或诉状期限之日起计算,最长不得超过两年"的规定,本案没有超过起诉期限。(3)桂平法院一审民事判决和贵港中院的二审民事判决均确认本案的房地产是练某与熊某某的共同共有财产。请求撤销一审裁定,另行指定其他中级人民法院依法审理本案,切实保障其诉讼权利。

被上诉人桂平市人民政府答辩称:首先,桂平市人民政府向钟某颁发第××××号证的行政行为,认定事实清楚,证据确凿,符合法律法规的规定。土地登记机关经对申请人提交的材料进行审查,并进行了地籍调查,认为转让行为及过程符合法律规定,界址清楚,面积为60.90平方米,转让面积与熊某某取得的土地使用权面积一致,建议为熊某某与钟某办理划拨国有建设用地使用权变更登记,报桂平市人民政府审批。桂平市人民政府经审核,准予注册登记颁发土地权利证书,并于2014年6月26日向钟某颁发了第××××号证。其次,练某的起诉已经超过了诉讼期限,一审裁定认定事实清楚,证据确凿,程序合法,适用法律正确。练某在上诉状中称"上诉人练某是2016年4月6日民事一审开庭才知道被告行政行为的内容",但其直到2017年4月18日才向一审法院提起行政诉讼,明显违反了行政诉讼法规定的6个月起诉期限,已丧失诉权。练某所称没有超过起诉期限的理由不成立。综上所述,桂平市人民政府向钟某颁发第××××号证的行政行为,认定事实清楚,证据确凿,符合法律法规的规定,没有损害练某的合法权益;练某的起诉已经超过了诉讼期限,一审裁定认定事实清楚,证据确凿,程序合法,适用法律正确,练某的上诉理由不成立。请二审法院依法裁定驳回练某的上诉,维持原裁定。一审第三人钟某未进行答辩。

广西壮族自治区高级人民法院经审理查明,在桂平市人民法院(2015)浔民初字第4107号练某诉熊某某、钟某、高某某、于某某确认合同无效纠纷一案中,桂平市人民法院于2015年12月28日进行第一次开庭审理,钟某在庭审中出示了第××××

号土地证以证明涉案土地使用权已登记在其名下，练某对该证据进行了质证。

三、裁判结果

贵港市中级人民法院作出（2017）桂08行初64号行政裁定：驳回练某的起诉。

广西壮族自治区高级人民法院作出（2017）桂行终1274号行政裁定：（1）撤销贵港市中级人民法院（2017）桂08行初64号行政裁定；（2）本案指令贵港市中级人民法院继续审理。

四、裁判理由

生效裁定认为，在桂平市人民法院（2015）浔民初字第4107号练某诉熊某某、钟某、高某某、于某某确认合同无效纠纷一案中，桂平市人民法院于2015年12月28日进行第一次开庭审理，钟某在庭审中出示了第××××号土地证以证明涉案土地使用权已登记在其名下，练某已对该证据进行了质证。故练某知道第××××号土地证的日期应当是2015年12月28日。练某向一审法院提起诉讼的时间是2017年4月18日。《最高人民法院关于适用〈中华人民共和国行政诉讼法〉的解释》（法释〔2018〕1号），于2018年2月8日开始实施。练某起诉的行为是在该司法解释颁布前，故根据法不溯及既往的原则，本案起诉期限的确定应当适用起诉时尚未失效的《最高人民法院关于执行〈中华人民共和国行政诉讼法〉若干问题的解释》。根据《最高人民法院关于执行〈中华人民共和国行政诉讼法〉若干问题的解释》第41条第1款"行政机关作出具体行政行为时，未告知公民、法人或者其他组织诉权或者起诉期限的，起诉期限从公民、法人或者其他组织知道或者应当知道诉权或者起诉期限之日起计算，但从知道或者应当知道具体行政行为内容之日起最长不得超过2年"的规定，颁证机关没有告知练某诉权和起诉期限，故起诉期限应从本案中练某知道或者应当知道第××××号土地证的时间即2015年12月28日起计算，至其2017年4月18日向一审法院起诉，并未超过2年的起诉期限。故一审裁定认定事实和适用法律均有错误，遂依照《行政诉讼法》第89条第1款第2项之规定，作出上述裁定。

五、法理评析

在审判实践中，广西法院对2015年5月1日至2018年2月8日起诉到人民法院的行政诉讼案件，对未告知公民、法人或者其他组织起诉期限的如何认定不无疑惑，认识不一，造成实践中的处理不统一，既有适用2年起诉期限的，也有适用6个月起诉期限的，还有适用《最高人民法院关于适用〈中华人民共和国行政诉讼法〉的解释》的1年起诉期限的。

对此问题，经自治区高级人民法院立案庭2018年第二次专业法官会议讨论，一致认为，2015年5月1日至2018年2月8日起诉到人民法院的行政诉讼案件，对未告知公民、法人或者其他组织起诉期限的，起诉期限为2年。理由如下：

一是修改后的《行政诉讼法》第46条对起诉期限规定为知道或者应当知道作出行政行为之日起6个月内提出，2015年5月1日起施行的《最高人民法院关于适用〈中华人民共和国行政诉讼法〉若干问题的解释》对未告知诉权或起诉期限的情形未作出规制，同时亦未对《最高人民法院关于执行〈中华人民共和国行政诉讼法〉若干问题的解释》作出废止或撤销的规定，该司法解释的对未告知诉权或起诉期限的2年起诉期限规定仍然有效，适用2年的起诉期限有依据。

二是对2015年5月1日至2018年2月8日起诉到人民法院的行政诉讼案件，如果适用修改后的《行政诉讼法》第46条规定，起诉期限为6个月，将会造成同样未获知起诉期限的公民、法人或者其他组织，仅仅由于起诉时间不同（2015年5月1日前起诉和2015年5月1日后起诉），而分别适用不同的起诉期限。

三是对公民、法人或者其他组织未告知诉权或起诉期限的，其起诉期限：《最高人民法院关于执行〈中华人民共和国行政诉讼法〉若干问题的解释》第41条规定为2年，2015年5月1日起施行的《最高人民法院关于适用〈中华人民共和国行政诉讼法〉若干问题的解释》对未告知诉权或起诉期限的情形未作规制，2018年2月8日起施行的《最高人民法院关于适用〈中华人民共和国行政诉讼法〉的解释》规定为1年。那么，在2015年5月1日至2018年2月8日间起诉的行政诉讼案件，2年的起诉期限是公民、法人或者其他组织具有的可期待诉讼权利。适用2年的起诉期限，既有利于执法统一，也有利于保护当事人的诉讼权利。

二审合议庭经讨论，采纳了广西壮族自治区高级人民法院立案庭专业法官第二次会议的上述意见。

桂林广维文华旅游文化产业有限公司破产重整案

李　娜*

一、基本案情

桂林广维文华旅游文化产业有限公司(以下简称广维公司)制作了全球第一部山水实景演出剧目《印象·刘三姐》,开创山水实景演出的先河。从2004年正式公演以来,每年演出500多场,年接待国内外观众100多万人次,是广西旅游的活名片,极大地带动了阳朔县乃至桂林市的旅游、地产、宾馆住宿、餐饮、交通运输和艺术教育等相关产业的发展,社会效益巨大。然而,在企业发展过程中,因不当地为股东及其关联控制人代偿或担保债务而陷入债务危机,成为数十起民事、执行案件的被告或被执行人,涉及债务总额超过15亿元(广维公司资产经评估为173 639 300元),部分案件已经进入执行程序,公司处于将被拆分的边缘。2017年8月,因不能清偿到期债务且资产不足以清偿全部债务,广维公司向广西壮族自治区高院提出破产重整申请。

二、审理情况

2017年8月15日,广西壮族自治区高院裁定受理本案,同日指定广西同望律师事务所为破产重整管理人,并于9月1日发布公告。在重整期间,高院指导监督管理人对破产重整工作进行全面接管,债权申报期

---

* 广西壮族自治区高级人民法院民事审判二庭法官。

满，管理人在14日内完成债权审核工作。管理人采取邀请招标方式并经公开评标程序，综合广维公司经营的特殊性，确定北京天创文投演艺有限公司（以下简称文投公司）以7.5亿元人民币出资额为重整投资方，制订重整计划草案，于11月8日召开第一次债权人会议，设对特定财产享有担保权的债权组、普通债权组、职工债权组对重整计划草案进行表决，设出资人组对重整计划草案的出资人权益调整方案进行表决。出席会议的对特定财产享有担保权的债权组1家，代表债权金额275 892 800.36元，该组表决通过重整计划草案；出席会议的普通债权组9家，代表债权金额984 648 653.71元，其中同意重整计划草案的债权人7家，代表债权金额761 128 974.33元，债权人过半数同意，其代表的债权额占该组债权总额的77.30%，超过2/3以上；不同意债权人1家、弃权债权人1家，不同意及弃权债权人代表债权金额223 519 679.38元，其代表的债权额占该组债权总额的22.70%，该组表决通过重整计划草案；职工债权组3人，代表债权金额76 593.74元，该组未出席会议，视为同意重整计划草案。广维公司有两名股东，广西维尼纶集团有限责任公司（持有广维公司67%股权）和广西文华艺术有限责任公司（持有广维公司33%股权）均参加债权人会议，表决意见均为不同意，出资人组表决未通过重整计划草案。12月4日，广西高院裁定批准该重整计划草案，终止广维公司重整程序。管理人根据所有申报债权的审查情况，合并编制了《广维公司债权人债权受偿金额分配表》，于2018年1月4日提交第二次债权人会议核查，1月26日，裁定确认柳州银行股份有限公司等15位债权人的债权（共1 469 526 673.18元）及广维公司债权人债权受偿金额分配（共589 207 646.36元）。基于文投公司已全额支付7.5亿元人民币，管理人也完成了对相关债权人的受偿金额分配。2月1日，裁定确认广维公司股东及股权结构比例变更为：北京天创文投演艺有限公司持股100%。

三、典型意义

本案广西高级人民法院为全国首个直接裁定受理破产重整案件的高级法院，虽然我国《企业破产法》规定破产案件由债务人住所地人民法院管辖，但高院依据《企业破产法》第4条“破产案件审理程序，本法没有规定的，适用民事诉讼法的有关规定”及《民事诉讼法》第38条第1款“上级人民法院有权审理下级人民法院管辖的第一审民事案件……”将本案作为全区重大有影响案件裁定立案受理程序合法。本案为维护债权人和债务人的合法权益，确保公平公正和统筹协调，综合考虑广维公司在推动广西旅游业发展方面的特殊贡献、涉及大量区内外诉讼案件情况、现在及将来的营运价值、社会效益及重整必要性和可行性，由高院受理更有利于企业拯救和重整的顺利进行，对今后该类案件的审理起很好地示范带头作用。同时，本案高院主动指导监督力度大，效率高。为确保《印象·刘三姐》剧目演出不受破产重整影响，本案实行演出相关业务自行经营、管理人监督、法院总协调的模式，公司正常经营得到保证，各项收入不减反。管理人及时完成债权审核工作，招募符合条件的重整投资人，制定可行有效的重整计划草案，召开债权人会议，做好债权人、出资人的法律释明工作，引导债权人正确认识公司重整的意义和作用，环环紧扣，使大部分债权人支持重整计划草案，为法院裁定重整计划草案打下基础，也使案件在3个月21天得以顺利终结重整程序进入重整计划执行阶段。督促重整投资人及时履行付款义务，7.5亿元重整资金比原计划6个月期限提前5个月全部到位并及时分配，债权人的合法权益得到了保障，顺利完成公司股东变更，保证了公司持续营运并加大升级改造力度。

本案也是司法积极保护，府院联动到位的典型，广维公司摆脱债务困境重焕活力，确保了800多名演职人员的就业机会也解决关联公司548名职工安置问题。《印象·刘三姐》相关产业综合改造也将推动地方经济发展。本案顺利重整引发的综合社会效益得到了中央电视台、广西电视台等多家全国性及全区性媒体正面积极宣传报道。

法院文化

六月的蜘蛛兰

何锡海*

小区的蜘蛛兰盛开了。
六片惨白色的花瓣，
开在悲伤的六月，
开在父亲节的黄昏里。
父亲节第二天的黄昏，
父亲如同蜘蛛兰脆弱的花瓣，
黯然飘落，
回到他的土里。

我不知道飘落的花瓣，
经过了怎样痛苦的悲伤。
但我知道，
父亲临终时，
经过了怎样痛苦的挣扎。
如今，
花落归根，悄然无声。
再也听不到父亲痛苦的呼唤。

* 广西壮族自治区高级人民法院。

诗人说，
生命就像花开花落，
谁会在意一朵花的心事，
谁又会在意一朵花，
是怎样开放，
又是怎样凋零。
可我在意蜘蛛兰的花开花落。

我父亲的确曾经像花一样绽放。
那些绽放的花朵曾经如此美丽。
花的露珠滋养了我们，
我们又变成了绽放的花朵。
父亲的花树从此变得枯萎。
我目睹了花儿的凋零，
如同我在六月里送别了父亲。

守望着黄昏中的蜘蛛兰，
眺望着蜘蛛兰中的黄昏。
花儿落下了，
太阳落下了。
只剩下白茫茫一片。
满园都是尖尖的花瓣，
满眼都是永久的刺痛。

图书在版编目(CIP)数据

公正司法前沿探索. 2018年. 第2辑 : 总第8辑 / 黄海龙主编. -- 北京 : 法律出版社, 2018
ISBN 978-7-5197-2760-4

Ⅰ. ①公… Ⅱ. ①黄… Ⅲ. ①司法-研究-中国 Ⅳ. ①D926.04

中国版本图书馆CIP数据核字(2018)第228767号

公正司法前沿探索
(2018年第2辑)(总第8辑)
GONGZHENG SIFA QIANYAN TANSUO
(2018 NIAN DI -2 JI)(ZONG DI -8 JI)

黄海龙 主编

责任编辑 田 浩
装帧设计 鲍龙卉

编辑统筹 法商出版分社
出版 法律出版社
总发行 中国法律图书有限公司
经销 新华书店
印刷 天津嘉恒印务有限公司
责任印制 胡晓雅
开本 720毫米×960毫米 1/16
印张 19
字数 275千
版本 2018年10月第1版
印次 2018年10月第1次印刷

法律出版社/北京市丰台区莲花池西里7号(100073)
网址/www. lawpress. com. cn
投稿邮箱/info@ lawpress. com. cn
销售热线/010-83938336
举报维权邮箱/jbwq@ lawpress. com. cn

中国法律图书有限公司/北京市丰台区莲花池西里7号(100073)
全国各地中法图分、子公司销售电话:
统一销售客服/400-660-6393
第一法律书店/010-83938334/8335 西安分公司/029-85330678 重庆分公司/023-67453036
上海分公司/021-62071010/1636 深圳分公司/0755-83072995

书号: ISBN 978-7-5197-2760-4
定价: 48.00元
(如有缺页或倒装,中国法律图书有限公司负责退换)